붓다 없이 나는 그리스도인일 수 없었다

Without Buddha I Could not be a Christian

나를 늘 정직하도록 해 준,

무신론자였던 나의 형제 도날드를 위해

붓다 없이 나는 그리스도인일 수 없었다
Without Buddha I Could not be a Christian

| 폴 니터 by Paul F. Knitter |

| 정경일 · 이창엽 옮김 |

추천사

天地與我同根^{천지여아동근}이요
萬物與我同體^{만물여아동체}로다.
하늘과 땅은 나와 더불어 뿌리를 같이함이요,
만물은 나와 더불어 한 몸이로다.

종교 간의 평화, 세계의 평화는 어떻게 실현될 수 있을까요? 그것은 세상을 향한 실천과 내면을 향한 수행이라는 두 수레바퀴가 원만히 구족되어야 가능할 것입니다.

지난 연말연시에 머나먼 이국땅 미국에서 눈푸른 납자 - 굳이 삭발염의 하지 않았지만 구도와 실천의 자세는 이미 납자의 그것이었습니다 - 한 분이 대구 팔공산 동화사로 산승을 찾아왔었습니다. 그분은 세계적인 다원주의 신학자로서 평화운동의 선구적인 실천가이자 재가 수행자였는데, 산승이 보기에는 중생의 아픈 곳을 어루만져 주는 자비의 실천가였고, 묵묵히 참고 기다리는 인욕보살이었으며, 참다운 진리를 찾아온 구도자의 모습이었습니다.

"중생이 아프므로 나도 아프다"라는 유마거사의 동체대비심을 그대로 실천하고 계시는 폴 니터 교수님을 맞으니 참으로 반갑고 고마우면서도, 일흔이 넘은 노구임에도 불구하고 만 리 길을 멀다 않고 찾아오신 그 신심이 참으로 장한 분임을 알 수 있었습니다.

폴 니터 교수님은 한평생을 세계 평화와 종교 평화에 헌신하신 분이지만, 또 한편으로는 마음닦는 수행에 게으름이 없는 오롯한 수행자입니다. 佛家불가에서 말하는 문수의 지혜와 보현의 실천행을 어떻게 사회에 구현해야 하는지를 몸소 보여 주고 계신 분이지요.

우리의 첫 만남은 너무도 환희로워서 스승과 제자의 인연으로 시작되었습니다. 교수님은 산승에게 '眞我'진아라는 佛名불명과 함께 "부모에게 나기 전에 어떤 것이 참나던고?"라는 화두를 받아 본격적으로 간화선 수행을 시작하게 되었지요. 간절한 마음으로 참구하시다가, 마당에 눈사람 셋이 서 있는 것을 보고 산승에게 "저 눈사람도 성불했습니까?"하고 물어왔습니다. 그래서 산승이 "塵墨劫前진묵겁전에 성불했습니다" 하고 답해 드렸는데, 지나치는 경계를 보고 이 같은 물음을 던질 수 있다는 것은 쉬워 보이나 아무나 할 수 있는 게 아닙니다. 일생토록 참다운 진리에 대한 간절한 탐구가 있었기에 이 같은 물음을 던질 수 있었던 것입니다.

바쁜 일정 중에도 산승이 던진 화두에 대한 의심을 놓지 않으셨던 교수님은, 하루는 산승에게 불쑥 화두에 대한 공부見處견처를 내어놓았습니다. 바로 "慈悲"자비라는 견처였습니다. 핍박받는 이들이 없는 평등과 평화의 세계를 구현하기 위해 일생토록 헌신하신 실천행에서 나온 답임을 알 수 있었습니다.

이번 폴 니터 교수님의 저서 『붓다 없이 나는 그리스도인일 수 없었다』는 종교 간의 화합과 평화, 그리고 세계 평화를 위해 어떠한 자세로 실천하고 다가서야 하는지를 그 어느 사상가, 실천가보다도 잘 제시하고 있다고 여겨집니다. 수십 년간 마음 닦는 수행을 견지해 오신 교수님은 평화를 향한 영적인 여정에서 종교 간 대화를 통해 반목과 오해의 관계에서 상호이해와 협력의 관계로 나아가야 함을 역설하고 있습니다.

교수님은 종교를 초월한 종교, 보편타당한 진리의 종교를 지향하고 있으며, 그것을 '불교라는 안경을 통해 그리스도교의 진리를 새롭게 발견하였다'라는 한마디의 말로 함축하여 잘 표현하고 있습니다. 이것은 우리 모두가 배우고 견지해야 할 훌륭한 자세라고 봅니다.

이제 세계는 동양과 서양이 만나고, 기독교와 불교, 이슬람과 도교, 힌두교와 가톨릭이 서로 만나 차를 마시며 마음을 통하는 시대가 되었습니다. 모든 종교는 인간의 영적인 구원과 더 나은 세상을 만드는 일에 협력하는 우애로운 형제가 되고 선한 이웃이 되어야 합니다.

폴 니터 교수님의 『붓다 없이 나는 그리스도인일 수 없었다』를 통해 참다운 평화와 평등을 향한 지혜와 실천을 배워 가시기를 바라며 모든 분들께 일독을 권해 드리는 바입니다.

대구 팔공산 동화사, 부산 해운정사 조실 진제 친서

추천사

폴 니터Paul Knitter 교수의 가장 최근의 책, 『붓다 없이 나는 그리스도인일 수 없었다』에 추천사를 쓰게 된 것을 매우 기쁘게 생각한다. 책 제목부터가 예사롭지 않다. 이 책이 출간되어 서점에 진열되어 있는 모습을 상상해 본다. 눈길을 끄는 정도가 아니라 '도발적'이라는 인상을 주기에 충분한 제목이다. 한국의 어느 신학교수가 이런 제목의 책을 썼다면 어떻게 되었을지 독자들의 상상에 맡긴다. 도대체 무엇이 미국의 한 저명한 신학자로 하여금 이처럼 도발적이고 파격적인 책을 쓰게 만들었을까?

니터 교수는 현재 미국 뉴욕에 있는 세계적 명성을 자랑하는 유니온 신학대학원Union Theological Seminary의 폴 틸리히 석좌교수이다. 틸리히가 누구인가? 그는 전후 서구 신학계를 주도한 거성 가운데 한 사람이다. 그런 신학자의 이름으로 설치된 석좌교수직에 니터 교수가 취임했다는 사실 자체가 그의 학문적 위상을 잘 말해 주고 있다. 신학자로서의 니터 교수의 명성은 틸리히에는 못 미치겠지만 몇 가지 점에서 그는 틸리히를 능가하고 있다. 틸리히 스스로 밝혔듯이 그가 그리스도교 전통 하나만으로 신학을 한 마지막 신학자라면, 니터의 관심은 더 이상 그리스도교 전통에만 머물지 않는다. 아니, 머물 수 없으며 머물러서도 안 되는 세계 속에서 그는 그리스도교 신앙의 의미를 묻고 신학을 해야만 했다. 사실 니터 교수뿐 아니라 틸리히 이후의 모든 신학자들은 두 가지 방면에서 그의 신학적 관심을 넘어설 수밖에 없었다. 하나는 라틴 아메리카를 비롯한 제3세계 신학자들이 몰고 온 해방신학의 폭풍이고 다른 하나는 동양종교와의 진지한 대면, 그 가운데서도 특히 불교와의 만남이다. 니터는 이 둘을 온몸으로 부딪치면서 신학을 한 사람이고, 그의 이러한 모습은 이 책에서 그대로 드러나고 있다.

『오직 예수 이름으로만?』이라는 종교신학의 명저 이후 그는 종교다원주의 신학의 대표주자로 등장했다. 그러나 그의 다원주의 신학은 두 가지 점에서 여타 다원주의 신학과 구별된다. 하나는 정의, 평화를 신학적 관심의 핵으로 삼는 '해방적 관심'이다. 그래서 그의 다원주의 신학은 존 힉의 철학적 종교다원주의와 달리 종교들이 해방적 관심과 실천에서 하나로 만나는 길을 모색하고 제시하는 신학이다. 다른 한편으로 그의 신학은 타 종교에 대한 사상적 관심을 넘어서 실천으로까지 나아가고 있다. 특히 불교에 대한 그의 관심은 단지 불교 명상을 실천하는 정도에 머물지 않고 "붓다 없이 나는 그리스도인일 수 없었다"는 고백적 선언을 할 정도로 파격적이다. 불교와 그리스도교의 경계를 자유롭게 넘나드는 그에게 그리스도교와 불교는 둘이면서 하나이고 하나이면서 둘이다. 어쩌면 그의 내면에서는 둘이 완전히 하나로 통합되어 있기에 그런 대담한 고백을 할 수 있었을지 모른다. 그리고 니터 교수는 이러한 경지를 자신의 개인적 차원을 넘어 현대 세계에서 신앙생활을 영위하는 모두에게 열린 가능성으로 제시한다.

우리는 이 책을 통해서 평생 니터 교수의 신학적 작업을 추동해 온 두 가지 실천적 관심, 즉 정의와 평화를 향한 해방적 관심과 헌신, 그리고 교리적 이해를 넘어선 불교에 대한 실천적 관심을 여실히 엿볼 수 있다. 두 종교의 경계를 자유롭게 넘나드는 그의 신학적 모험이 단순한 사상적 실험이나 어설픈 절충주의가 아니라 두 집안 모두에서 편안하게 느끼는 원숙한 경지에까지 이른 인상을 주는 것은 바로 이 두 가지 실천적 관심 때문이라고 나는 생각한다.

불교와 그리스도교라는 두 위대한 종교가 우리나라처럼 대등한 세력을 가지고 공존하고 있는 나라는 세계 어디에도 없다. 아무쪼록 이 책의 출판이 두 종교가 하늘이 이 땅에 베풀어 준 기회를 헛되이 하지 않고 깊은 창조적 만남을 통해서 풍성한 결실을 맺는 큰 자극제가 되기를 바라는 마음 간절하다.

심도학사에서, 길희성

한국어판
서문

뭐가 그리 새로운가?

이 책을 집어 든 많은 한국인들이 이런 질문을 하는 것도 당연할 것이다. 내가 이 책에서 말하는 '두 종교전통에 속하기'Double-religious-belonging는 한국인들과 동양인들에게는 이미 익숙한 것이기 때문이다. 나는 불교와 그리스도교 두 전통에 속하며 실천해 온 나 자신의 새로운 경험과 그 열매에 대해 썼지만, 동양에서는 오래전부터 둘 이상의 종교적 정체성을 갖고 사는 것이 자연스러운 일이었다. 최근 이 책을 읽은 한 동양인 학자는 다양한 종교적 정체성을 가지고 사는 것이 동양인들에게는 매우 "평범한" 일이라고 말했다. 왜냐하면 "동양에서는 다원성이 너무 뿌리 깊어서 여러 종교전통에 속하기라는 개념 자체가 불필요할 정도"이기 때문이라는 것이다.

그렇다면, 서양의 그리스도인 신학자가 두 종교전통에 속하는 경험에 대해 쓴 이 책은 한국인들에게 전혀 새로울 게 없는 것일까? 현재 서양의 종교학계와 신학계에서 폭넓고 치열하게 논의되고 있는 '여러 종교전통에 속하기'는 서양에서만 문제가 되는 현상일까? 또는, 탈-식민주의자들이 비판하듯, 두 종교전통에 속하는 것을 동양의 상황에서도 문제로 삼도록 주장하는 것은 일종의 제국주의적 강요인가? 즉, 서양의 학계가 동양의 상황에서도 의제를 정하고 통제하려는 것인가?

　나는 그렇게 생각하지 않는다. 동양의 학자들 사이에, 그리고 동양과 서양의 학자들 사이에 '여러 종교전통에 속하기'에 대한 대화가 이루어진다면, 그것은 우리 서양인들뿐만 아니라 동양의 학자들과 종교 수행자들에게도 큰 도움이 될 수 있음을 이 한국어판 서문을 통해 정중히 제안한다. 물론 나는 외부인으로서 동양의 상황에 대해 말하고 있다. 그것은 동양의 종교적 상황에 대한 내 이해가 충분하지 않을 수 있다는 것을 의미한다. 그러므로 나는 내가 말하는 것이 절대적일 수 없음을 상기하며 겸손하게 말하려고 한다. 잘못된 것이 있다면 기꺼이 수정하고자 한다.

이 책에서 시도하려는 것

　나는 이 책에서 나의 개인적인 경험을 신학적으로 성찰하고 있다. 지난 사십여 년 동안 나는 불교를 공부하는 데 그치지 않고, 불교의 명상 수행을 나의 그리스도교 영성과 통합하려고 노력해 왔다. 내가 처음부터 두 종교전통에 속하려고 의도한 것은 아니었다. 불교 공부와 수행은 단순하지만 깊은 의미에서 내게 필요하고 매혹적인 것이었다. 불교는 내가 갖고 있는 종교적·사회적 삶의 문제들을 다룰 수 있도록 도와줄 것 같았다. 그 후 나의 불교 공부와 수행이 넓어지고 깊어지면서, 내 지적 이해와 수행의 발견들이 그리스도인으로서의 나 자신을 이해하는 방식에 큰 변화를 일으키고 있음을 알게 되었다. 불교는 내가 세계와 예수 그리스도와 그리스도교 교리를 바라보는 방식에 점점 더 스며들고 있었다.

나는 나의 개인적 삶과 그리스도교 교회에서의 공동체적 삶에 무슨 일이 일어나고 있는지를 이해해야만 한다고 느끼게 되었다. 바로 그것이 이 책의 내용이다. 그리스도인으로서의 나의 삶에 불교가 어떻게, 어느 정도로 영향을 주었는지를 이해하려는 것이다. 달리 말하면, 나는 직업적 신학자가 급여를 받으며 해야 하는 일을 이 책에서 하고 있다.

불교를 실천하는 나의 경험을 성찰하게 된 주요 동기는 불교에 매력을 느끼는 그리스도인이 나 혼자가 아니라는 것을 알게 된 것이었다. 미국과 유럽의 많은 그리스도인들은 두 전통에 속하는 것을 통해 다양한 형식으로 불교를 탐구하고 있다. 그들은 두 전통에 속하는 것이 그들 자신과 그들의 교회에 무엇을 의미하는지 궁금해 하고 있다. 그런 평범하고 헌신적인 그리스도인들이 제기하는 물음을 경청하고 해결하도록 돕는 것이 신학자인 나의 일이다.

서양 그리스도인들이 직면한 가장 큰 물음들 중 두 가지는 "왜 다른 종교가 그렇게 많이 있는가?"와 "그 종교들로부터 무엇을 배울 수 있는가?"이다. 첫째 물음이 신학적인 것이라면 둘째 물음은 영성에 관한 것이다. 서양의 많은 그리스도인들은 다른 종교들과의 대화가 그들의 신앙을 무척 풍요롭게 한다는 것을 발견하고 있다. 미국과 유럽의 그리스도인들에게는 불교와의 대화가 특히 그런 것 같다. 그러므로 이 책에서 나는 불교가 왜, 그리고 어떻게 그리스도인 정체성에 영향을 주고 심지어 변화시킬 수 있는지를 이해하고자 했다.

그리스도인들은 불교의 도움을 받아야 한다

나 같은 그리스도인들이 불교에서 도움을 찾고 있는 것이 암시하듯이 그리스도인들에게는 도움이 필요하다. 나는 '백지 상태'*tabula rasa* 같은 순수하게 열린 태도와 단순한 호기심으로 불교를 연구하고 수행하기 시작한 것이 아니다. 나는 내 그리스도교 신앙을 동요시키고 종종 약해지게 하는 물음들을 갖고 불교를 만났다. 많은 현대의 서양 그리스도인들처럼 나는 어려운 일, 어쩌면 거의 불가능한 일을 시도했다. 그것은 현대 또는 탈현대의 과학 지향 문화에서 그리스도교 신조의 뜻이 통하게 하려는 것이다. 그것은 진화하는 우주에서 신의 본질을 이해하는 것, 확고하게 다양한 종교적 세계에서 예수의 유일성을 설명하는 것, 인간과 환경에 대한 고통과 위협이 증가하는 세계에서 '구원'의 의미를 파악하는 것이다.

그러므로 나는 붓다와 대화하고 그를 따르려 하면서 많은 물음을 제기하게 된다. 이 책의 각 장은 나를 동요하게 하는 문제들과 물음들로 시작한다. 하지만 각 장은 또한 불교의 가르침과 수행이 내가 나 자신과 내 그리스도교 공동체를 위해 그 물음들과 씨름하는 데 얼마나 많은 도움을 주었는지를 분명히 해 준다. 붓다의 도움으로 나는 그 난제들 중 많은 것들에 대한 최종적이지는 않을지라도 효과적인 해답을 찾아 왔다. 그런데 각 장에서 내가 시도하는 것은 그 물음들에 대한 불교의 해답을 제공하는 것이 아니다. 그보다는 그리스도인들이 그들의 복잡한 문제들에 대한 그리스도교의 새로운 해답을 찾을 수 있도록 불교가 어떤 도움을 줄 수 있는지를 보여 주려고 시도한다. 나는 그리스도교 전통을 고찰할 수 있는 해석학적 관점 혹은 '새로운 종교적 안경'을 불교가 어떻게 내게 제공해 주었는지, 그리고 그 불교의 안경이 없었다면 결코 볼 수 없었을 것들을 어떻게 발견할 수 있게 해 주었는지를 보여 주려 한다.

신학자로서의 나의 일은 항상 변화하는 세계 속에서 성서와 사도신조를 재해석하고 뜻이 통하게 하는 것이다. 불교는 내가 그 일을 하는 데 큰 도움이 되어 왔다. 그러므로 불교는 내가 더 좋은 그리스도인이자 더 좋은 신학자가 될 수 있게 해 주었다는 것을 분명히 하고 싶다.

한국인들도 관심 가질 만한 일일까?

나는 '여러 종교전통에 속하기'라는 현상을 이해하려는 서양인 신학자들의 노력을 보여 주는 이 책의 내용이 한국의 그리스도인들과 종교적 의미를 탐구하는 더 많은 한국인들도 관심 가질 만하고 또 그들에게 도움이 될 수 있는 것임을 믿고 희망한다. 물론, 한국인의 종교적 수행과 정체성에 여러 종교전통이 겹쳐져 있는 것은 한국 역사와 문화에서 오랫동안 중요한 부분이 되어 왔다. 한국에서는 유교, 도교, 불교의 전통과 가르침이 단지 공존해 온 것만이 아니다. 세 전통은 한국의 역사와 한국인의 의식적·무의식적 정체성에 혼합되어 왔다. 그러므로 현대 한국인들에게 두 전통에 속하는 것은 그다지 미국인들에게처럼 새로운 현상이거나 혼란스러운 경험이 아니다.

하지만 나는 한국 문화와 전통에서는 오래된 현실인 '두 전통에 속하기'를 새로운 방식으로 볼 수 있다고 생각한다. 그래서 두 전통에 속하는 경험에 대해 서양인 학자들과 대화하는 것이 한국인 학자들과 수행자들에게 도움이 될 수도 있다고 감히 제안하는 것이다. 그 대화는 한국인들에게 흥미로운 도전이 될 수 있을 것이다. 아마 한국의 그리스도인들과 불자들은 그들의 종교적 혼종성hybridity을 더 깊이 성찰함으로써 그들 자신을 이해하고 현대 사회에서 종교적 신앙의 의미를 찾는 새로운 원천을 발견할 수도 있을 것이다.

한국인들은, 아마도 분명한 자각 없이, 여러 종교전통에 속하는 것을 오랫동안 실천해 왔다. 그것이 한국인들의 문화적 실천이었다. 나는 서양인 학자들과의 대화가 한국인들에게 그들의 문화적 실천을 성찰하고 그것에 대한 이론 혹은 이해를 만드는 계기가 될 수 있음을 조심스럽게 제안한다.

서양인 학자들과 그리스도인들이 상대적으로 새롭고 제한된 토대에서 시도하고 있는 두 전통에 속하기를 한국의 학자들과 수행자들은 훨씬 더 풍부하고 유망한 자원을 가지고 할 수 있다. 여러 종교에 속해 온 그들의 풍부한 경험을 보다 의식적이고, 체계적이고, 창조적으로 성찰함으로써 한국인 학자들은 우선 그들 자신과 그들의 역사를 더 깊이 이해할 수 있을 것이다. 그뿐 아니라 한국인 학자들은 두 전통에 속하기와 종교적 혼종성을 연구하는 서양인 학자들과 관계함으로써 서양의 종교학계에 도전과 도움을 줄 수 있을 것이다.

한국인들이 그리스도교 교회와 종교에 주는 선물

나는 단지 종교학자가 아니라 그리스도교 신학자이다. 그러므로 두 종교전통에 속하는 것을 탐구하는 동양인들과 서양인들 간의 깊고 넓은 대화가 학계뿐 아니라 신자들의 공동체인 그리스도교 교회를 위해서도 새로운 열매를 맺을 거라고 희망하고 있다. 여기서 나는 한국 그리스도인들에게 말하고 있다. 또 우리 가톨릭 신학자들이 '보편교회'라고 부르는 보다 넓은 틀 안에서 그들에게 말하고 있다. 보편교회는 가톨릭, 동방정교, 개신교 사이 혹은 자유주의, 복음주의, 근본주의 그리스도인들 사이의 실제적이고 지속적인 차이에도 불구하고, 그들 모두가 복음에 충실하고자 애쓰는 예수의 제자들이라는 것을 느끼는 더 넓은 그리스도인들의 공동체이다.

예수를 따르는 이들의 넓고 다양한 공동체인 이 보편교회는 오늘의 세계 현실 속에서 갱신되어야 할 필요가 있다. 우리는 과학이 우주의 복잡성과 창조성에 대한 우리의 이해를 더 깊게 하고 있고, 불의와 폭력 때문에 인류와 자연이 막대한 고통을 겪고 있음을 더 고통스럽게 자각하고 있고, 개인의 평안은 만인의 평안에 의존한다는 상호연관성을 자각하고 있는 세계 속에 살고 있다. 보편교회는 바로 그러한 세계 속에서 그리스도교 메시지가 더 의미 있게 이해되고 더 도전적으로 적합한 것이 될 수 있도록 그 메시지에 대한 이해를 수정하고 개혁하고 갱신해야 할 필요가 있다. 그리스도인들과 모든 종교인들은 그들의 전통적 가르침을 오늘의 세계에 맞게 고치고 예리하게 함으로써 그들 전통의 창시자들이 그들을 인도하고 희망을 주는 메시지를 계속 말할 수 있게 해야 한다.

나는 각 종교 공동체가 그들의 메시지를 수정하고 개혁하고 갱신할 수 있는 능력은 그들이 다른 종교의 메시지에서 배울 수 있는 능력에 크게 의존한다고 확신한다. 종교 간의 대화는 대화에 참여하는 종교들을 갱신하게 하는 도전이자 기회인 것이다. 그리고 여러 종교전통에 속하기의 탐구와 도전은 종교 간의 대화를 더 깊고 인격적인 것이 되게 한다.

모든 종교의 갱신과 그들의 현대 세계 속에서의 적합성이 다른 종교와 대화하는 종교인들의 능력에 크게 의존한다면, 더 정확하게 말해, 두 종교에 속하는 것의 가능성과 자원을 탐구하는 종교인들의 능력에 달려 있다면, 한국인들은 우리 미국인들보다 훨씬 더 큰 강점을 가지고 있다. 한국인들은 우리 서양인들이 알고 있는 것보다 더 깊고 넓은 종교다원주의와 종교적 혼종성의 경험을 가지고 있기 때문이다. 한국인 학자들과 종교인들이 여러 전통을 함께 실천하는 종교적 정체성의 경험과 유산을 보다 분명하게 성찰할 수 있다면, 그들은 한국에서의 종교의 적합성을 발견하는 것뿐만 아니라 더 넓은 세계에서의 종교들의 적합성을 발견하는 데도 크게 기여하게 될 것이다.

그러므로, 나는 이 책에서 내가 어떻게 불교와의 대화를 통해 더 좋은 그리스도인이 되었는지를 성찰하려 시도한 것을, 여러 종교전통의 영향을 받아 형성된 그들의 복합적 종교적 정체성을 성찰하는 한국의 종교인들이 훨씬 더 깊고 풍부하게 할 수 있음을 제안하고 희망한다. 나중에 한국 종교인들이 내게 더 많은 것을 돌려줄 것을 기대하면서 이 책을 한국 독자들에게 선사한다.

2011년 7월 뉴욕에서
폴 니터

| 차 례 |

| 서론 | 나는 아직도 그리스도인인가? *21*
| 1 장 | 열반과 초월적 타자 하느님 *35*
| 2 장 | 열반과 인격적 타자 하느님 *75*
| 3 장 | 열반과 신비로운 타자 하느님 *123*
| 4 장 | 열반과 천국 *157*
| 5 장 | 그리스도 예수와 붓다 고타마 *189*
| 6 장 | 기도와 명상 *253*
| 7 장 | 평화 만들기와 평화롭기 *311*
| 결론 | 영적 문란인가 혼종인가? *386*

| 찾아보기 | *394*

붓다 없이 나는 그리스도인일 수 없었다

Without Buddha I Could not be a Christian

> 서론

나는 아직도
그리스도인인가?

    이 책은 담고 있는 내용들과는 달리 다소 이기적인 책이다. 나는 주로 나 자신을 위해 이 책을 썼다.

    나는 성인이 되어 많은 시간 동안, 특히 지난 이십오 년간 내가 속한 그리스도교의 믿음들과 갈등해 왔다. 나는 오랜 세월 동안 그 그리스도교 믿음들과 함께 했다. 1939년에 태어난 나는 미국 시카고 교외의 변두리에서 독실한 로마 가톨릭 그리스도인이자 근면한 노동자 계급인 부모 밑에서 자랐고, 〈성 프란치스코 교육 수녀회〉가 운영하는 성요셉 초등학교에서 교육을 받았다. 그래서 나는 하느님이 어디에나 계시다는 것, 예수가 하느님의 아들이라는 것, 그리고 금요일에 고기를 먹거나 일요일 미사를 빠뜨리면 하느님과 예수에게 큰 벌을 받는다는 것을 한순간도 의심하지 않았다. 내가 열세 살 때 하느님이 나를 사제직으로 부르신다고 말해 부모님을 당황스럽고 달갑지 않게 했을 즈음 그런 믿음들은 더 정교해지고 깊어졌다. 나는 집을 떠나 당시의 신학고등학교에 진학했고, 그 후 십사 년 동안 사제가 되기 위해 공부하고 준비하면서 보냈다.

나는 1966년 로마에서 사제 서품을 받았고, 신학을 연구하고 가르치는 일에 임명 받았다(독일의 마르부르크 대학에서 공부하며 박사학위를 받았고 시카고의 가톨릭 연합신학교에서 교수 생활을 했다). 열세 살 때는 쉬워 보였던 독신생활이 나이 서른에는 나를 끈질기게 괴롭히는 문제가 되어 결국 1975년 사제직을 떠나는 것을 허락받은 후에도, 그리고 1982년 사랑하는 사람과 결혼한 후까지도, 나는 내 인생의 다른 사랑인 신학에 충실할 수 있었다. 나는 신시내티의 제이비어 대학에서 신학대학생들이 아닌 학부생들을 약 삼십 년 동안 가르쳤다.

그러나 신학자로서의 내 직업이 흥미진진하기는 했지만, 그것은 계속해서 삶이 내게 던지는 더 깊고 끈질긴 문제들을 해결해 주지 못했고, 사실, 종종 그 문제들을 더 확대시키는 것 같았다. 내가 '삶'이라고 말할 때, 그것은 하느님과 예수, 천국과 지옥에 관해 배운 것을 책임 있고 지적인 인간으로서 내가 직면하고 느끼고 배우고 있는 모든 것과 연결하는 필요와 노력을 뜻한다. 나는 점점 더, 평생 가톨릭 그리스도인이었으며 신학을 직업으로 하는 내가 정말로 무엇을 믿는지, 또는 정말 무엇을 믿을 수 있는지 나 자신에게 질문해야만 하는 형편에 처하게 되었다.

내가 믿는다고 말하는 것을 나는 정말로 믿는가? 또는 그리스도교 공동체의 일원이라면 믿어야 하는 것을 나는 정말로 믿는가? 나는 예수와 신약성서 증인들의 윤리적 가르침에 대해 말하고 있는 것이 아니다. 정직, 정의, 자비에 기반을 둔 사회에 대한 복음의 비전은 고귀하고도 절박한 의미가 있다. 또한 나는 논란이 많은 윤리적 혹은 현실적 교회의 가르침들에 대해 큰 문제를 갖고 있는 것도 아니다. 이 가르침들의 대부분은 한 가톨릭 신학자가 "골반에 관한 논쟁"이라고 부른 것과 관련된 것으로서, 피임, 이혼, 여성의 역할, 동성애, 성직자의 독신생활, 주교의 지도권, 투명성과 같은 문제들을 다룬다. 이것들은 분명히 중대한 관심의 대상들이지만, 나는 많은 동료 가톨릭 신자들처럼, 이런 문제들에 대해서는 우리 교회의 역사에서 종종 그랬듯이 신자들의 '상식'이나 '목소리'에서 사제들이 배울 점들이 좀 있다는 것을 깨닫게 되었다. 그것은 시간문제다.

내가 갈등하고 있는 문제는 더 크고 근본적인 것들이다. 그것은 나 자신이 속한 로마 가톨릭 공동체에 국한되지 않고 모든 그리스도인들에게 적용되는 문제이다. 나는 사도신조의 근본적 요소들을 말하고 있다. 많은 그리스도인들이 일요일마다 함께 선언하는 믿음들, 다른 많은 종교적 믿음들과 철학들이 있는 세상에서 그리스도인들이 누구인지를 정의한다고 여겨지는 믿음들을 말하고 있다. 나는 "전능하신 하느님 아버지, 하늘과 땅의 창조주", 인격적 존재로서 역사와 우리 개인의 삶에서 활동하시며, 우리가 숭배하고 도우심과 인도하심을 달라고 기도하는 분에 대해 말하고 있다. 나는 "우리의 죄를 위하여 죽으셨고", "종말의 때에 다시 오실" 것이며 하느님의 부르심에 응답하는 모든 사람들의 몸과 영혼에 영생과 개인적 불멸을 주는 반면 그 부르심을 거절하는 사람들은 지옥의 영원한 형벌에 처하는 "그분의 독생자"에 대해 말하고 있는 것이다.

나는 그런 진술들이 주장하고 고백하는 바를 진정으로 믿는가? 더 정확하게 말해, 나는 그것을 믿을 수 있는가? 설령 내가 그 진술들을 문자 그대로 받아들이지 않는다고 해도, 설령 그것들이 항상 문자적으로 해석할 것이 아니라 진지하고 신중하게 해석해야 하는 상징들이라는 것을 상기한다

해도, 여전히 나는 스스로에게 물어야만 한다. 그 진술들에서 문자의 표피를 벗겨 낸다면 내가 긍정할 수 있는 내적인 혹은 더 깊은 의미는 무엇인가? 하느님이 인격적이라고 말할 때(실로, 세 명의 '인격'!), 예수가 유일한 '구원자'라고 말할 때, 그의 죽음 때문에 온 세상이 달라졌다고 말할 때, 그가 무덤에서 몸으로 부활했다고 말할 때, 나는 무엇을 믿는 것인가? 나의 믿음들의 '내용'이 너무 모호하게 될 수 있어, 아주 정직하게 말해서, 도대체 내가 믿기는 하는지 자문하게 된다.

나는 그런 문제들과 씨름하고 답하기 위해 노력하라고 봉급을 받는 신학자이다. 1960년대 초, 로마의 그레고리안 대학에서 예수회의 버나드 로너건이 가르쳐 주었던 것처럼, 내 직업은 "종교와 문화 사이를 매개하는 것"이다. 그것은 그리스도교 믿음과 체험의 빛 안에서 세계를 이해하는 것, 그리고 우리가 살고 있는 세계의 경험과 지식의 빛 안에서 그리스도교 믿음을 이해하는 것을 의미한다. 이것이 오랜 세월 동안 내가 해 오고 있는 일이다.

일반적으로 신학자들이 종교와 문화 사이를 매개하는 이 일을 수행하는 데는 두 개의 주요 원천이 있다고 한다. 종교 쪽에서 신학자들은 성서와 전통을 끌어 온다. 즉, 그것은 초기 그리스도교 공동체들의 첫 증언, 그리고 그 후 그리스도인들이 서로 다른 역사적·문화적 시기들을 통해 그 메시지를 이해하고 그대로 살려고 노력해 온 긴 역사이다. 일반적 그리스도인들, 그리고 특히 신학자들은 성경과 그들의 역사를 알아야 할 필요가 있다.

문화라는 풍부한 영역을 탐구하기 위해서 신학자들은 다양한 분야에서 그들 자신의 경험과 다른 사람들의 경험을 끌어 온다. 그것은 문학, 영화, 매일의 뉴스와 분석, 예술, 자연과학과 인문과학(특히 정치학과 경제학) 등이다. 이러한 신학의 두 가지 일반적 원천들은 '그리스도교적 사실'과 '인간의 경험'이라는 용어로 지칭되어 왔다. 사십 년이 넘게 신학이라는 직업을 열심히 수행하는 동안 나는 할 수 있는 한 주의 깊게 그리고 지적으로 이 두 가지 원천들을 신학에 활용하려고 했다. 하지만 특히 최근 이십 년 동안 부침을 겪는 와중에 나는 이 두 가지 원천들이 충분하지 않다는 것을 알게 되었다. 최소한 내게는 불충분했다. 나는 그것들만으로는 앞서 언급한, 나를 당황스럽고 불안하게 하는 문제들과 씨름하는 데 충분한 대비를 할 수 없었다. 그 문제들은 하느님의 본성, 예수의 역할, 구원의 의미 등이었다. 신학적 자원의 저장고에 셋째 요소인 다른 종교들을 추가한 후에야, 나의 작업은 더 흥미롭고 더 만족스럽고 더 생산적인 것이 되었다.

    신학을 하는 많은 동료들처럼 나는 그리스도교 신앙을 이해하고 살아가는 일에 필수적으로 그리고 아마도 본질적으로 중요한 무엇인가를 찾기 위해서는 그리스도교의 전통적 경계선 너머를 보아야만 한다는 것을 깨닫게 되었다. 그것은 다른 종교들이었다. 다시 말해, 다른 종교들의 경전과 전통, 신성한 문서들, 과거의 가르침들, 그리고 다른 종교 신자들의 살아 있는 공동체들이다. 나는 다른 종교의 경전과 전통을 진지하게 생각하고 탐구하기 시작한 후에야 나 자신의 종교를 더 충분히 이해할 수 있게 되었다. 더 개인적으로 말하면, 종교적 존재가 되는 다른 방식들 – 즉, 내가 다른 종교들에 대해서 연구하고 발견하고 흥분하고 당혹스럽게 여겼던 것 – 에 참여하는 것이 현대 세계에서 예수의 메시지가 의미하는 바를 이해하려는 나의 일에 예상치 못했지만 매우 큰 도움이 되는 것으로 드러났다.

    다시 말해, 나는 라이몬 파니카, 예수회의 알로이시우스 피어리스, 베데 그리피스, 그리고 토마스 머튼 같은 신학적 스승들의 모범과 가르침에 따라, 대화적 방법으로 신학을 해야 하고 대화를 통해 그리스도인의 삶을 살아야 한다는 점을 확신하게 되었다. 즉, 요즘의 신학적 용어로 말하면, 나는 종교 간의 경계를 넘어 종교적이어야 한다는 것이다. 나는 유대인, 무슬림, 힌두, 불자, 아메리카 원주민 등 다른 사람들이 자신들의 종교적 삶을 살고 이해해 온 방식에 참여하는 것을 통해 나의 그리스도인의 삶을 수행하고 이해하려 해 왔다.

모든 다른 종교전통들과의 대화가 유익했지만, 특히 불교 전통과의 대화가 내게는 가장 깊이 있고 가장 흥미로우며 가장 어렵고 따라서 가장 보람이 있었다. 다른 종교를 가진 나의 가장 가까운 친구들은 불자들이다. 그 중의 한 명과는 결혼도 했다! 나는 불교와의 이런 대화가 정말 나의 종교적 유산(성서와 전통)과 나의 인간성을 특징지어 온 문화 사이를 매개하려는 그리스도인으로서의 나의 신학적 임무를 수행하는 데 가장 큰 도움이 되며 정말 필수적인 두 가지 자원 중 하나라는 것을 여러 해에 걸쳐 알게 되었다. 나머지 하나의 없어서는 안 될 자원은 우리의 문화를 그토록 많이 감염시키는 불의와 그 결과인 고통에 대해 반응해 온 해방신학이었다. 나의 책 『하나의 지구, 많은 종교』는 이 문제에 관한 것이다.

나는 불교와의 대화를 통해 모든 신학자들이 직업적으로 해야만 하는 것과 모든 그리스도인들이 개인적으로 해야만 하는 것을 행할 수 있게 되었다. 그것은 그리스도교의 믿음이 우리가 살고 있는 세계에 부합하면서 또한 도전이 되는 방식으로 그 믿음을 이해하고 살아가는 것이다. 불교는 나로 하여금 나의 지적 진실성을 유지하고 나의 문화에서 내가 진실하고 선하다고 생각하는 것을 긍정할 수 있도록 그리스도교 신앙을 이해할 수 있게 해 주었다. 하지만 동시에 불교는 내가 예언자적-종교적 책임을 실행할 수 있도록, 그리고 나의 문화에서 내가 거짓이고 해롭다고 생각하는 것에 도전할 수 있도록 도와주었다.

내 인생을 되돌아보니, 나는 이렇게 불교와 관계하지 않고서는 내가 그리스도인이 되고 신학자가 되는 것을 상상할 수가 없다. 그래서 이 책 제목이 『붓다 없이 나는 그리스도인일 수 없었다』이다. 아마도 도발적인 표현이겠지만 이것은 분명히 진실이다!

단지
나만을 위한 것이 아닌

그러나 이 시점에서 나는 한 걸음 물러나서 질문해야만 한다. 이 책의 제목에서 '그리스도인'이라는 단어는 정확한가? 나는 아직 그리스도인인가? 이것은 다른 사람들(특히 바티칸에 있는 몇몇을 포함한 동료 신학자들)로부터 들었던 질문일 뿐 아니라 나 자신의 머리와 가슴속에서 느낀 질문이기도 하다. 내가 불교에서 배운 것, 또는 불교의 빛 안에서 나의 그리스도교 믿음들을 이해하고 해석한 방식이 여전히 그리스도교 경전 및 전통과 일치하는가? 이렇게 표현할 수도 있다. 불교와의 대화가 나를 불교적 그리스도인으로 만들었는가? 아니면 그리스도교적 불자로 만들었는가? 다시 말해서, 나는 불교의 도움으로 자신의 정체성을 더 깊이 이해한 그리스도인인가? 아니면 나는 그리스도교적 잔재를 아직도 쌓아 두고 있는 불자가 되었는가?

나는 그것을 알아내기 위해서 이 책을 쓰고자 했다. 이 책을 나 자신을 위해서 쓰고 있다고 처음에 말한 것은 이런 의미이다. 나는 불교와의 대화를 통해 나의 그리스도교 믿음들을 어떻게 또 다른 관점으로, 더 창조적으로, 더 만족스럽게 바라볼 수 있게 되었는지를 내가 할 수 있는 만큼 주의 깊고 명확하게 펼쳐 보이기 원한다. 나는 불교의 가르침과 수행을 이해하려는 나의 노력들이 어떻게 그리스도교의 가르침들 – 하느님(1~3장), 사후의 삶(4장), 하느님의 독생자이며 구원자인 그리스도(5장), 기도와 예배(6장), 그리고 이 세상을 하느님의 통치의 평화와 정의로 이끄는 노력들(7장) – 을 재검토하고 재해석하고 재긍정할 수 있게 만들었는지를 할 수 있는 한 쉽고 명료하게 말하기를 원한다. 그것들은 각각 이 책의 7개 장의 내용을 이루는 주제들이다. 모든 장들은 동일한 구조로 이루어져 있다. 첫째 부분에서는 내가 그리스도교의 믿음들을 긍정하는 데 가지고 있는 문제들을 서술한다. 둘째 부분에서는 불교로 '건너가는' 나의 노력을 말하고, 셋째 부분에서는 내가 그리스도교의 정체성과 믿음들로 '되돌아올' 때 배울 수 있다고 생각하는 것들을 요약한다.

좋은 심리학자나 예술가라면 누구나 말하겠지만, 우리가 느끼고 있는 것을 확인하고 다룰 수 있으려면 우리는 '그것을 드러내야 하고' 할 수 있는 한 분명하게 표현해야 한다. 그것이 내가 이 책을 통해 하려고 하는 것이다. 나는 정말로 내가(그리스도교적 불자가 아니라) 불교적 그리스도인이라고 생각한다. 하지만 그것을 알려면 불교적 그리스도인이 바로 무엇을 의미하는지를 풀어서 펼쳐 보여야 한다.

그런데 그것을 정말로 알기 위해서 나는 동료 그리스도인들의 이야기를 들어야만 한다. 그들은 이 책에서 내가 주장하는 것이 이해가 되는지, 그리고 나의 주장이 그들을 그리스도교 정체성과 전통에 연결(또는 재연결)시키는지를 내게 말해 주어야만 할 것이다. 이것이 그리스도교에서 하는 방식이다. 왜냐하면 우리는 교회라고 부르는 공동체에 함께 속하기 때문이다. 만약 어떤 특정한 믿음이나 수행이 그리스도교적이라고 말할 수 있으려면 어떤 종류의 또는 어느 정도의 공동체적 동의가 있어야만 한다. 이것은 한 신학자의 새로운 통찰이나 한 주교나 교회 지도자의 가르침이 어느 정도 신자들의 공동체에 의해 받아들여져야만 한다는 의미이다. 나는 이 책에서 내가 제안하는 것을 많은 동료 그리스도인들이 그렇게 받아들이게 되기를 희망한다. 나는 불교가 나를 도와주었다고 내가 생각했듯이 그들도 불교의 도움으로 예수의 복음을 이해하고 긍정하고 그대로 살아가려는 그리스도교 신앙과 노력을 재검토하고 회복하게 되기를 희망한다. 그러므로 결국 이 책은 그다지 이기적인 책이 아니다! 나 자신을 돕기 위해서는 나는 다른 사람들을 도와야만 하는 것이다.

그런데 이 경우에 '다른 사람들'이란 기본적으로 나의 동료 그리스도인들이지 불자 친구들이 아니다. 나는 불자들에게도 이 책이 흥미롭고 도움이 되기를 바라지만, 이 책의 주된 대상은 나처럼 개인적으로 믿는 것과 지적으로 믿는 것을 결합시키려고 종종 고통스럽게 고투하고 있는 그리스도인들이다. 그러므로 이어지는 장들에서 내가 제기하는 '정통적 가르침에 대한 물음'은 불교가 아니라 그리스도교 공동체를 향하는 것이다. 나의 주된 관심은 내가 전달하고 있는 신학적 유전자가 여전히 그리스도교적이라는 것, 그리고 그리스도교의 믿음들에 대한 나의 재해석이 이전의 것들과 비록 정말 다르지만 '전적으로' 다르지는 않다는 것이다. 모든 바른 신학은 연속성 안에서의 불연속성의 문제이며 오래된 것에 뿌리 내리고 그것에 의해 자라나는 새로움을 창조하는 것이다. 이런 의미에서 이 책이 바른 그리스도교 신학에 도움이 되기를 바란다.

또한 나는 이 책이 바른 '불교신학'에 기반을 두고 있기를 바란다. 나는 지난 수십 년 동안 할 수 있는 한 주의 깊게 불교를 공부해 왔고, 선禪명상을 매일 수행해 왔다. 그러나 나는 불교학자가 아니다. 그리고 나는 팔리어, 중국어, 티베트어도 모른다. 그렇지만 내가 불교를 이해하고 활용한 것이 대부분 정확하기를, 그리고 많은 불자들이 견지하고 있는 것과 공명하기를 바란다(그리스도교도 마찬가지이지만 불교에도 다양한 형태가 있으므로 합창단 전체가 한 목소리로 노래하는 것은 사실 불가능하다. 항상 여러 목소리가 있기 마련이다).

그러나 불교의 정통 신앙은 나의 첫째 또는 핵심적 관심사가 아니다. 설혹 내가 불교를 잘못 이해했다 하더라도 그것이 나로 하여금 그리스도교의 메시지를 새롭고 더 깊게 더 진지하게 이해하도록 한다면 그걸로 족하다. 일이란 종종 그렇게 이루어지는 게 아닐는지. 나는 불자 친구들이 결코 이를 불쾌히 여기지 않으리라 장담한다(그들은 아마도 이것을 '방편'^{upaya}의 문제라고 할 것이다. 즉 내가 말하고자 하는 요체를 전달하기 위해 사실들을 다소 느슨하게 다루는 것이라고 할 것이다).

오랜
임신 기간

　다음에 펼쳐지는 장들이 형태를 갖추는 데 걸린 오랜 과정을 이해하는 것은 독자들이 이 책을 읽는 데 필요한 인내력을 갖게 하고 적절한 길잡이가 될 것이다. 실제로 '대화적 신학자'로서 하는 나의 일 속에서 - 제이비어 대학에서 가르친 불교와 아시아 종교들에 관한 많은 과목들, 〈불교-그리스도교 학회〉의 활력 넘치는 프로젝트들과 우정, 매일 수행하는 선 명상, 그리고 〈엘살바도르의 평화를 위한 그리스도인들 크리스파즈, CRISPAZ〉과 〈종교평화위원회〉의 회원으로서 하는 일 - 나는 지난 사십 년 동안 이 책을 써 왔다. 불의로 인한 고통으로 파괴되고 있으며 날마다 이루어지는 새로운 과학적 발견들로 갈피를 잡지 못하고 있는 세계 속에서 그리스도의 충실한 제자와 붓다의 초보 제자가 되려고 노력하면서 나는 사십 년이 넘게 새로운 질문들과 씨름하고 새로운 통찰을 추구해 왔다. 그리고 그 과정에서 이 책을 위한 실존적 메모들을 해 왔다.

　나는 또 나 자신과의 대화를 꾸준히 해 왔다. 매일은 아니지만 정기적으로 영적 일기를 여러 해 동안 계속 써 왔다. 그 일기에서 나는 내가 읽은 것과 가르친 것 또는 대화나 정치적 투쟁에서 배운 것으로부터 부글부글 끓어올랐던 통찰과 물음들을 표현할 말들을 찾으려 해 왔다(나는 이런 통찰들 중 많은 것들이 생각을 하면 안 되는 명상 동안에 구체화되었다는 것을 인정하지 않을 수 없다!). 나는 1994년부터 써 온 이 일기들을 다시 읽고 이 책을 엮는 데 도움이 되는 많은 구절들을 발췌했다. 때때로 나 자신이 놀랄 정도로 특별히 적합한 표현을 담은 구절이 발견되면 그것을 직접 인용하기도 했다.

이 책은 또한 보다 직접적인 대화 속에서 형태를 갖추었다. 나는 각 장들의 초벌 원고를 친구들과 동료들에게 이메일로 보냈다. 그러면 그들은 언제나 솔직하고도 애정 어린 논평을 통해 내 원고의 내용을 확인해 주고 명확하게 하거나 수정해 주었다. 그들의 명단 맨 앞에는 나의 아내인 캐시 코넬이 있다. 그는 이십오 년 전에 나와 결혼했을 때는 가톨릭 그리스도인이었지만, 그 후로는 불자의 길을 더 분명하고 편안하게 느끼고 있다. 그가 불교와 그리스도교 '두 전통에 속해 있기' 때문에, 그러나 무엇보다도 내가 정말로 믿고 수행하는 것이 무엇인지를 누구보다도 잘 알기 때문에, 그는 삶에서와 마찬가지로 이 책에 대해서도 가장 큰 도움이 되었고 즐거운 대화 상대였다. 그 다음의 명단에는 나의 아이들 존과 모이라가 있는데, 그들은 이 책에 대해 코멘트 하면서 내가 뜻이 안 통하는 말을 할 때마다 직언을 하는 그들의 평소 능력을 보여 주었다.

여러 불자, 그리스도인 친구들이 내가 명료하고 정확한 태도를 유지하도록 최선을 다해 도와주었다. 그들은 그리스도인 친구들에 대한 인내와 이해심을 갖춘 선사禪師인 마이클 앳킨슨, 벨라민 교구의 나의 전임 사제로서 익명으로 불교적 설교를 하는 예수회 회원 리차드 볼먼, 제이비어 대학의 신학부 교수로서 나의 오랜 동료, 친구, 비평자인 예수회 회원 조셉 브라켄, 내 친구이자 나와 같은 전직 사제로서, 그리고 아직도 갈등하고 있는 가톨릭 신자인 데이브 캘런, 사촌이자 불교적 그리스도인 동료로 일본에서 사제로 거의 삼십 년을 보낸 릭 써틱, 평화운동가로 그가 속한 가톨릭 교회에 대해 당연하게도 인내심을 잃은 루쓰 홀텔, 친구이자 국제적인 불교학자로 제이비어 대학의 윤리/종교/사회 분과 학과장인 데이빗 로이, 그리고 새로 사귄 친구로 이전 카르투지오 수사회 수사였고 현재는 뉴욕 교구 사제이자 공인받은 선 스승인 마이클 홀러런이다. 이 모든 친구들의 도움에 감사하며, 그 도움을 언제나 그들이 바라는 대로 사용하지는 못한 것에 대해 사과한다.

또한 특별하고 각별한 감사의 말을 낸시 킹에게 보낸다. 그는 뉴질랜드 무리와이 해변의 외딴 낙원에 있는 그의 아름다운 집을 나와 캐시가 사용할 수 있게 해 주었다. 거기서 나는 은퇴 후의 안식을 찾았는데, 그것은 내가 사색하고 느끼고 상상하기 위해 필요한 것이었고, 그래서 우리와 같이 글을 쓰는 직업을 가진 많은 사람들에게 집필 작업에서 가장 어려운 단계인 '방향감을 가지고 시작하기'를 해내기 위해서 필요한 것이었다.

내가 해야 할 마지막 감사는 전혀 예상하지 못한 것이다. 내가 이런 감사를 할 수 있게 되리라고는 상상조차 하지 못했다. 2006년 1월 내가 뉴질랜드에 도착했을 때 나는 행복하게 은퇴했고 이런 더없이 행복한 정속주행 모드로 내 생을 마칠 것이라고 생각하고 있었다. 그런데, 나와 캐시가 2006년 5월에 뉴질랜드를 떠날 때, 나는 놀랍고도 흥분된 마음으로 유니온 신학대학원의 '신학, 세계종교와 문화' 분야 '폴 틸리히 석좌교수직'을 받아들인 것이다! 그리고 유니온 신학대학원에서의 둘째 학기에 나는 '그리스도교와 불교 두 전통에 속하기'라는 세미나에서 총명하고 호기심 많고 진지하게 자기 의견을 고집하는 유니온 학생들과 함께 이 책의 초고를 시험운행해 보기로 결정했다. 그리고 그것은 얼마나 유익한 시험운행이었던가! 이 책이 그들 자신의 영적 여행과 미래의 목회 활동에 어떤 도움이나 방해가 될지에 대해 생각하는 바를 나에게 우아하고 날카롭게 알려 준 학생들에게 깊은 감사를 드린다. 나는 그들의 예리한 반박에 다소 망가지기도 했지만 근본적으로는 동의를 얻었다고 느낀다. 그래서 최종 원고는 많이 고쳤지만 더 좋아졌다.

유니온 신학대학원 학생들 중에서도 박사과정 학생인 정경일에게 특별하고 행복한 감사를 드린다. 그는 자료 조사, 원고 교정, 사실 확인 등을 열심히 하는 세심한 조교였고, 우리 고참들이 물러난 후에 대화와 해방의 여정을 계속하게 될 젊고 영감 있는 동료 여행자이다. 그는 내게 도움과 희망을 주었다.

독자들이 내가 이 책을 쓰면서 느낀 축복의 일부나마 체험할 수 있다면 나는 매우 행복한 저자일 것이다.

폴 니터

뉴질랜드 무리와이 해변에서 쓰기 시작해서
뉴욕의 유니온 신학대학원에서 마치다.

Chapter 1

열반과
초월적 타자
하느님

1 열반과 초월적 타자 하느님

성장한다는 것은 놀랍고, 흥미롭고, 보람 있는 경험일 뿐 아니라 또한 종종 더욱 고통스럽고, 당황스럽고, 좌절감을 안겨 주는 시련이기도 하다. 그것은 자연스럽고 보편적인 경험이다. 낯익은 곳을 떠나 미지의 세계로 나아가고, 예전의 우리가 아닌 다른 어떤 존재가 된다는 것은 두렵고 힘겨운 일일 수 있다.

이것이 인생의 보편적 진실이라면 종교적 신앙에 있어서도 마찬가지로 진실일 것이다. 유년기를 지나 성년기로 접어들면서 우리가 진정 누구인지를 알아 가는 것이 대개 혼란과 씨름하며 발전해 가는 과정이라면, 하느님이 어떤 분인지를 알아 가는 것도 같은 과정을 거치게 될 것이다. 나의 경험은 확실히 그랬다. 나는 나이가 들면서 하느님에 대한 신앙이 더 깊어졌다고 믿는다. 그것은 나의 신앙이 혼란에 시달렸기 때문이다. 혼란 없이는 깊어질 수 없다.

인간적 성장이 종교적 성장의 문제에 도움이 되는 이유는 바로 성장의 자연스러운 과정과 관련이 있다. 우리의 영적 이해력과 성숙은 정서적 이해력과 성숙에 보조를 맞추어야만 한다. 그런데, 이 두 가지를 조화시키는 능력은 사람에 따라 다르다. 특히 미국인들은 영적 성숙이 정서적 성숙을 따라오지 못하는 경우가 많다. 미국 그리스도인들의 일반적인 학교 교육은 그들의 신체, 지성과 함께 계속 성숙하지만, 그들의 종교 교육은 중학생이나 고등학생 시절에 끝나 버리는 일이 너무 많기 때문이다. 그들은 십대 청소년 수준의 종교적 졸업장을 가지고 성인의 삶을 직면해야 하는 것이다.

이런 현실이 문제가 되는 주된 이유는 성인이 된다는 것은 책임 있게 스스로 사유하는 것을 의미하기 때문이다. 그러기 위해서는 우리가 엄마나 아빠를 종종 맹목적으로 신뢰하는 어린 아이 같은 믿음으로 받아들였던 것을 긍정하거나 거부하기 위한 분별력을 우리 자신의 경험에서 찾아야 한다. 하늘 위에서 세상을 다스리는 하느님에 대한 어린 아이의 상상과 성인의 경험을 관련시키는 것은 마치 고등학교 졸업 가운을 십 년, 이십 년 후에 입으려는 것만큼이나 불가능할 것이다.

긴장을 일으키는 것은 이것만이 아니다. 예전에는 하느님만이 답할 수 있다고 여겨졌던 물음들에 대해 과학자들이 답해 주고 있고, 심리학자들과 정치학자들은 종교는 우리를 성숙시키기보다는 조작하는 데 더 효과적인 도구라는 점을 지적하고 있다. 이런 현실에서 우리가 살고 있다는 사실을 감안하면, 종교적 유년기에서 종교적 성인기로 넘어가는 과정에서 그것을 가로막거나 중단시키는 문제들과 충돌하게 되는 이유가 더욱 명확해진다.

오래 전 1975년에 시카고의 가톨릭연합신학교에서 내가 처음 가르친 대학원 신학 강의의 제목은 '하느님의 문제'였다. 나를 비롯한 많은 이들에게 이 문제는 여전히 해결되지 않은 채 남아 있다. 그리스도인들이 하느님에 대해 말하는 것을 듣거나 읽을 때 내가 느끼는 문제는 세 가지 불편한 이미지와 관련이 있다. 그것은 '초월적 타자' 하느님, '인격적 타자' 하느님, '알려진 타자' 하느님이다.

나보다 훨씬 더 박식한 사람들을 애먹이고 괴롭혀 온 물음들에 대해 내가 깔끔하게 정리된 답을 내놓을 수는 없을 것이다. 하지만 내가 원하는 것은 내가 그런 물음들과 씨름하고 심지어 어느 정도 실제적인 답까지 찾아내도록 불교가 어떻게 도와주었는지를 나 자신과 다른 이들을 위해 탐구해 보고 더 잘 이해해 보려는 것이다.

이 장과 이어지는 장들에서 나는 1970년대에 존 듄이 그의 훌륭한 작은 책 『온 세상의 길』에서 말한 "우리 시대의 영적 모험"을 계속하려고 한다. 그것은 가능한 한 개방적이고 신중하고 인격적인 방식으로 다른 종교전통으로 건너갔다가 자기 종교전통으로 돌아오는 것이다. 그것은 다른 이의 '종교적 구두'를 신고 걷는 것이 자기 종교전통을 이해하고 그것과 조화롭게 지내는 데 어떤 도움이 되는지를 알아보는 모험이다.

존 듄이 시도한 영적 모험은 이 책의 각 장을 구성하는 세 부분에서 내가 하려는 것이다. 먼저 그리스도교의 믿음과 실천의 구체적인 영역에서 내가 겪고 있는 문제를 가능한 한 분명하게 설명할 것이다. 그런 다음 나는 불교로 건너가 그런 문제와 물음들을 불자들은 어떻게 다루는지 살펴볼 것이다. 그리고 마지막으로 그리스도교로 돌아와 불교로부터 배운 것이 어떻게 그리스도교의 믿음을 회복하고 심화하는 데 도움을 줄 수 있는지에 대해 체계적으로 이야기할 것이다.

나의 갈등:
초월적 타자

칼 구스타프 융은 그의 환자들을 치료한 경험에 근거해 종교적인 사람들은 중년에 접어들면서 하느님을 '저 위' 또는 '저편' 하늘에 있는 초월적 타자로 보는 것에 대해 문제를 느끼기 시작한다고 했다. 그것은 확실히 내가 겪었던 문제이다. 사실 나는 인생의 여러 면에서 늦깎이였는지 모르지만, 융의 예상대로라면 그런 면에서는 꽤 조숙했던 것 같다. 이십대 중반이 되자 나는 타자 하느님이라는 묘사를 마음뿐 아니라 머리로 받아들이는 것도 점점 더 어려워졌다. 그런데 이 문제와 씨름하면서 하느님의 타자성 자체는 진정한 문제가 아니라는 것이 더 분명해졌다. 우리의 삶이 건강하고 풍요로워지려면 타자들이 있어야만 하고, 특히 어떤 '중요한 타자'가 있어야만 한다. 내게 하느님은 중요한 타자들의 명단 맨 윗자리를 차지하는 타자이다.

내게 걸림돌이 되어 온 것은 하느님을 내 삶의 다른 모든 중요한 타자들과 다르게 묘사하는 것이었다. 하느님은 '초월적' 타자라는 것이다. 내가 1960년대에 로마에서 신학 공부를 하던 시절에 배웠듯이, 하느님은 유한한 존재인 우리 인간의 모든 것을 무한히 넘어서는 '전적인 타자'*totaliter aliter* 라는 것이다. 우리는 초월적 타자인 하느님은 무한히 완벽하고, 무한히 완전하고, 홀로 행복하며, 아무 것도 필요로 하지 않는다고 배웠다. 그리고 하느님은 '자존적自存的 존재 그 자체' *Ipsum esse subsistens* 라는 라틴어 표현을 외웠다. 즉, 자존적 존재인 하느님은 자신에게서 비롯되고, 오직 자신에게만 의존하며, 혼자만으로도 행복할 수 있는 존재라는 것이다.

타자를 필요로 하지 않는
초월적 타자

일부 성서학자들은 자존적 존재로서의 하느님 이미지의 뿌리를 출애굽기 3장 14절의 "나는 곧 나다"라는 선언에서 찾기도 하지만, 이 이미지는 성서보다는 희랍 철학의 유산이다. 이런 자존적 존재로서의 하느님 이미지는 하느님이 실로 타자를 전혀 필요로 하지 않고, 그의 자족성으로 인해 타자로부터 전혀 영향을 받을 수 없는 절대적 타자임을 의미한다. 사실 이는 그리스도교 신학의 일반적 이해이다. 즉, 하느님은 피조물에 의존할 필요가 전혀 없다는 것이다. 그렇지 않다면 하느님의 완전성과 자족성이 훼손될 수도 있다고 보기 때문이다. 신학자들은 수세기 동안 그런 하느님의 호위병처럼 행동하면서 아무도 그를 건드리지 못하게 했다. 부연하자면, 그들의 생각은 완전성을 자족성으로 이해하는 희랍적이고 남성적인 관념의 제약을 받은 것이었다. 하느님이 그 자신 아닌 어떤 것의 영향을 받아 변할 수 있다는 것은 하느님의 무한한 타자성에 있을 수 없는 결함이 된다.

하지만 여기에서 한 가지 강조해야 할 것이 있다. 앞에서 이야기한 것은 하느님에 대해 그리스도교 교리가 묘사해 온 것의 절반일 뿐이라는 사실이다. 아브라함과 모세와 예수의 하느님은 또한 사랑의 하느님이다. 그리스도교는 무한히 완전하고 전능한 타자인 하느님인 동시에 무한히 사랑하는 하느님이라고 단언한다. 신학자들은 자족적이고 완전하기에 창조할 필요가 없었던 하느님이 창조를 했다는 것 때문에 창조를 그 사랑의 최고의 표현이라고 주장한다. 꼭 하지 않아도 되는 것을 하는 것, 전혀 그럴 필요가 없는데도 자신을 내어 주는 것이 최고의 사랑이라고 신학자들은 말한다.

하지만 정말 그럴까? 여기서 나는 다시 걸려 넘어진다. 내가 하느님께 기도하고 하느님을 생각하고 하느님을 느끼려 애쓸 때, 나는 그리스도교의 가르침이 어떻게 하느님의 무한한 타자성과 무한한 사랑을 성공적으로 결합하는지 알 수 없었다. 또한 어떻게 이 세상 너머에 있는 하느님의 초월적 존재를 이 세상에서의 그의 내재적 활동과 성공적으로 결합하는지도 알 수 없었다.

우선, 하느님은 사랑이고 창조는 그 사랑의 표현이라고 믿는다면서 곧바로 하느님은 창조할 필요가 없었다고 덧붙인다면, 그것은 마치 하느님이 그의 사랑을 표현할 필요가 없었다는 말처럼 들린다. 하지만 그것은 어떤 사랑인가? 단지 존재하기만 하고 표현하려 하지 않는 사랑인가? 도대체 그런 사랑이 있기는 있는가? 사랑이 충만하지만 결코 그것을 표현하지 않거나 행동으로 나타내지 않는 사람을 상상할 수 있을까? 신학자들은 이 물음에 대해 하느님이 본래부터 가지고 있는 무한한 사랑은 그 자신 안에서, 삼위일체를 이루는 관계 속에서 표현된다고 대답한다. 그렇다면 하느님의 사랑은 오직 내적인 자기 사랑만으로 충족될 수 있다는 말인가? 그런 사랑을 가리키는 말이 있기는 하다. 나는 무례하고 싶지는 않지만 정직해야만 한다. 표현될 필요가 없는 사랑은 의미가 없다. 그것은 약간 병적인 사랑이다.

무로부터의 창조

창조된 세계 안의 하느님의 사랑과 하느님의 초월적 타자성에 대한 전통적 이해를 조화시키려 할 때 생기는 또 다른 문제는 창조를 이해하는 그리스도교 교리에서 비롯된다. 그것은 '무로부터의 창조' *creatio ex nihilo*를 믿어야 한다는 것이다. 하느님은 뭔가를 가지고 세계를 창조한 것이 아니라 무로부터 세계를 창조했다는 것이다. 신학자들은 성서에서는 그다지 분명하지 않은 두 가지 이유를 가지고 이것을 주장해 왔다. 첫째, 창조 이전에는 아무것도 없었다는 점을 확실히 하기 위해서다. 만약 뭔가가 있었다면 그것은 하느님 외의 다른 것에서 온 것이 되기 때문이다. 둘째, 하느님이 자기 자신으로부터 세계를 방출하지 않았다는 점을 확실히 하기 위해서다. 만약 그랬다면 그것은 세계를 하느님과 같은 수준에 놓음으로써 하느님의 초월성을 훼손하게 되기 때문이다. 그러므로 하느님과 창조된 세계 사이에는 경계선이 뚜렷하다. 그 경계선은 생산자와 생산품 사이, 전적으로 완전한 무한자와 전적으로 유한한 존재 사이, 초월적 존재와 내재적 존재 사이를 심연처럼 가르고 있다.

하지만 바로 이것이 그리스도교의 경이이며 신비라고 그리스도교 신학은 말한다. 신학은 그 심연을 건넌 하느님을 선포한다! 이미 이스라엘 백성들 가운데 있던 하느님은 역사에 개입하기를 선택했다는 것이다. 그리고 이 개입과 선택은 나사렛 예수에게서 완전하고 최종적으로 성취되었다. 하느님은 예수 안에서 인간이 됨으로써 역사가 된 것이다. 그리스도인들은 하느님의 초월성이 창조세계에 내재적으로 나타났다고 본다. 그들은 역사 속에서 활동할 뿐 아니라 역사 속에 육화하여 '육신을 취하는' 하느님을 믿기 때문이다.

이것이 바로 그리스도교의 핵심이다. 뒤의 5장에서 설명하겠지만, 내가 계속 그리스도인으로 남아 있는 이유도 그 핵심 때문이다. 하지만 하느님의 초월적 타자성에 대한 그리스도교의 주장과 하느님이 세계 속에서 활동하고 성육신한다는 분명한 주장을 합리적이고 호소력 있게 조화시키는 데는 여전히 문제들이 남아 있다. 지나친 단순화가 아니기를 바라면서 요약하면,

하느님과 세계 사이에 있는 심연 같은 경계선을 고려해 볼 때, 하느님의 역사 참여는 일방적이고, 편파적이고, 그 최고의 성육신 형태에 있어 유일회적이다.

일방통행로

하느님의 역사 참여는 '일방적'이다. 하느님의 완전성과 불변성에 대한 그리스도교의 주장대로라면 하느님은 확실히 세계에 영향을 줄 수 있지만 세계는 결코 하느님에게 영향을 줄 수 없기 때문이다. 그레고리안 대학에서 '하느님의 유일성'$^{De\ Deo\ Uno}$이라는 강좌를 가르쳤던 예수회 반 루 신부가 하느님이 세계에 영향을 주는 것은 사실이지만 세계가 하느님에게 영향을 준다는 것은 오직 이성의 추론$^{rationis\ tantum}$, 즉 우리 마음의 상상의 산물이라는 것을 식별하도록 주의 깊게 우리를 이끌어 주었을 때 내가 느꼈던 당혹감이 생각난다. 그는 세계가 하느님에게 영향을 미칠 수 있다면 하느님의 완전성과 독립성은 훼손될 거라고 분명히 말했다.

그러므로 역사 속에서의 하느님의 활동은 일방통행로인 셈이다. 그런데 또한 그 길은 어떤 곳에는 만들어지고 다른 곳에는 만들어지지 않는다는 점에서 '편파적'인 길로 보인다. 내가 학생들로부터 자주 듣는 말은 하느님이 편파적으로 보인다는 것이다. 그는 여기서는 활동하지만 저기서는 활동하지 않고, 유대인의 역사에서는 활동하지만 가나안인의 역사에서는 활동하지 않는다. 이는 다시 우리에게 하느님과 세계의 초월적 단절이라는 문제를 제기한다. 하느님과 세계는 완전히 다른 영역이고 하느님이 모든 것을 주관하므로 역사와 세계 속에서의 그의 활동을 위해서는 하느님이 그 단절을 건너야만 한다. 말하자면 하느님이 다리를 놓아야만 하는 것이다.

    비유를 더 확장하면, 다리들은 여기저기에 만들어질 수 있다. 그래서 다리가 어디에나 있다면 단절은 없을 것이다! 이렇게 본다면 세계에서의 하느님의 활동은 자연스러운 사건이 아니라 개입이다. 그리고 그 개입은 '선택'이다. 즉, 반드시 활동하지 않아도 되는 하느님이 활동하기를 자유롭게 선택하는 것이다. 그러나 그렇게 되면 마치 하느님이 그의 자녀들 중 일부를 다른 자녀들보다 더 사랑하는 것처럼, 즉 그의 선택이 선별적이고 편파적인 것처럼 보인다.

    이 마지막 문제는 그리스도교의 복음 중 최고라고 선포되는 것과 깊이 관련되어 있다. 그것은 초월적 하느님이 초월적 천국으로부터 '내려와' 피조물과 하나 되었다는 것이다. 하느님이 "사람이 되셨다."(요한 1:14) 여기서 하느님과 세계 사이의 심연은 더 이상 존재하지 않는다. 바로 여기에 하느님의 사랑의 경이가 있다. 하느님은 신성의 특권을 '포기'하고, 단절을 넘어, 죄가 없다는 점을 제외하고는 모든 면에서 우리와 똑같은 존재가 된 것이다. 그것은 기적적이고 놀랍고 굉장한 것이지만, 나를 비롯한 많은 그리스도인들에게는, 여전히 편파적 개입이라는 문제를 느끼게 한다. 그리스도인들은 하느님이 인간이 되는 기적은 단지 특정한 시간, 특정한 사람에게서 일어나는 것일 뿐만 아니라, 그 누구도 아닌 오직 예수에게서만 유일회적으로 일어난다고 주장한다. 이 문제는 5장에서 더 신중하게 탐구할 것이다. 지금은 내가 씨름하고 있는 것만 말하겠다. 나는 하느님이 이 세계의 일부가 되기 위해 "내려와야"만 한다는 것도 당혹스럽지만, 어째서 그가 단 한 번만 내려왔는지가 더 곤혹스럽다.

문제는 이원론이다!

1960년대 그레고리안 대학에서 나를 가르쳤던 교수들이 하느님의 초월적 불가침성을 수호하려는 결심에 지나치게 엄격했는지도 모른다. 그리고 하느님의 타자성이 우리의 자녀 세대보다는 우리 세대의 어깨를 더 무겁게 짓누르고 있는지도 모른다. 하지만 현대의 많은 그리스도인들은 아직도 타자 하느님을 상상하고 말하는 방식에 대해 깊고 근본적인 문제를 느끼고 있다. 나는 그 문제를 철학적으로 이야기할 것이지만, 사실 그것은 그리스도인들이 적어도 한 주에 한 번 주일 설교를 듣거나 찬송가를 부를 때 직접적으로 느끼는 거북함과 관계가 있다.

그리스도교는 그 역사 대부분 동안 이원론의 문제에 시달려 왔다. 그것은 그리스도교 본래의 특성 때문이 아니라 역사적 조건으로 인한 것이었다. 이원론의 사전적 정의는 "어떤 것이 종종 서로 반대인 두 다른 부분이나 양상을 가지고 있는 상태"이다. 내가 할 수 있는 가장 단순한 정의는 다음과 같다. 이원론은 우리가 필요한 구별을 하고 나서 그 구별을 너무 심각하게 받아들일 때 생기는 것이다. 우리는 그 구별을 연관시키는 선이 아니라 나누는 선으로 바꾼다. 그리고 그 선을 "통행금지" 표지로 사용한다. 우리는 구별할 뿐 아니라 분리해 버리는 것이다. 그리고 그 분리는 대개 위계적 순위 매기기로 이어진다. 한쪽이 다른 쪽보다 우월하고 지배적이라고 주장하게 되는 것이다. 이렇게 해서 영혼과 물질, 서양과 동양, 역사와 자연사, 남성과 여성, 하느님과 세계라는 이원론이 생겨난다.

여기에 우리 그리스도교의 문제가 있다. 우리는 하느님과 세계 혹은 무한자와 유한자를 구별해 왔다. 물론 그리스도교만이 이런 구별을 하는 종교인 것은 아니다. 또 그런 구별은 정당하고, 적절하고, 사실 필요하다. 하지만 그러고 나서 우리는 그 정연한 구별을 너무 지나치게 받아들였다. 그 구별을 너무 명확하고 단정적인 것으로 만들어 버린 것이다. 우리는 하느님과 세계 사이의 무한한 거리를 너무 강조한 나머지, 결국 하느님과 피조물이 같은 운동장의 양쪽 끝이 아니라 다른 두 개의 운동장에 따로 떨어져 있게 한 것이다! 하느님이 피조물과 얼마나 다르고 피조물을 얼마나 초월하는지를 너무 강조한 결과, 그 둘을 '연관시키려는' 우리의 시도는 인위적이고, 불완전하고, 부적절한 것이 되어 버린다.

이것이 이원론의 문제점이다. 이원론은 두 실재 사이의 차이를 너무 강조하고 그들을 너무 분리시켜 두 실재가 만날 수 없게 한다. 그래서 그 두 실재가 서로에게 속하고, 서로를 보완하고, 서로를 필요로 하고, 서로 진정한 관계를 형성하는 것을 보여 주지 못한다. 바로 이것이 문제의 핵심이다. 그리스도교의 이원론은 하느님과 세계의 차이를 지나치게 과장한 나머지 그 둘이 어떻게 합일을 이루는지를 보여줄 수 없는 것이다.

물론 내가 여기서 요약한 것이 그리스도교 전통과 체험, 신학을 전적으로 대표하는 것은 아니다. 하지만 이원론은 그리스도교 민간신앙과 교회의 '공인된 가르침'에서 지배적이다. 따라서 그리스도교 믿음과 영성의 상당히 많은 부분은 하느님과 세계의 이원론이라는 부담을 지고 있는 것이다. 나는 칼 융이 말한 것처럼, "완전히 저 편에 계신 하느님"이나 "위에 계시는 하느님" 또는 "내게로 내려오시는 하느님"을 믿는 게 너무 어렵다는 것을 알게 되었다. 많은 그리스도인 친구들과 학생들도 그렇게 생각한다. 만약 그리스도교 전통과 체험에도 우리와 세계 안에서 살고 움직이고 존재하는 하느님이 있다면, 우리는 그런 하느님을 발견할 수 있게 해 줄 도움이 필요하다. 나는 불교가 그 도움이 되어 줄 수 있다고 믿는다.

건너가기:
하느님은 없고 단지 관계가 있다

뉴욕 커네서스의 〈말씀의 선교 수도회〉 신학교 1학년 때 처음으로 불교를 공부하면서 경험한 충격을 결코 잊지 못할 것이다(당시 신학교 교과 과정은 '비-그리스도교' 종교를 포함하지 않았기에 나는 불교를 개인적으로 공부했다). 불교는 나를 놀라게 했다. 아니, 그보다는 당황해서 어쩔 줄 모르고 마비된 듯 멍해지게 만들었다. 불교에는 신이 없었다! 디트리히 본회퍼가 '종교 없는 종교'를 제안했다는 이야기를 들은 적은 있었다. 그런데 붓다는 '신 없는 종교'를 제안했다고?

그래서 불교와의 첫 만남은 마치 벽에 부딪힌 것만 같았다. 하지만, 나중에 알게 되었지만, 그런 벽은 다른 종교를 연구할 때 가장 안전한 방법을 제공한다. 그것은 우리 모두가 너무나 쉽게 저지르는 것, 즉 다른 종교를 우리 종교의 관점과 믿음으로 해석하고 다른 종교가 "정말로 같은 것을 이야기하고 있다"고 쉽게 단정지어 말하는 것을 막아 준다. 종교들은 많은 공통점을 갖고 있지만, 그보다 훨씬 더 많은 차이점도 갖고 있다. 아마 유사점보다 차이점이 더 많은 두 종교가 있다면 그것은 불교와 그리스도교일 것이다. 이런 이유로 불교와 그리스도교 사이의 대화는 무척 어렵지만 그만큼 유익하다.

방해가 되는 하느님

그래서 나는 대화의 돛을 내린 채 속도를 늦추고 불교와 불자들이 나에게 말하도록 했다. 불교 서적과 불자 친구들로부터 들은 바에 따르면 붓다가 신의 존재를 반드시 부정하려고 했던 것은 아니다. 그는 단지 신이든 다른 어떤 것이든 인습적으로 종교에 대해 말하는 것을 원하지 않았을 뿐이다. 왜 그랬을까? 아마 그가 뭔가 다른 것을 말하고 싶었기 때문이었을 것이다. 그리고 그는 다른 말들처럼 신에 대한 말도 방해가 될 수 있다는 점을 우려했던 것 같다. 붓다는 그가 보리수 아래에서 명상에 들었을 때 발견한 것을 말하려고 했다. 그보다 6년쯤 전에 그는 왕자의 신분을 버리고 집과 가족을 떠나 고통을 다루고 삶의 모든 것을 이해하기 위한 구도를 시작했으며, 북인도 보드가야의 보리수 아래에서 깨달음을 얻었다. 붓다는 바로 그 체험을 나누기를 원했다. 그에게는 신이나 힌두교의 절대적 실재인 브라흐만에 대해 말하는 것보다 그 체험을 나누는 것이 더 중요했다. 사실 그 체험은 신에 대해 말하는 것을 대체했다! 붓다에게는 말보다 체험이 더 중요했던 것이다.

그러면 그가 나누고자 했던 그 체험은 무엇인가? 이 물음에 답하기 전에, 나는 그 물음에 옳게 답할 수 있는 말을 결코 찾을 수 없을 거라는 불자들의 조언을 상기해야만 한다. 여하튼, 기록에 따르면, 붓다는 보리수 아래에서 '눈을 떴다'. 이것이 '붓다'라는 이름의 의미이다. 그는 모든 것을 있는 그대로 보았다. 깨달음을 체험한 것이다. 그리고 그 깨달음의 내용 혹은 대상은 그 후 열반^{Nirvana}이라고 불리게 되었다. 따라서 불자들에게는 깨달아 열반을 실현하는 것이 가장 중요한 것이다.

붓다의 첫 설법

언제나 한계가 있을 수밖에 없지만 깨달음과 열반이 무엇인지를 조금이라도 이해하려면 붓다의 첫 설법을 살펴보아야 한다. 붓다는 깨달음을 얻은 지 얼마 되지 않아 힌두교의 성스러운 도시인 바라나시 외곽의 사르나트(녹야원)로 걸어가 이전의 영적 동료였던 구도자 몇 명에게 첫 설법을 했다. 그 내용은 '사성제'로, 지금까지 전해진 붓다의 설법들 가운데 가장 단순하지만 가장 효과적인 것이었다. 기원전 500년대 말경의 특별한 그날 이래 불자들은 다음과 같은 진리를 상기하고 깨달으려 해 왔다.

첫째, 모든 사람은 고통^{dukkha}을 겪는다.

둘째, 이 고통을 초래하는 것은 집착*tanha*이다.

셋째, 집착을 그침으로써 고통을 멈출 수 있다.

넷째, 집착을 그치려면 붓다의 팔정도를 따라야 한다(이것은 본질적으로 붓다의 가르침을 진지하게 따르는 것, 타자를 해하지 않는 도덕적 삶을 사는 것, 명상에 근거해 영적 수행을 하는 것으로 이루어져 있다).

이 사성제가 왜 이치에 맞고 효력을 지니는지를 이해하려면 왜 이기적 집착이 고통을 일으키는지를 물어야 한다. 불자들에 따르면, 그 답은 붓다가 보리수 아래서 깨달은 다른 진리인 무상無常, *anicca*에 들어 있다. 존재하는 모든 것은(신이 존재한다면 신까지 포함해서) 항상 움직이고 있고, 항상 유동적이다. 그 어떤 것도 결코 그대로 머물러 있지 않는다. 불자들에게 세계의 가장 근본적인 사실이나 본질은 대다수 서양 철학자들과 신학자들이 말하는 '존재'*being*가 아니라 '생성'*becoming*이다. 존재한다는 것은 생성하는 것이며, 움직이고 있을 때만 '존재'할 수 있다. 우리는 여기서 그리스도교의 하느님 이해와의 직접적인 차이를 볼 수 있다. 서양 신학자들에게 하느님이 완전하다는 것은 그가 변하지 않는다는 것을 뜻하지만, 불자들에게 하느님이 완전하다는 것은 그가 우리가 상상할 수 있는 가장 잘 변하는 존재라는 것을 뜻한다!

하지만 왜 모든 것은 무상하고 끊임없이 변하는가? 그 대답은 무상과 짝하는 연기緣起, *pratityasamutpada*의 진리와 관련이 있다. 더 단순하게 말해, 모든 것이 상호연관되어 있기에 모든 것이 변하는 것이다. 모든 것은 다른 것을 통해서, 다른 것과 함께 생겨나고 계속 존재하게 된다. 붓다는 그 자체로 존재하는 것은 아무것도 없다는 것을 보았다. 사실 붓다가 인간의 자아 또는 어떤 것의 자아/정체성을 설명할 때 사용한 용어는 무아^{無我, anatta}이다. 우리는 각자 개별적이고, 분리되어 있고, 독립적인 '존재'라는 의미에서의 '자아'가 아니다. 그보다는, 우리가 항상 상호연관되어 있기 때문에 우리는 항상 변하고 있는 것이다. 그러므로 붓다가 보기에 우리는 '존재'가 아니라 '생성'이다. 우리는 '함께 생성'becomings-with하는 것이다.

이제 우리는 왜 이기심이 고통을 초래하는지 이해할 수 있다. 우리가 이기적으로 행동하고, 뭔가에 집착하고, 소유하려 하고, 그것을 우리 것으로 쥐고 있으려 하면서 놓아버리기를 거부할 때 우리는 세상의 순리에 맞지 않게 행동하고 있는 것이다. 그것은 물살을 거슬러 헤엄치거나 날고 있는 새를 붙잡으려는 것과 같다. 이기적인 것은 마찰을 일으킨다. 그것은 실상을 거슬러 마찰하기 때문에 해로운 불꽃이 튀게 한다. 불자들에게 이기적인 것은 죄라기보다는 어리석은 것이다. 하지만 그것은 그리스도교의 죄처럼 자신과 다른 이들에게 고통을 일으킨다. 불자들은 다른 이들과 함께 즐기거나 사물을 향유하는 것을 반대하는 것은 아니다. 불자들은 다만 그것에 집착하거나 소유하고 있다고 생각하지 말라고 우리에게 경고할 뿐이다. 우리가 집착하고 소유하려고 하자마자 불꽃이 튀어 사람들을 다치게 할 것이기 때문이다.

불자들이 추구하는 것

이것이 붓다의 체험이며 불자들이 추구하는 체험이다. 그들은 사성제의 참된 진리, 만물의 무상성과 상호연관성의 실상, 이 무상성의 실상을 자각할 때 얻게 되는 자유와 평화를 깨닫고자 한다. 그것이 불자들이 가장 중요하게 추구하는 것이다. 그리스도인들이 하느님을 추구하듯이 불자들은 깨달음을 추구한다. 불자들에게는 깨달음이 '절대'라고 할 수 있을는지도 모른다. 그렇다면 이는 불자들에게 질대적인 것은 개인적 체험이라는 뜻일까? 그렇기도 하고 아니기도 하다. 그렇다는 것은 무엇보다도 깨달음은 자기 자신의 체험이기 때문이다. 그래야만 한다. 왜냐하면 '그것을 얻지' 못하면 말할 수 있을 '그것'도 없기 때문이다.

여기에서 중요한 것은 '그것'이 있다는 사실이다. 즉 깨달음은 어떤 '것'을 체험하는 것이다. 그 어떤 것이란 만물이 존재하고 작용하는 방식이다. 물론 그것은 우리가 일반적으로 말하는 어떤 '사물'은 아니다. 그것은 세상의 사물들처럼 여기 혹은 저기에 있을 수 있는 게 아니고, 게다가 그 자체의 존재를 갖는 것도 아니다. 앞에서 말했듯이, 불자들은 그들이 말하는 것은 언어 너머에 있는 것이라고 주장한다.

하지만 불자들도 깨달음의 내용 혹은 깨달음의 실재를 이해하기 위해 언어를 사용한다. 불교에서 '열반' 다음으로 가장 많이 사용하는 용어는 '공호, Sunyata이다. 그것은 붓다가 열반에 들고 수세기 후에 시작된 불교개혁운동인 대승불교에서 정교하게 다듬어진 것으로, 그 문자적 의미는 '비어 있음'Emptiness이다. 하지만 공의 비어 있음이란 '아무 것도 없는 빈 방'같이 순전히 부정적 의미에서의 비어 있음이 아니라 '채워질 수 있는 빈 방'같이 무엇이든지 받아들일 수 있다는 의미에서의 비어 있음이다. 산스크리트어 *sunyata*의 어근 'su'는 '비어 있다'와 '가득하다'의 두 의미에서의 '부풀은'이라는 뜻을 가지고 있다. 이는 풍선의 비어 있음과 같은 것을 의미할 뿐 아니라 임산부의 부풀어오른 배와 같은 잠재성도 의미한다. 공은 모든 사물은 그 자체로서 존재하는 것이 아니라 타자에게 열려 있고, 타자에게 의존하며, 따라서 타자에게 기여할 수 있다는 실상을 입증한다.

그런 의미에서 공은 열반의 문자적 의미인 '불어 꺼지다', 즉 자신의 존재가 불어 없어져 타자의 존재 속으로 불어 넣어진다는 뜻을 나타낸다. 불자들이 자신들이 추구하는 것을 가리키기 위해 사용하는 용어들은 정말 이해하기 어렵다.

역사의 붓다에게 구현된 것은 법의 몸인 법신法身, Dharmakaya이다. 여기서 '법'은 붓다가 가르친 무한하고 초월적인 진리와, 그 진리가 지닌 변화시키는 힘을 가리킨다.

더 실제적이고 인격적으로, 선불교 불자들은 공은 모든 생명 있는 존재 안에 내재하는 불성佛性이라고 말한다. 인간은 팔정도를 따름으로써 그들의 삶 안에서 불성을 깨닫고 실현할 수 있다. 이런 신비롭고 상호관계적인 불성이 우리의 진정한 본성이다. 우리가 이기심을 놓아버리고 상호연관되어 있는 실재 안에서 다른 모든 존재와 주고받으며 상호작용할 때 우리는 불성을 체험할 수 있다.

현대의 수행자요 학자로 선불교를 대중화한 틱낫한은 더 자유롭고 매력적으로 공을 '상호존재'InterBeing로 번역한다. 그것은 상호연관되어 있는 사물의 상태로서 끊임없이 새로운 연관, 새로운 가능성, 새로운 문제, 새로운 생명을 만들어 낸다. 미국인으로 티베트불교 스승인 페마 초드론은 더 도발적이고 도전적으로 공을 아무 데도 발 디딜 곳 없는 '무근거성'Groudlessness이라고 부르기를 좋아한다. 모든 것은 다른 모든 것과 상호의존하며 움직이고 있기에 삶에는 견고하고 불변하는 기반이 없고, 영원히 서 있을 수 있는 곳도 없다. 우리가 이것을 깨달아 무근거성을 거스르지 않고 그것을 타고 헤엄친다면, 즉 무근거성이 우리를 지탱하게 하고 우리가 그것과 함께 움직인다면, 헤엄은 가능힐 뿐 아니라 즐거운 일이 된다.

열반은
동사인가 부사인가?

여기에서 불교의 가르침과 경험을 존중하며 신중하게 불교로 건너가려는 나와 같은 그리스도인은 묻게 된다. "그런데 열반은 무엇인가?" 그것은 정말 그 자체로 존재하는 것인가 아니면 단지 만물이 존재하고 활동하는 방식에 대한 보편적인 묘사인가? 열반은 모든 것 안의 진정한 활동인 '동사'인가 아니면 단순히 만물이 활동하는 방식을 서술하는 '부사'인가? 문법학자들은 동사 없는 부사가 있을 수 없다고 상기시켜 줄 것이다. 그것이 내가 말하려는 요점이다.

이것은 전형적인 그리스도교적, 서구적 물음이다. 그런데 전해지는 바에 따르면 붓다도 그런 혼란스러운 물음을 받았다고 한다. 붓다는 대개 그 혼란을 파열될 때까지 증대시켜 새로운 통찰에 이르게 하는 방식으로 응답했다. "당신의 질문은 실상에 적합하지 않습니다!" 또는 "당신이 묻는 것은 내가 말하고 있는 것과는 의미가 통하지 않습니다." 그는 계속해서 "열반이

나 공이 존재한다"고 말하는 것과 "열반과 공이 존재하지 않는다"고 말하는 것 '모두' 옳지 않거나 적합하지 않거나 혹은 오도하는 것이라고 설명했다.

 다른 말로 하면, 붓다가 사람들로 하여금 체험하고 깨닫게 하려는 바를 그런 식으로는 말할 수 없다는 것이다. 열반과 공, 혹은 상호존재나 무근거성은 우리가 생각하듯이 다른 모든 것들이 존재하는 방식대로 '존재하는' 어떤 것이 아니다. 그것은 우리가 경험하는 사물 같은 어떤 '것'thing이 아니라 '무'no-thing이다. 이 무는 대승불자들이 사용하는 또 하나의 용어이다. 사물들이 상호연관성 안에서, 그리고 상호연관성을 통해 존재하는 데 반하여, 공과 열반은 그 사물들의 연관되어 있음 자체이다. 불교 경전에는 없지만 현대 불자들이 채택한 용어를 사용해서 말하면, 공과 무근거성은 어떤 과정, 실로 그것에 의해, 그것 안에서, 그것을 통해 모든 것이 존재하고 생성하는 과정 자체라고 생각할 수 있다.

 공을 나타내는 또 하나의 이미지는 에너지 장場이다. 모든 존재는 이 장 안에서, 그리고 이 장에 의해 상호작용할 수 있고 상호생성할 수 있는 에너지를 얻는다. 에너지 장은 그 안의 모든 활동과 함께, 그 안의 모든 활동을 통해 '존재'한다. 그런 활동이 없다면 에너지 장은 존재할 수 없다. 그렇지만 이 에너지 장은 그런 활동들로 환원되거나 귀결될 수 있는 것이 아니다. 공/상호존재는 부분들의 합이지만 모든 부분들을 더한 것보다 더 큰 것이다. 지금 나는 불교로 건너가려 하면서 용어들, 상징들과 씨름하고 있다. 이런 설명들이 적절한 것이기를 바란다.

바로 여기, 지금!

　상호존재에 대한 이 에너지 장의 이미지를 통해 그리스도인들은 불자들, 특히 대승불자들이 "열반이 곧 생사生死, Samsara"라고 주장할 때 말하는 것을 더 잘 이해할 수 있다. 이것은 불자들이 가장 중요하게 여기는 궁극적 실재와 우리가 유한한 세계로 여기는 현상의 불이不二를 느끼도록 우리를 자극하는 일종의 수수께끼 같은 말이다. '생사'란 하루 일하고 하루 괴로움을 겪는 우리의 일상, 끊임없이 변하고 끊임없이 관계를 맺는 우리의 세속적 실존을 말한다. 생사가 열반이기에, 우리가 일상이라고 부르는 이 유한한 현실이 열반 혹은 공을 발견하는 곳이다.

　대승불교는 또한 좀 더 구체적이고 개념적으로 "공은 곧 색이고, 색은 곧 공이다"空卽是色 色卽是空라고도 말한다. 즉, 초월적·추상적 실재인 공은 인간, 동물, 식물, 사건들 같은 세계의 구체적 형상들 안에서 발견되고 표현된다는 뜻이다. 이 개별적 형상들은 공 없이는 있을 수 없다. 하지만 동시에 이런 개별적 형상들 없이는 공도 있을 수 없다.

　이것은 앞서 말했던 불이의 가장 역설적 측면이다. 열반과 생사, 공과 색은 구별되고, 이 구별은 유지된다. 그들을 뒤섞어서 한 덩어리로 만들 수 없다. 하지만 그들은 개별성을 유지하면서도 하나가 다른 하나로부터 분리될 수 없는 상호의존성으로 결합되어 있다. 종교 간 대화의 개척자이며 현자인 라이몬 파니카가 말했듯이, 열반과 생사처럼 불이의 관계로 상호관련된 짝들은 둘이 아니지만 동시에 하나도 아니다! 그리스도인들도 하느님과 창조세계의 관계에 대해서 이와 비슷하게 말할 수 있을까? 이제 그리스도교로 되돌아갈 때가 되었다.

되돌아오기:
연관시키는 영인 하느님

이 '되돌아오기' 부분에서 나는 불교로 건너가 불자들이 열반, 생사, 상호존재에 대해 경험하고 말하는 것을 들었던 나의 경험이 내가 '하느님의 문제'와 씨름할 때 안내자와 불빛이 되어 도와준 것을 가능한 한 명료하게 설명하려고 한다. 나는 불교로부터 온 이 안내의 빛이 어떻게 그리스도교의 과거와 미래의 두 방향을 비추는지를 분명하게 보여주고 싶다. 우선 그 빛은 오랫동안 그리스도교 전통의 일부였던 것을 되돌아보고 재발견하고 회복하도록 도와주었다. 그리고 또한 그리스도교 전통을 재창조하고 그 전통의 저장고에서 "새 보물과 옛 보물"(마태오 13:52)을 꺼낼 수 있는 방법을 찾도록 앞을 내다볼 수 있게 해 주었다.

처음으로
다시 신비주의자가 되기

마커스 보그는 그리스도인들이 예수에 대한 바른 이해를 회복하도록 도와주기 위해 『예수를 처음으로 다시 만나기』를 썼다. 많은 그리스도인들이 느끼고 있는 그리스도교 신비 전통의 회복 필요성에 대해서도 같은 말을 할 수 있으리라. 즉 그리스도인들은 처음으로 다시 신비가들이 될 필요가 있는 것이다. 지난 세기에 가장 존경받는 가톨릭 신학자이자 나의 스승이었던 칼 라너는 그런 필요성을 인식하고 유명한 말을 남겼다. "미래의 그리스도인들은 신비가들일 것이다. 그렇지 않으면 그들은 아무것도 아닐 것이다."

붓다는 나에게 라너가 한 말의 진실을 이해하고 느낄 수 있게 해 주었을 뿐 아니라 내 명치를 치는 듯한 충격도 주었다. 그렇다, 그것은 사느냐 죽느냐의 문제이다! 그리스도교의 신비 전통을 회복하지 못한다면 나는 불완전하고 종종 좌절감을 안겨 주는 교회를 더 이상 견딜 수 없을 것이다. 붓다는 "다시 신비가가 되라"고 나를 불렀다. 설명하기 어렵지만, 이 '다시'는 또한 '처음'이기도 하다. 나는 불교의 도움으로 아빌라의 테레사, 십자가의 성 요한, 마이스터 엑카르트, 노르위치의 줄리안 같은 교회사 속의 '전문적 신비가들'과 신약성서의 요한복음과 바오로 서신들에 풍부하게 담겨 있는 그리스도교 신비주의의 일부를 회복할 수 있었다. 하지만 불교로 건너갔다 돌아온 내게 그것은 단지 회복하는 것 이상이었다. 내가 했던 것은 그저 그리스도교라는 옷장 속에 먼지 뒤집어쓴 채 들어 있던 신비주의라는 망토를 꺼내는 일이 아니었다. 나는 그리스도교 신비주의라는 옷장에 새로운 것을 '더할' 수 있었다. 내가 더한 것은 이미 그 옷장 안에 있던 것과 잘 '어울렸을' 뿐 아니라 새로운 것이었다. 그런 점에서 나는 그리스도교 신비주의라는 옷장으로 다시 돌아왔지만, 그것은 또한 처음으로 돌아온 것이기도 하다.

사람들이 깨달음을 체험하도록 길을 열어 주기 위해 신에 대해 말하는 것을 거절했을 때 붓다는 라너가 그리스도인은 신비가여야 한다는 주장을 통해 말하고 있던 것과 같은 생각을 훨씬 더 단호하게 밝힌 것이다. 곧 말 이전에 '하느님'을 체험해야만 한다는 것이다. 하느님을 체험하지 않는다면 하느님에 대해 사용하는 어떤 말도 내용이 없을 것이다. 그것은 마치 아무 곳도 가리키지 않는 도로 표지판이나 전기가 통하지 않는 전구와 같다. 붓다가 그리스도인들에게 충고해 주는 것은 하느님에 대해 말을 사용하기 원한다면 반드시 체험이 먼저 있거나, 적어도 그 말이 그 체험에서 나와야만 한다는 것이다. 라너도 이에 동의할 것이다. 이 체험은 왠지 모르지만 깊은 감동을 주는 체험, 길을 걷던 우리를 문득 멈춰 서게 하고 경이로움과 감사함으로 충만하게 하는 체험, 말로는 충분히 표현할 수 없음을 알게 되는 체험이다. 라너는 일상생활에서 그런 체험을 할 수 있는 온갖 종류의 일들을 열거했다. 그것은 사랑에 빠지는 것, 희망이 없을 때 희망하는 것, 자연의 경이로움에 압도되는 것, 기도나 명상의 깊은 순간 같은 것들이다. 그런 체험은 대개 하느님에 대한 말이나 명확한 의식이 있기 전에 일어난다. 그런 체험을 하고 나면 '하느님', '신비', '임재', 또는 '침묵' 같은 말들이 적합하다고 생각하게 된다.

    이것을 보다 현대적으로 말하면, 붓다는 우리의 종교 생활이나 교회 소속이 우리 자신의 개인적 체험에 근거를 두고 있어야만 한다는 점을 나와 모든 그리스도인들에게 상기시켜 준다. 어떤 신조를 "믿는다"고 말하거나 어떤 교회법을 신중하게 지키거나 예배에 정기적으로 참석하는 것만으로는 '충분하지' 못하다. 우리의 체험이 공동체나 교회를 통해 매개될 수도 있지만, 그것은 우리 자신의 체험이어야만 한다. 그런 개인적·신비적 사건이 없다면 우리는 자신이 진정으로 종교적이라고 말할 수 없다.

　　이 체험이 있을 때 우리는 교회의 믿음과 실천의 의미를 긍정하고 발견하는 데 자유로울 수 있고 우리 자신의 종교를 비판하는 데도 자유로울 수 있다. 이는 자신의 종교와 대립하는 동시에 그 종교에 인내심을 가지는 것이기도 하다. 붓다와 예수는 그들의 신비체험이 있었기에 자신들의 종교인 힌두교와 유대교를 용기 있게 비판할 수 있었다. 예수는 결국 유대교와 심각한 갈등에 처할 정도였다. 하지만 붓다와 예수는 또한 그들의 종교에서 발견한 진실하고 선한 것을 긍정하고 보존할 수 있었다. 신비가들은 자신의 종교 전통을 충실히 따르는 이들이면서 동시에 그 종교전통을 불편하게 하는 비판자들인 것이다. 바로 이것이 오늘날 그리스도교 교회에 필요한 것이다.

불교의 손전등을 사용하기

　　앞에서 나는 어떤 신비체험이 없다면 종교는 단지 공허한 허위이거나 빈 껍질에 불과하다는 것을 주장하면서 '체험'이라는 말을 많이 사용했다. 이제 그 '신비체험'이라는 말이 정확히 무엇을 의미하는지 더 말해야 할 필요가 있다. 그러려면, 불교의 도움을 받아, 나와 동료 그리스도인들이 '하느님'을 말할 때 의미하는 것을 더 자세히 말해야 할 것이다.

　　비교신비주의 학자들이 신비체험의 의미를 설명하기 위해 가장 많이 사용하는 단어는 아마도 '합일'일 것이다. 그들이 이해하고 있는 것을 단순하게 설명할 수는 없다. 신비적 혹은 직접적인 종교 체험을 한다는 것은 자신보다 더 큰 어떤 존재 혹은 어떤 활동과 연관되고, 그 일부가 되고, 그것과 합일하고, 그것을 인식하고, 그것과 하나됨을 느끼는 것이다. 언어를 넘어선 뭔가를 발견하는 중에 자아의 확장 혹은 자아를 잃는 것을 인식하게 되면서 우리는 일상적 자아의식 너머로 옮겨지는 것을 느끼게 된다. 종교철학자 존 힉은 신비체험이란 '자아 중심성'self-centeredness 으로부터 '타자 중심성'Other-centeredness 또는 '실재 중심성'Reality-centeredness 으로 옮겨 가는 것이라고 설명한다.

비록 불자들은 자아를 잃는 것을 강조하면서 그들이 연관되어 있는 '것'에 대해 일부러 이해하기 어려운 용어인 공, 무근거성, 상호존재 같은 말을 사용하지만, 확실히 불교의 깨달음에 대한 우리의 설명은 신비주의의 이 합일적 특성에 부합한다. 한편 그리스도교 신비가들은 그들이 무엇과 합일되어 있는지에 대해 매우 분명하다. 그리스도교 신비주의 문헌들에는 '그리스도와 하나됨', '성령의 신전', '그리스도의 몸', '그리스도의 신부', '신적 내재', '신적 본성에의 참여자'와 같은 표현들이 풍부하다.

이런 그리스도교 신비주의의 환희에 찬 표현과 불교의 공 체험의 관련성을 탐구하게 되었을 때 불교로 건너가고 그리스도교로 되돌아오는 흥분과 시련이 시작되었다. 1970년대 초 가톨릭연합신학교에서 연기緣起와 상호존재라는 불교 개념이 토마스 아퀴나스가 "하느님이 창조에 참여하신다" 혹은 "우리가 하느님의 존재에 참여한다"고 했던 말의 의미를 더 깊이 이해하게 해 줄 수 있을 것인지 학생들과 나 자신에게 질문하기 시작했을 때 느꼈던 열정과 망설임이 생각난다.

또한 나는 훨씬 더 열정적으로 '열반은 생사'라는 불교의 주장이 라너가 철학적으로 설명한 '초자연적 실존'supernatural existential 을 이해하는 데 도움을 줄 수 있는지를 물었다. 라너의 그 주장은 인간은 창조의 첫 순간부터 하느님의 임재의 은총에 의해 채워지고 생기 있게 되었기 때문에 인간의 상태는 단지 '인간적'이거나 '자연적'인 것만은 아니라는 것이었다. 다시 말해 '자연적'인 것은 '초자연적'이라는 것이다! 나는 또 상호존재에 대한 불교의 가르침이 하느님은 '존재의 근거'Ground of Being 로서 가장 잘 이해될 수 있다는 폴 틸리히의 혁명적이고 명쾌한 제안을 역동적으로 조명해 줄 수 있을지를 물었다.

　이 책을 쓸 준비를 하며 나의 영적 일기들을 다시 읽으면서, 나는 내가 오랫동안 이런 종류의 그리스도교-불교 대화와 즐거우면서도 불안하게 씨름해 왔다는 것을 알게 되었다. 그런데 그런 탐구의 결과로 내가 주일마다 고백하는 하느님, 내가 기도와 명상을 통해 알려고 애쓰는 하느님, 나의 머리와 마음으로 모두 관계할 수 있는 하느님은 그리스도교의 일반적인 초월적 타자 하느님의 이미지보다는 공/상호존재와 유사한 점이 훨씬 더 많다는 사실을 알게 되었다.

하느님은
상호존재인가?

　직접적이고 단순하게 물음을 제기해 보자. 하느님은 상호존재인가? 또는 더 조심스럽게 말해, 현대 세계를 살아가는 성인 그리스도인들에게 공 혹은 상호존재는 하느님에 대한 적절한 상징인가? (상징에 대해서는 3장에서 더 이야기할 것이다) 나는 공 혹은 상호존재가 하느님에 대한 적절한 상징임을 믿게 되었다. 더 정확하게 말하면, 그렇다고 느끼게 되었다. 불교와 그리스도교의 대화에 관한 현대의 많은 문헌들에서 볼 수 있듯이, 그런 공의 하느님, 상호존재의 하느님은 확실히 그리스도교 신비가들이 그들의 하느님 체험을 묘사할 때 말하는 하느님에 더 가깝다. 마이스터 엑카르트나 십자가의 성 요한 같은 신비가들의 체험과 불자들의 체험의 유사성을 지적하는 것은 어려운 일이 아니다.

내 안의 신학자는 그 사실을 더 확장하고자 한다. 우리는 그리스도교의 믿음을 진열해 놓은 선반 위에서 그리스도인들이 정말 하느님을 상호존재의 신비로서 의식한다는 것을 보여 주는 하느님의 이미지들이 먼지에 덮여 있는 것을 발견할 수 있다. 나의 경우에는 그 이미지들을 찾기 위해 불교의 손전등이 필요했다.

그 첫 예로, 신약성서에서 유일하게 하느님을 정의하고 있는 부분을 살펴보자. 요한의 첫째 편지의 저자는 "하느님은 사랑"(4:8)이라고 선포한다. 그는 하느님을 사랑하는 아버지라고 말하지 않고 사랑이라고 말하고 있다. 불자들의 도움으로 내가 더 명료하게 느끼는 것은 아버지 하느님이라는 일반적 이미지를 넘어서거나 그 속으로 더 깊이 들어가기 위해서는 사랑에 대해 말할 수 있고 말해야만 한다는 것이다. 이것을 긍정할 때 나는 이 구절을 문자적으로 신중하게 받아들이고 있는 것이다. 왜 그런가? 아버지에 대한 경험과 이해가 사람마다 다를 수 있긴 하지만, 그래도 일반적인 아버지 이미지대로라면 아버지 하느님의 참된 본성은 사랑이기 때문이다. 사랑한다는 것은 자아를 떠나는 것, 자아를 비우는 것, 타자와 연관되는 것이다. 사랑이란 이

비우고 연관시키는 에너지이고, 그 에너지로부터 새로운 연관성과 새로운 생명이 생성한다. 단테가 "달과 별들을 움직이는 사랑"이라고 말한 하느님은 별들과 우주의 상호존재인 것이다.

이 모든 것은 하느님에 대해 말하는 가장 독특한 그리스도교적 방식 중 하나인 삼위일체로 우리를 이끈다. 그리스도교의 하느님은 하나이면서 동시에 셋인 삼위일체의 하느님이라는 것을 나는 이미 초등학교 1학년 때 배웠다. 삼위일체를 세 개의 성냥들이 모여 하나의 불꽃으로 타오르는 것에 비유해서 배웠던 것이 기억난다. 신학자들이 주장하듯 그리스도교의 믿음이 진실일 수 있기 위해서는 먼저 의미가 있어야만 한다면 삼위일체의 의미는 무엇인가? 그것은 그리스도교 공동체의 하느님 체험을 어떻게 반영하는가? 우리는 삼위일체 신학사의 풍부하지만 종종 복잡한 풍경 속에서 길을 잃지 않으면서 그 풍경의 핵심에 집중할 수 있다. 삼위일체의 하느님을 믿는 것은 '관계적' 하느님을 믿는 것이다. 하느님의 본성은 오직 '관계 안에' 그리고 '관계로부터' 존재하는 것이다. 그리고 하느님에게 '존재하기'는 오직 '관계하기'일 뿐이다. 무엇보다 이것이 삼위일체 교리가 그리스도인들에게 말해 주는 것이다.

그리스도인들에게 하느님은 단 한 분일 수 없다. 진부한 표현일 수도 있지만, 탱고를 추거나 관계를 맺기 위해서는 둘이 필요하기 때문이다. 그러므로 오직 한 하느님이 있지만 이 한 하느님은 하나 이상이어야만 한다. 이것이 그리스도인들이 예수로부터 하느님에 대해 체험하고 배운 것이다. 물론 예수는 그리스도인들에게 삼위일체 '교리'를 가르쳐 주지 않았다. 하지만 그를 따르는 이들은 예수가 그들의 삶에 끼친 영향을 되새겨 보면서 마침내 하느님을 셋으로 보게 되었다. 그것은 서로 관계하는 세 개의 에너지, 세 개의 운동, 세 개의 '위격'이다. "성부와 성자와 성령," 즉 부모와 자식과 영이다.

이는 하느님의 본질, 존재, 정체성은 관계, 더불어 존재함, 상호존재로 이루어져 있다는 의미이다. 이것이 신학자들이 말하는 '내적 삼위일체', 곧 하느님의 내적 본성이다. 그러나 내적으로 존재하는 하느님은 외적으로도 존재해야만 하는 하느님이다. 그리스도인들이 나사렛 예수에게서 본 것은 '관계'를 통해 세계를 창조하고 세계 속에 존재하는 하느님이다. 이 관계는 하느님의 본질에 있는 것과 같은 관계로서, 더 많은 생명과 존재를 낳는 앎, 내어 줌, 사랑의 관계이다. 그리스도인들이 하느님에 대해 말할 때 사용할 수 있는 하느님의 모든 이미지들과 상징들 – 창조주, 아버지, 구원자, 말씀, 영 – 의 이면과 내면에 있는 가장 근본적이고 깊은 진실은 하느님은 관계의 근원이며 능력이라는 것이다.

이는 추상적인 것처럼 들리지만 그렇지 않다. 이것은 우리 자신과 하느님에 대해 말할 수 있는 가장 기본적이고 가장 단순한 것이다. 하느님이 그렇게 관계로서 존재하기 때문에 우리도 앎, 내어 줌, 사랑의 관계를 통해 존재하는 것이다.

불교는 지금 내가 말한 모든 것의 의미를 느끼고 이해하도록 도와주었다. 삼위일체의 하느님을 체험하고 믿는 것은 틸리히가 말한 '존재의 근거'가 아니라 '상호존재의 근거'인 하느님을 체험하고 믿는 것이다! 내어 줌과 받아들임, 앎과 사랑, 잃음과 찾음, 죽음과 삶의 활동인 하느님은 우리 모두와 모든 피조물을 품고 채운다. 비록 모든 이미지와 상징은 불완전하지만 그리스도인들은 아마 불자들도 동의할 것을 말할 수 있고 말해야만 한다. 즉 우리가 하느님에 대해 말한다면, 하느님은 명사도 아니고 형용사도 아니다. 하느님은 동사다! '하느님'이라는 말로 우리가 가리키는 것은 어딘가에 있는 존재가 아니라 모든 곳에서 계속되고 있는 활동이다. 하느님은 사물이라기보다는 환경인 것이다.

따라서 우리 그리스도인들이 "하느님은 사랑"이라는 말과 삼위일체는 관계성을 의미한다는 것을 정말 긍정한다면, 불자들이 공을 나타낼 때 사용하는 상징인 에너지 장은 하느님과도 완전히 부합할 것이다. 하느님은 상호 존재의 역동적인 에너지 장인 것이다. 신약성서가 말해 주듯이 우리는 하느님 안에서 "숨쉬고 움직이며 살아가는"(사도행전 17:28) 것이다. 하느님의 관점에서는 한 하느님이 있는 것이다 – "하느님도 한 분이십니다. 그분은 만물 위에 계시고 만물을 꿰뚫어 계시며 만물 안에 계십니다."(에페소 4:6) 이 "위에, 꿰뚫어, 안에" 있는 존재는 에너지 장의 상징으로 적합하고 매력 있게 표현될 수 있다. 이 에너지 장은 우리 모두에게 스며들어 영향을 주고, 서로를 알고 사랑하는 관계로 우리를 초대하고, 그런 관계가 힘들어질 때 우리에게 활력을 주고, 우리가 자신을 비우고 타인들 속에서 자신을 찾을 때 가장 깊은 행복으로 채워 주는 것이다.

그러므로 타인을 사랑하는 것은 '하느님의 뜻을 행하는' 문제라기보다는 '하느님의 생명을 살아가는' 문제이다. 바로 이것이 라너가, 말로는 하느님의 존재를 부정할지라도 행위로는 하느님의 생명을 살고 있는 사람들이 많이 있다고 말하곤 했던 까닭이다(반대로 많은 사람들이 하느님을 믿는다고 말하지만 정작 그들의 삶에서는 그 믿음을 부정한다).

연관시키는 영

이제 이 되돌아오기 부분에 '연관시키는 영인 하느님'이라는 제목을 붙인 이유를 분명히 말할 수 있다. 하느님에 대한 그리스도인들의 말 중에 불자들이 추구하는 것에 대한 말과 공명하는 것이 있다면 그것은 영^{Spirit}이다. 흥미롭게도 '지혜의 영'^{Pneuma}은 초기 그리스도교 공동체가 하느님과 예수의 관계를 말할 때 제일 먼저 사용한 이미지들 중의 하나였다. 하지만 그 이미지는 곧 '아버지'와 '아들'의 이미지에 의해 밀려났다. 불교와의 대화는 하느님을 상징하는 영의 이미지를 되찾을 수 있게 했을 뿐 아니라 또한 나 자신이 그 이미지에 의해 회복될 수 있게 해 주었다. 공으로 건너갔다가 영으로 되돌아온 후 나는 영이 더 의미 있게 가리키는 것은 특정한 '존재'가 아니라 편재하는 '에너지'라는 것, 영은 어떤 것에도 구속되지 않으면서 많은 것들에게 활력을 준다는 것, 영은 내재하기보다는 상호침투하는 방식으로 그것이 활력을 주는 것과 하나된다는 것을 '처음으로 다시' 이해하고 느낄 수 있게 되었다. 그리스도교 신학은 '정신(혹은 영혼)'과 몸의 관계는 상호적이라는 것을 가르쳐 준다. 정신 없이 몸은 살 수 없고, 몸 없이 정신은 활동할 수 없다. 영과 창조세계 사이의 관계에서도 마찬가지이다.

2001년 6월에 쓴 일기이다.

그리스도교의 체험과 상징에 따르면 진정한 의미에서 영은 창조와 함께 주어졌다. 영은 실로 창조의 도구 또는 힘이다. 영은 태초부터 우리와 함께 있으면서 모든 생명, 모든 존재에게 근거를 만들어 주고 서로를 연관시켜 준다. 마치 불자인 내 아내 캐시가 '무근거성' 안에서 쉬 듯이 나는 영 안에서 쉴 수 있다. 완전히 신비롭고, 도무지 예측할 수 없으며, 사랑과 자비로 충만하고, 그 사랑과 자비에 지배되는 영은 내가 그 안에서 쉴 수 있는 자궁이다. 나는 매 순간마다 영으로부터 태어난다.

그보다 앞서 2000년 3월에 〈로마인들에게 보낸 편지〉 8장 9절을 성찰하면서 이렇게 썼다.

"하느님의 성령께서 여러분 안에 계십니다." 이 말을 믿는 것은 보통의 삶과는 너무나 다른 삶을 사는 것이다. 바로 이 실재로 인해 나는 모든 것을 직시하고, 모든 것을 대하고, 사랑과 미움에 반응하고, 책을 쓰고 가르치는 일을 계속할 수 있다. 그 실재는 현실적인 것이다. 영은 진실로 나와 함께 있고, 내 안에 있고, 나로서 살고 있다. 그것이 페마 초드론이 말하는 '광대한 개방성'이다. 그것은 자애^{maitri}의 원천이며, 나는 이 자애로 나 자신과 내 인생에서 함께 하고 만나는 모든 이들에게 진실하고 자비로울 수 있다.

창조: 불이의 발현

하느님을 상호존재로 생각하고 묘사하는 것, 연관시키는 영인 하느님과 관계를 맺는 것은 그리스도교 신학과 영성을 감염시킨 이원론의 주요한 해독제인 것이 분명하다. 그것은 새 안경을 끼고 창조세계를 보도록 나를 도와주었다. 그 새로운 시각은 더 명료하고 넓고 깊게 보는 것이었으며, 또한 옛 안경으로 인한 왜곡을 교정하는 것이기도 했다. 앞에서 말했듯이, 다른 전통으로 건너갔다가 자신의 전통으로 되돌아오는 것은 예전의 믿음을 회복할 수 있게 할 뿐만 아니라 그것을 바로잡아 줄 수도 있는 것이다.

하느님이 연관시키는 영이라면 창조주는 창조세계에 대해 '전적인 타자'일 수 없다. 하느님을 상호존재로 느끼고 묘사한다면, 그리고 세계가 상호존재를 통해 움직이고 진화한다면, 창조주의 창조 행위를 그 창조주 바깥에 따로 있는 어떤 것을 만들어 내는 것으로 이해할 수 없다. 신적 생명의 원동력은 바로 유한한 세계의 원동력이다. 이것은 아퀴나스가 하느님과 세계의 관계는 참여의 관계라고 말했을 때 표현하려 했던 것에 더 가까운 이해이다. 칼 라너 역시 하느님이 '무로부터' 세상을 창조했다고 해도 그것이 마치 피조물들이 하느님의 작업대에 수동적으로 앉아 하느님의 칭찬이나 어루만져 주는 손길을 기다리고 있다는 의미는 아니라고 했다. 라너는 이에 덧붙여 하느님이 창조한 것은 하느님을 포함하고 있다고 말했다. 그러므로 창조를 나타내는 더 나은 이미지는 하느님의 넘쳐 남, 하느님의 확장이다. 하느님은 창조세계 '안에서', 창조세계와 '함께', 창조세계를 '통해' 상호관계하는 신적 활동을 계속한다.

이런 생각을 범신론이라고 보며 의심하는 이들도 있다. 모든 것을 하느님으로 본다고 의심하는 것이다. 하지만 내가 이야기하는 것은 범신론이 아니다. 그것은 '불이'이다. 우리는 이 불이보다 더 나은 말을 갖고 있지 않다. 하느님과 창조세계는 둘이 아니지만 하나도 아니다! 반면에 범신론은 하느님과 창조세계를 하나의 요소로 환원한다. 내가 학생 때 배운 화학수업 내용을 제대로 기억한다면 불이는 화합물에 더 가깝다. 달리 말하면, 온전한 결혼 생활 같은 것이기도 하다. 영구히 다른 두 행위자가 서로에게 내재하거나 서로를 통해 그 자신이 되는 것이다. 쿠사의 니콜라스 같은 그리스도교 신비가는 '반대의 일치' coincidentia oppositorum 를 말한다. 이것은 창조주와 피조물이라는 두 '상반된' 실재들이 서로 일치하고 완전한 합일을 이루는 것이다. 우연히 미국의 국가적 표어가 된 라틴어를 살짝 바꿔 말하면 불이는 '여럿으로 이루어진 하나' E Pluribus Unum 가 아니라 '여럿으로 이루어진 합일' E Pluribus Unitas 이다. 영과 세계는 서로 다른 그들의 정체성을 잃지는 않지만, 서로가 없이는 존재할 수 없다.

그런데 여기서 우리는 정말 이단의 냄새가 나고 전통적 그리스도교 교리에 반대되는 것처럼 보이는 주장에 도달한다. "그들은 서로가 없이는 존재할 수 없다." 이는 하느님의 영이 세계를 '필요로' 한다는 것, 영이 세계를 '창조해야만' 했다는 의미이다. 이런 주장은 하느님의 자유로운 행위라는 '확정된 교리'를 정면으로 위배하는 것처럼 보인다. 앞에서 들었듯이, 꼭 하지 않아도 되는 일을 하는 것이 자유이다. 이에 따르면, 하느님은 세계를 필요로 하지 않았기 때문에 세계를 창조할 필요가 없었다.

하느님을 '존재 자체'로 보는 희랍적 이해에서 출발한다면 그것은 엄격히 논리를 따져야 할 문제가 될 수도 있다. 하지만 사랑인 하느님에 대한 예수의 체험과, 신성을 '관계 자체'로 보는 삼위일체적 이해에 근거한다면 영이 세계를 창조할 필요가 없었다고 말하는 것은 모순이 될 것이다. 영이 세계를 창조할 필요가 없다고 말하는 것은 마치 우리가 숨을 쉴 필요가 없다고 말하는 것과 비슷하다. 우리가 우리의 본성에 따라 호흡하듯이 영은 그 신적 본성에 따라 사랑한다. 사랑한다는 것은 관계하는 것, 자신을 내어 주는 것, 상호존재를 낳는 것을 의미한다. 영은 영이기 위해 타자를 필요로 한다. 그래서 타자가 없다면 영은 사랑하기 위해 타자를 창조할 것이다. 물론 이것은 영이 꼭 이 세계를 창조해야만 했다는 것이 아니라 어떤 세계를 창조해야만 했다는 뜻이다.

'하느님의 문제'에 관한 부분에서 말했듯이, 일부 그리스도인들은 하느님에게 사랑해야 할 필요성이 있다면 그것은 삼위일체 안에서 이미 충족되었다고 대답할 것이다. 하느님은 성부, 성자, 성령의 관계 안에서 자신을 사랑함으로써 이미 전적으로 행복하다는 것이다. 글쎄, 그럴지도 모른다. 그러나 어떤 사람이 그저 자기 자신을 사랑함으로써 완벽하게 행복하다고 말한다면 우리는 그에게 뭐라고 말할까? 아마도 우리는 그의 정신 건강을 걱정할 것이다. 타자를 필요로 하는 것이 뭐가 문제인가? 사람들이 무뚝뚝한 외톨이로 살면서 행복할 수 없다면 하느님도 마찬가지일 것이다.

이 세계와 그 안에 살고 있는 수많은 피조물들이 영의 상호연관시키는 에너지 장 안에 존재한다고 이해하는 것은 영이 세계에 개입한다는 문자적인 묘사를 넘어서는 것이다. 영은 더 이상 제멋대로 여기에는 '내려와야만' 하고 저기에는 '내려오지 않아도 될' 필요가 없다. 영은 이미 모든 곳에 존재하고, 모든 것에 편재하고, 창세기가 보여 주듯 물과 모든 창조세계를 뒤덮고 있다. 따라서 영은 들어오는 것이 아니라 앞으로 나아간다. 이미 세계 안에 존재하던 영이 나타나고, 형태를 취하고, 완전히 활성화되는 것이다.

이런 일이 우리 인간의 삶에서 어떻게 일어나는가는 우리가 연관시키는 영을 얼마나 깊게 인식하는지, 그리고 우리가 얼마나 자유롭게 그 영에 응답하는 것을 선택하는지에 달려 있다. 불이는 상호의존성 없이는 현실이 될 수 없다는 것을 기억해야 한다. 하느님을 상호존재의 편재하는 근원으로 이해하는 것은 하느님이 정말로 우리에게 의존한다는 것을 의미한다. 이에 대해서는 다음 장에서 더 주의 깊게 살펴보겠다.

나는 불이의 하느님을 느끼는 다른 방식들과 씨름한 것을 2004년 일기에 썼다.

여기에 놀라운 역설이 있다. 하느님은 항상 '함께하는 하느님'이고 인간은 항상 '함께하는 인간'이다. 이 두 실재가 정말 서로와 함께 있을 때, 즉 하느님이 인간과 함께 하고 인간이 하느님과 함께 할 때, 그들이 진정으로 가장 온전하고 진실한 자아가 된다. 하느님과 나의 합일은 내가 진실로 인간답게 행동하는 만큼 하느님도 진정으로 하느님답게 활동하는 합일이다.

에페소서 4장 6절은 "그분은 만물 위에 계시고 만물을 꿰뚫어 계시며 만물 안에 계십니다"라고 고백한다. 실로 하느님이 우리를 통해 활동한다면, 그것은 하느님이 우리를 '통하지' 않으면 우리 '안에' 계실 수 없다는 것을 의미한다. 따라서 하느님이 단지 내 안에서 활동한다는 정도가 아니라, 하느님이 세상 안에서 활동할 때 내가 곧 하느님이라는 것이다. 진부한 표현이기는 하지만 하느님과 우리는 한 팀이다. 물론, 확실히 그리고 다행스럽게도, 하느님이 주전 선수이다. 그래도 내가 함께 경기하지 않는다면 하느님도 한 명의 선수가 될 수 없을 것이다.

Chapter 2

열반과
인격적 타자
하느님

2 열반과
인격적 타자 하느님

초월적 타자 하느님에 대해 말한 1장은 나와 많은 그리스도인들을 혼란에 빠뜨린 하느님에 대한 그리스도교 가르침의 다른 두 면, 즉 인격체 하느님과 신비인 하느님에 대한 가르침을 다루기 위한 기초작업과 여러 출발점들을 제공한다. 이 장과 다음 장에서 설명하겠지만, 일단 우리가 초월적 타자 하느님의 이미지로부터 상호존재의 영 하느님의 이미지로 전환하고 나면 그런 혼란을 더 수월하게 다룰 수 있다. 하느님을 하나의 '인격체'로 이해하고 관계를 맺을 때 겪는 어려움들을 말하는 것부터 시작해 보자.

나의 갈등:
하느님은 하나의 인격체인가?

괴롭지만 솔직히 말해 나는 하느님에게 말하는 것이 무척 어렵다. 그 이유는 어린 시절 교리문답 수업 첫날부터 월터 수녀님이 하느님과 대화하는 것이 바로 기도라고 말해 주었기 때문이다. 그리고 기도는 그리스도인이기 위한 필수 요소들의 목록에도 들어 있다. 하지만 칼 융이 대체로 인생에서 문제가 갑자기 나타나는 시기라고 말했던 중년 이래 나는 하느님을 하나의 '인격체'로 생각하거나 '그'에게 말하는 것이 점점 더 어려워졌다.

그 어려움의 일부는 '인격체인 하느님'에 대한 그리스도교의 관념을 표현하는 특정한 이미지들과 관련이 있다. 물론 그 이미지들 중 가장 대표적인 것은 '아버지'이다. 일부 그리스도인들은 이 하느님 아버지의 이미지를 저 하늘 위에 있는 수염 난 백인 남자로 상상한다. 그는 늘 사랑으로 우리를 지켜주지만, 또한 우리 가까이 있으면서 우리가 여동생을 괴롭히거나 화를 낼 때면 노트에 우리의 잘못을 적기도 하는 그런 분이다. 하지만 대부분의 그리스도인들은 "하느님은 우리가 나쁜지 착한지 다 알고 계시는 분"이라는 식의 문자적 묘사에서 벗어날 만큼은 성숙했다. 하느님을 남성으로만 배타적으로 묘사하는 것도 문제다. 페미니스트 신학자들은 하느님의 상징은 하나의 성으로 제한될 수 없다는 것을 확신시켜 주었다. 하지만 더 정직하게 말하면 나는 아버지 하느님에게 말하는 것만큼이나 어머니 하느님에게 말하는 것도 어렵다.

신인동형론

하느님을 인격체로 보는 것에 대해 내가 갖는 문제는 더 깊은 곳에 있다. 내가 그것을 명확하게 설명할 수 있을지 모르겠다. 내 문제는, 비록 상징 외에는 하느님을 말하는 다른 방법이 없긴 하지만, 그 상징이 인간이 자신을 인격체로서 경험하는 것으로부터 나온 것일 때 위험하게 된다는 것과 관련이 있다(이에 대해 다음 장에서 더 깊이 다룰 것이다). 그런 상징은 너무 쉽게 오해되거나 오용될 수 있다. 하느님을 하나의 '인격체'로 묘사하거나 접근하는 것은 마치 고요하고 아름다운 숲 속에서 큰 소리로 떠드는 것처럼 어쩐지 부적절하고, 무례하고, 불쾌하게 느껴진다. 나의 문제는 학자들이 '신인동형론' 神人同形論, anthropomorphisms이라고 부르는 것과 관련이 있다. 하느님을 인간의 모습이나 얼굴로 묘사하는 것은 불가피한 일일 수도 있다. 하지만 그것은 싸구려 그랜드캐니언 그림처럼 근본적으로 부적절한 것이다!

　물론 우리가 하느님을 아버지, 어머니, 친구나 구원자 같은 하나의 '인격체'로 묘사할 때 우리 삶의 초점을 하느님의 실재에 맞추고 있는 것이긴 하지만, 그럴 경우 우리가 잃어버리거나 심지어 왜곡할 수도 있는 것들이 너무나 많다. 대부분의 삶을 일본에서 보냈고 선禪 스승이 된 독일인 예수회원인 후고 에노미야-라쌀 신부는 하느님을 하나의 '인격체'로 말할 때의 전제조건은 그렇게 말해서는 안 된다는 것을 인식하는 것이라고 했다. 내 경험에 의하면 정말 맞는 말이다.

　하지만 이에 대한 반론도 있다. 인간은 창조의 축도縮圖이며, 인격적 관계는 인간됨의 가장 소중하고 필수적인 부분이라는 것이다. 나 자신도 그렇게 생각한다. 확실히 하느님과 '인격적' 관계를 갖는 것은 가능하고 필요하다. 그러기 위해서는 하느님은 하나의 인격적 존재여야 한다. 따라서 하느님에게 인격성을 부여할 때 우리는 하느님이 창조의 절정으로서 만든 인격이 하느님에게 있다는 것을 인정한다.

　맞는 말이다. 그러나 나는 그 정연한 논리에 대해 에노미야-라쌀 신부의 말을 빌려 응답하게 된다. 하느님을 하나의 '인격체'로 말할 수 있고 말해야만 한다고 느낀다면, 우리는 또한 그러면 안 되는 충분한 이유가 있다는 사실도 상기해야만 한다는 것이다. 그렇지 않으면 많은 그리스도인들 ─ 특히 나이 사십을 넘긴 ─ 이 느끼는 불편함을 면할 수 없다.

　그리고 '하느님'과 '인격체'를 연결할 때 생겨나는 문제는 '신성'의 고유한 특성과 '인격체'의 고유한 특성 사이의 긴장과 관련이 있다. 여기서 말하는 신적 특성이란 1장에서 불자들의 도움을 받아 말했던 것으로, 그 안에서 우리가 살고 움직이며 존재하는 불이의 하느님, 바로 여기 있는 하느님, '나로서' 활동하지만 동시에 나보다 더 큰 하느님의 특성이다. 이 하느님이 나의 반대편 혹은 바깥에 있는 하나의 '인격체'가 된다면 내 안의 하느님, 생기를 불어넣는 에너지로서 체험되는 하느님의 그 특성을 잃어버릴 위험이 있다. 하느님이 '나-당신' 관계의 일부가 될 때, 이 '당신'으로서의 하느님은 내가 하느님에게 느끼거나 느끼기를 바라는 친밀함에 맞지 않는 어느 정도의 타자성을 띠게 되는 것이다. 내가 말하는 것은 '당신으로서의 하느님'이 '타자로서의 하느님'이라는 이원론으로 너무 쉽게 빠져든다는 것이다.

초월적인 인격체

하느님이 여전히 '당신'으로서의 하느님이고 우리가 그분을 1장에서 말했던 전통적인 '초월적 타자'로 대할 때(특히 전례에서) 이 문제는 더 심각해진다. 내가 분명히 하려는 것을 단순한 공식으로 표현하면 다음과 같다. '초월적인, 전능한, 완벽한 하느님' + '인격체' = 초월적이고 전능하며 완벽한 존재인 '초월적 인격체'라는 것이다. 결혼에 실패한 많은 부부들이 아는 것처럼 초월적 인격체와 건전한 관계를 맺는다는 것은 문제를 일으킬 수 있다. 그렇다고 하느님과 내가 동등한 파트너 사이의 완벽한 균형과 같은 관계에 있기를 바라는 건 아니다. 무한자와 유한자, 근원과 그 근원의 표현, 장場과 그 장 안에 존재하는 요소 사이에는 분명하고, 실로 없어서는 안 될 차이가 있는 게 사실이다. 하지만 그것은 내가 진실한 책임을 다하는 진정한 상호성의 관계여야만 한다. 이는 내가 하느님에게 중요하고 하느님에게 정말로 영향을 미칠 수도 있는 관계를 의미한다. 나는 그 관계는 단지 하느님 혼자만의 쇼가 아니라 하느님과 내가 함께하는 쇼가 되어야만 한다고 느낀다.

너무 작위적이긴 해도 도움이 될 수도 있는 물음으로 내가 갖는 문제를 이야기해 보자. 당신의 아버지가 전능하고 모든 면에서 완벽하다면 당신은 그에게 어떻게 반응할까? 아버지가 당신에게 어떻게 행동할까를 묻는 것이 아니라 당신이 아버지에게 어떻게 행동할까를 묻고 있는 것이다. 당신의 아버지가 당신의 삶에서 일어나는 모든 일을 지배하고 결정할 수 있고 동시에 당신을 매우 사랑한다는 것을 안다면 당신은 어떤 기분일까? 당신은 아버지에게 기대서 그가 모든 일들을 당신 대신 처리하게 할까? 사실 당신은 아버지가 모든 일을 처리할 수 있으므로, 그가 그렇게 해 주고 당신은 편히 쉴 수 있기를 기대하게 되지 않을까?

오랫동안 이 의문과 불안이 점점 커졌다. 신학고등학교에 다니던 청소년 때나, 심지어 대학에 가서도, 전능하고 전적인 사랑의 인격체인 하느님과 나의 관계는 내가 아르고 극장에서 공포영화를 보는 것처럼 인생을 살아가게 했다. 무서운 장면이 아무리 많이 나와도 결국 주인공은 괜찮을 것을 알고 있었기 때문에 나는 편히 앉아 팝콘을 즐길 수 있었던 것이다.

하지만 나이가 들면서 인생의 위협과 도전은 현실이며, 나의 지성과 결정으로 그것을 대해야 한다는 것을 깨닫게 되었다. 따라서 나의 문제는 살아가면서 어떻게 하느님에게 의지하느냐가 아니라 어떻게 하면 모든 것을 주관하는 인격적 하느님에게 지나치게 의지하지 않느냐는 것이었다. 하느님이

나를 사랑하고 모든 것을 지배하는 아버지라면 나는 정말 걱정할 필요가 없었다. 하지만 걱정할 게 없는 인생은 무책임한 인생이 되기 너무 쉽다.

그러므로 나는 전능과 사랑의 인격체로 이해되는 하느님과 관계하는 것은 하느님에게 부적절하고 무례할 뿐 아니라 나 자신에게도 부적절하고 해롭다는 것을 느끼기 시작했다. 그런 관계에서 내게 얼마만큼의 자유와 책임이 있겠는가? 하느님이 내 배의 선장이라면 나는 일개 선원에 불과하지 않을까?

이런 은유로 문제를 사소하게 만들려는 것은 아니다. 또한 인격적 하느님에 대한 믿음이 나와 같은 이들로 하여금 책임 있고 잘 숙고된 결정을 내리지 못하도록 막았다고 하는 것도 결코 아니다. 하지만 나는 내가 그래 왔던 것처럼 다른 그리스도인들도 전지전능하고 완벽한 타자인 인격적 하느님과의 관계에서 그런 결정을 어떻게 이해해야 할지를 고심해 왔다는 것을 안다. 인격적 하느님이 늘 운전석에 앉아 있고, 그에게 운전을 맡긴다면, 나는 정말 아무런 걱정을 할 필요가 없지 않은가?

교리 수업과 주일 설교에서 이 전능한 인격적 타자가 다정하게 사랑하는 하느님일 뿐 아니라 성내는 하느님이기도 하다고 듣게 될 때 문제는 더 심각해진다. 성서는 사랑의 아버지 하느님을 뭔가를 요구하고 그 요구가 받아들여지지 않으면 굉장히 화를 낼 수도 있는 하느님으로 묘사한다. 그것은 파라오가 하느님의 명령을 따르기를 거부했기 때문에 이집트에서 첫째로 태어난 사내아이들을 모두 죽였던 구약성서의 하느님(출애굽기 11:5)이고, 교회에 내는 헌금에 대해 거짓말을 했던 부부를 죽인 신약성서의 하느님(사도행전 5:1-11)이다. 하느님을 화나게 하는 것은 엄마나 아빠를 화나게 하는 것보다 훨씬 더 치명적일 수 있는 것이다!

하느님의 뜻

많은 그리스도인들은 '하느님의 뜻'을 이해하는 데 있어서도 비슷한 어려움을 겪는다. 우리는 사랑의 아버지인 초월적·인격적 타자 하느님이 우리 각자와 온 세상을 위한 계획을 갖고 있다는 설교를 자주 듣는다. 나는 어렸을 때부터 하늘에 계신 아버지는 내가 자라서 무엇이 될지 분명히 알고 계시다고 믿었다. 좋은 가톨릭 소년인 내가 해야 할 일은 하느님의 뜻을 이해하고 행하는 것이었다. 만약 내가 하느님의 뜻을 행하지 않으면 심지어 죄가 될 수도 있는 큰 문제가 생길 수 있었다. 여기에는 하느님의 뜻을 행하지 않는 것은 도덕적으로 죄라는 의미가 있었다. 좋은 가톨릭 신자였던 나의 부모님도 똑같이 생각했다. 내가 중학교 2학년 마지막 학기에 하느님이 나를 사제가 되라고 불러서 집에서 150마일가량 떨어진 위스콘신 주의 이스트 트로이에 있는 〈말씀의 선교 수도회〉의 신학고등학교에 들어가라고 하신다는 것을 느낀다고 말했을 때 부모님은 조금 당황했다. 하지만 내가 집을 떠나기에는 아직 너무 어리다는 그들의 염려가 어떻게 '하느님의 뜻'에 맞설 수 있었겠는가? 소명 지도자인 디어워스 신부님이 부모님에게 하느님께서 나를 선택해서 부르신다고 알려 준 것도 그들의 염려를 덜어 주는 데는 별 도움이 되지 못했다.

내가 열세 살에 신학고등학교에 입학하려고 집을 떠날 결심을 한 것이 아주 틀린 것이었다고 말하는 것은 아니다. 하지만 '하느님의 뜻'이라는 명목 아래 그런 결심을 하는 것이 타당했는지 묻는 것이다. 그런 명목은 너무 쉽게 오해되고 오용될 수 있어서 결국 사람들의 삶에 이로움보다는 해로움을 더 주는 원인이 된다는 사실을 사람들은 알지 못한다. 그런 일은 여러 가지 방식으로 일어날 수 있다.

젊었을 때, 그리고 사제로 일할 때, 나는 하느님이 예정해 놓은 한 가지 길이나 선택을 찾아야만 한다는 것 때문에 수많은 그리스도인들이 지나치게 걱정하고 심지어 소심해지는 것을 경험했다. 예를 들면 "바로 이 사람과 결혼하기를 하느님께서 바라시는지 어떻게 확실하게 알 수 있지?" 같은 걱정이다. 게다가 실은 이기적인 결정을 정당화하는 데 하느님의 뜻을 너무 쉽게, 아마도 잠재의식적으로 이용할 수도 있다. 이를테면 "하느님께서는 내가 부자가 되기를 원하신다"는 믿음 같은 것이다. 보다 더 해로운 경우는 우리가 역사나 매일의 최신 뉴스 보도에서 볼 수 있듯이 다른 이들을 착취하기 위해 '하느님의 뜻'을 쉽게 악용하는 것이다. "세상에서 가난하면 천국에서 높은 자리에 앉게 될 것"이라거나 "이 전쟁은 악을 행하는 자들에 맞서는 하느님의 뜻이므로 너희가 전사한다면 하느님을 위해 죽는 것"이라고 말하는 것이 그런 경우이다.

마지막 예는 더 미묘하고 모호하다. 그것은 하느님의 뜻에 호소해서 너무 쉽게 어려움을 벗어나려는 경우이다. 그렇게 되면 우리는 더 깊이 생각하고 질문할 수 없게 된다. 슬프고 설명하기 어려운 일을 직면한 사람들이 "그건 하느님의 뜻이야. 우리가 뭘 할 수 있겠어?"라고 말하는 것을 들을 때면 나는 마음이 아프다. 확실히 인생에는 도무지 인간적 논리나 이해로는 받아들일 수 없는 일들이 일어나기 마련이다. 그래서 하느님과 하느님의 뜻에 호소하는 것은 간접적으로, 잠재의식적으로, "이건 우리 능력 밖의 일이야. 더 높은 차원의 지성만이 그것을 이해할 수 있어"라고 생각하는 것일 수 있다. 그러나 그런 호소를 너무 빨리, 너무 확정적으로 하는 것은 현실을 받아들이는 것이 아니라 현실로부터 도피하는 것이기 쉽다. 끔찍한 비행기 추락사고를 즉각 하느님의 뜻이라고 말하는 것은 항공사의 안전규칙을 조사하는 것을 방해하게 된다. 루 아저씨가 폐암으로 돌아가신 것을 하느님의 뜻으로 받아들이게 되면 우리의 관심을 담배 산업에 문제를 제기하고 맞서야 하는 일에서 다른 데로 돌리게 된다.

나는 많은 그리스도인들이 내가 내 인생에서 했던 일을 되풀이할까 염려한다. 그것은 청소해야 할 때 '하느님의 뜻'이라는 카펫 아래로 먼지를 쓸어 넣어 버리는 것이다.

전능한 아버지 하느님과
문제투성이 세상

'하느님의 뜻'이라는 카펫 아래로 먼지를 쓸어 넣는 경향이 우리에게 있다면, 확실히 하느님은 그의 뜻 위에 많은 먼지가 쌓이는 것을 허락하는 것처럼 보인다. 나는 지금 '악의 문제'를 말하고 있다. 많은 그리스도인들에게, 또한 유일신 신앙을 공유하는 유대인들, 무슬림들에게, 인간을 사랑하는 인격적 하느님이 그의 피조물이 겪는 끔찍한 고통을 보고도 어떻게 참을 수 있는지를 이해하는 것은 전혀 불가능한 것은 아니지만 좌절할 만큼 어렵다. 이것은 오랫동안 학자들과 보통 사람들 모두의 머리를 아프게 해 온 어려운 문제다. 그래서 '악의 문제'로부터 어떤 의미를 찾아내려는 노력인 신정론[theodicy]이 신학의 한 분과로 수세기 동안 발전해 왔다.

문제의 핵심은 이것이다. 하느님이 전적인 사랑과 전능의 아버지라면, 그는 사랑하는 자녀인 우리가 겪는 분명히 불필요한 고통의 최소한 일부라도 막기를 '원해야만' 한다는 것이다. 그리고 그는 전능하므로 그렇게 할 수 있어야만 한다. 하지만 하느님은 그렇게 하지 않는다. 여기에는 뭔가 잘못된 것이 있다. 하느님이나 하느님에 대한 우리의 이해 중 하나가 잘못되어 있는 것이다.

거칠게 일반화해 보면, 피조물의 불필요해 보이는 고통을 사랑과 전능의 하느님과 조화시키려는 모든 시도는 결국 '신비'에의 호소로 집약되는 것 같다. 우리는 결국 성서의 욥처럼 겸손히 머리 숙이고 "하느님의 길은 우리의 길과 같지 않다"는 것과 하느님이 행하려는 것의 신비를 결코 이해하지 못하리라는 것을 받아들이게 된다. 대개 이런 식이다.

천진난만한 다섯 살 어린이를 성적으로 학대하는 일이나 육백만 명의 유대인을 학살하는 것과 같은 인간의 악 혹은 도덕적 악의 경우 하느님은 불가사의하게도 인류가 원하는 대로 그들의 자유의지를 발휘하도록 허용한다. 하느님은 그런 행위들을 막을 수 있지만 우리 인간은 결코 알 수 없는 충분한 이유로 인간의 자유를 존중하고 허용한다.

하지만 지진, 화재, 홍수, 산사태가 초래하는 참상과 죽음 같은 자연 악의 경우에는 어떤 의미에서 문제가 더 복잡해진다. 여기에는 존중해야 할 자유의지가 없기 때문이다. 인간 아버지는 그의 가족을 구하기 위해 산사태를 막을 수 있다면 분명히 그렇게 할 것이다. 그러나 하느님 아버지는 그렇게 하지 않는다. 그것은 우리가 이해하지 못하는 어떤 이유, 아마도 미래에 밝혀질 보다 큰 선을 위함일 것이다. 이 역시 우리가 알 수 없는 신비이다.

물론 나는 인간 지성의 한계와 하느님의 무한함 모두를 인정하고 존중하고 싶다. 우리 신학자들은 정기적으로 '겸손 검사'를 받을 필요가 있다. 하지만 우리에게는 '정직성 검사' 또한 필요하다. 솔직히, 악의 실재와 인격적 하느님을 조화시키기 위해 신비에 호소하는 것은 문제를 진정으로 직면하게 하기보다는 너무 자주 그 문제를 회피하게 한다. 신비를 인정하는 것과 모순을 인정하는 것은 전혀 다른 문제다. 우리 인생과 이 세상에는 인간의 이성과 이해력을 넘어서는 일들이 많은 게 사실이다. 그래서 우리는 그런 일들 앞에 겸손하게 고개를 숙인다. 하지만 이성에 '반하고' 그 자체로 모순된 주장들도 많이 있다. 우리는 그런 주장들의 모순에 대해 정직하게 말하고 그것을 다루어야 한다.

이런 추상적 개념들이 매우 구체적이고 절실하게 느껴지는 예를 들어보자. 2004년에 쓰나미가 인도네시아, 인도, 태국을 덮쳐서 수많은 이들의 목숨을 앗아 갔다. 당시 종교 지도자들을 포함한 일부 그리스도인들은 그 참상이 하느님의 뜻으로 인한 것이며, 우리가 알 수 없는 충분한 이유로 하느님이 그런 참상을 야기했거나 허용했다고 단언했다. 나는 그런 말을 듣고 격분한 나머지 거친 말을 하기도 했다. 자녀를 잃고 넋이 나간 부모가 하느님의 뜻에 호소하는 것은 다른 문제다. 그것은 사실을 말하는 것이라기보다는 도움을 구하는 것이다. 그러나 그리스도교 지도자들이 그런 참상을 문자 그대로 '하느님이 행하신 일'이었다고 주장할 때 나는 그것을 결코 믿을 수 없다. 또 그런 하느님도 믿을 수 없다. 하느님이 우리에게 준 정신과 지성에 따르면, 누군가 '더 높은 선'을 위해 수천 명의 목숨을 빼앗거나 그런 일을 허용하는 것은 비도덕적이며 수단을 정당화하는 일이다. 그런 도덕성의 문제에서 하느님을 예외로 하는 것은 잘못이다.

문제는 인격체이지 인격적인 것이 아니다

인격적 하느님과 결부되어 있는 난제들, 즉 하느님을 슈퍼맨처럼 여기는 '신인동형론', 하느님을 꼭두각시를 조종하는 존재인 것처럼 위험하게 암시하는 '하느님의 뜻'에 대한 관념, 사랑과 전능의 하느님과 조화되지 않는 '악의 현실'을 재검토하고 해결해 보려 하면서 나는 문제의 핵심은 인격적personal 하느님이 아니라 하느님을 인격체person로 보는 것과 관련이 있다고 생각하게 되었다. 내가 말한 갈등의 대부분은 하느님을 '나-당신' 관계의 모델에 따라 신적인 '인격체'로 생각하는 일반적 이해에서 비롯된다. 따라서 나의 문제는 내 앞에 서 있는 하느님이라는 인격체와 관련된 것이다. 그런데 하느님의 이미지를 인격체가 아니라 인격적 특성을 지닌 실재 혹은 에너지로, 모든 것에 스며들어 있는 영으로 이해한다면 어떻게 될까? 하느님을 상징하는 이 두 가지 방식 사이에는 미묘하지만 실제적인 차이가 있다.

불교는 내가 '인격체' 하느님과 '인격적' 하느님의 이 차이를 이해하고 살아가는 데 없어서는 안 될 도움을 주었다. 이제 그 이유를 설명해 보자.

건너가기:
자비의 하느님이 없는 자비

내가 인격체 하느님과 씨름하는 것을 불자 친구들이 안다면 그들은 머리를 긁적이며 이렇게 물을 것이다. "뭐가 문제지요? 우리 불교에는 신이 없고, 따라서 인격체도 없고, 그래서 아무런 문제가 없어요." 그들이 그런 어려움으로부터 면제되어 있고 자유롭다는 점이 감탄스럽다. 하지만 나는 그리스도인이다. 혹은 그리스도인이기를 원한다. 그리고 그리스도인들이 너무 문자적으로 또는 너무 쉽게 하느님을 아버지나 구원자로 말하는 것에 대한 문제의식에도 불구하고 그리스도인들이(유대인들, 무슬림들과 함께) 하느님에 대해 사용해 온 인격적 상징들이 나의 삶을 풍요롭게 했고 종교 간의 대화에도 어느 정도 기여했다는 것을 실제로 경험했기에 그것을 진실로 믿는다. 하지만 이 풍요로움과 기여를 심화하기 위해서는 인격적 상징들을 더 비판적이고 신중하고 진지하게 다루어야 할 필요가 있음을 느낀다.

그렇게 할 수 있도록 불교가 어떤 도움을 주었는지를 설명하려면 서론에서 경고한 것을 다시 상기해야 한다. 불자들에게 다소 낯설고 그래서 민감한 문제들을 다룰 때 특히 필요한 것은 공의 체험과 본질에 인격적 측면이 있는가 하는 점이다. 비록 내가 다양한 문화적 색조로 표현된 불교의 가르침을 정확하게 이해하려고 최선을 다했지만, 이제 말할 내용들은 내가 단지 한 그리스도인으로서 불교를 이해한 것이다. 포스트모던 철학자들이 상기시켜 주려 할지도 모르지만(그들은 정말로 그렇게 한다!), 나는 결코 그리스도교의 안경을 완전히 벗을 수 없다. 수풀이 우거진 불교의 정원으로 걸어 들어갈 때 나는 그리스도교의 렌즈를 통해 모든 것을 보고 그리스도교의 코로 모든 냄새를 맡고 그리스도교의 체험과 물음의 필터를 통해 모든 것을 이해하는 것이다.

그럼에도 불구하고 인격체 하느님과의 씨름이라는 렌즈를 통해 불교를 탐구한 나의 노력이 적어도 여러 불자들이 가르쳐 준 것을 전체적으로 정확하게 읽은 것이라고 생각하며, 정말로 그렇기를 바란다. 그렇지 않은 것이 있다면 용서를 구하고 수정해 가겠다.

깨달음의 두 면: 지혜와 자비

불자들이 추구하는 것, 서양의 용어로 말해 불자들의 '궁극적 관심'은 하느님에 대한 지식이나 예배나 사랑이 아니라 '깨달음'이다. 그리스도인들이 구원받기를 원한다면 불자들은 깨닫기를 원한다. 그들은 열반을 체험하기를 원한다. 마치 공기를 손으로 잡을 수 없듯이 깨달음 혹은 열반의 체험은 인간의 언어를 월등히 초월하는 것이다. 하지만 그럼에도 불구하고 불자들이 부적절하더라도 깨달음에 대해 말해야 할 때 가장 많이 사용하는 두 단어는 '지혜'와 '자비'이다. 이 지혜와 자비는 직접적 체험의 열매이지 합리적 사고의 결과물이 아니다.

불자들이 말하는 지혜는 모든 것이 변화 속에 있고 상호관련되어 있는 실재를 깨달을 때 우리가 이해하고, 알고, 느끼는 것이다. 이것이 1장에서 다양한 관점으로 바라보았던 상호존재의 역동적 진리이다. 깨달을 때 그 진리를 보고 느낄 수 있다. 그때에야 비로소 우리의 눈이 뜨이는 것이다. 그 결과 우리는 타자를 다르게 보고 느끼고 그들에게 다르게 행동하기 시작한다. 이렇게 다르게 행동하는 것이 자비이다. 불자들은 자비 없이 지혜를 얻는 것은 불가능하다는 것을 알고 있다. 대승불자들은 그것을 특히 강조한다. 지혜와 자비는 깨달음의 두 면이다. 하나를 아는 것은 다른 하나를 아는 것이다. 그러므로 당신이 깨달았다고 생각하지만 모든 '생명 있는 존재들'(단지 인간만이 아니라 느낄 수 있는 모든 존재들)에 대한 자비심을 느끼지 못한다면 돌아가서 당신의 깨달음을 점검해 보는 것이 좋을 것이다. 반면 당신이 이웃에게 자비심을 가지려 하지만 상호존재의 그물망 안에서 자신의 '무아'를 체험하지 못했다면 당신은 주의하는 게 좋을 것이다. 왜냐하면 당신의 자비심이 점차 사라지거나 이기적 자아에 물들 수 있기 때문이다.

　　만약 불교적 체험에 근거해 철학을 한다면 깨달음의 이 두 면은 철학적으로 합리적인 의미를 지닌다. 모든 개체적 존재의 공 혹은 상호존재의 실재를 체험하는 것은 우리와 타자의 구성적 연관을 체험하는 것이다. 자신에 대해 어떤 자연적 혹은 생물학적 관심을 갖는다면 타자에 대해서도 같은 관심을 갖게 될 것이다. 생명 활동이 '자연스럽게' 자신을 걱정하고 사랑하게 한다면 깨달음은 '자연스럽게' 타자를 걱정하고 사랑하게 한다. 그리스도교적으로 말하면 자기 몸처럼 이웃을 사랑하게 된다. 하지만 그리스도인들에게 이 사랑은 '계명'인 반면 불자들에게 자비는 자연스럽게 일어나는 것이다. 자비는 열반 혹은 상호존재를 깨닫는 체험의 일부이다.

　　다소 철학적인 이런 성찰로부터 얻는 결론은 다음과 같다. 열반이 단지 우리의 인격적 체험이 아니라 우리가 그 안에서 또는 그것으로서 존재하는 실재라면, 공, 법신, 상호존재로도 불리는 이 실재는 자비를 포함하고 있고 자비로 이루어져 있고 자비를 통해 나타난다는 것이다. 그러므로 자비는 불자들이 추구하는 궁극적인 것에 필수적이다.

이 정도에서 그칠 수도 있다. 하지만 나는 그리스도인이기에 그럴 수 없다. 불자들은 일반적으로 타자 하느님에 대해 말하지 않고, 말하는 것을 원하지도 않지만, '타자'에 대해서는 많은 말을 한다. 불자들이 사랑하거나 그들을 사랑하는 인격적·궁극적 타자는 없지만 불자들은 자신들이 타자를 사랑한다는 것을 안다. 신적 인격체가 불교의 중심 무대를 차지하지는 않는 대신 사람들, 타자들이 그 무대를 채우고 있고, 그들 하나 하나가 중심을 이루고 있다. 각 존재 안에 모든 존재가 들어 있기 때문에 각 존재는 우주의 중심인 것이다.

그러므로 불자들의 생활과 수행의 목표는 인격적이지 않다고 말하면 안 된다. 불자들은 한 하느님과만의 나-당신 관계가 아니라 모든 생명 있는 존재와 함께 하는 관계로 초대받는다고 느낀다. 그것은 타자를 향한 보편적 자비이다. 깨달은 이들은 근원적으로 상호존재인 그들이 무아라는 것, 그리고 그들이 모든 존재와 연관되어 있고 그들의 일부라는 것을 느끼기 때문에 모든 존재에게 자비를 느낀다. 남을 사랑하지 않으면 자신도 사랑할 수 없는 것이다.

그런데 이는 거꾸로도 뜻이 통한다. 즉, 자기 자신을 사랑하지 않는 한 남을 사랑할 수 없는 것이다! 이것은 특히 현대의 불교 스승들인 페마 초드론, 달라이 라마, 틱낫한 같은 이들이 지나치게 개인주의적인 문화에서 자라나 자기 회의와 결핍감에 시달리는 서양인들에게 주는 조언이다. 깨달음을 체험하고 자기가 정말로 전체와 상호연관되어 있음을 의식하는 것은 그 전체에 대한 다른 이들의 기여뿐만 아니라 자신의 기여 또한 존중하고 관심을 갖는 것이다. 우리가 타자에게 느끼는 자비의 에너지는 우리 자신에게 돌아오는 부메랑과 비슷하다. 타자를 향한 자비의 물결에 자신도 함께 휩싸이게 되는 것이다. 예수가 "너 자신을 사랑하듯 타자를 사랑하라"고 말한다면 붓다는 아마도 "타자를 사랑하듯 너 자신을 사랑하라!"고 말할 것이다.

깨달음의 체험이 깊은 평화의 느낌을 가져오는 이유 중 하나가 바로 여기에 있을 것이다. 그 평화는 모든 것이 상호존재의 거대하고 끊임없이 변하는 풍경 속에서 상호연관되어 있다는 의식에 깊이 뿌리내리고 있다. 자신을 포함한 모든 것은 그 풍경에서 '꼭 맞는' 자리에 있다. 그것은 지혜에서 비롯되는 평화이다. 그런데 이 평화는 그 풍경의 모든 '구성요소들' – 우리 자신의 무상한 '무아'를 포함하는 – 에게 자연스럽게 느끼는 자비에도 근거하고 있다. 우리는 자비의 근원인 동시에 자비의 수혜자가 되는 것이다. 그래서 우리는 평화롭게 숨쉴 수 있다.

그리스도인인 내게 당황스럽고 도전이 되는 것은 불자들의 '궁극적 관심'인 열반은 결코 사랑의 존재가 아닌데도 그 열반으로부터 사랑과 평화가 배어 나온다는 것이다. 더 직접적이고 구체적으로 말하면 그리스도인이 하느님으로부터 사랑받는 것을 자각함으로써 체험하는 평화를 불자들은 그들이 상호존재 안에 있다는 자각에서 느낀다. 불자들은 자비에 둘러싸여 혹은 자비를 따라 살아가지만 그렇다고 해서 자비로운 '타자'를 따로 믿지 않는다. 내가 그리스도교로 '되돌아갈' 때 가지고 갈 것은 바로 이것이 아닐까?

타력은 자력이다

불자들에게는 '자비로운 타자'가 없다고 말한 것은 다소 경솔했던 것인지도 모른다. 일부 불자들에게는 '자비로운 타자'가 있기 때문이다. 아니, 그리스도인이 보기에는 일부 불자들에게는 '자비로운 타자'가 있다. 대승불교의 다양한 종파들은 붓다를 구원자까지는 아니라고 해도 분명히 조력자로, 곧 사람들이 공 혹은 열반의 궁극적 체험을 하도록 도와주는 '타자'로 체험하고 이해해 왔다. 이는 보살의 이미지에 아름답게 담겨 있다. 고타마가 붓다가 될 때 그는 보살이거나 보살이 되었기 때문에 모든 대승불자들은 보살이 될 것을 요구받는다. 모든 붓다는 보살이어야만 하는 것이다. 이것은 '깨달음의 두 면'에 대한 또 다른 성찰이다. 붓다는 지혜를 얻고 보살은 자비를 더하는 것이다.

보살의 역할과 본보기를 호소력 있게 들려주는 이야기가 하나 있다. 네 사람이 사막에서 길을 잃었다. 그들은 여러 날 동안 찌는 듯한 사막을 물도 없이 헤맨 후 높은 담으로 둘러싸인 넓은 곳에 이르렀다. 허둥지둥 담 위로 기어 올라간 그들은 그 너머에 물과 과일이 풍부한 오아시스가 있는 것을 본다. 그들 중 셋은 담을 넘어가 그 사막의 열반에 몸을 담근다. 하지만 나머지 한 명은 다른 이들에게 이 오아시스에 대해 말해 주려고 사막으로 되돌아간다. 이 마지막 사람이 보살이다. 그는 열반을 혼자만 누리려 하지 않고 남과 나누려 하는 것이다. 이것이 우리가 남을 위해 해야 하는 것이다. 왜냐하면 그것이 붓다가 우리를 위해 한 것이기 때문이다.

데이빗 로이 같은 현대의 불자 학자들은 붓다가 되는 것과 보살이 되는 것의 관계는 '먼저 이것을, 다음에 저것을' 하는 식으로 먼저 타인을 위한 자비를 실천하고 그 다음에 불성을 추구하는 것이 아니라고 지적한다. 오히려 그 관계는 '둘 다'이다. 깨닫는 것은 동시에 지혜를 알고 자비를 실천하는 것이다. 만약 우리가 지혜를 안다면 그에 맞게 행동하게 된다. 그리고 자비롭게 행동함으로써 우리는 진실로 알게 된다. 그러므로 붓다가 되는 것은 보살이 되는 것이고 보살이 되는 것은 붓다가 되는 것이다.

'이것 아니면 저것' 식의 사유 대신 '둘 다'를 취해 식별하는 것은 대승불교의 자력自力과 타력他力의 식별에도 적용된다. 중국에서 유래하고 오늘날 일본에 널리 퍼져 있는 정토종은 타력을 가르친다는 점에서 전통불교 혹은 상좌부 불교에게는 완전한 이단처럼 보인다. 1장에서 보았듯이 불자들은 초월적 타자를 믿지 않기 때문이다.

그리스도교 신학자들에게 정토종은 마틴 루터가 종교개혁에서 선포했던 내용과 매우 유사해 보인다. 정토종 불자들은 모든 선행을 포기하고 오직 아미타불을 믿을 것을 요구받는다. 아미타불은 모든 신자들을 구원해서 정토로 데려갈 것을 서원했다. 일부 정토종 불자들은 오직 아미타불을 염불하고 의지한다. 또 다른 정토종 불자들은 염불조차 하지 않는다. 염불이 의무적 선행이 되는 것을 원하지 않기 때문이다. 그들에게는 아미타불에 대한 신뢰만이 정말 중요하고 필요한 모든 것이다.

티베트불교에도 타력에서 도움을 구하는 비슷한 표현들이 있다. 향, 종, 이미지, 양초로 가득한 티베트의 불교사원들은 이탈리아의 성당 같은 분위기를 풍긴다. 그 사원들에는 화려한 색채와 다양한 형태의 불상과 보살상들이 모여 있다. 불자들은 신적 존재들에 둘러싸여 광채를 발하고 있는 붓다와 보살들에게 정교한 의례서에 따라 염불, 기도, 몸짓, 향, 버터기름을 활용해 경배하고 간절하게 빈다. 나는 아내와 함께 1999년에 카트만두에서 라싸까지 덜컹거리는 버스를 타고 여행하면서 보고 느꼈던 영감과 경외심을 영원히 잊지 못할 것이다. 사원마다 붓다와 보살의 탱화들 하나하나를 헌신적이고 진지하게 순례하는 티베트 사람들이 긴 줄을 지어 움직이고 있었다. 내가 예전에 성 요셉 성당에서 성심상, 무염수태상, 성 요셉상 앞에 무릎을 꿇던 것과 거의 비슷하게 티베트 불자들도 분명히 '타력'에 그들 자신을 활짝 열고 있는 것처럼 보였다.

물론, 겉으로 보이는 유사성에도 불구하고 중요한 차이가 있다. 불자들이 말하고 경험하는 '타력'은 그리스도인들이 생각하는 것만큼 본질적, 궁극적으로 정말 타력이 아니다. 대승불자들이 말하는 타력은 사실상 자력이다. 여기에서 우리는 다시 둘이 아니지만 하나도 아닌 실재인 불이를 다루고 있다. 우리는 타력과 자력을 '구별'할 수는 있지만 절대로 그 둘을 '분리'할 수는 없다. 타력과 자력은 상호관련되어 있고, 서로에게 내재되어 있고, 상호존재하고 있다.

정토종의 이 궁극적 불이는 아미타불이 신자들을 정토에 이르도록 도와주지만 그 정토가 그들의 마지막 안식처가 아니라는 것 또한 늘 상기시켜주며 대중적으로 표현된다. 더 가야 할 곳이 있는 것이다. 신자들은 안락한 정토에 정착한 후에는 다시 열반을 향한 깨달음의 길을 가야 한다. 열반에 이르면 자신의 자아라고 생각했던 것이 상호존재의 흐름 속으로 통합될 것이고 자력과 타력의 모든 구별은 더 큰 풍경 속에서 흐릿해진다.

대승불교 학자들은, 심리학적으로 말해, 신자들이 모든 개인적 노력을 포기하고 아미타불을 '오직 신뢰'하는 것만을 요구받으면서 그들 자신도 모르게 자력과 타력 사이의 구별이 흐려진다는 것을 지적한다. 이것은 불교에서 '방편'^{upaya}이라고 불리는 하나의 방법이다. 즉, 자아를 초월하여 타자와 융합할 때까지 자아를 잊고 타자를 신뢰하며 그 타자가 떠맡게 하는 것이다. 방편으로 쓰이는 언어는 자아와 타자로 이원적이지만 그 결과는 불이이다. 자아도 없고 타자도 없다. 단지 놓아버리고 신뢰할 뿐이다. 타력이 되기 위해 자력을 포기한다. 아니, 타력이 자력이 되는 것이다.

티베트불교의 스승들은 여러 붓다와 보살들의 특별한 역할을 신중하고 자세하게 설명할 때와 마찬가지로 그 거룩한 존재들에게 헌신하는 목표를 말할 때에도 신중하다. 신자들이 정말 분명하게 알고 있든 아니든, 그들의 체험을 말로 설명하든 하지 않든, 그들의 헌신의 결과는 붓다나 보살의 '실재'를 그들 자신의 '실재'로서 체험하는 것이다. 보살들의 얼굴, 수많은 손들, 행동에 담긴 특별한 능력, 용기, 지혜를 떠올리고 느낄 때 신자들은 그들 자신 안에서 같은 능력, 용기, 지혜가 있음을 느끼고 인식하게 되는 것이다!

이것은 특정한 보살의 화려하고 사랑스럽고 때로는 무서운 모습이 신자들이 그들의 개인적 체험에 완전히 열중하도록 하기 위한 술책일 뿐이라거나 임시적 기능만을 한다는 의미는 아니다. 붓다와 보살의 타력은 우리의 자력으로 대체될 수 있는 것이 아니다. 그보다는 타력이 우리의 자력이 되거나 우리의 자력으로서 실현되는 것이다. 파도가 바다를 표현하듯이 자력은 타력을 표현한다. 마침내 우리는 명확하게 구별할 수 있거나 홀로 활동할 수 있는 개체적 자아가 없다는 것을 깨닫게 된다. 단지 상호연관, 상호존재, 상호존재들이 있을 뿐이다.

악에 대한
불교의 이해

붓다가 신에 대해 말하기를 꺼렸던 것보다 그리스도인들을 더 맥빠지게 하는 것이 불교에 있다면 그것은 붓다가 악에 대해서도 분명하게 말하기를 꺼렸다는 것이다. '불교와 악'의 주제는 복잡하고 논쟁이 넘친다. 그러므로 지금부터 이야기하려는 것들이 나 자신의 신중하지만 제한된 관점이라는 점을 다시 한번 밝히면서 조심스럽게 악의 주제에 대한 논의를 시작하고자 한다. 결국 나의 가장 큰 관심은 내가 악에 대한 불교의 관점을 완벽하고 정확하게 이해했느냐가 아니라 돌아가서 그리스도교의 문제들과 씨름할 때 그것을 어떻게 활용할 수 있을까 하는 점이다.

"불교는 악을 부정한다"고 너무 단순하게 말하는 것을 피하려면 불자 동료들과 '악'에 대해 대화할 때 가장 인상 깊었으면서 당황스러웠던 일을 말하는 것부터 시작하는 것이 좋겠다. 불자들은 어떤 사람도, 심지어 어떤 사물이나 사건도 악하다고 말하고 싶어 하지 않는다. 그들은 마치 어떤 사람이나 사물을 악하다고 지적하거나 정의하자마자 상황이 더 어려워지고 관계가 더 악화될 것을 우려하는 것 같다. 어떤 것을 '악하다'고 생각하기 시작하자마자 복잡한 상황을 이해할 수 없게 되고, 그것을 유익한 방식으로 대할 수 없게 될 것을 우려하는 것이다. 불자들은 어떤 사물이나 어떤 사람을 악하다고 말하는 것은 더 큰 곤란을 가져오는 무지의 한 예라고 본다.

이것은 실제적인 이야기이다. 어떤 것을 악하다고 '생각'하면 문제가 일어나니 그러지 말라는 것이다. 불자들은 그 이유를 여러 가지 복잡한 방식으로 설명한다. 여기서부터 문제가 더 까다로워진다. 불자들이 어떤 것도 악하다고 정의하기를 꺼리는 근본적인 이유는 영속적인 실재를 가진 것은 아무 것도 없다는 불교의 더 근본적인 주장과 관련이 있는 것 같다. 아무 것도 본래부터 '선하다'고 정의할 수 없는 것과 마찬가지로 아무 것도 본래부터 '악하다'고 정의할 수 없다는 것이다. 불교는 어떤 사람이나 행위도 '원인과 조건'에 따라 생겨나는 것이라고 말한다. 이 원인과 조건 중에서 일부는 고통을 초래할 수 있고 다른 것은 그렇지 않을 수 있다. 따라서 어떤 사람이나 사건을 '악하다'고 단정하는 것은 그렇게 된 모든 원인과 조건을 고려하지 못하게 하는 것이다. 악하다고 여겨지는 사람이나 사건의 '정체성'이라는 혼합물에는 아마 그리 '악하지 않은' 요소들도 있을 것이고, 그 순간 고통을 초래하는 것에 대해 매우 적절하게 설명해 줄 수 있는 다른 요소들도 있을 것이기 때문이다. 다시 말해, 누군가 악해 보이거나 실제로 해를 끼친다면, 우리는 그것이 그 사람의 전부가 아니라는 사실을 '마음챙겨' 알아차려야 한다(기도와 명상에 대한 6장에서 이 '마음챙김'에 대해 자세히 설명할 것이다). 그것은 확실히 그 사람이 될 수 있는 전부는 아닐 것이다.

악에 대한 불자들의 그런 관점이 의미하는 것은 불자들은 결코 그리스도인들처럼 악에 반응하지 않는다는 것이다. 그리스도인들의 반응은 종종 우습게, 그리고 너무 자주 심각하게 표현되는데, "내가 그렇게 한 건 악마 때문이야!"라는 식이다. 불자들에게는 우리의 외부(악마)나 내부(죄의 본성) 어디에도 악의 근원이나 '어둠의 힘'이 없다. 불자들은 암담할 만큼 인류가 그토록 자주, 효율적으로 서로를 해치는 일과 같은 '악'은 사탄이나 죄의 본성 때문이 아니라 '무지'에서 비롯된다고 설명한다. 더 간단히 말해, 우리가 끔찍한 짓을 저지르는 이유는 우리가 끔찍한 존재이기 때문이 아니라 무지하기 때문이라는 것이다.

예수와 붓다에 대한 5장에서 더 신중하게 탐구할 것인데, 지금은 '인간 조건'에 대한 불교의 근본적으로 '긍정적인' 관점에 주목하고자 한다. 우리가 근본적으로 악하기 때문에 악행을 하는 거라면 우리는 적어도 이 세상에서는 해결할 수 없는 문제를 갖고 있는 셈이 된다. 하지만 우리가 근본적으로 무지하기 때문에 악행을 하는 것이라면 우리는 소매를 걷어붙이고 우리 자신과 남들을 교육하기(불교식으로는, '깨닫게' 하기) 시작할 수 있다. 이제 불자들이 어느 누구도 '악하다'고 낙인찍는 것을 원하지 않는 까닭을 더 잘 이해할 수 있을 것이다.

하지만 이런 긍정적 인간 이해가 불자들로 하여금 높은 산만 바라보느라 발 앞의 진창은 보지 못하는 몽상적인 이상주의자가 되게 하는 건 아니다. 불자들은 사람들이 무지 때문에 이기적으로 행동하는 경우가 무척 많으며, 그런 사람들이 이 세상을 정말 엉망으로 만들 위험이 있다는 것을 분명히 알고 있다. 불자들은 우리가 무지하고 이기적으로 행동할 때, 그런 행동은 '더 많은' 무지와 이기심을 일으키고, 그 결과 우리 자신과 다른 이들에게 더 큰 고통을 초래한다는 것을 가르쳐 준다.

그것은 업^{karma}의 법칙이다. 해로운 행위는 늘 해로운 결과를 낳는다. 그리고 그것이 우리의 행위라면 '우리'가 그것을 해결해야만 한다. 변명은 있을 수 없다. 이것은 업에 관한 '나쁜 소식'이라고 말할 수 있다. 하지만 업의 법칙에는 '좋은 소식'도 있다. 우리는 우리가 엉망으로 만든 것을 '다룰 수 있다'는 것이다. 우리는 악업에만 얽매여 있는 것이 아니다. 우리는 선업도 쌓을 수 있다. 붓다가 가르쳐 주었듯이 이기심이 '항상' 고통을 낳는다면 깨달음 혹은 지혜는 '항상' 고통을 없앨 수 있다. 그 여부는 우리에게 달려 있는 것이다.

그리고 그 '우리'가 붓다에게는 개인으로서의 우리들 각자였다면 현대의 불교 지도자들은 그 '우리'를 국제적 관계 속의 각 국가에도 적용한다. 우리 인간이 자신과 서로에게 저지르고 있는 '악'이나 고통을 처리하는 것은 우리 자신에게 달려 있는 것이다.

지금까지 말한 것은 '도덕악'이라고 불리는 것이다. 그럼 불자들은 지진이나 허리케인처럼 자연의 변덕으로 초래되는 온갖 고통의 '자연악'에 대해서는 뭐라고 말하는가? 이 물음에 대한 불자들의 대답은 그리스도인들을 깜짝 놀라게 할지도 모른다. 진부하게 들릴지 모르지만 그런 사건들은 '그냥 일어나는' 것이다. 자연재해는 대기나 지각 표층의 활동, 온도 변화와 같은 '원인과 조건'에 의해 발생한다. 이런 관점은 유전적 결함에도 적용될 수 있다. 즉, 유전자 결함 같은 일도 그냥 존재하는 것일 뿐이다. 기껏해야 우리는 그런 문제가 순전히 우연이거나 무작위적인 사건의 탓이라고 할 수 있는데, 이는 그 사건들이 단지 일어나기 때문에 일어나는 거라고 말하는 거나 마찬가지다. 여기에는 특별한 원인이 없고, 그런 일이 일어나도록 결정한 하느님의 의지도 없다. 사건들은 일어나고 우리는 그 사건들을 다루어야만 한다. 하지만 불교는 한 가지를 더 보탠다. 우리가 그 사건들을 '다룰 수' 있다는 것이다.

되돌아오기:
하느님의 인격적 임재

나의 그리스도인 정체성과 문제들로 되돌아올 때, 나는 불자들이 그들의 궁극적 관심에 대해 인격적 언어를 사용하기를 주저하는 것에 대해 매혹과 저항을 동시에 느낀다. 불자들의 그런 주저의 많은 부분은 내 종교적 감수성과 공명한다. 신적 신비를 신인동형론에 묶어 두지 않으려는 것은 타당하다. 하지만 나의 그리스도교적 조건과 인간적 이성은 그리스도인들처럼 자신의 궁극적 관심을 하나의 '인격체'로 부르는 모든 유신론자들이(그리고 다신론자들도!) 중요한 무엇인가를 알고 있다고 말해 준다. 그들이 궁극적 실재를 "하늘에 계신 아버지", "하느님 어머니", "성령"이라고 부르는 데는 이유가 있고, 그 이유들 가운데 어떤 것들은 매우 합당하다. 그러므로 나는 그리스도인들이 인격적 언어를 사용하는 것이 실망스럽고 종종 지겹기도 하지만, 그렇다고 단순하게 그것을 전부 내다버리고 싶지는 않다. 목욕물이 더럽다고 그 안의 아기까지 버릴 수 없지 않은가!

내가 하느님에 대한 그런 인격적 언어를 깊이 이해하고 사용하도록 불교가 어떻게 도와주었는지를 자세히 말하기 전에, 불자들로부터 배운 것, 더 정확하게는, 그들이 상기시켜 준 것부터 먼저 말해 보자. 하느님을 '당신'이나 '인격체'로 대하는 모든 말은 '상징적인' 것이다. 라너나 틸리히 같은 신학자들이 가르쳐 주었듯이 하느님에 대한 '모든' 언어는 오직 상징적인 것이며 아퀴나스의 보다 전문적인 개념으로 말하면 '유비적인' 것이다. 이에 대해 다음 장에서 더 자세하게 다룰 것이다. 여기서는, 특히 전례에서 하느님을 '당신'으로 부르거나 '하늘에 계신 우리 아버지'에게 기도할 때마다 내가 상징을 사용하고 있음을 상기하고 확신하는 것이 얼마나 중요하고 도움이 되었는지에 대해서만 말하려 한다.

 상징적 언어는 소중하지만 또한 위험하기도 하다. 따라서 상징적 언어는 신중하게 사용되어야만 한다. 상징은 본질적으로 언어 너머에 있는 무언가에 우리 자신을 개방하기 위해 사용하는 언어다. 또한 상징은 어느 하나의 이미지로는 담을 수 없는 실재와 우리를 연결해 주는 것이기도 하다. 자주 언급되지만 그만큼 자주 잊혀지는 이것이 의미하는 것은 상징을 진지하게 받아들여야 하지만 문자적으로 받아들이지 않도록 조심해야 한다는 것이다. 우리가 상징을 문자적으로 받아들여 너무 과장하게 되면 상징은 우상으로 변해 버리게 될 위험도 있는 것이다.

 하느님을 인격체로 표현하는 모든 말이 상징적이라면 우리는 그 말을 신중하게 사용해야 한다. 우리가 하느님을 당신이나 아버지라고 부를 때 상징을 사용하고 있다는 것을 잊고 그것을 문자적으로 받아들인다면 그 상징은 하느님이 한 사람의 '당신'이나 '아버지' 이상은 될 수 없게 할 수 있다. 이것은 에노미야-라쌀 신부의 충고를 다시 상기시켜 준다. 하느님에게 인격적 상징을 사용하면 안 된다는 것을 인식하고 있을 때만, 그것의 위험성을 인식하고 있을 때만, 우리는 하느님에게 인격적 상징을 사용할 수 있다는 것이다. 다시 말해, 우리가 하느님에 대한 인격적 상징을 문자적으로가 아니라 진지하고 신중하게 받아들일 때에만 그 상징을 사용할 수 있다는 말이다. 그것을 위해 불교가 어떤 도움을 주었는지 설명해 보자.

인격체가 아니라
인격적인 하느님

　　불교로 건너가면서 발견한 문제 해결의 실마리들과 매혹스러운 점들로부터 한 가지 분명하고 신중한 결론을 이끌어 낸다면, 하느님은 더 이상 인격체가 아니지만 분명히 그리고 훨씬 더 매력적으로 '인격적'이라는 것이다. 이것은 미세한 구별일지도 모르지만 나와 많은 그리스도인들에게는 중요한 구별이다. 불교는 내가 지난 수십 년간 힘겹게 영적 생활을 하며 느껴온 것을 확인하고 긍정하게 해 주었다. 즉, 하느님은 전능하고 사랑 많은 '누구'가 아니라는 것, 내가 다른 사람들과 맺는 관계와 본질적으로 동일하게 인격적 관계를 가질 수 있는 신적 인격체가 아니라는 것이다. 그보다는 하느님은 전에도 지금도 나를 감싸고 살게 하는 상호존재의 신비이다. 하지만 하느님은 또한 내게 인격적으로 임재하는 신비이다. '인격적으로 임재하는'이라고 말하는 것은 이 신비가 인격적인 방식으로 나를 감동시키고 내게 영향을 주는 것을 느끼기 때문이다. 내가 상호존재의 에너지 장의 일부라는 것을 알도록 자극한 체험은, 이 에너지가 맹목적인 것이 아니고, 이 에너지 장이 생명이 없는 것이 아니라는 점도 알게 해 주었다. 이를테면 그 에너지는 뭔가를 하려고 한다. 그 에너지를 인격체라고 부를 수는 없지만 그것에는 인격적인 뭔가가 있는 것이다.

　　1장에서 고백했듯이 이것이 여전히 내게 하느님의 상징이 의미가 있는 이유이다. 내가 불교로 건너간 후에 내게 영으로서의 하느님, 연관시키는 영으로서의 하느님은 더 깊은 의미를 갖게 되었다. 불교는 이 영을 발견하고 느끼는 인간적 체험을 확인하고 성숙시키도록 도와주었다. 불자들이 깨달음에서 발견한 두 주요한 열매 혹은 특성인 지혜와 자비는 영이 인격체가 아니라 내 삶 속의 '인격적 임재'라는 것을 알게 하는 두 가지 가장 근본적인 경험에 초점을 맞출 수 있게 해 주었다. 그것은 나의 내면을 평화롭게 하는 근거성groundedness에 대한 인식과 타자를 돌보게 하는 연관성에 대한 인식이다.

평화에 근거하는

　나는 '근거성'이라는 말을 통해 내가 나 자신보다 더 큰 어떤 것의 일부이거나 그것에 속해 있다는 의미를 표현하려고 한다. 나는 이 더 큰 어떤 것이 나를 포함하거나 포용한다고 느낀다. 다시 말해, 나는 그것을 '신뢰할 수' 있다. 그것은 여전히 파악하기 어려운 신비이고, 영원히 서 있을 수 있는 곳을 결코 제공하지도 않는다. 그래서 불자들은 그것을 무근거성Groundlessness이라고 부른다. 하지만 나는 그것에 속함으로써 그것에 의지할 수 있음을 안다. 불자들은 이런 체험을 진리Dharma 또는 상호존재의 실재를 깨닫는 '지혜' 혹은 이해라고 부른다. 그리고 불자들은 대개 상호존재를 신뢰할 대상이라고 말하지는 않지만, 우리가 일단 그것을 깨달으면 삶이 달라진다는 것은 분명히 긍정한다. 우리는 이전에 경험하지 못했던 평화, 쉼, 삶을 사는 힘을 얻는 것이다. 그것은 내게 본질적으로 영의 인격적 임재를 확인하는 경험이다.

　그런 '평화를 낳는 근거성'에 대한 인식을 일으킬 수 있는 인간적 상황은 놀랄 만큼 다양하다. 불자들에게 깨달음을 얻기 위한 기본적인 환경 혹은 수행은 고타마의 경우와 마찬가지로 명상의 고요함이다(이것은 기도와 명상에 관한 6장에서 더 신중하게 살펴볼 것이다). 그리스도교의 영적 스승들과 신학자들은 우리의 일상적 삶에 더 가까이 있는 '초월의 신호들'을 말한다. 이런 신호들은 분명한 의식적 자각 없이도 포착할 수 있는 경우가 많다. 아니면 인생을 뒤돌아볼 때에만 그 신호들을 확인하고 말할 수도 있다. 그 신호들은 대개 우리가 인생의 절정을 날고 있을 때나 반대로 인생의 질곡을 터벅터벅 걷고 있을 때 찾아온다.

인생의 '절정'이란 우리를 고양시키고, 스스로를 가두는 우리 자신의 껍질로부터 끌어내어, 더 크고 아름다운 세계로 향하게 하는 긍정적인 상황을 말한다. 이를테면 자연의 힘과 장엄함이 우리를 매혹할 때, 특별한 음악 한 곡이 우리 안으로 젖어 들어 T. S. 엘리엇이 말하듯 "우리가 음악이 될" 때, 친구의 말 한마디나 포옹이 우리에게도 친구에게도 없는 어떤 힘을 줄 때, 누군가를 사랑하는 것이 섹스보다 훨씬 더 중요한 것이 되어 우리를 가슴 벅차게 하고 감사하게 하는 그런 때를 말하는 것이다. 이런 매우 평범한 인간적 경험들에서, 그 경험들의 황홀한 순간이 사라진 후에도 지속될 수 있는 평화에 의해 우리가 연관되어 있고, 근거하고 있고, 유지되고 있는 것을 느낄 때 놀라운 일이 일어날 수 있다.

반면 인생의 '질곡'을 경험한다는 것은 높이 치솟는 것과 반대로 인생의 나락으로 떨어지는 것이다. 하지만 우리는 근거가 무너지고 지탱해 주는 것이 아무것도 없을 때조차도 어떻게든 우리의 삶을 계속하고 지탱하는 것을 알 수 있다. '무근거성'에는 우리를 지탱해 주고 유지해 주는 무언가가 있다.

그러므로 역설적으로 그리고 신비롭게 무근거성에는 우리가 근거할 것이 있는 것이다.

    그런 깨달음은 대개 우리가 질곡에 빠져 있을 때는 오지 않고 거기서 헤어나올 수 있게 된 후에야 온다. 도저히 이해할 수 없는 사고로 인한 자녀의 죽음, 결혼한 지 이십 년 만에 이혼했을 때의 절망감, 대학 입시에서의 실패, 성적 학대의 기억으로 절망스럽게 시달리는 일 등은 모두 삶의 기반 자체가 무너지고 무근거성으로 떨어지게 되는 경험들이다. 하지만 이 모든 것을 통해, 그리고 아마 이 모든 것이 지나간 후에, 우리는 어떻게든 살아갈 수 있었고, 아침마다 일어났고, 또 다른 관계를 맺었고, 또 다른 자녀를 가졌다는 것을 알게 된다. 그렇다. 이 모든 질곡을 헤쳐 나가기 위해 우리는 스스로 노력해야만 했고 친구들의 격려가 필요했다. 하지만 당장 괴로움과 혼란을 겪으며 녹초가 된 순간에는 어떤 노력도 어떤 친구도 그것만으로는 충분해 보이지 않았다. 하지만 우리의 노력과 친구들의 격려를 통해 우리는 뭔가 다른 것, 우리를 지탱해 준 어떤 것이 있음을 알게 된다. 그리스도인들은 그것이 우리를 보살펴 준 어떤 존재라고 덧붙일 것이다. 하지만 그것은 우리를 돕고 구원해 주는 아버지 하느님이 아니라 우리의 노력과 친구들을 통해 활동하면서도 그 이상인 인격적 능력, 즉 영이다.

    그래서 나는 내게 근거를 주고, 지탱해 주고, 평화를 주는 것이 있다고 말할 수 있다. 그것은 설명할 수 있는 어떤 존재나 사물이 아니다. 그래서 나는 그것을 영의 '인격적 임재'라고 부른다.

보살핌으로
연관되어 있는

깨달음은 지혜뿐 아니라 자비도 일으킨다는 불자들의 주장을 통해 나는 내 삶 속의 영이 나를 내적 평화에 근거하게 할 뿐 아니라 타인을 보살피고 사랑하는 관계로 연관시켜 준다는 것을 알고 느끼게 되었다. 그것은 특히 내가 느끼는 영의 임재가 인격적인 것으로 나타나는 체험에서 그랬다. 불자들의 체험과는 다르지만 그렇다고 완전히 다르지도 않은 나의 그리스도교적 체험에서, 영의 임재는 먼저 그 임재를 느끼고 난 후 나와 타인의 연관을 느끼는 게 아니라 타인과의 연관이 더 깊은 영의 임재와 능력을 드러내는 것임을 느끼는 것이었다.

나의 친구이자 멘토인 스리랑카 예수회의 알로이시우스 피어리스는 그의 불교 연구와 수행을 통해 내가 그것을 이해하도록 도와주었다. 그는 불자들에게는 지혜가 자비보다 우선적 중요성을 지닌다는 것을 지적한다. 반면 그리스도들인에게는 일반적으로 자비 또는 사랑^{agape}이 지혜보다 우선시된다는 것이다. 이것이 내가 경험한 바에 더 가까운 것 같다. 나는 타인들과의 관계에서 그들이 나를 감동시키고 영향을 주는 것을 통해 영의 임재라는 더 넓은 실재를, 나의 관계들을 통해 공명하는 상호존재라는 더 넓은 실재를 알게 되었다.

타자들이 우리 삶에 대한 권리를 주장할 수 있다는 것, 그들이 초청받지 않고도 우리의 개인적 삶에 들어올 수 있고 우리를 부를 수 있다는 것에는 신비와 힘이 있다. 우리가 1980년대와 90년대에 크리스파즈^{CRISPAZ}(엘살바도르의 평화를 위한 그리스도인들)라는 단체와 함께 활동하고 있을 때, 나와 캐시는 엘살바도르 농부들의 얼굴을 보며 우리의 개인적 삶의 영역으로 그들이 개입해 오는 것을 행복하게 경험했다. 미국 정부가 지원하는 억압적 정부 아래 고통을 겪고 있는 엘살바도르 농부들의 슬픔에 휩싸여 있으면서도 저항 의지로 결연한 얼굴을 보았을 때 우리는 어떤 식으로든 그들에게 반응하지 않을 수 없었다. "다른 선택의 여지는 없었다." 바로 여기에 내가 말하고 있는 신비와 힘이 있는 것이다. 그것이 설령 우리가 바라는 것과 상반될지라도 타자들이 우리에게서 자비와 돌봄을 불러일으킬 수 있는 방식이다.

물론 그런 일이 늘 일어나는 것은 아니다. 하지만 만일 그런 일이 일어난다면 그것은 강력하고 신비롭고 아름답다. 일부 생물학자들이 우리의 '이기적 유전자'에 대해 말하는 것과는 달리 우리에게는 돌봄과 자비로 다른 이들에게 반응할 수 있고 또 그럴 필요가 있는 부분도 있는 것이다. 그리고 그렇게 반응할 때 우리는 그런 돌봄의 실천이 수반하는 부담에도 불구하고 더욱 인간적이게 되고 행복해지는 것을 느끼게 된다.

일부 불자들은 그것을 보리심*bodhi citta*이라고 부른다. 보리심은 우리 모두 안에서 고동치고 있는 자애심의 정수이다. 그리스도인으로서 나는 이것을 타인들이 내게 감동을 주는 것처럼 내게 감동을 주는 영의 인격적 능력이라고 부르고자 한다. 유대인 철학자 엠마누엘 레비나스는 내가 말하려는 것과 엘살바도르에서 경험한 것을 표현할 수 있는 말을 이해하고 찾아내도록 도와주었다. 그는 우리가 하느님의 실재와 만날 수 있는 가장 확실하고 아마도 가장 근본적인 길은 "타인의 얼굴을 마주하는 것"이라고 말한다. 우리는 타인의 눈을 들여다볼 때 관심과 책임감을 느끼고, 느낄 수 있다. 그리고 우리는 타인의 정체성을 소중히 여겨야만 하며, 결코 그것을 우리 것으로 요구할 수 없다는 것을 느끼는 동시에 그 정체성을 보호하고 소중히 돌보아야 할 필요가 있음을 느낀다. 타인은 우리에게서 돌봄과 책임의 '행동'을 이끌어 낸다. 그리고 여기서 레비나스는 우리가 타인other 안에서 근원적 타자Other의 임재를 인식할 수 있다고 말한다. 타인에게 임재하는 근원적 타자는 우리 안에 임재하는 근원적 타자와 다른 것이 아니다. 하지만 그것은 타인이 우리에게 요구하는 것, 타인의 얼굴을 마주해서 행동하는 것에서만 찾을 수 있는 임재이다.

그러므로 레비나스는 우리가 하느님에 대해 말하려 할 때는 '존재의 언어'가 아니라 '행동의 언어'를 사용해야 한다고 말한다. 그것은 앞서 말했듯이 하느님의 가장 깊은 실재는 명사보다 동사에 훨씬 더 가깝기 때문이다. 이는 하느님의 실재로의 최초의 혹은 근본적인 접근은 철학(바른 생각)의 문제가 아니라 윤리(바른 삶)의 문제라는 것을 암시한다. 근본적으로 하느님은 우리가 아는 것과 같은 하나의 '존재'가 아니라 '활동성'이다. 즉, 그 활동과 에너지가 우리를 통해 흐르도록 할 때 느낄 수 있는 활동성이다. 우리는 정말 하느님에 대해 생각하기 전에 먼저 타인을 돌보는 하느님처럼 행동해야만 한다. 이것은 나의 스승 칼 라너가 다른 사람을 진정으로 사랑하고 돌보는 경험이 없는 사람은 '하느님'이라는 말이 정말 의미하는 것에 대한 작은 단서조차 얻을 수 없다고 말한 것을 상기시켜 준다.

2004년 12월의 일기는 나의 영성에서 사랑하는 인격체인 하느님God who loves이 사랑인 하느님God who is love으로 전환된 것을 담고 있다.

나는 하느님을 지나치게 상징화하거나 인격화하는 것에 대해서는 이의가 있지만, 나의 인생을 가치 있게 하고, 충족시키고, 흥미롭게 해 주는 것은 '주고 받는' 관계임을 잘 알고 있다. 그것이 사랑이다. 즉, 사랑은 타인에게 자신을 아낌없이 주는 것이고 또한 타인으로부터 받는 것이다. 이것이 특히 최근 수년 동안 내가 원해 온 삶의 모습이다. 그것은 모든 생명 있는 존재들에 대한 사랑과 자비로 나를 아낌없이 내어 주는 것이고, 타인을 향하는 나의 이런 움직임 안에서 느껴지는 신비로부터 받는 것이다. 나는 내가 남을 돌보는 것처럼 남으로부터 돌봄을 받는다. 이것이 존재의 신비, 삶의 신비, 진화의 신비이다. 모든 생명에는 하나의 '근원적 생명'Life이 있고 모든 영들에는 하나의 '근원적 영'Spirit이 있다. 나는 나 자신을 주고, 신뢰한다. 먼저 아내 캐시에게, 그리고 직접적으로 혹은 멀리서 나의 삶으로 들어오는 모든 존재에게 나 자신을 더 내어 줄수록 나는 이 신비를 더 많이 느낄 수 있고, 이 신비가 될 수 있다.

함께 춤추기

하느님을 저 위에서 이곳의 나를 내려다보는 전능한 인격체가 아니라 나를 감싸고 포용하는 인격적 임재로 상상하고 느끼는 것은 나로 하여금 하느님이 미리 써 놓은 대본을 따라 살기보다는 내 삶의 무대를 하느님과 함께 나눌 수 있게 해 준다. 2003년 2월에 쓴 일기에서 언급한 페마 초드론의 책

『편안해지는 연습』에 있는 구절은 내가 말하려는 것을 잘 표현해 준다. 페마 초드론은 우리를 가득 채우는 자애심에 대해 말하면서 '두려워하는 마음을 자애심의 요람에 두는' 샴발라^{Shambhala}전통의 이미지를 언급한다. 다음은 그것을 읽고 쓴 나의 성찰이다.

> "자애심의 또 하나의 이미지는 아기새가 멀리 날아갈 수 있을 만큼 강해질 때까지 보호하고 돌보는 어미새의 이미지다. … 사람들은 가끔 묻는다. '이 이미지에서 나는 누구인가? 어미새인가, 아기새인가?' 답은 우리는 둘 모두라는 것이다." 우리는 사랑하는 어미새이며 두려워하는 아기새다. 바로 이것이 내가 그리스도인으로서 하느님과 자아/세계 사이의 이원론을 극복하도록 불교가 도와준 것이다. 나 자신을 받아들이고 계속 살아가게 하는 힘은 외부에서 오는 것이 아니다. 그 힘은 항상 나를 넘어서는 것이지만 여전히 내 안에 있다. 그것은 둘이 아니지만 하나도 아닌 것이다.

나는 자력과 타력에 관한 이 어미새와 아기새의 불교적 이미지에 좀 더 신학적인 그리스도교의 전통적 구별을 더하고자 한다. 그것은 오랫동안 신학적 논쟁의 원인이 된 신의 은총과 인간의 자유의지의 문제이다. 이것은 그리스도교에서 자력과 타력을 일컫는 말이다. 불자들은 무엇이 더 중요하고 결정적인지 논쟁하는 것은 쓸데없는 일이라고 말할 것이다(나도 경험적으로 그 의견에 동의한다). 하느님의 은총과 인간의 자유의지에는 차이가 있지만 은총은 인간의 '자유로운 행위'와 '결정' 속에서 은총이 된다. 불자들은 칼 라너의 생각을 좋아할 것이다. 그는 은총과 자유 사이에는 직접적 비례 관계가 있다고 보았다. 그래서 우리의 인생에서 은총의 힘을 더 많이 경험할수록 우리 자신의 자유도 더 많이 경험하게 된다고 했다. 은총과 자유는 서로 다르지만 서로 안에 존재한다. 그들의 관계는 '불이'이다. 즉, 은총과 자유는 상호작용하는 것이다. 더 간단히, 그리고 약간 더 대담하게 말하면, 영은 영이기 위해 내가 필요하고 나는 나이기 위해 영이 필요한 것이다!

하느님의 영과 인간의 영 사이의, 하느님의 은총과 인간의 자유 사이의 상호작용하고 상호의존하는 이 관계는 하느님이 이끄는 쌍무雙舞에 비유할 수 있다(물론 하느님의 남성적 이미지를 의미하는 것은 아니다). 이때 하느님은 춤을 이끌고 변화를 주는 리더이지만 어떤 스텝을 밟을지, 언제 즉흥적으로 새로운 스텝을 밟을지는 파트너인 우리의 반응에 달려 있다. 함께 춤추고 서로에게 반응하며 파트너들은 때로는 서로의 발을 밟기도 하지만 서로의 차이 안에서 새로운 춤동작을 함께 창조한다.

과정 중에 있는 하느님의 뜻

이 모두는 앞서 말한 '하느님의 뜻'의 문제를 다룰 수 있게 도와준다. 우리가 삶에서 느끼는 하느님이 전능한 인격체가 아니라 인격적 임재라면, 우리가 하느님의 은총과 인간의 자유 사이의 불이 혹은 상호작용을 진지하게 받아들인다면, 하느님의 뜻은 '존재하는' 무엇이 아니라 '생성하는' 무엇이 된다. 하느님의 뜻이란 누가 전투에서 이기게 할지, 이번 주말에 날씨를 좋게 할지를 결정하는 것처럼 미리 만들어진 계획을 역사 속에 부과하는 것이 아니다. 그보다 하느님의 뜻은 한쪽의 항상 임재하고 활동하는 영과 다른 쪽의 인간의 자유로운 선택이나 자연의 무작위적 사건 사이의 상호작용을 통해 이루어진다. 함께 춤추는 두 파트너는 서로 다르지만, 그들을 움직이고 관계 맺게 하는 한 번의 춤 안에서 그들의 차이를 결정하는 것은 어려울지도 모른다.

따라서 하느님의 뜻에는 '빈 칸 채우기'를 위한 넓은 공간이 있다. 다른 말로, 예수가 이해한 하느님 나라(곧 세계를 향한 하느님의 뜻)에 대해 신약성서학자들이 설명하는 것처럼, 하느님의 뜻은 '이미'already이며 동시에 '아직 아닌'not yet이다. 그 '이미'의 면이 말해 주는 것은 우리를 평화에 근거하게 하고 더 넓은 자비로 부르는, 늘 임재하고 신뢰할 수 있는 영이 이미 우리와 함께 있다는 것이다. 그리고 '아직 아닌'에 대해서 말하자면 나는 '무근거성'이라는 불교적 상징의 도움으로 하느님의 뜻이 정말 얼마나 두려우면서도 신뢰할 만한 것인지를 알 수 있었다. 하느님의 뜻이 두려운 까닭은 여전히 불확실하고 어떤 안전망도 없는 빈 공간이 있기 때문이다. 하느님의 뜻이 여전히 이루어져야 한다는 것은 행복한 결말만이 아니라 불행한 결말도 있을 수 있다는 것을 의미한다. 하지만 동시에 나는 그 불확실성을 기꺼이 받아들일 수 있고 무근거성의 광대함에 뛰어들 수 있다. 왜냐하면 '아직 아닌' 것, 아직 오고 있는 것은 나의 지혜, 자비와 내가 하느님의 영이라 부르고 일부 불자들이 '자애심의 요람'이라 부르는 것의 지혜, 자비가 공동으로 창조하는 것이기 때문이다. 그러므로 '하느님의 뜻'은 하느님의 영과 유한한 피조물이 상호작용하며 만드는 드라마이다.

　이 모든 것이 그리스도인들에게는 늘 신비로운 것이지만 또한 지적으로 이해할 수 있는 것이기도 하다. 하지만 그것이 실제적인 것이 되려면, 다시 말해, 우리의 삶 속에서 절실하게 느껴지는 것이 되려면 우리는 종종 뒤를 돌아볼 필요가 있다. 1991년에 아내 캐시, 아들 존, 딸 모이라와 함께 내가 약 이십 년 전에 신학박사 학위를 받았던 독일 마르부르크 대학을 다시 찾았을 때 생각지도 않은 일을 경험하게 되었다. 내가 학생이던 당시의 몇 년은 멋지고 흥미진진한 시기였던 동시에 고통스럽고 혼란스러울 정도로 힘겨운 시기이기도 했다. 나는 독일 개신교 박사 과정의 독특한 엄격함에 적응해야 하는 어려움을 예상대로 겪는 한편 다양한 관계와 정서로 인한 예상 밖의 감정적 흐름에 사로잡혀 있었다. 그것은 열세 살 때부터 신학교를 다녔고 오랫동안 신앙생활을 해 온 내가 정말 독신사제의 삶을 살기를 원하고 있는지를 자문하도록 다그쳤다. 그것은 내가 느끼고 대답해야 할 거라고 전혀 생각해 본 적이 없는 물음이었다. 마르부르크에서 지냈던 수년 동안 그 물음은 피할 수 없는 만큼이나 답하기 어려운 것이었다.

　하지만 그로부터 이십 년 후, 마르부르크 시 높은 곳에 있는 성 옆에 있는, 젊은 날 상념과 괴로움으로 자주 찾아가서 앉곤 했던 바로 그 벤치에 아내 캐시와 함께 조용히 앉아 있을 때 문득 명료함과 감사의 물결 속에서 깨달았다. 지나온 모든 세월을 통해 내 인생에서 '무언가 계속되고' 있었다는 것을. 달리 어떻게 말해야 할지 모르겠다. 그때 이미 거기 있었지만 숨겨져 있던 길을 모든 분투를 통해 마침내 발견한 것이 아니었다. 아니, 나는 그 길을 서서히 걸어와야 했다. 하지만 그러는 가운데, 내가 내린 모든 옳고 그른 결정들에서, 내 인생에 참여해 나를 지지해 주거나 힘겹게 한 사람들과의 관계 속에서, 그리고 내가 타인과 나 자신에게 준 기쁨과 고통 속에서, 다른 무언가가 나를 지탱해 주고 격려해 주었던 것이다. 그것은 창조적이고 의지할 수 있는 것이었다. 그것은 하느님의 임재이고 영이었다. 이십 년 후 모든 것이 지난날들보다 더 명료해졌다. 그리고 나는 감사드렸다.

악은 결코 최종적인 것이 아니다

하지만 인간들이 동료 인간들과 자연에게 하는 행동으로 인해, 그리고 자연이 모든 존재에게 끼치는 재해로 인해 초래되는 끔찍한 고통으로 가득한 이 세상은 어떻게 봐야 할까? 나는 '악의 문제'에 대한 나의 갈등을 말하고 있는 것이다.

인간이 견뎌야만 하는 고통의 양, 강도, 무의미함은 분명히 우리의 이해를 불가능하게 한다. 고통에는 결코 떨칠 수 없는 불가해성의 요소가 있다. 하지만 불교는 내가 신비로부터 도망가지 않고 그것을 다룰 수 있게 도와주었다. 그리고 더 정직하고 지적이고 창조적으로 '악의 문제'에 접근할 수 있는 그리스도교 전통 안의 자원들을 회복하도록 도와주었다.

우선, 하느님은 세상을 책임지고 있는 전능한 인격적 존재가 아니라 세상과 창조적으로 상호작용하는 상호존재의 영이라고 이해하면, 다행스럽게도, 우리는 더 이상 '악'의 문제로 하느님을 비난하지 않을 수 있다. 능숙한 선장이 모는 배의 돛에 부는 바람처럼 영은 지배하는 게 아니라 상호작용한다. 즉, 과정신학자들이 말하듯, 하느님이 '전능하다'면 그것은 끈질기게 설득하는 능력이지 지배하는 강제력이 아니다. 그것이 "하느님은 원하는 것을 다 할 수 있다"고 단언히는 것보다 하느님의 능력에 대해 말하는 훨씬 더 정통적인 그리스도교적 방식이다. 하느님이 사랑이라면 하느님은 원하는 모든 것을 할 수 없다. 사랑하는 이들이 서로에게 '강요'한다면 그들은 진정으로 서로 사랑하는 것이 아니다. 사랑하는 이들이라면 설령 자기가 다치게 되더라도 상대에게 강요하지 않는다.

그런데 불자들은 우리가 인간악 혹은 도덕악을 이유로 하느님을 비난할 수 없다면 악마 혹은 선재하는 독자적인 악의 근원도 비난할 수 없다고 말한다. 이 점에서 그리스도인들이 배울 것이 많다. 우리는 원죄와 '타락'을 말하는 그리스도교의 전통적 교리를 붓다가 가르친 사성제의 두 번째 진리인 집성제集聖諦와 대화하게 함으로써 더 조리 있고 깊게 이해할 수 있다. 즉, 집성제는 우리가 이기적이기 때문에 우리 자신과 타인들에게 고통을 초래하며, 우리가 이기적인 것은 그렇게 타고났기 때문이 아니라 무지하기 때문이라고 가르쳐 준다.

이 관점에서 보면 악은 본질적으로 존재하는 것이 아니다. 악은 항상 무언가 다른 것, 곧 무지의 결과이므로 그 자체의 실재나 정체성을 갖지 않는다. 여기서 말하는 것은 단지 흥미로운 철학적 통찰이 아니다. 그것은 엉망인 세상을 어떻게 이해하고 대해야 하는가에 대한 매우 실천적인 결론을 담고 있다. 만약 인간조건에 주어진 요소로서 '악'이 실재한다면 우리는 이 세상에서는 완치할 수 없는 병에 걸린 셈이다. 그 병은 내세에서 제거되거나 벌을 받음으로써만 치유될 수 있는 것이다. 하지만 반대로 악이 본질적으로 실재하는 것이 아니라 단지 무지의 불행한 부산물이라면 의사를 찾아가면 된다. 우리에게는 희망이 있는 것이다.

인간의 '죄의 상태'와 '하느님의 사랑을 받을 자격이 없는 죄인'인 인간 조건을 강조하는 그리스도교적 관점은 인간 본성과 세계를 근본적으로 희망적으로 평가하는 불교적 관점과의 대화를 통해 건강한 균형을 이룰 수 있다. 그것은 무지가 초래하는 고통의 깊이와 넓이를 직면하는 것이므로 현실적인 평가이다. 업은 무지와 고통이 점점 커져서 파괴적인 눈사태가 될 수 있다는 것을 의미한다. 하지만 불자들은 모든 생명 있는 존재들의 무지를 없애 주려는 보살의 노력을 결코 포기하지 않는다. 왜냐하면 모든 인간이 불성을 가지고 있으므로 깨달음은 누구에게나 가능하기 때문이다. 따라서 내일의 세상은 오늘의 세상보다 덜 고통스러울 수 있다.

그런 희망은, 비록 놓치거나 잊어버리는 일이 많긴 하지만, 그리스도교의 근본적 믿음에도 들어 있다. 죄로 인해 아무리 많이 더럽혀져도 우리는 여전히 하느님의 자녀라는 믿음, 어떤 잘못을 했더라도 용서받을 수 있다는 믿음, 바오로 성인이 "죄가 많은 곳에는 은총도 풍성하게 내렸습니다"(로마서 5:20)라고 말한 것과 같은 믿음이다. 다시 말해, 사람들이 이기적이고 서로에게 아무리 많은 고통을 준다고 해도 자비와 협력의 가능성이 훨씬 더 크다는 것이다. 그리스도인들은 이것을 믿고 그 믿음에 따라 살아가야 하는 이들이다.

'원죄'를 '원무지'原無知로 이해한다면 우리는 인간의 본성에 대한 예수의 평가에 훨씬 더 가까이 다가갈 수 있을 것이다. 인류 역사에서 계속되는 이기심과 고통의 눈덩이를 처음으로 만든 것은 출산을 통해 현재 우리들 각자에게 스며든 원초적 타락이 아니다. 그보다는, 아담과 이브의 이야기가 말해 주듯, 뱀으로 위장한 누군가의 약속을 믿었던 유치하고 실로 어리석은 결정이 그 첫 단추였다. 이렇게 생각하는 게 진실에 더 가깝다. 아담과 이브의 신화를 인간의 악한 반역 행위가 아니라 무지한 망상에서 비롯된 결정의 결과라고 이해하면 확실히 우리는 그들의 '원죄'가 하느님의 창조라는 '원복'*original blessing*을 가리거나 밀어내지 않을 수 있게 하는 더 나은 관점을 가질 수 있다 (창세기 1장의 이야기에서 하느님이 창조를 마치고 모든 것이 "좋다, 매우 좋다"고 말하는 부분을 생각해 보라).

이는 인간의 결정이 초래한 세상의 악을 다루는 데 도움을 줄 수 있다. 하지만 자연이 초래하는 악과 끔찍한 고통은 어떻게 봐야 할까? 마찬가지이다. 하느님을, 세상을 지배하기보다는 세상과 상호작용하며 근거하게 하고 연관시키는 영으로 이해한다면, 영은 인간의 행위를 존중하고 함께 작용하는 것처럼 동물과 자연의 요소들의 움직임도 존중하고 함께 작용할 것임을 우리는 깨달을 수 있고 깨달아야만 한다. 원칙적으로 인간은 자유롭게 행위하며 자신의 본능과 자연적 기질을 통제할 수 있다. 반면에 자연은 순전한 본능과 무작위적 사건을 통해 작용한다. 주어진 환경 혹은 사건들의 특정한 합류 가운데 소립자는 소립자로서 움직이고 화산은 화산으로서 활동한다. 여기에서 영은 최고사령관이 아니라 상호작용하는 임재로서 그런 일들이 일어나도록 놓아둔다.

그러므로 랍비 해롤드 S. 쿠쉬너의 유명한 책 제목처럼 "선한 사람들에게 나쁜 일이 생길 때", 지진, 쓰나미, 화산 폭발, 암, 선천적 질병 같은 사태를 직면할 때, 우리는 먼저 그 사태들을 야기한 인간적 '원인과 조건'이 있는지 조사해야만 한다. 그리고 만일 그런 인간적 원인과 조건이 없다면, 붓다와 랍비 쿠쉬너의 말처럼 "그 사태들은 그냥 일어난 것"이라고 말해야만 한다. 그 사태들은 하느님 혹은 다른 선하거나 악한 초자연적 행위자에 의해 일어난 것이 아니다. 그것은 자연이 작용하는 방식인 무작위적 '원인과 조건'을 통해 생겨난 것이다. 붓다는 이를 사물의 있는 그대로의 모습, 즉 여여如如, tathata라고 부른다. 그렇다면 우리의 첫 번째 반응은 그 사태들을 '받아들이는' 것이어야만 한다. 이는 우리가 그 사태들을 좋아한다는 의미는 아니지만 그렇다고 그것들을 부정하거나 대항하거나 또는 그것들이 우리를 넘어뜨리도록 하는 것도 아니다. 비틀즈의 노래 "Let It Be"에서 '성모 마리아'가 현명하게 충고하듯 그대로 놓아두는 것이다.

우리는 여기에서 멈추지 않는다. 받아들임은 첫 번째 반응일 뿐이다. 내가 틱낫한과 페마 초드론 같은 불교 스승들의 가르침을 제대로 이해했다면, 불자들은 우선 할 수 있는 만큼의 마음챙김과 자비로 존재하는 것을 받아들이고, 그 다음에는 그들이 하는 모든 행동이 이 마음챙김과 자비로부터 자연스럽게 흘러나오게 한다. 나는 그리스도인으로서 같은 일을 하려고 한다. 곧, 일어난 일에 담긴 고통을 '일어난 그대로' 받아들이면서, 항상 임재하고 상호작용하는 지혜와 자비의 영도 또한 인식하려는 것이다. 그러면 그 영은 나의 영과 상호작용하면서, 절대 받아들일 수 없다고 느껴질 수 있는 것도 받아들일 수 있는 '힘'과, 그것에 대해 무언가를 하거나 적어도 앞으로 한 걸음 더 나아갈 수 있는 '창조성'을 줄 수 있다. 이 '창조성'은 일어난 일을 받아들임으로써, 내가 겪은 고통과 상실로부터 내가 계속 살아갈 수 있고 무언가를 만들어 낼 수 있는 능력을 얻을 것이라는 나의 신뢰(불자들도 가지고 있을)에 근거하고 있다.

과정신학자들에 따르면, 영은 그 어떤 상황 속에서도 새로운 삶과 새로운 관계를 계속하게 하는 무한한 가능성의 원천이다. 그리스도교 신앙은 자녀를 잃거나, 결혼 생활에 실패하거나, 암에 걸리는 것과 같은 고통스러운 현실을 다룰 수 있게 하고, 그런 현실로부터 새로운 가능성을 이끌어 낼 수 있는 내적 자원, 곧 영의 자원을 우리가 가지고 있다고 말해 준다. 불교는 일어난 일의 모든 고통과 두려움을 먼저 정직하고 용감하게 받아들이고 나서, 가능한 한 끈기 있고 지속적으로 지혜와 자비로 그것에 반응해야 한다고 조언해 줌으로써, 내가 영에 나 자신을 개방하고 영의 임재를 느낄 수 있도록 도와주었다. 그래서 나는 앞으로 나아갈 수 있다. 그리고 아마도 나는 '악'에서 '선'을 이끌어 낼 수도 있을 것이다. 인간이 초래한 악의 경우, 선은 '결코 일어나서는 안 되었던' 그 악이 없었다면 '결코 생기지 않았을' 선이다. 여기서 우리는 역설의 신비를 대하고 있다. 하지만 그것은 삶을 긍정하고 삶을 창조하는 신비이다. 나의 인생을 되돌아보면 그런 신비가 일어난다는 것을 알게 된다.

그러므로 우리가 악하다고 하는 것은 인간의 결정으로 인해 초래되든 무작위적인 자연 현상으로 인해 발생하든 결코 최종적인 것이 아니다. 더 정확히 말하면, 악은 최종적이어야 할 필요가 없다. 영은 악을 초래하지 않았다. 하지만 우리 안에, 우리로서 존재하는 영은 악을 다룰 수 있다.

Chapter 3

열반과
신비로운 타자
하느님

3 열반과
신비로운 타자 하느님

열반과 하느님에 대한 세 개의 기초적 장들 중 마지막인 이 장에서는 초월적 타자 하느님과 인격적 타자 하느님과 관련한 나의 문제들의 표면 아래에서 부글거리고 있는 주제를 다루려 한다. 그것은 그 본질과 우리의 삶과 관계하는 방식 모두에서 근본적으로 말 너머에 있는 실재를 표현하는 말을 찾는 것이다. 깨달음을 체험한 불자들이나 신비의 영역에 발을 들여놓은 그리스도인들이 그들의 체험을 말하려 하면 말을 더듬거리게 된다. 그들은 비록 그들의 체험이 말의 자극을 받았는지는 모르지만 그 어떤 말도 그들의 체험을 그대로 표현할 수 없다는 것을 알게 된다. 세계의 다른 종교들과 마찬가지로 불교와 그리스도교도 '신비의 문제'를 가장 중요한 것으로 인식하는 이유가 바로 이것이다. 종교는 그 가장 깊은 핵심에서 규정할 수 없고, 이해할 수 없고, 말할 수 없는 실재를 다루는 것이다.

그럼에도 모든 종교는 말을 한다. 어떤 종교는 다른 종교들보다 더 많이 말한다. 셈족계의 유대교, 그리스도교, 이슬람은 '말을 많이 하는' 종교들이다. 그중에서도 그리스도교는 가장 말을 많이 하는 종교이다. 이 장에서 더 주의 깊게 탐구하겠지만, 그리스도인들은 그들의 역사 내내 많은 말들을 사용해 그들이 믿는 것을 설명하고 정의해 왔다. 심지어 그 신조들이 하느님의 본질을 언급하는 경우에도 마찬가지였다.

내가 느끼는 문제가 여기에 있다. 그것은 내가 그리스도인이자 신학자로서 배워 온 하느님에 대한 말들을 지난 삼십여 년 동안 신비인 하느님에 대해 점차 성숙해져 온 나의 의식과 어떻게 결합할 것인가 하는 문제이다. 생각해 보면 '말'의 문제는 앞의 두 장에서 다루었던 다른 문제들 아래에서 부글거리고 있을 뿐 아니라 그 문제들의 주요 원인들 중 하나일 수도 있다.

그러므로 이제 말의 문제를 설명하기 위한 말을 찾아보자.

나의 갈등:
신비에 족쇄를 채우는 말들

내가 어려서부터 사용해 온 종교적 언어에 대한 의문이 점점 커져 왔다. 미사에서, 또는 동료 그리스도인들과 대화를 나눌 때나 그리스도교 책을 읽을 때, 내가 듣고 읽는 말과 표현이 내 정신적·감정적 궤도에서 나를 문득 멈춰 서게 하는 일이 많아졌다. 그 말들을 이해하기 어렵고 그 말들 때문에 당황하게 되기 때문이다. "이게 정말 의미하는 게 뭐지?"라며 혼란스러워하거나 "이게 정말 그것이 원래 의미하는 것일까?" 하며 말문이 막히는 것이다. 나는 단지 종교에 관한 대화나 책에 흔히 등장하는 이상한 것들만을 말하고 있는 것은 아니다(한 친구는 "종교는 영민한 사람들과 이상한 사람들에게 똑같이 매력적"이라고 말한다). 난처할 정도로 솔직히 말해, 나는 그리스도교의 신조와 교리를 이루는 "독생자", "아버지와 동일본질의", "산 자와 죽은 자를 심판하러 오시며", "죄 없이 수태했고", "몸으로 승천하시며"와 같은 말들에 대해 의문을 갖고 있는 것이다.

이런 말들에 대한 나의 의문은 그 말들이 전혀 이해되지 않기 때문은 아니다. 사실 나는 아직도 '동일본질의' 또는 '몸으로 승천하시며' 같은 말들을 머리로 이해하려 애쓴다. 오히려 나를 걸려 넘어지게 한 것은 그 말들이 너무 '많이' 이해되었기 때문이다. 즉, 그 말들은 너무 분명하게 이해되고 설명되었다는 것이다. 따라서 내가 가진 어려움은 '의미의 부족'이 아니라 '의미의 과다'에 있으며 '의미의 가능성'이 아니라 '의미가 이미 결정되어 있다'는 것에 있다. 그것은 새장에 갇힌 아름다운 새의 이미지를 떠오르게 한다. 그 새는 날 수 있지만 날아가는 것은 금지되어 있다. 우리는 종교적 언어를 날지 못하게 함으로써 그것을 죽인다. 이런 일은 어느 종교에서나 문제가 될 수 있지만 특히 그리스도교에서 심각한 문제이다.

깨지기 쉬운 균형

그리스도교는 본래부터 인간의 말과 하느님의 신비 사이에 깨지기 쉬운 균형을 유지해야 하는 어려운 과제를 안고 있다. 한편으로는 말이 그리스도교의 모든 것이라고 할 수 있을지도 모른다. 이것은 단지 그리스도교가 어머니 격인 유대교로부터 세상을 창조하고("하느님이 말씀하셨다, '…이 있으라'") 모세와 예언자들과의 대화를 통해 계속된 '하느님의 말씀'에 대한 사랑과 경의를 물려받았기 때문만은 아니다. 그리스도 사후 첫 세기에 신학자들이 '창조주 하느님'으로부터 '말씀하시는 하느님'을 구별했을 때 그리스도교는 어머니 종교인 유대교를 벗어났다. 그리스도인들이 느끼고 선포한 유일한 하느님은 삼위일체의 첫 위격인 아버지일 뿐 아니라 그 둘째 위격인 '말씀'이기도 했다. 당시 영이 하는 일은 '말씀'에 대한 반응을 불러일으키는 것이었다.

그 후 마치 그것만으로는 자식인 그리스도교가 부모인 유대교와 다른 점을 나타내기에 부족하다는 듯 요한복음서의 저자는 그리스도교 역사 내내 강조되면서 그리스도교를 다른 종교들과 구별 짓는 믿음이 된 것을 선포했다. 세상을 창조했고 모세와 예언자들에게 전해졌던 이 말씀이 나사렛 예수라는 인간에게서 '육신'이 되었다는 것이었다. "말씀이 사람이 되셔서 우리와 함께 계셨다."(요한 1:14) 그리스도인들은 예수는 '하느님의 말씀'이라고 선포한다. 말씀이신 바로 그 하느님이 그리스도교의 믿음과 실천의 창시자이며 핵심인 것이다.

말씀인 하느님에 대한 그런 경의는 내가 〈말씀의 선교 수도회〉에 있던 이십삼 년 동안 내 영성의 핵심이 되었고, 지금도 여전히 그렇다. 나는 〈말씀의 선교 수도회〉 선교사였으므로 모든 그리스도인들에게 일반적인 일이 내게는 특별한 의무가 되었다. 그것은 하느님의 말씀을 듣는 것, 다른 문화에 비추어 하느님의 말씀을 이해하는 것, 그리고 온 세상에 그 말씀을 전하기 위해 다른 말들을 사용하는 것이었다. 〈말씀의 선교 수도회〉 덕분에 나는 여전히 말을 사랑하고 있다.

신학자가 되면서 말에 대한 나의 사랑은 더 깊어지는 동시에 또한 말에 대해 더 신중하게 되었다. 신의 섭리였는지, 제2차 바티칸 공의회 기간(1962~1965년)과 놀랍게 겹치는 시기에 나는 로마의 그레고리안 대학의 신학생이었다(1962~1966년). 이 신학생 시절, 예상대로 말이 강조되었다. 그 말은 성서에 주어진 '하느님의 말씀'과 신학생들이 편하게 '덴징거'^{Denzinger}라고 부르던 신학 책에 담긴 교회의 말이었다(덴징거는 그 책의 예수회 편집자 중 한 명의 이름이었다). 하도 많이 읽어서 겉장이 닳고 모서리가 접히고 수많은 밑줄이 그어진 덴징거의 페이지마다 나는 수세기 동안의 공의회들과 교황들의 공식적 가르침을 적었다. 이 교회의 말들은 하느님의 말씀의 진정한 의미를 해석하고 보호하고 때로는 오류 없이 정의하기 위해 필요한 것이고, 하느님이 뜻하신 것이라고 배웠다. 그래서 세 명의 예수회 시험관 앞에서 라틴어로 구술하는 큰 시험들을 치를 때마다 우리는 성경과 덴징거 두 권을 손에 들고 떨면서 시험장으로 들어갔다. 우리가 제시한 답의 진실성과 정확성은 결국 하느님의 말씀 또는 교회의 말에 따라 평가 받았다.

하지만 그레고리안 대학에서의 말 중심의 신학교육에도 자주는 아니지만 놀라울 정도로 말과 인간 이성의 '한계'를 상기시켜 주는 강좌들이 있었다. 그리스도교 신비가들에 대한 영성신학 강좌들이 그것들이었다. '삼위일체 하느님', '성육신한 말씀', '종말'과 같은 강좌들에서 교수들의 풍부한 해설을 들을 때 내 머릿속에서는 아레오바고의 디오니시우스, 십자가의 요한, 아빌라의 테레사, 마이스터 엑카르트, 노르위치의 줄리안 같은 신비가들이 등에처럼 윙윙거렸다. 점점 축적되어 가는 신학 지식 위로 신비가들의 경고가 맴돌았다. 우리가 하느님에 대해 알 수 있는 것은 하느님에 대해 알 수 없는 것에 훨씬 못 미치며, 그 알 수 없는 것이 알 수 있는 것을 견제해야만 한다는 것이었다.

물론 내가 또한 그레고리안 대학 시절에 알게 된 것처럼 언어의 한계에 대한 경고는 신비가들로부터만 나오는 것이 아니었다. 심지어 '덴징거' 책조차도 하느님의 신비를 명백하게 인식하고 그 앞에 무릎을 꿇었다. 1215년 제4차 라테란 공의회와 1875년 제1차 바티칸 공의회에서 채택된 가톨릭교회의 공식적 가르침의 본체인 '교도권'Magisterium은 하느님의 '불가해성'을 공식적으로 정의했다. (덴징거 428항과 1782항) 다시 말해 그 교리는 "하느님은 결코 정의할 수 없다"고 정의했다!

그런데, 내가 이미 어린 시절부터 느꼈고 그 후 영적, 지적으로 점점 더 큰 걸림돌이 된 문제가 하나 있다. 내가 신학자로서, 신자로서 가지고 있고 긍정하고 있는 하느님에 대한 지식과 내가 점점 더 강하게 느끼게 되었고 심지어 교도권도 정의하고 있는 하느님의 완전한 신비, 불가해성을 어떻게 조화시킬 것인가 하는 문제이다.

깨어진 균형

이제까지 그리스도인들이 하느님에 대한 지식과 하느님의 불가해성을 조화시켜 본 일이 없었다는 것은 슬픈 현실이자 나의 갈등의 원인이기도 하다. 신학교 강의실에서, 일요일 아침 설교단에서, 또 교리문답 시간에 그리스도인들은 하느님에 대한 지식과 하느님의 불가해성 사이, 인간의 말과 하느님의 신비 사이에 필요한 균형을 존중하지 않을 때가 너무 많다. 우리는 너무 많이 말하거나 아니면 말하는 것에 신중하지 못하다. 그래서 결국 우리의 말은 풍요롭고 헤아릴 수 없는 하느님의 신비에 족쇄를 채우고 만다.

내가 겪은 몇 가지 예를 들어 보자. 나는 1975년에 사제직을 떠난 후부터 일요일마다 평신도로 교회를 다니므로 평신도의 입장에서 이야기하겠다. 교회 공동체에서 사용하는 언어를 들으며 내가 자주 느끼는 불편함의 주요 원인은 그 언어가 너무 구체적이고, 너무 정확하고, 정말 너무 '문자적'이라는 것이다. 사실 많은 그리스도인들은 '6일 동안의 창조'가 정말 24시간의 여섯 날들이라고 믿지 않을 만큼은 성숙했다. 나 자신도 1960년대 초 클레멘스 퓨어스트 신부의 '종말론' 수업을 들으며 지옥불이 정말 '물리적'인 불이고 비록 최후의 심판을 알리는 악기가 무엇인지 확실히는 모른다 해도 실제로 그 '소리가 들릴 것'을 믿어야만 한다고 조심스럽게 받아 적던 때로부터 많이 발전했다.

제2차 바티칸 공의회 이후 종교 교육은 가톨릭 신자들에게 신조나 교리문답에 있는 이미지와 주장을 문자적으로 받아들일 필요가 없다는 점을 환기시켜 주었다. 그것은 분명 다행스러운 일이었다. 하지만 그것은 단지 절반의 해결책이었다. 문자적으로가 아니라면 그 신조들을 어떻게 이해해야 한다는 것인가? 일요일마다 교회에서 우리가 말하고 듣는 것에서 우리가 주장하고 의미하는 것은 무엇인가? 그것은 "하느님께는 세 위격이 있다"거나, "예수님은 하느님 아버지의 오른쪽에 앉아 있다"거나, 예수가 "종말의 때에 올 것"이라거나, 마리아는 예수를 "낳기 전에, 낳는 중에도, 낳은 후에도" 동정녀였다거나, 어떤 사람들은 연옥에 가고 어떤 사람들은 "영원히" 지옥에서 고통 받을 것이라거나, 마리아는 "몸으로 승천했다" 등과 같은 말들이다. 나는 이 신조들의 문자적 의미를 대체할 명확한 의미를 요구하고 있는 것은 아니다. 나는 단지 우리가 그런 말들의 문자적 의미를 믿지 않는다면 정말 무엇을 믿는가를 묻고 있는 것이다.

"문자 그대로 믿지 않는다면 무엇을 믿는가?"라는 물음에 대답하려는 바로 그때 그리스도교의 언어에 대한 나의 문제는 심화된다. 그리스도교 교리들에 대한 해석들은 그 교리들의 더 깊은 의미 혹은 '다른' 의미를 탐구하는 걸 방해해 왔다. 그 근본적인 이유는 그리스도교의 신조들에 공식적으로 주어진 의미들이 다른 의미들을 배제하는 장벽이 되는 일이 많았기 때문이다. 그런 장벽은 하나의 해석만이 특정한 교리를 이해하는 유일하게 유효한 방식이라고 주장함으로써 다른 해석들을 배제한다. 예를 들면, 성만찬에 사용하는 빵과 포도주가 예수의 살과 피로 실제로 변한다는 '화체설'化體說만이 성만찬에서 예수의 진정한 임재를 이해하는 유일한 방식이라는 식이다. 또한 그런 장벽은 다른 종교들의 진리들을 배제하거나 훼손한다. 그리스도인들은 "우리가 진리를 가지고 있다"고 확언하면서 다른 종교들의 진리를 부정하거나 헐뜯는 일이 너무 많다.

내가 지적하는 것은 그리스도교의 믿음과 가르침을 말할 때 '유일한' 이라는 말을 너무 많이 사용한다는 것이다. 정말 오직 한 분의 하느님만 있다면 다른 모든 신들은 거짓이다. 그리스도인들이 다른 '신들'gods에게는 오직 소문자 'g'만을 붙이는 것은 이 때문이다. 예수가 정말 하느님의 아들이라면 그는 하느님의 유일한 아들이다. 또 그가 정말 구원자라면 그는 유일한 구원자이다. 그리스도교 교회가 정말 구원에 이르는 길이라면 그것은 유일한 길이다. 그게 아니라면 적어도 최선의, 최종적인 길이다. 또는 앞 장들에서 다룬 문제들을 들어 말해 본다면, 하느님이 전능하다면 '그'는 무엇에도 의존할 수 없다거나, 하느님이 정말 인격체라면 지고의 인격적 존재를 인식하지 않는 종교는 무신론이라고 주장하는 것들이다.

'나의 진리'는 '너의 진리'를 반대하고 파괴하는 것이 된다. 앞에서 이미 사용한 이미지를 가지고 말해 보면, 종교적 언어라는 새를 새장에 가두어 맹금이 되게 하는 것이다. 과장하려는 것은 아니지만, 나는 그리스도교 공동체 주위를 날아다니는 그런 '맹금'이 많다는 것을 염려한다. 분명한 신앙으로 일치하기를 원하면서 성만찬 빵 속에 예수가 '진실로 임재'한다는 것을 믿지 않는 동료 신자들을 교구에서 쫓아낼 것을 사제에게 요구하는 가톨릭 신자들에게서 나는 그 맹금을 보았다. 평신도가 미사에서 설교하도록 허용했다는 이유로 주교들을 로마 교황청에 고발하는 가톨릭 조직들에서 나는 그 맹금을 보았다. 또한 낙태와 재생산권 논란과 관련해 교회법과 국가법의 관계를 다르게 보는 가톨릭 정치인들을 영성체에서 배제하는 주교들에게서 나는 그 맹금을 보았다. 그리고 솔직히 말하면, 다른 종교들과의 관계에서 그리스도와 교회의 역할을 새롭게 이해하는 탐구를 했다는 이유로 신학자들의 가르치고 쓰는 활동을 금지한 바티칸 교황청의 관료들에게서도 나는 그 맹금을 직접 보았다. 나는 이런 사람들의 선한 의도를 비판하고 싶지는 않지만 그들이 종교언어를 남용하고 있다는 것은 거침없이 비판하고 싶다.

이런 예들은 종교언어가 단지 공동체를 결속시키고 공동체가 지지하는 것을 분명하게 표현하기 위해 필요한 수단으로만 사용되는 게 아님을 보여준다. 종교언어도 다른 모든 언어들과 마찬가지로 남을 지배하기 위한 권력의 수단으로 쉽게 이용될 수 있는 것이다. 현대 철학자들은 그런 언어의 악용은 우리가 입을 열어 말할 때마다 항상 따르는 위험이므로 그 위험을 늘 의식하고 경계해야 한다고 말한다. 종교언어를 너무 문자적으로, 너무 정확하게, 단 한 가지 의미로만 받아들이면 우리는 그런 위험에 대한 경계를 늦추게 되고, 결국 종교언어를 권력언어로 바꾸려는 유혹에 빠지게 된다.

나의 경험에 따르면 바로 그것이 그리스도교 교회에서 흔히 일어나는 일이다. 우리 그리스도인들은 언어를 이해하고 사용하면서 하느님의 신비에만 족쇄를 채우는 것이 아니라 서로에게도 족쇄를 채우고 있는 것이다.

건너가기:
손가락은 달이 아니다

　　모든 종교에서와 마찬가지로 불교에서도 말이 중요하다. 하지만 불교에서 말은 항상 부차적이다. 대신 체험이 가장 중요하다. 즉, 자신이 상호존재 안에 있다는 것을 깨닫는 체험이 가장 중요한 것이다. 또한 삶이 말보다 중요하다. 보살로서 모든 생명 있는 존재들을 위한 자비의 삶을 사는 것이 가장 중요한 것이다. 말은 이런 깨달음의 체험과 보살의 삶에 도움이 될 때만 중요하고 의미가 있다. 불자들에게 말은 항상 '목적을 위한 수단'이지 결코 목적 자체는 아닌 것이다. 사실 붓다의 전통적 가르침도 우리가 일단 목적지에 도착하면 말은 던져 버릴 수 있어야 한다는 것이다. 그때는 더 이상 말이 필요 없을 것이다. 새들이 바람을 타고 날듯이 우리는 말을 자유롭고 편안하게 사용하게 될 것이다.

　　불자들에게 말은 더 높고 깊은 체험이라는 목적에 비해 부차적일 뿐만 아니라 때로는 '부적절'하기까지도 한 것이다. 말에 의해서 혹은 말만으로는 결코 목적지에 도달할 수 없다. 물론 말은 상호존재의 체험과 의식에 이르도록 우리를 자극하고 준비시킬 수도 있지만, 그 의식을 동트게 하기 위해서는 말의 깨우는 힘 이상의 어떤 다른 것이 일어나야만 한다. 그리고 그 '어떤 다른 것'이 정말 일어난다면 그것은 언어로는 결코 파악할 수 없는 어떤 것이 될 것이다. 물론 말은 상호존재의 보다 큰 정체성 속에서 우리의 정체성을 잃는 체험을 일으키는 역할을 할 수도 있다. 하지만 폭발처럼 일어나는 그런 체험의 섬광 속에서는 그 체험을 유발했던 말을 더 이상 찾아볼 수 없게 될 것이다. 더 직설적으로 말하면, 불교에서는 우리가 진실로 눈을 떠서 있는 그대로를 '보는' 전과 후 모두에서 늘 신비가 말보다 우선적인 중요성을 갖는다.

불자들이 언어를 이해하는 방식에 대한 이런 일반화가 부적절한 것이 되지 않게 하기 위해서는 말은 항상 부차적이고, 부적절할 수 있기에 위험하기도 하다는 것을 덧붙여야만 한다. 인간은 깨닫는 능력뿐만 아니라 말하는 능력도 가진 존재이다. 따라서 인간의 말은 너무 쉽게 혹은 아마도 불가피하게 깨달음을 방해할 수 있다. 공의 체험보다 말이 더 중요해지게 될 때, 깨달음을 위해서는 어떤 말이 '필수적'이라고 선포하게 될 때, 자비를 말하는 것이 자비를 실천하는 것보다 더 중요해지게 될 때, 말은 늘 잠복해 있던 위험성을 드러낸다. 그러면 붓다가 모든 사람들이 할 수 있다고 가르친 그 체험을 말이 방해하고 대신하게 된다.

불자들이 어떤 말에도 붙이는 '부차적인, 부적절한, 위험한' 같은 모든 형용사는 다소 추상적이다. 이런 형용사들의 의미를 더 생생하게 말해줄 수 있을 전통적 불교 이야기 혹은 이미지 몇 가지를 소개해 보자.

말을 조심하라

불자들은 독화살을 맞은 사람의 비유를 자주 이야기한다. 한 사람이 화살을 맞고 길에 쓰러지자 친구들이 그를 구하기 위해 달려왔다. 하지만 친구들이 필요한 조치를 취하기 전에 그 사람은 온갖 질문을 퍼붓기 시작한다. "누가 화살을 쏘았지? 왜 쐈을까? 화살을 쏜 사람은 어디 있지? 이 화살은 어떤 거지?" 친구들은 부드럽지만 단호하게 그에게 입을 다물라고 말한다. "그만 말해. 이 화살부터 빼내야 해." 고타마 붓다는 깨달은 존재인 그가 해야 하는 일은 고통의 화살을 삶에서 제거하는 것이지 사변적이고 신학적인 물음에 답하는 것이 아니라고 한다. 말은 너무 쉽게 그 일을 방해할 수 있기 때문이다.

초기 불교 경전에도 붓다의 비슷한 가르침이 있다. 붓다를 찾아온 사람들이 물었다. "자아는 존재합니까, 존재하지 않습니까?" "죽은 후에도 우리는 계속 살아갑니까?" "세상은 어디서부터 시작되었습니까?" 그런 물음들을 들을 때마다 붓다는 언제나 이렇게 대답했다. "그것은 적합한 물음이 아닙니다." 그런 물음들은 붓다가 주려는 답과 전혀 관련이 없었다. 그 물음들은 언어 너머, 인간의 지성 너머의 문제를 다루고 있는 것이기 때문이었다. 어떤 경우든 그 물음들은 우리가 할 수 있고 해야 하는 것, 즉 고통을 다루고 평화롭고 자비롭게 사는 법을 이해하는 것과 무관한 것이었다. 붓다는 고통을 없애고 평화롭고 자비롭게 사는 법을 먼저 이해하고, 그러고 나서도 '만약' 그런 물음이 필요하다면 그때 그것을 즐길 수 있는 시간이 있을 거라고 가르쳤다.

말이 필요하지 않음을 암시하는 또 하나의 잘 알려진 비유가 있다. 붓다는 그의 가르침과 말을 뗏목에 비유한다. 뗏목의 유일한 목적은 사람들을 건너편 깨달음의 물가로 실어 나르는 것이다. 붓다는 덧붙인다. 건너편에 도달하고 나면 뗏목을 버려라! 왜 뗏목에 매달려 있는가? 그것은 더 이상 필요가 없다. 뗏목을 땅 위로 끌고 가는 건 힘겹고 헛된 일일 뿐이다.

선 수행자들은 말에 의존하는 것의 위험성을 훨씬 더 강력하고 심지어 충격적인 방식으로 강조한다. 스승의 말도 예외가 아니다. 그들은 "부처를 만나면 부처를 죽여라!"라고까지 말한다. 불자들의 비폭력적인 태도를 생각하면 이 말은 분명히 과장이다. 그러나 그 말의 요점은 과장이 아니다. 아무리 붓다의 말일지라도 그것이 붓다가 가르친 다음과 같은 핵심들을 방해하게 해서는 안 된다는 것이다. 열반을 스스로 체험하라. 스스로 눈을 뜨는 체험을 하라. 상호존재의 생기 넘치는 '공'을 스스로 느껴 보라. 어떤 말, 어떤 스승, 어떤 신성한 경전이 그런 체험보다 더 중요해지게 되면 그것들을 배 밖으로 던져 버리고 항해를 계속하라.

말과 언어를 사용하는 불자들의 방식을 가장 잘 설명해 주는 것은 "손가락은 달이 아니다"라는 선의 간결한 경구이다. 달은 우리가 궁극적으로 찾고 있는 것, 더 정확히는, 우리의 궁극적인 본성을 의미한다. 불교에서는 그것을 깨달음, 열반, 공, 불성이라고 말하고 서양과 그리스도교에서는 그것을 신비 혹은 궁극적 실재라고 말한다. 손가락의 역할은 우리의 말과 이해 너머에 있으면서도 우리의 체험 속에 실재할 수 있는 신비를 가리키는 것이다. 그 손가락을 달과 혼동한다면 달을 볼 수 없다! 언어에 대한 불교의 관점은 이렇게 단순하면서도 심오하고 도전적이다.

손가락의 목적

불자들은 늘 말을 경계하고 넘어서려고 하지만 말의 중요성 또한 인식하고 있다. 그래서 나는 불자 친구들에게 짓궂게 말하곤 한다. "하지만 당신들은 결코 뗏목을 던져 버리지 않습니다! 당신들은 결코 붓다를 죽이지 않습니다." 진리 혹은 붓다의 가르침이라는 뗏목은 여전히 중요하다. 그리고 그 뗏목의 중요성은 단지 깨달음의 길을 걷는 이들을 가르치기 위한 것만이 아닌 것 같다. 깨달음을 이룬 불교의 스승들조차도 붓다의 가르침과 훈계라는 뗏목을 계속 필요로 하는 것 같다.

불교의 스승들도 말의 중요성과 필요성을 인정하지만 그리스도교의 신학자들이나 교회 지도자들과는 매우 다른 방식으로 말을 사용한다. 대승불교 경전인 『법화경』의 "불타는 집의 비유"는 이것을 분명하게 보여준다. 지혜롭고 사랑 많은 아버지는 세 아이들이 장난감 수레를 가지고 즐겁게 놀고 있는 집에 불이 난 것을 발견하고 놀란다. 당장 아이들을 집 밖으로 나오게 해야 하는데 수레를 갖고 노는 데 정신이 팔린 아이들은 아버지가 차분하지만 다급하게 외치는 소리를 듣지 못한다. 그래서 아버지는 집 밖에 훨씬 더 예쁘고 더 큰 장난감 수레들인 염소 수레, 사슴 수레, 황소 수레가 있다고 '선의의 거짓말'을 한다. 그 말을 들은 아이들은 신나게 뛰어나와 목숨을 구한다. 그런데 그 아이들이 실망하게 될까? 전혀 그렇지 않다. 아버지는 선의의 거짓말을 했지만 훨씬 더 멋지게 약속을 지킨다. 그는 아이들에게 아름다운 흰 수소 두 마리가 끌고 귀중한 보석으로 빛나는 수레를 준다. 그것은 그 어떤 장난감 수레들보다도 더 좋은 것이다!

이 흥미로운 비유는 '방편'^{upaya}에 관한 불교의 가르침을 구체적으로 보여 준다. 이 비유 속의 아버지처럼 지혜롭고 자비심이 넘치는 붓다와 불교의 스승들은 가능한 모든 '방편'과 말을 사용해서 사람들을 구하고자 한다. 고통으로 불타고 있는 집에서 어리석게 놀고 있는 아이들 같은 사람들을 구하기 위해 그 아버지가 했듯이 심지어 진실을 살짝 왜곡하기도 한다. 교묘하다고까지 말할 수 있는 그런 방편을 통해 주어지는 궁극적 선물은 보석으로 빛나는 수레 같은 깨달음과, 그 깨달음이 가져다주는 평화와 자비이다.

이렇게 불자들이 말을 능숙하고, 융통성 있고, 창조적이고, 심지어 자유분방하게 사용할 수 있는 까닭은 그들이 언어를 목적을 위한 수단으로 이해하기 때문이다. 이것은 마치 불교가 "결과는 수단을 정당화한다"고 역설하거나 깨달음이라는 결과에 이를 수만 있다면 어떤 수단이든 사용해도 좋다고 말하는 것만 같다. 하지만 그렇지 않다. 말과 행동으로 타인을 해치는 것을 금하는 팔정도의 도덕적 가르침은 불자들의 생활만이 아니라 깨달음을 위한 길에도 적용된다. 그럼에도 불구하고, 불교에서 사용하는 방편의 개념은 결과가 수단보다 더 중요하다는 점, 혹은 체험이 말보다 더 중요하다는 점을 매우 분명히 해 준다.

불자 친구인 데이빗 로이는 이메일로 보내온 이 장에 관한 논평에서 다음과 같이 말했다. "불자들에게 언어는 그것을 안다고 해서 우리를 구원해 주는 어떤 것이 아니다. 그보다는 우리가 그 언어와 상호작용할 때 우리를 변화시킬 수 있는 어떤 것이다. 다른 모든 종교의 교리들과 마찬가지로 불교의 가르침도 해석되어야만 한다. 하지만 불자들에게 그 해석은 믿음의 문제가 아니라 삶의 방식의 문제이다."

이것은 아무 믿음이나 말도 정당화된다는 것이 아니라 많고, 다양하고, 융통성 있는 말들이 필요하다는 의미이다. 분명히 불교의 옷장에는 유일하고, 전혀 오류가 없고, 누구에게나 맞는 교리나 말을 넣을 곳은 없어 보인다. 모든 말은 진리의 하인들이다. 그리고 진리는 많은 하인들이 필요하다.

이 하인들 중 일부는 멋지고 절묘하다. 선불교의 공안公案이 그런 것이다. 공안은 일부 선승들이 제자들을 깨달음의 길로 이끌기 위한 도구로 사용하는 말이다. 그것은 다루기 어렵고, 부조리하고, 완전히 모순된 물음이어서 휴스턴 스미스 같은 일부 서양 학자들에게는 일종의 "초월적 유희"처럼 들린다. 잘 알려진 공안을 몇 가지 들어보자. "한 손바닥으로 치는 손뼉소리는 무엇인가?", "태어나기 전의 너는 누구인가?", "개에게도 불성이 있는가?" 제자들은 오랜 시간 동안 이런 물음들과 씨름한 후 스승에게 가서 그들의 답을 제시한다. 스승은 제자들이 '그것'을 얻을 때까지 제자들을 돌려보내 숙제를 더 하게 한다.

'그것'이 무엇인지 말하는 것은 내 능력 밖의 일이다. 하지만 내가 들은 바로는, 그것은 질문에 대한 대답 혹은 대답하는 방식이 맞는 '말'이나 '생각' 같은 '합리적 사고'의 문제가 아니라는 점을 인식하는 것과 관련이 있다. 공안은 언어, 생각, 상징이 부적절하다는 것을 보여 주기 위해 사용하는 언어이다. 이 공안의 목적은 제자들을 모든 생각과 상징 너머로 나아가게 하는 것이다. 비유하면, 공안은 작은 정신적 다이너마이트 같은 것이다. 스승은 제자들의 이성적 사고라는 벽에 그 정신적 다이너마이트를 조심스럽게 넣어서 그 벽을 날려 버리려 한다. 공안은 돌파를 가능하게 할 정신적 붕괴를 의도하는 것이라고 말할 수도 있다. 그것은 제자들을 자유롭게 해서 완전히 다른 길을 통해 답을 찾게 하는 것이다. 즉 우리의 참자아의 진리를 보다 체험적이고, 직접적이고, 직관적인 방식으로 파악하게 하는, 혹은 그 진리에 의해 파악되게 하는 방식이다. 따라서 공안은 일종의 불로 불과 싸우기 혹은 말로 말과 싸우기이다.

지금까지 말한 것을 요약하기 위해, 언어에 대한 불교의 관점을 가장 명료하고 단순하고 도전적으로 나타내어 주는 현대적 주장을 들어보자. 그것은 틱낫한이 쓴 〈상호존재의 열네 가지 지침〉의 첫 두 지침에 포함되어 있다.

설령 불교의 것일지라도 어떤 교리, 이론, 이념을 맹신하거나 거기 얽매이지 말라. 모든 사고체계는 단지 길잡이 수단일 뿐 절대적 진리가 아니다. 당신에게 총이 있다면 단지 몇 명의 사람을 해칠 수 있을 뿐이지만, 어떤 이념에 집착해 그것을 절대적인 진리라고 생각한다면 당신은 수백만 명을 죽일 수도 있다.
지금 당신이 가지고 있는 지식이 불변의 절대적 진리라고 생각하지 말라. 편협해지거나 현재의 관점에 매이는 것을 피하라. 다른 사람의 관점을 열린 마음으로 받아들이기 위해 어떤 관점에도 집착하지 않는 것을 배우고 수행하라.

틱낫한은 달과 손가락을 구별하는 것의 위험과 이로움을 분명히 알려준다. 달과 동일시되어 '유일한 손가락'이 된 손가락은 너무 쉽게 주먹이 되어 '우리의 손가락'을 받아들이기를 거부하는 다른 이들에게 폭력을 가한다. 반면, 손가락들은 단지 우리가 더 분명하게 보려는 달을 가리키는 것임을 인식한다면, 그 손가락들은 우리가 다른 손가락들로부터도 배울 것을 일깨워주고, 그럴 수 있도록 우리를 자유롭게 해 준다.
신조와 교리 같은 그리스도교의 언어도 달을 가리키는 손가락으로 이해할 수 있을까? 이 물음은 복잡하면서도 소중한 기회로 가득 차 있다.

되돌아오기:
신비를
소중히 여기는 말들

　우리 그리스도인들이 불자들과의 대화를 통해 얻을 수 있는 가장 분명하고도 가장 유익한 열매는 언어와 관련된 것이다. 불교는 신비인 하느님과 그 신비에 대한 말 사이의 깨어진 균형을 인식하고 회복하도록 우리를 도와줄 수 있다. 불교와의 대화 이후 나는 내 영성생활에서 하느님의 신비를 '소중히 여기면서' 말을 더 잘 사용할 수 있는 방법을 알게 되었다.

　신비를 '소중히 여긴다'는 말은 부정적으로도 긍정적으로도 쓰인다. 부정적으로는, 그것은 연관시키는 영인 하느님에 대한 모든 말의 한계를 표현한다. 말은 신비를 존중해야 하며, 결코 우상숭배하듯이 신비의 자리를 차지해서는 안 된다는 것이다. 반면 긍정적으로는, 우리가 말의 한계를 알고 주장하는 바로 그때 말이 더 효과적으로 신비를 드러낸다는 것이다. 말은 신비로운 하늘을 바라보는 망원경과 비슷하다. 따라서 초점을 맞추어야만 무언가를 볼 수 있다. 너무 많은 것을 보려고 하면서 초점을 제대로 맞추지 않으면 아무것도 볼 수 없다. 오히려 매우 틀리게 보기도 한다. 우리의 말은 신비의 일부분만을 봄으로써 신비를 소중히 여길 수 있다. 불교적 비유로 말하면 손가락은 달과 동일시되지 않음으로써 달을 가리킬 수 있다.

모든 말은 손가락이다

나와 동료 그리스도인들을 위해 말은 손가락일 뿐이라는 점을 더 강조할 필요가 있다. 그리스도인이었다가 불자가 된 친구 리타 그로스가 꼭 집어서 내게 물었다. "정말로 모든 그리스도교 언어가 달을 가리키는 손가락이라고 말할 수 있어요? 신학자들의 생각뿐 아니라 성서의 이야기들과 가르침, 교리, 신조의 정확한 용어들까지도?" 나는 전에는 주저하면서 "그렇다"고 대답했지만 이제는 확고하게 "그렇다!"고 대답한다. 그리고 나는 그리스도인으로서 그렇게 대답한다. 그리스도교 전통과 가르침에도 불자들의 생각에 동의할 것을 그리스도인들에게 허용할 뿐 아니라 확고하게 요구하기도 하는 견해가 있다. 그리스도교 언어의 어휘들은 모든 다른 종교언어와 마찬가지로 달을 가리키는 손가락들로 이루어져 있는 것이다.

이렇게 주장하는 근본적 이유는 하느님은 인간의 어떤 생각이나 말로도 분명하고 완전하게 파악할 수 없는 신비라는 그리스도교 교리 때문이다. 이런 교리는 확고하지만 종종 가려져 있다. 성서의 시적 표현처럼 우리는 항시 "거울에 비추어 보듯이 희미하게 볼"(고린토1서 13:12) 뿐이다. 혹은, 제4차 라테란 공의회의 정교한 표현처럼, 우리는 하느님의 '불가해성' 앞에 고개 숙여야만 한다. 이것은 하느님의 신비에 대해 우리가 말할 수 있고 종종 말해야만 함에도 불구하고 말해지지 않은 것이 너무 많다는 의미이다. 그리고 이 '말해지지 않은 것'이 천사처럼 늘 우리 곁에 있으면서, 우리가 교회의 '공식적 가르침'을 주는 교황이든 자녀를 훈계하는 좋은 그리스도인 부모이든, 우리가 하느님에 대해 말하거나 선언하는 그 어떤 것도 결코 하느님에 대한 유일하거나 최종적인 말이 아니라는 점을 끊임없이 상기시켜 주도록 해야 한다. 항상 말해야 하는 것이 더 있고 알아야 할 것이 더 있다. 그리고 이 '더'는 우리가 이미 선언한 것을 단지 강화하거나 명료하게 하는 것만이 아니라 그것을 수정하는 것일 수도 있다. 나는 지금 불자로서가 아니라 그리스도인으로서 말하고 있다. 이것은 건전한 그리스도교 교리이자 건전한 가톨릭 교리이다.

방금 말한 것은 신학적 진술이다. 그것을 더 근거 있게 하기 위해 약간의 전문적인 용어를 사용해 보자. 불교는 그리스도교 사상의 역사에서 '부정신학'apophatic theology이라고 불려 온 것을 다시 사용하고, 광내고, 회복하도록 나와 그리스도교 공동체를 자극해 주었다. 대부분의 신학자들과 종교 교육자들이 하는 것은 '구원사' 속에서 '하느님이 어떤 존재이며 무슨 일을 하는지'에 대해 말하는 '긍정신학'kataphatic theology이다. 반면 부정신학은 '하느님은 무엇이 아닌지'를 상기시켜 준다. 즉, 하느님은 우리가 말하는 것보다 훨씬 크고 전혀 다른 존재라는 것이다. 이것은 힌두 신자들이 신에 대해 말할 때 늘 되풀이해서 말하는 "아니다, 아니다"neti, neti 개념과 비슷하다. 그러므로 우리가 말할 수 없고 알 수 없는 것을 고려하여 우리가 하느님에 대해 긍정하는 모든 것을 부정하거나, 한정하거나, 축소해야만 한다. 하느님에 대해 알 수 있는 모든 것을 팸플릿 정도로 쓸 수 있다면(물론 불가능한 일이지만), 하느님에 대해 알 수 없는 것은 백과사전 분량으로 써야 할 것이다.

토마스 아퀴나스는 그리스도교 역사를 통틀어 가장 뛰어나고 영향력 있는 신학적 지성들 가운데 하나이다. 그의 방대한 신학적 저술은 13세기 이래 신학자들의 깊은 관심을 끌어 왔다. 그런데 아퀴나스는 하느님의 완전한 신비에 비하면 자신은 단지 '팸플릿 제작자'에 지나지 않는다는 것을 깨달았다. 그는 그 시대의 철학적 용어로 선포한다. "하느님의 본질은 우리의 지성으로 파악할 수 있는 모든 형상을 넘어선다." 그리고 그는 개인적 결론을 이끌어 냈다. "자신이 생각하고 말하는 그 어떤 것도 진정한 하느님에게는 미치지 못한다는 것을 아는 사람이 하느님을 가장 잘 안다."(『이교도대전』, 1:14:3, 『원인록』, 6) 그의 생이 끝날 즈음에 그때까지 그가 알 수 있었던 것보다 하느님의 신비에 대해 더 많은 것을 느낀 신비체험을 한 아퀴나스가 자신이 썼던 모든 책들은 불 속에 던져 버릴 수도 있는 지푸라기에 지나지 않는다(!)고 선포했던 이유도 이 때문이었을 것이다.

부정신학에 담긴 경고나 손가락은 달이 아님을 상기시켜 주는 불교의 가르침에 담긴 경고는 '유일회적'이라는 언어를 너무 많이 사용하는 그리스도인들에게 특히 도움이 되고 꼭 필요하다. 이 주제는 그리스도에 대해 살펴보는 5장에서 '하느님의 독생자'라는 말을 탐구할 때 더 자세히 다룰 것이다. 여기서는 불교의 도움으로 내가 깨닫게 된 단순하지만 혁명적인 결론을 말하겠다. 그것은, 하느님의 불가해성에 대한 그리스도교의 교리를 정말 진지하게 여기고 하느님이라는 신비는 언제나 우리가 알 수 있거나 말할 수 있는 것 이상이라는 것을 믿는다고 말하는 그대로 정말 믿는다면, 그리스도인들은 '오직'이라는 형용사를 굳이 사용하려 한다면 그것을 훨씬 더 신중하게 사용해야만 한다는 것이다. 하느님은 '오직' 삼위일체로서 이해할 수 있고, 하느님은 '오직' 하나의 교회를 통해 구원하고, 교회를 이루는 방법은 '오직' 하나이고, '오직' 남성만 사제가 될 수 있다고 선포한다면 하느님의 신비를 그릇 하나에 넣게 될 위험이 있다. 그리고 나서 우리는 그 그릇을 소유하고, 그 그릇을 사용해 다른 그릇들을 대체하려고 한다. 우상들과 우상 숭배자들은 결국 항상 서로 싸우게 된다.

상징의 불가피성

모든 말은 달이 아니라 달을 가리키는 손가락이라고 하는 불자들이 옳다면 하느님에 대한 우리의 모든 말 역시 상징이다. 나는 그리스도교가 요구하는 믿음과 씨름하는 그리스도인들이 "모든 말은 상징"이라는 경구를 머리로 이해하고 가슴으로 받아들일 수 있다면 그들의 씨름은 더 쉬워질 뿐 아니라 실제로 성과를 얻게 될 것을 느끼고 확신한다.

폴 틸리히가 상징을 통하지 않고는 하느님에 대해 말할 수 없는 이유를 진술한 것을 처음 읽었을 때 느꼈던 놀라움과 해방감 그리고 흥분을 나는 결코 잊지 못할 것이다. 그것은 내가 로마에서 공부한 후에 있었던 일이다(개신교 신학자였던 틸리히의 책들은 1960년대 그레고리안 대학의 필독서 목록에 들어 있지 않았다). 처음에 틸리히는 '하느님'이라는 단어는 이 진술의 유일한 예외라고 생각했다. 그러나 그는 곧 '하느님'도 그가 '하느님 너머의 하느님'이라 부르는 것을 가리키고 있는 여러 종교들의 여러 상징들 중 하나라는 것을 알게 되었다.

하지만 틸리히와 대부분의 자유주의 신학자들은 상징은 하느님의 신비를 '체험'하고 '표현'하는 데 반드시 필요하다고 보았다. 그것은 우리 모두에게 직접적인, 중개되지 않은 하느님 체험은 있을 수 없다는 의미이다. 항상 중개자요 매개체인 상징이 있어야 한다. 아마 일부 선 수행자들은 이런 생각을 반대할 것이다. 하지만 설령 그들의 주장대로 절대를 상징 없이 체험하는 것이 가능하다 해도 상징 없이 그 체험을 말할 수는 없다는 것은 불자들도 인정할 것이다.

그렇다면, 상징이라고 불리는 이 제한적이기는 하지만 놀라운 것은 무엇인가? 철학적 장황함을 피해서 말하면, 상징은 달리 형체가 없고 말할 수도 없는 실재를 나타내거나 표현하는 사물, 언어, 그림, 이야기, 평범한 경험의 단편들이다. 상징은 그 자체를 느끼고 말하기 어려운 것을 느끼고 말할 수 있게 해 준다. 평범하지만 중요한 예를 몇 가지 들어보면, 사랑을 상징하는 반지, 평화의 느낌을 일으키는 비둘기, 〈반지의 제왕〉의 프로도처럼 용기를 일깨우는 영웅 이야기 같은 것들이다. 이런 예들은 틸리히가 상징은 그것이 상징하는 것에 참여하지만 상징하는 것과 동일하지는 않다고 강조한 것을 설명해 준다. 우리가 멈추라는 의미로 빨간색을, 가라는 의미로 녹색을 지정하듯이 상징의 의미를 의도적으로 지정할 수는 없다. 상징의 의미에는 무언가 '자연스러운' 것이 있다. 이를테면 금반지의 동그란 원은 사랑의 영원성을 표현하고, 비둘기의 온순한 움직임은 우리를 평화로 채워 주고, 시련에도 굴하지 않는 용기를 보여 주는 프로도의 이야기는 우리 안의 용기를 일깨운다.

상징에 대한 틸리히의 글은 내게 해방감을 주었다. 그리스도교 신조의 모든 언어를 문자 그대로 받아들여야만 한다는 큰 부담감에서 나를 해방시켜 준 것이다. 틸리히는 어떤 신조를 문자적으로 받아들인다면 그 신조의 핵심을 놓칠 수도 있다는 것을 경고해 주었다. 그의 이런 생각은 불교와의 대화를 통해 내게 더 필수적이고 더 해방적인 것이 되었다. 물론 그때도 이미 나는 '6일간의 창조 이야기'와 구약성서의 다른 많은 이야기들 정도는 문자적으로 읽는 것을 넘어서 있었다. 하지만 이제는 틸리히와 불자들이 상징을 이해하는 방식을 신약성서, 니케아 신조, '덴징거'에도 적용하게 되었다! 우리의 '모든' 말과 이야기는 손가락, 곧 상징이었던 것이다.

그것은 해방인 동시에 충격적인 도전이기도 했다. 틸리히는 상징이 무엇인지 우리가 정말 이해한다면 "그건 '단지' 상징일 뿐이다"라고는 결코 말하지 않을 거라고 주장했다. 상징으로 받아들여진 이미지, 말, 이야기는 그 의미가 폭발적으로 확장되고 수세기에 걸쳐 다른 의미로 계속 확장될 수 있다. 종교언어가 근본적으로 문자적인 것이 아니라 상징적인 것이라면 종교언어의 내용과 의미는 문자적으로 받아들일 때보다 상징적으로 받아들일 때 더 깊고, 더 강력하고, 더 직접적이게 된다. "하느님 아버지", "오른편에 앉아 계신", "하느님의 아들" 같은 말들을 문자 그대로 받아들이는 것은 쉽다. 그러나 이 말들의 상징적 의미와 힘을 묻고 느끼는 것은 훨씬 더 도전이 되고 그만큼 더 값진 것이다.

그렇다면, 어떻게 해야 상징을 '문자적으로는 아니지만 진지하게' 받아들일 수 있을까? 상징의 의미를 문자적으로 받아들이지 않는다면 상징이 '정말' 의미하는 것을 어떻게 이해해야 하는가? 물론, 이것은 쉽게 답할 수 있는 물음이 아니다.

우선, 나와 내 학생들에게 도움이 되었던 것은, 어떤 것을 상징 혹은 신화라고 말하는 것이 그것의 진실을 부정하는 것은 아니라는 점을 상기시켜 준 것이었다. 어떤 것이 '실제로는 일어나지 않았다'거나 이야기된 꼭 그대로 일어나지 않았을 수도 있다고 하는 것은 그것이 힘 있는 진실을 갖고 있지 않다는 의미는 아니다. 오히려 그 진실은 우리의 가슴에 더욱 깊이 파고들 수 있고 더 흥미로운 것일 수도 있다.

이 더 깊고 흥미로운 의미를 이해하기 위해서는 종교언어와 이야기들을 상징과 신화로 받아들인다는 것은 마치 시를 읽듯이 그것들을 대하는 것임을 인식할 필요가 있다. 우리는 상징이 전할 수 있는 진리를 정확하게 이해할 수 없다는 것을 안다. 상징을 이해하려면 그것을 지성으로 대하기 전에 춤추는 듯한 상상력으로 대해야 한다. 상징이 우리에게 말하고 있는 것은 정신과 사고에 들어오기 전에 마음과 감정에 먼저 전해진다. 물론 한 공동체인 우리 그리스도인들은 우리의 이야기와 신조들을 시처럼 읽고 느끼는 이 과정을 함께 해야 할 필요가 있다. 우리들 각자 스스로 그것을 해야 하지만 결코 혼자 동떨어져서 하는 것은 아니다.

상징과 신화의 진리를 이해하는 데 도움이 되는 또 한 가지는 상징과 신화의 의미가 특정한 것이라기보다는 보편적이라는 점을 인식하고 인정하는 것이다. 이는 쉽게 오해될 수 있기에 주의 깊은 설명이 필요하다. 어떤 이미지나 이야기의 내용이 출애굽 사건이나 예수의 십자가 처형의 역사적 사건처럼 매우 구체적이고 특정한 것이라 해도, 그런 특정한 이미지나 이야기가 나타내는 것은 보편적인 인생, 인간 본성, 역사 일반에서도 진리이고, 그것들을 비춰 주는 것이다. 상징, 신화, 시는 우리가 때때로 '인간조건'이라고 부르는 어두운 방 안에서, 그것이 있는지 몰랐거나 거기에 있었으면 하고 희망했던 무엇인가를 비춰 주는 손전등의 불빛과 비슷하다. 상징의 보다 심오한 능력은 그 불빛 자체의 크기나 형태에 의해서가 아니라 상징의 빛이 명확하고 생생하게 비춰 주는 진리에 의해 결정된다. 그렇다고 상징이 비춰 주는 진리가 항상 경이롭고 매혹적인 발견이라는 의미는 아니다. 상징이 전해 주는 진리는 우리의 삶을 바꿀 것을 요구하며 우리를 몹시 당황하게 하는 것일 수도 있다.

하지만 상징 혹은 신화에 담겨 있는 역사적 사실은 어떻게 봐야 할까? 이는 그리스도인들의 물음이다. 그들의 부모 전통인 유대교와 자매 전통인 이슬람과 함께 그리스도인들은 '역사의 하느님'을 체험했고 믿기 때문이다. 역사적 사건들이 그리스도교의 기반을 이루는 것이다. 하지만 모든 종교언어는 상징적이기에 역사적 사건들과 인물들 또한 '달을 가리키는 손가락들'이라는 점을 인식한다면 이 역사적 기반은 상징의 시로서 생생해져야만 한다. 이는 출애굽이나 십자가 처형 같은 특정한 사건들이 우리를 감동시키고 우리 삶의 '보편적' 진리를 비춰 주는 상징이 되지 않는다면 단지 과거의 역사에서 일어났던 사건들에 지나지 않게 된다는 것을 의미한다.

우리 삶을 진정으로 변화시키기 위해서, 그리스도교적으로 말해 우리를 '구원'하기 위해서, 역사는 상징이 되어야만 한다. 신학자들이 그리스도교는 '그리스도 사건'에 근거하고 있다고 말하는 것은 그리스도교가 '역사적 상징, 역사적 신화', 곧 신화의 힘으로 말하는 역사에 근거하고 있다는 의미이다.

그리스도교 신앙의 기초가 되는 역사적 사건들조차 달을 가리키는 손가락들이라는 이런 주장이 타당하다면, 우리가 정말 중요하게 물어야 하는 것은 "그것이 정말 일어났는가" 또는 "정확하게 어떤 일이 일어났는가"가 아니라 "그것이 의미하는 것은 무엇인가"이다. 설령 무엇이 일어났는지 확실히 알 수 없고 심지어 그것이 실제 일어났는지조차 확실하지 않더라도, 상징과 신화의 상징적 의미는 여전히 상징과 신화가 달을 가리키는 손가락이 되게 할 수 있다. 상징은 여전히 우리 삶을 비춰 주고, 새로운 활기를 불어넣고, 우리 삶을 뒤흔들어 새로운 방향으로 향하게 하는 의미를 전해 줄 수 있는 것이다.

구체적인 예를 들어 보자. 설령 예수는 결코 물 위를 걷지 않았고 베드로에게도 물 위를 걸으라고 명령하지 않았다 해도 예수가 베드로에게 "왜 의심을 품었느냐? 그렇게도 믿음이 약하냐"(마태오 14:30-32)라고 했던(또는 그렇게 말했다고 전해지는) 말씀은 나의 삶을 뒤흔들고 변화시키는 힘을 가지고 있다(그리스도와 붓다에 관한 5장에서 그리스도교의 주춧돌인 부활을 어떻게 '역사적 신화'로 볼 수 있는지 탐구할 것이다).

정보전달적이기보다는
수행적인

그리스도교의 언어를 문자적으로가 아니라 진지하게 받아들이고, "정말 무엇이 일어났는가"보다는 "그것이 무엇을 의미하는가"에 초점을 맞출 때, 우리는 신학자들의 다소 전문적인 조언에 유의할 수 있다. 곧 모든 종교적 언어는, 특히 그것이 상징적 언어로서 인식될 때는, '정보전달적'informative이기보다는 '수행적'performative이라는 점이다. 이는 성서, 신조, 교리문답의 모든 언어의 근본 목적은 어떻게 살 것인지를 말해 주는 것이지 하느님과 우주의 본질에 대한 명확한 최종 정보를 주는 게 아니라는 것이다. 참으로 신학자들은 붓다가 오래전에 가르친 것을 알려 주고 있다. 즉, 상징과 신화로서의 종교적 신조들은 고통을 일으키는 화살을 몸에서 뽑아내기 위해 있는 것이지 화살이 왜 거기 있는지에 대한 온갖 물음에 답하려고 있는 것이 아니다. 신화와 상징인 신조들이 그 어떤 정보를 제공하든 가장 중요한 것은 그 정보를 '느끼고 살아가는' 것이지 그 정보에 이런저런 이름을 붙이고 정의하는 것이 아니다. 상징은 우리의 머리를 채워 주는 것이 아니라 우리의 삶을 변화시키는 것이다.

그럼에도 불구하고 상징은 머리에도 무언가를 제공해 준다. 정보보다 수행을 강조하는 것은 상징인 신조들이 뭔가 참되고 진실인 것을 말해 주고 있음을 부정하는 것이 결코 아니다. 나의 직업인 신학의 전문적 용어로 말하면 상징에는 도덕적 목적만이 아니라 '존재론적' 내용도 있다. 상징은 어떤 삶과 수행의 길을 요구하는 한편 '사물의 있는 그대로'에 대한 정보도 주고 있는 것이다. 나는 철학자들이 우리의 신조들을 '진리 주장'이라고 부르는 것을 경시하고 싶지 않다. 하지만 모든 진리 주장이 상징으로 포장되어 있음을 인식할 때의 두 가지 결과를 강조하고 싶다. 첫째, 요한복음서의 저자가 예수에 대한 이야기 전체에서 강조하듯, 진리를 '행하는' 것이 그것을 '아는' 것보다 훨씬 더 중요하다는 것이다. 사실 우리는 진리를 행할 때만 진리를 알 수 있다. 오직 우리가 진리를 행할 때에만 "진리는 우리를 자유롭게"(요한 8:32) 할 수 있는 것이다. 둘째, 우리가 진리에 대해 무엇을 알든지, 틱낫한의 말처럼 그 지식은 절대적인 것이 될 수 없다. 항상 '다른 진리'가 있을 것이다. 다시 말해 항상 우리의 진리를 더 깊이, 다른 방식으로 이해할 필요와 기회가 있을 것이다.

손가락들은 중요하다
그리고 서로 다르다

언어와 손가락에 대한 불교의 가르침으로부터 배운 것을 설명하려 애쓴 후, 나는 그리스도교가 상기시켜 주는 것도 이야기해야 한다는 것을 깨달았다. 말과 손가락은 그 부적절함에도 불구하고 불자들과 그리스도인들이 이해하고 있는 것보다 더 중요할 수도 있는 것이다. 그리스도인들이 그들의 체험과 전통에서 하느님의 본질을 말하기 위해 '말씀'*Logos, Verbum*이라는 상징을 사용하는 타당한 이유가 있을 것이다(삼위일체의 둘째 위격의 이름은 '말씀'이다). 그렇다면 말은 그 모든 한계에도 불구하고 하느님이 인간의 삶과 역사 속에 '임재'하게 되는 길들 중의 하나인 것이다. 불교적으로 말하면 말은 '공'空을 나타내는 '색'色의 하나라고 할 수 있을 것이다.

그리스도교적 사유로 대담하게 한 걸음을 더 내디뎌 보자. "손가락은 달이 아니다"라는 말이 진실이라면 우리는 그 말도 너무 절대적인 것이 되지 않도록 조심해야 하는 것이 아닐까? 손가락은 달'이다'라고 말하는 데도 이유가 있다. 손가락은 전적으로 달은 아니지만 정말로 달인 것이다. 말, 상징, 신화, 교리라는 손가락들은 단지 가리키기만 하는 것이 아니다. 가리키는 손가락은 연관시키는 영을 진정으로 존재하게 한다. 손가락들은 결코 완전하게는 아니지만 정말로 영'이다'. 상징은 그것이 상징하는 대상과 완전히 동일시될 수는 없지만 그 대상에 참여한다는 것을 강조하면서 틸리히가 말하려던 핵심이 바로 이것이었다.

그러므로 불자들은 말은 단지 목적을 위한 수단일 뿐이라는 그들의 주장에 대해 신중해야만 할 것이다. 말은 부분적일지라도 진정으로 목적을 구현하는 것일 수도 있기 때문이다. 공즉시색 색즉시공이라 할 때, 색은 공이 바로 여기에서 구현되는 것이다. 그러므로 예수는 하느님의 말씀'이다'. 무함마드는 하느님의 예언자'이다'.

다소 추상적인 이런 생각의 실제적 의미는 말들 사이에 존재하는 '차이' 때문에 말이 중요하다는 것이다. 우리가 신비를 가리키기 위해 사용하는 다른 말들은 같은 신비를 단지 다른 방식으로 말하는 것이 아니다. 각각의 말은 같은 신비의 다른 면을 말하고 있다. 그 차이가 중요하다. 모든 종교의 손가락들은 같은 달을 가리키고 있지만, 그 손가락들은 달의 다른 부분들을 가리키고 있다고 말할 수도 있다. 불교의 손가락이 없다면 그리스도인들은 달의 어떤 부분을 결코 보지 못할 것이다. 마찬가지로 그리스도교의 손가락이 없다면 불자들은 달의 어떤 부분을 보지 못할 것이다.

내 일기의 일부를 소개함으로써 이 되돌아오기 부분을 끝맺어 보자. 이 내용은 다소 어려운 이 주제를 보다 직접적이고 분명하게 해 줄 것이다. 2005년 8월, 겟세마네 수도원에서 피정하는 동안 나는 유한한 말의 힘에 감동받았다.

하느님은 완전한 신비이다. 하느님은 그리스도교의 언어와 체험보다 훨씬 더 큰 분이다. 물론 또한 그리스도 예수보다도 훨씬 더 큰 분이다. 그런 하느님이 인간과 인간의 말을 통해 유한한 현실 속으로 나오기를 기다리고 있다. 우리 인간이 - 인간 예수도 포함해서 - 우리의 체험에 근거해 하느님과 구원과 역사에 대해 말할 때, 바로 그런 유한한 체험과 그 체험에서 비롯된 유한하고 부적절한 말과 이야기를 통해 하느님의 신비가 우리에게 영향을 미치고 우리를 변화시키게 할 수 있는 것이다.

물론 종말에 오실 하느님이나 하느님의 독생자인 예수에 대해 말하는 것은 세상 속에서 고동치는 창조적 모체 Creative Matrix인 하느님의 신비의 일부만을 접하는 것이다. 하지만 그것은 신비를 나타내는 매우 실제적이고 효과적인 길이다. 하느님의 무한한 관점에서 보면 우리가 말하는 '종말'의 의미가 매우 부적절하고 심지어 잘못 이해하고 있는 것인지도 모른다. 그럼에도 불구하고 종말에 대한 그런 말과 전통은 수많은 사람들이 사랑을 실천하고, 정의를 위해 일하고, 세상은 변화될 수 있다고 믿도록 고무해 왔다. 설령 그들이 상징을 통해 이해하는 것이 부적절할지라도 그들은 적절하게 하느님의 생명을 살고 있는 것이다.

하느님이 역사 속에 육화한다고 말할 때, 우리는 말, 상징, 신조가 부적절한 동시에 그만큼 또한 진실하다고 말하고 있는 것이다. 그 말은 하느님이 더 완전하게 하느님일 수 있게 한다. 상호존재가 더 완전하게 상호존재일 수 있게 한다. 비록 유한한 말이지만 이보다 얼마나 더 진실될 수 있겠는가?

2003년 7월 일기에서 나는 어떻게 부분적으로만 알 수 있는 것에 완전히 헌신할 수 있는가를 설명하려고 했다.

나를 양성해 주고 때로는 나를 힘들게 한 그리스도교 전통의 말들에서 나는 나의 영을, 특히 나의 그리스도-영을 양성하는 데 절대적으로 필요한 것을 발견한다. 물론 나는 그 말들에서 완전히 부적절한 것도 느낀다. 말은 내가 느끼고, 희망하고, 헌신하는 무엇인가를 이야기해 주기 때문에 나는 그 말을 필요로 한다. 하지만 그 말이 모든 것을 말하는 것이 아님을 상기할 때만 그 말은 내게 의미 있는 것이 된다. 말은 무언가를 말하지만 모든 것을 말하는 것은 아니다. 말은 내 인생을 걸기에 충분하지만, 그 말 이상을 향해, 내가 하느님이라 부르는 실재인 근원적 신비를 향해 나를 개방하는 것을 막을 만큼 충분하지는 못하다.

내가 미사 때 듣고, 성서에서 읽고, 강의실에서 사용하는 구원, 종말, 재림, 삼위일체, 하느님의 어머니 같은 모든 말들은 실재를 강력하게 나타내기는 하지만 결국 모든 것을 초월하는 그 실재를 가리킬 뿐이다. 그 말들은 실재를 강력하게 나타내지만 우리가 알 수도 있는 것과 결코 완전히 알 수 없는 것의 조각들일 뿐이다. 그 조각들에 내 삶을 걸 수 있다면, 나는 그 조각들이 나의 삶과 세상을 변화시킬 만큼 강력하지만 결국 더 큰 실재를 가리키는 것일 뿐 결코 절대적인, 최종적인, 불변하는 것이 될 수 없다는 것을 알아야 한다. 따라서 다음 번 전례 때 어떤 단어가 입에 걸리면 그것이 단지 하나의 조각일 뿐임을 상기하고 그것을 맛있는 조각으로 만들어 삼켜 버려야만 한다.

전통적 그리스도교의 언어가 내게 문제인 만큼 나는 또한 그것을 필요로 한다. 나는 그 언어와 함께 산다.

Chapter 4

열반과
천국

4 열반과 천국

앞 장에서 나는 우리 그리스도인들의 너무 많은 말들이 하느님의 신비를 존중하지 않는 것에 대해 내가 느끼는 어려움을 이야기했다. 이 어려움은 우리 그리스도인들이 죽음 너머의 신비를 말하는 것에 대해서도 마찬가지다. 우리는 말이 너무 많다. 그런데 어떤 의미에서는 그리스도인들이 하느님에 대해 말하는 것보다 그들이 사후의 삶에 대해 말하는 것을 받아들이는 게 훨씬 더 어렵다. 최소한 그리스도인들은 하느님에 대해 말할 때는 신비를 다루고 있는 거라는 사실을 잘 알고 있다. 하느님은 우리가 알 수 있거나 말할 수 있는 모든 것을 넘어선다는 것은 그 누구도 부정하지 못할 것이다. 그러나 우리 그리스도인들은 천국과 지옥에 대해서는 우리가 아는 것과 말하는 것을 너무 확신하는 것 같다. 우리는 모든 언어는 본질적으로 상징적이라는 것은 하느님을 말할 때만이 아니라 죽음 후에 하느님과 함께하는 삶에도 적용된다는 것을 잊거나 인정하지 않으려는 것 같다.

천국, 지옥, 연옥, 마지막 심판 같은 말들은 모두 상징이다. 이 말들도 달을 가리키는 손가락일 뿐 달은 아니다. 어쩌면 그리스도인들은 예수와 성서가 사후에 있을 일에 대해 정확하고 신뢰할 만한 정보를 주었다고 믿기 때문에 이것을 알아차리지 못하는 것 같다. 그들은 하느님 자신이 우리에게 말하고 자신을 계시할 때조차도 그가 사용할 수 있는 유일한 언어는 상징적 언어라는 것을 잊고 있다. 하느님조차도 무언가를 가리킬 수 있을 뿐이다.

그리스도인들은 하느님에 대해 말할 때보다 '종말'에 대해 말할 때 그 말을 훨씬 더 문자적으로 받아들이기 때문에 그들이 사용하는 언어의 한계를 충분히 진지하게 받아들이지 못하는 것 같다. 내 나이 칠십이 되어 가면서 바로 그 '종말'이 내게도 그리 멀지 않음을 알고 있기에 그것을 더욱 아프게 느껴왔다. 우선 사후의 삶에 대한 그리스도교의 이야기가 나를 번민하게 만드는 상황부터 말해 보자.

나의 갈등:
우리는 말을 너무 많이 한다

장례식에 참석할 때면 나는 마음이 불편해져서 자주 몸을 이리저리 뒤틀곤 한다. 장례 미사 때 사용하는 전례 언어나 설교 혹은 추모사를 들을 때면 이렇게 혼잣말을 하곤 한다(내 아내는 이것을 안다). "맙소사, 내 장례식 때는 나를 저런 식으로 말하지 않으면 좋겠어." 나의 장례식에서 설령 내가 들을 수 있다고 해도 듣고 싶지 않은 말들은 이런 것들이다.

"천사들이 천국의 낙원으로 당신을 반겨 주기를 기원합니다."
"이제 그분은 천사들의 합창단과 함께 하느님을 영원히 찬양할 수 있습니다."
"하느님은 이제 그토록 배은망덕한 아이들을 참아온 것에 대해 그에게 보답해 주실 거야."
"마침내 그는 암의 고통으로부터 평안을 찾았습니다."
"아버지는 이제 다시 어머니와 함께 계실 겁니다."
"그가 연옥에서 지내야만 한다면 그리 오래는 아닐 거야."

나는 어느 날 사람들이 나에 대해 이런 식으로 말하는 것을 결코 원치 않는다. 왜 그런가?

이런 말들이 나를 불편하게 만드는 이유는 그 말들이 살아 있는 사람들은 명확하게 알 수 없는 사후의 삶을 너무 명확하게 말하기 때문이다. 영원한 삶을 믿는 것과 우리가 영원한 삶을 어떻게 살게 될지를 명확하게 말하는 것은 전혀 다른 문제이다. 우리가 사후의 삶에 대해 말할 때 우리가 말하고 있는 바로 그것을 정말 모른다는 사실을 잊게 될까 나는 염려하는 것이다. 그러니까, 우리는 너무 쉽게 너무 많은 말을 하고 있는 것이다. 우리는 말을 너무 많이 하느라 죽음 너머에 있는 것의 '신비'를 소중히 간직하지 못하고 심지어 경시한다.

지옥의 두려움

우리 그리스도인들이 너무 말을 많이 해서 '종말'과 하느님의 신비를 경시하고 실제로 왜곡하기까지 하는 것 중 하나는 지옥에 대한 것이다. 설령 '지옥불'을 문자 그대로 받아들이지 않는다 해도, 설령 칼 라너가 말했듯이, 지옥이 있다는 걸 믿어야 하는 때조차도 누군가가 지옥에 있다는 것은 확신할 수 없다고 해도, 여전히 나는 그리스도인들이 말하는 지옥을 도무지 믿을 수 없다. 나는 지옥에서의 영원한 형벌의 '가능성'조차 믿을 수 없다. 만약 믿어야 된다면 아마 억지로 믿어야만 될 것이다. 하지만 어떻게 신앙이 억지로 될 것인가.

우선 개인적·심리적인 이유부터 말해 보자. 어릴 때 나는 학교에서(다행히 부모님으로부터가 아니라) 지옥 이야기를 듣고 지옥을 '무서워하게' 되었다. 2학년 때 용서받을 만한 죄(연옥행 왕복 티켓)와 용서받지 못할 죄(지옥행 편도 티켓)의 차이점에 대해 충분히 배우고 난 후에도 나는 여전히 두려움에 사로잡혀 있었다. 만약 내가 용서받지 못할 죄를 범한 후 그것을 신부님에게 제대로 고해하지 않으면 영원히 벌을 받을 수 있기 때문이었다. 모든 걸 너무 심각하게 받아들이는 어린 소년에게 '영원'이란 끔찍할 정도로 긴 시간이었고, 특히 지옥에서 지옥불에 구워지며 보내기엔 그 시간이 너무 길었다. 영원히 지옥에 머무는 것에 대한 두려움은 나도 모르게 죄를 짓고 있는 건 아닌가 하는 결벽증으로까지 발전하여 나의 신학고등학교 시절 내내 따라다녔다. 그러므로 내가 지금도 지옥의 개념을 혐오하는 것은 아마 그 어린 시절의 경험에 대한 보상적 과잉반응 때문인지도 모르겠다.

그렇다면 그것은 심리학적으로나 신학적으로나 확실히 건강한 과잉반응인 것 같다. 이를테면 어떤 부모도 아무리 홧김에라도 자기 자식들을 영원히 벌하거나 벌 받게 내버려 두지 않을 텐데, 하느님은 그런 일을 할 수 있다고 가르쳐서 아이들을(또는 누구라도!) 겁주는 교리는 정신 건강에 도움을 주지 못하고 성숙한 성인이 지녀야 할 윤리적 기반의 형성에도 도움을 주지 못한다. 로마에서 〈말씀의 선교 수도회〉의 현명한 영성 지도자인 프린츠 신부가 가르쳐 준 것처럼, 해로운 심리학을 초래하는 신앙은 해로운 신학을 초래할 것이다.

영원한 지옥 교리는 확실히 해로운 신학을 초래한다. 단순히 말해 "하느님은 사랑이시다"라는 믿음과 "하느님은 영원히 벌하신다"는 믿음 사이에는 명백한 모순이 있다. 하느님을 인격체로 해석하든 임재로 해석하든 '사랑하는 아버지'를 하느님의 상징으로 진지하게 받아들인다면 영원한 지옥이란 이치에 어긋나는 말이다. 자식들이 아무리 큰 잘못을 했다 해도 그들에게 평생(영원한!) 고통스러운(지옥불!) 벌을 주거나 그 벌을 받도록 내버려 둘 부모는 없을 것이다. 하느님이 그렇게 한다면 우리는 하느님을 아버지나 어머니라고 결코 부를 수 없을 것이다.

우리는 이기적인가?

사후의 삶에 대한 그리스도교의 말과 이미지 중 나를 더욱 불편하게 하는 것이 또 하나 있다. 이 특별한 불편함은 천국에 대한 너무 많은 이야기들이 아니라 '종말'에 대한 그리스도교 교리의 핵심이라고 하는 특별한 이야기에서 비롯된다. 이 문제와 씨름해 온 지난 수십 년 동안 나는 신실한 그리스도인들과 이 문제를 가지고 대화 나누는 것을 꺼렸다. 하지만 이에 대한 대화를 하면 할수록 경악하기보다는 오히려 반색하며 "맞아요, 나도 그게 정말 이상했답니다"라고 동의하는 사람들을 보며 나는 더 놀랐다.

내가 말하고 있는 것은 개인의 영생, 즉 우리가 죽은 후에 어떻게 개체적 존재로 계속 살아가는지에 대한 것이다. 초등학교 때부터 신학교 시절까지 내가 배운 것은 내가 죽은 후에도 본질적으로 동일한 영혼이나 인격(정화된 상태이겠지만)을 갖고, 최후의 심판 후에 동일한 몸(그때는 머리숱이 다시 많아진 완벽한 모습!)의 폴 니터로 살게 된다는 것이었다. 하지만 지금 나는 그것을 내가 믿고 있는지, 예수의 가르침을 정말 이해한다면 개인의 영생을 믿을 수 있을 것인지 의심한다. 내가 무수히 많은 다른 개인들과 함께 하나의 개인으로서 영원히 살게 된다는 천국의 상상은 솔직히 나를 위로하기보다는 오히려 혼란스럽게 한다. 나는 그런 상상을 문자 그대로 받아들이는 것은 신비 앞에서 언어를 잘못 사용하는 또 하나의 사례라고 생각한다. 그 이유를 간략하게 설명해 보겠다.

몇 년 전 제이비어 대학 생물학과의 불가지론자 친구가 놀리듯 물었다. "세상의 어느 것도 완전히 사라지지는 않아요. 모든 것은 죽음 후에도 계속 살아가죠. 물론 놀라운 재순환의 과정을 통해 다른 형태로 계속 살아가게 되겠지요. 그런데 왜 인간은 자신의 개인적 정체성에만 매달려 이토록 경이로운 과정을 놓치는 걸까요?" 나는 그 친구의 물음에 제대로 대답할 수 없었다. 그리고 "모든 것은 다른 형태로 계속 살아간다"는 그의 말에서 헤어나올 수 없었다. 아마 내 죽음 이후 삶의 신비는 상상할 수 없을 정도로 놀랍게 다른 것이어서 지금 '나의' 또는 '나'라고 말할 수 있는 그 어떤 것도 넘어선 것이리라. 하느님의 신비와 창조성을 진지하게 받아들인다면 그 친구의 물음은 이성적으로만이 아니라 신학적으로도 타당하다. 바오로 성인은 "눈으로 본 적이 없고 귀로 들은 적이 없으며 아무도 상상조차 하지 못한 일을 하느님께서는 당신을 사랑하는 사람들을 위하여 마련해 주셨다"(고린토1서 2:9)고 상기시켜 준다. 이 말은 우리가 정말 놀라게 될 거라는 뜻이다.

하지만 개인들이 영원한 보상을 받을 거라는 전통적 천국의 이미지를 내가 불편해 하는 것은 그것이 너무 이기적이고 자기중심적이기 때문이다. 여기에서 나는 지옥의 형벌을 피하고 천국의 보상을 얻기 위해 착하게 살라고 고무하는 유치한 도덕을 문제삼고 있는 것이 아니다. 그보다는 사후에도 '내'가 '나의' 사랑하는 사람들과 더불어 하느님과 함께 하는 삶을 즐기게 될 거라는 천국 교리를 문제 삼고 있는 것이다. 그 교리의 문제는 말이 너무 많다는 것만이 아니라, 사기를 찾기 위해선 먼저 자기를 잃어야 된다고 했던 예수의 말에 담긴 진정한 의미에 응답하고 그것을 실현하는 기쁨을 방해할 수도 있다는 것이다. 정말 우리 자신을 '잃으면' 그 후 무엇을 발견하든지 그것은 우리가 잃은 것과 같지 않을 것이다. 그렇다면 우리는 무엇을 발견하게 될까? 우리는 무엇이 될까?

불교는 사후의 삶의 신비와 모든 언어를 초월한 신비를 좀 더 신중하게 살펴보도록 나를 도와주었다.

건너가기 :
지금 여기를 살아라

1970년대 초에 처음으로 학생들을 불교 선원에 데려갔던 일을 결코 잊을 수 없을 것이다. 당시 나는 가톨릭연합신학교 학생들과 함께 시카고 홀스테드가의 한 선원을 방문했다. 삼십 분 정도 좌선한 후 선사禪師와 대화를 나눌 때 첫 질문은 "내세에 대한 불교의 관점은 무엇입니까?"였다. 그 선사가 조용하게 대답했을 때 우리는 모두 방석에서 거의 쓰러질 뻔했다.

"우리 불교에는 그런 것이 없습니다."

그 선사는 놀라서 말을 잃은 우리를 보고 싱긋 웃은 후 그런 비슷한 물음에 대해 붓다가 "당신의 물음은 적합하지 않습니다"라고 대답한 것의 핵심을 설명해 주었다. 불자들이 성취하려는 것에 비추어 볼 때 우리 그리스도인들이 물었던 것은 중요하지 않거나, 더 정확히 말하면, 필요하지 않은 것이었다. 불자들의 에너지와 관심의 초점은 사후에 무슨 일이 일어나느냐가 아니다. 그것은 심지어 내일에 대한 것도, 이 순간 다음 순간에 대한 것도 아니라, '이 순간, 지금, 바로 여기'에 대한 것이다. 불자들은 '지금 여기'now-here 말고는 '아무 데도'nowhere 있고 싶어 하지 않는다. 그들은 온전히 지금 여기에서 사는 것을 원한다. 명상에 관한 장에서 살펴보겠지만, 그것은 바로 이 순간 그들이 있는 곳에, 그들 안에서 일어나고 있는 것에 마음챙겨 참여하고 반응한다는 의미이다.

미래가 아닌
현재

붓다의 체험과 동일한 체험을 하는 불자들은 우리가 현재 일어나고 있는 일에 완전히 참여하고 반응할 수 있다면 미래에 일어날 일은 알아서 저절로 되어질 거라고 확신한다. 어떤 의미에서 '미래'는 '현재'에 들어 있다. 미래를 이해하기 위해 우리는 현재를 완전히 알아차리고, 마음챙겨 대하고, 최대한 자비롭게 현재에 반응해야 한다. 붓다는 현재에 완전히 참여하고 반응할 수 있다면 현재와 미래 사이에는 아무런 차이도 없게 될 거라고 말한다! 우리는 현재 순간에 완전히 참여함으로써 미래의 순간에 대해 더 이상 걱정하지 않게 될 것이다. 여기서 말하는 미래의 순간은 우리가 죽는 순간과 죽음 다음에 오는 순간들을 의미한다.

하지만 나는 불자들도 죽음 '다음'에 오는 것에 대해 무엇인가를 말할 수 있다고 믿는다(사실 일부 불자들은 그것을 말한다). 그 이유는 간단하다. 불자들이 이번 삶에서 발견한 것은 다음 삶의 모든 것에서도 진실일 것이고, 그들이 지금 체험하려는 무아無我를 아마도 죽음 후에 더 완전하게 계속 체험할 것이기 때문이다(1장에서 불자들이 어떻게 그들의 진정한 정체성인 무아를 깨닫는지 설명했던 것을 기억해 보라). 무아는 그들이 존재하지 않는다는 의미가 아니고 그들의 진정한 정체성이 개체적 자아를 넘어 더 큰 실재인 상호존재의 일부가 되고, 자비롭게 그것에 기여하게 된다는 의미이다. 이 삶에서의 행복은 무아로서 사는 것이다. 불자들은 현재의 삶 이후에 무슨 일이 일어나든지 여전히 무아로서 사는 것이 행복임을 알고 있다. 그러므로 그 선사가 학생들에게 말했듯이 불자들은 죽음 뒤에 일어날 일을 걱정할 필요가 없는 것이다.

불자들은 삶의 매 순간마다 그들 자신은 물론 그 어떤 것에도 이기적인 집착을 하지 않고 놓아버림으로써 고통을 극복하고 평화를 얻을 수 있다. 그와 같이 불자들은 죽는 순간에도 다 놓아버리고 집착하지 않을 것이다. 그들은 그 결과가 같다는 것을 알고 있다. 평화가, 더 깊은 상호존재가, 더 나은 삶이 있을 것이다. 그들은 매 순간마다 개체적 자아를 넘어섬으로써 평화를 얻고 고통을 극복했던 것처럼, 죽는 순간에도 그들 자신을 마지막으로 놓아버리고 넘어설 것이다. 그렇게 하는 것이 살아 있을 때 좋은 것처럼 죽을 때에도 좋은 것이다. 그래서 선가에서는 "모든 날이 좋은 날"이라고 한다. 우리가 죽는 날도 좋은 날인 것이다.

환생 –
참고 견뎌라!

앞에서는 실제보다 조금 지나치도록 이상적인 것을 이야기했다. 죽을 때 한 차원의 무아에서 더 광대한 다른 차원의 무아로 부드럽게 흘러가는 것은 깨달은 이들, 성인聖人들, 신비가들이나 이룰 수 있는 이상적 죽음이다. 하지만 우리 같은 보통 사람들에게 죽음은 좀 더 복잡할 수 있다. 환생과 업業, karma에 대한 불교의 믿음이 바로 그것을 말하고 있다.

환생에 대한 이해는 위험할 정도로 복잡하다. 문제의 핵심은 환생하는 자아가 없다면(무아!) 이 환생을 어떻게 설명할 것인가 하는 점이다. 환생에 대한 복잡한 이론들을 정리하는 일은 학자들에게 맡기겠다. 남들이 환생을 어떻게 설명하든, 그것을 문자적으로 받아들이든 말든, 나는 신중하고 겸손하게 환생 신앙의 실제적·영적 열매에 주목하고자 한다. 늘 업의 사실과 결합되어 있는 환생 개념은 두 가지를 말해 준다. 첫째, 우리가 선택한 행동을 통해 우리 자신과 타인을 곤경에 빠뜨릴 수 있다는 것이다. 둘째, 비록 여러 생에 걸쳐 길고 지루하게 반복되는 노력이 필요할 수도 있지만 결국에는 그 곤경으로부터 벗어날 수 있는 가능성과 희망이 언제나 있다는 것이다.

먼저, 업과 환생에 대한 불교의 가르침을 간단히 살펴보자. 업은 인과 법因果法이다. 우리가 행한 것은 결과적으로 우리에게 되돌아온다는 것이다. 기본적인 것만 말해 보면, 환생은 업이 사후에도 작용한다는 것을 의미한다. 즉, 한 인생에서 우리가 가진 인격과 한 행동의 결과가 사후의 여러 삶들로 전해진다는 것이다. 이는 불자들은 영원한 지옥을 믿지는 않지만 우리의 무지하고 이기적인 행동이 지금의 삶만이 아니라 사후의 삶들에서도 우리 자신과 타인들을 곤경에 빠뜨리는 지옥을 만들 수 있다는 것을 그들도 깊이 인식하고 있음을 의미한다. 바꿔 말하면, 우리의 지성과 자유를 어떻게 사용하느냐가 정말 중요하다는 것이다. 모든 일에는 '보상' 또는 '처벌'이라 부를 수 있는 결과가 늘 있기 마련이다. 하지만 삶의 최후 순간에 전능한 심판자가 보상해 주거나 처벌하는 것은 아니다. 보상이나 처벌은 현재의 삶과 미래의 다른 삶들에서 업의 법칙에 따라 일어나는 것일 뿐이다. 하지만, 불교의 묘사를 문자 그대로 받아들이든 아니면 그것의 '보다 깊은 의미'를 이해하려 하든, 만약 우리가 달팽이로 환생한다면 그것은 인간의 관점에서 보면 확실히 지옥 같은 삶일 것이다.

이것은 분명 나쁜 소식이지만 한편으로는 좋은 소식이기도 하다. 설령 우리가 지금은 달팽이일지라도 한 생 혹은 여러 생을 거치면서 상황이 나아질 수 있다는 것이다. 서양인들이 흔히 생각하는 것과 달리 업은 '숙명'을 뜻하는 것이 아니다. 업은 사형은 물론 종신형도 선고하지 않는다. 우리 혹은 남이 과거에 지은 업에서 벗어날 길은 없지만 우리는 그것을 '다룰 수' 있다. 선한 업을 지어서 우리 자신이나 남이 저지른 악한 업의 더러움을 정화할 수 있다는 것이다. 따라서 불교의 이런 환생 교리는 결코 숙명론적인 것이 아니라 현실적인 것이다. 사람들이 했던 선택들이나 그들이 태어나면서 물려받았을지도 모르는 선택들을 고려한다면, 현실적으로 이기적인 업을 극복하고 깨닫는 과정은 한 생 이상이 걸릴 수도 있다는 것이다.

상호존재라는 광대한 체계와 우리의 삶이 서로 얽히고설켜 있는 것에서 더 넓게 보면, 한 특정한 삶에서 '선'이 지닌 효력과 잠재력은 그 광대한 체계가 계속 전개되면서 그 특정한 삶이 다한 후에만 작용될 수 있는 것이다. 이런 불교의 가르침은 모든 특정한 인간들에게도 적용된다. 즉 아무리 엉망진창이라 해도 완전히 악한 삶은 없다. 시간이 다소 걸릴 수도 있겠지만 엉망인 삶에서도 선한 게 나올 수 있기 때문이다.

물론, 불교로 건너가는 지금까지의 모든 과정에서와 마찬가지로, 환생에 대한 나의 설명에도 나의 그리스도교적 관심과 한계가 드러난다. 내가 이해한 불교의 가르침이 불자들이 볼 때도 완전히 틀린 것은 아니라고 믿으면서 이제 불교에서 내가 배운 것을 가지고 그리스도교로 돌아가려고 한다.

되돌아오기:
우리를 기다리고 있는 것이 우리를 놀라게 할 것이다

사후 삶의 신비를 대하는 것을 불교가 어떻게 도와주었는지를 최대한 신중하고 정중하게 말하고 싶다. 그것은 단지 내가 불평한 바 있는, 말을 너무 많이 하는 것을 피하기 위해서만이 아니다. 그보다는 내가 제안하는 그리스도교 교리의 '재해석'이 교리를 '부정'하는 것이라고 비난 받을 가능성이 있는 부분이 이 책에 있다면 바로 여기가 그곳이기 때문이다(분명히 몇몇 독자들은 이 책에서 그리스도교 교리를 거부하는 것으로 보이는 다른 부분들도 찾아낼 것이다!).

'새로운 것'이 '진실'인지 어떻게 판단할 것인가?

여기서 다루는 주제는 그리스도인 신학자인 나의 정체성과 중요하게 관계되어 있다. 따라서 신앙에 대한 새로운 이해가 그 신앙의 '재해석'인지 아니면 '부정'인지를 내가 어떻게 판단하는지 설명해 보겠다. 내가 따르는 특정한 신학방법론은 비록 성서와 (가톨릭 신자들의 경우) 교회의 가르침에 대한 충실함은 언제나 말의 문제이긴 하지만 사실 근본적으로는 말의 문제가 아니라고 한다. 우리가 충실해야 할 것은 말 자체가 아니라 그 말이 우리의 삶을 형성하고 변화시키는 방식이다. 그리스도인들은 어떤 특정한 방식으로 행동하기 위해 어떤 특정한 것을 믿는다. 교리의 근본 목적은 우리의 머리를 채우는 것이 아니라 우리의 삶을 형성하는 것이다. 우리는 우리의 믿음을 행동으로 표현하기 위해 우리의 믿음을 말로 표현하는 것이다. 말은 행동을 일으키기 위해 있는 것이다.

물론, 앞 장의 맨 끝에서 불자들에게 상기시켜 주었듯이, 우리에게는 말이 필요하다. 즉, 행동하기 위해 이해가 필요하고, 함께 행동하기 위해 의미를 공유하는 것이 필요한 것이다. 하지만 우리는 반드시 행동을 변화시키지 않고도 말을 변화시킬 수 있다. 사실 역사가 전개되면서 생겨나는 새로운 물음, 새로운 문제, 새로운 발견을 직면할 때 어떻게 말을 행동으로 옮길지 이해할 수 있으려면 때때로 그 말을 변화시켜야만 한다.

그러므로 만일 전통적 그리스도교 믿음의 새로운 해석, 곧 새로운 말이 사람들을 복음의 정신에 따라 살아갈 수 있게 한다면, 아무리 그 새로운 말이 이전의 말과 다를지라도 그것은 그리스도교의 믿음에 대한 신실한 '재해석'이며 타당한 이해가 될 것이다. 신학적 용어로 말하면 비록 '바른 실천'orthopraxis이 '바른 믿음'orthodoxy에 의존하기는 하지만 바른 실천이 바른 믿음보다 더 중요하다. 현대적으로 풀어 말하면, 말하는 것을 실천하는 것이 그 말보다 더 중요하다는 뜻이다. 그러므로 새로운 말이 우리로 하여금 계속 바른 실천을 할 수 있게 한다면 문제가 없을 것이다. 아마도 그것이 '정통'일 것이다.

이제부터 여기 '되돌아오기' 부분에서는 어떻게 불교가 사후의 삶에 대한 나의 믿음을 '재해석'할 수 있게 해 주었는지에 대해 말하려 한다. 나는 그것이 우리 그리스도인들로 하여금 우리의 신앙을 더 깊이 이해하고 더 결연하게 살아갈 수 있도록 도와줄 수 있다고 굳게 믿는다.

업이 지옥일 수 있다!

이미 고백했듯이 나는 단지 믿을 수 없기 때문에 지옥을 믿지 않는다.

영원한 벌이라는 네모난 못은 하느님의 사랑이라는 둥근 구멍에 전혀 맞지 않는다. 만약 이성을 사용하는 것이 그리스도인의 삶에 어떤 의미가 있다면, 우리는 영원한 고통을 주거나 허용하는 하느님과 우리를 사랑하며 그 사랑을 결코 포기하지 않는 하느님 중에서 하나를 선택해야만 한다. 정확한 통계치는 없지만, 최소한 미국과 유럽의 자유주의적 그리스도인들 대부분은 '영원한 지옥불'에 대한 이야기를 들을 때면 마치 뭔가 목에 걸린 것 같은 느낌을 가질 거라고 나는 확신한다. 십여 년 전 '전통적' 가톨릭 신자들의 믿음을 조사해 통계를 낸 앤드류 그릴리는 그들 중 75퍼센트가 천국이 있다고 확신하는 반면 단지 45퍼센트만이 지옥이 있다고 확신한다고 발표했다. 내 학생들로부터 들은 것으로 유추해 보면 지난 십 년 동안 지옥이 실재한다는 걸 의심하는 사람들의 비율은 더 증가했다.

    이것이 신학자들이 '신자들의 상식'이라고 부르는 것이다. 이 신자들의 상식은 그리스도교 공동체가 실제로 믿는 것을 보여주는 중요한 지표다. 그리고 이것은 교회가 공식적으로 가르치는 내용과 고뇌하는 신자들이 정말 믿는 것 사이에 불일치가 있다는 것을 교회지도자들과 신학자들에게 경고해 주는 적신호가 되어 줄 수 있다. 가톨릭 교회에서 내가 말하는 것을 보여 주는 불편할 정도로 분명한 적신호의 예는 인위적 피임을 금지하는 바티칸 교황청의 공식적 가르침과 가톨릭 신자들이 마음으로 믿으며 침실에서 행하는 것 사이의 불일치이다. 또한 지옥불도 교회의 공식적 가르침이 평신도들의 일반적 믿음을 반영하지 못한다는 것을 경고해 주는 적신호이다. 교회의 말이 신자들의 삶을 따라잡지 못하고 있는 것이다.

    나는 자유주의적 그리스도인 성직자들도 이 사실을 이해하고 있다고 생각한다. 지난 수십 년간 내가 참석해 온 가톨릭과 개신교의 예배에서 '지옥의 유황불' 설교는 더 이상 설교 목록에 들어 있지 않았다. 지옥에 대한 그런 설교는 어린 시절 성요셉 성당의 신부님이나 특히 연례적 본당선교활동에서 강론했던 〈예수고난수도회〉 사제들이 회중에게 했던 것이다(그리고 이런 설교는 대개 그 다음 주일에 고해성사를 하려는 사람들의 줄이 더 길어지는 걸 보장하곤 했다). 요즘에는 지옥불로 사람들을 겁주어 교회에 오게 하려다가는 오히려 겁이 난 그들을 교회에서 더 멀어지게 하는 것 같다(여기에서 나는 "그것이 근본주의 교회가 아니라면 말이다"라고 덧붙여야만 할 것이다. 나는 성서에 쓰여 있지 않으면 아무것도 진실이 아니라고 여기는 근본주의자들의 흑백논리적 확신과 측량할 수 없거나 돈이 되지 않는 것은 진실이 아니라고 여기는 세속적 물질주의자들의 흑백논리적 확신 사이의 중간 지대에서 갈등하고 있는 그리스도인들을 위해 이 책을 쓰고 있다).

신학자들 역시 이 내용을 이해하고 있다. 그들이 돌고 도는 '신학적 회전문'처럼 지옥의 전통적 해석에 대해 말하는 방식 몇 가지를 이야기해 보자.

일부 신학자들은 하느님이 인간에게 영원한 벌을 준다기보다는 영원히 소멸하게 한다는 것이 더 적절하다고 말한다. 그들은 하느님의 사랑은 피조물이 영원히 고문당하는 것보다는 영원히 사라지게 하는 것과 더 쉽게 어울린다고 추론한다.

다른 신학자들은 인간은 본래 하느님과 함께 존재하도록 창조되었으므로 최종적으로 하느님으로부터 분리되어 지옥에 간 이들은 완전한 인간이 아니라고 믿는 것이 합리적이라고 말한다. 이는 그들이 반쯤 소멸된 상태의 인간이므로 그만큼 고통을 덜 받는다는 것을 의미한다.

앞에서 언급했듯이, 일부 가톨릭 신학자들은 보다 율법적 접근으로 보이는 방식을 취한다. 그들은 가톨릭 신자들은 지옥이 존재한다고 믿어야 할 의무는 있지만 그 지옥에 사람들이 있다고 믿어야 할 의무는 없다고 지적한다. 지옥이란 어떤 확실한 실재라기보다는 위협적인 가능성인 것이다. 지옥의 사냥개는 실제 무는 것보다 짖는 것이 더 무섭다고 말할 수도 있다.

마지막으로 몇몇 그리스도교 사상가들은 더 급진적으로 소위 '만인구원론'을 옹호한다. 결국에는 모든 인간이 구원받을 거라고 주장하는 것이다. 그들은 복음서에 '지옥'에 대한 언급이 열다섯 번 정도 있지만 그 앞에 '영원한'이라는 형용사가 붙은 것은 마태오 복음서에만 두 번 있다는 점을 지적한다. (마태오 18:8, 25:41) 이것은 초기교회 신학자들이 몇 안 되는 과장된 형용사를 가지고 영원한 벌에 대한 엄격한 교리를 만들었을지도 모른다는 것을 암시하는 주장이다. 그들은 '영원한'이라는 형용사를 정말 예수가 사용했는지도 확신할 수 없다고 덧붙인다. 이런 관점에 따르면, 큰 죄를 지은 사람이 벌을 받아야만 할지도 모르지만 그 벌이 영원히 계속되지는 않을 것이다. 이는 가톨릭의 연옥 개념과 비슷하다. 결국 모든 인간은 본향으로 돌아가는 것이다.

나는 이 마지막 제안을 가장 편안하게 받아들이지만, 불교의 가위와 천 조각을 사용해 그것을 좀 더 고쳐 보고 싶다. 나는 이러한 시도가 칼 라너의 입장과도 통한다고 믿는다. 그가 가끔 넌지시 암시하듯 하던 여담 중 하나에서 라너는 연옥이나 종말에 관한 전통적 가르침을 이해하려는 그리스도인의 노력은 아마도 동양의 환생 개념으로부터 어떤 중요한 도움을 얻을 수 있을 거라고 언급한 바 있다. 나는 라너의 그 조언을 따르고 있는 셈이다.

나는 업과 환생에 대한 불교 가르침의 근원적·실제적 의미는 천국과 지옥에 대한 전통적 그리스도교 가르침의 근원적·실제적 의미와 근본적으로 같다고 믿는다. 두 가르침의 핵심은 자유의지의 중요성을 강조하는 것이다. 자유의지를 가볍게 생각해서는 안 된다. 우리가 하는 선택의 결과는 중대하고 지속적이다. 달팽이나 다른 형태의 미물로 환생하는 불교적 이미지나 지옥불에 대한 그리스도교적 이미지가 알려주는 것은 이기적이거나 타자를 해하는 선택의 결과는 너무 중대해서 우리의 개체적 죽음 후의 실재에까지 영향을 미칠 수 있다는 것이다.

그리스도인들이 '죄의 삯'이라고 부르고 불자들이 '악업'이라고 부르는 것은 대개 현재의 삶에서 대가를 치러야만 한다. 그래서 이기적으로 타인을 해치는 행위의 결과는 우리를 괴롭히거나 해치는 것으로 매우 빨리 되돌아온다. 물론 그런 일이 당장 일어나지 않을 수도 있고, 높은 담으로 둘러싸인 고급 주택촌처럼 탐욕의 결과가 우리 눈에 띄지 않을 수도 있다. 하지만 지옥이나 환생의 가르침은 우리가 살아 있을 때 우리 죄와 악업의 결과로 괴로움을 겪지 않을지 모르지만 다음 삶에서는 괴로움을 겪을 거라고 알려 준다. 우리가 자유롭게 선택한 행위의 결과는 너무 중대해서 무덤을 넘어 다음 삶에까지 좋거나 나쁜 영향을 미친다는 것이다.

그러므로 우리가 환생이나 영원한 지옥을 문자적으로 받아들이지 않는다 해도, 그들을 단지 달을 가리키는 손가락들이라고 생각한다 해도, 그들이 가리키는 의미 혹은 달은 다음과 같다. 즉, 우리의 악하거나 이기적인 선택이 초래한 곤경은 한 생을 넘어서까지 영향을 미친다는 것, 그리고 사실 우리가 초래한 곤경은 우리가 아직 살아 있을 때보다 죽은 후에 더 커질 수 있다는 것이다. 이 곤경은 우리 자신만이 아니라 타인에게도 계속 영향을 미친다. 사람들이 이 땅 위에서 활보하는 동안 저지르는 악은 너무 커서 그들의 발자국이 사라진 후에도 오래도록 계속 이어질 수 있다. 이것이 그리스도교의 지옥 교리의 핵심 메시지이다.

그렇다면 이런 메시지는 '영원한'이라는 말을 문자적으로 사용하지 않더라도 지옥에 대한 전통적 믿음이 했던 것처럼 여전히 우리의 삶에 영향을 주고 인도할 수 있다. 그것은 여전히 우리의 자유로운 선택의 결과가 얼마나 중대하며 오래 지속될 수 있는지를 우리에게 경고해 줄 수 있다. 그 결과가 영원히 지속되지는 않는다 해도, 거듭되는 환생에 대한 불교의 가르침이 말해 주듯이, 여전히 그것은 끔찍하게 오랫동안 지속되고, 정화하려면 여러 번의 삶이 걸릴 수도 있는 곤경을 초래할 수 있다. 그런 믿음은 달 자체가 아니라 손가락이기에, 그런 곤경의 결과들이 어떻게 전개될지, 그것들이 어떻게 개인적·사회적으로 영향을 미칠지에 대해 우리가 할 수 있는 말은 없다. 하지만 살아 있는 동안 극복되지 않은 이기심이나 악업은 한 생을 넘어서까지 지속된다는 것을 우리는 알고 있다. 이것을 믿는다는 것은 지옥 앞에 '영원한'이라는 형용사를 붙이지 않아도 모든 '바른 믿음'의 기준이 되는 '바른 실천'을 살아 있는 동안 하도록 촉진하기에 충분해 보인다.

영원을 샘솟게 할 수 있는 희망

지옥에 대한 그리스도교의 관점과 융화된 업과 환생에 대한 불교의 이해가 우리의 자기중심적 결정과 행동의 실로 끔찍할 수도 있는 결과를 가볍게 만들려는 것은 아니다. 하지만 사후의 삶에 대한 그리스도교의 전통적 믿음을 재해석할 필요를 그리스도인들에게 적절하게 환기시켜 주는 불교의 관점은 업의 긍정적인 면에 대한 것이다. 즉, 우리의 이기적 행동이 짓는 악업이 아무리 끔찍하고 지독하더라도 그것은 결코 최종적이거나 영속적이지 않다는 것이다! 이것이 바로 동양의 환생관이 그리스도인들을 도울 수 있다고 보았던 라너의 짐작이 맞아떨어지는 지점이다. 라너는 그리스도교 신자들과 신학자들이 연옥의 상징을 말할 때 영생의 신비를 향해 나아가기 위해 행위를 정화하려면 대개 한 번 이상의 삶이 필요하다고 인식한다는 것을 알았다. 불교적 상징으로 표현하면 연옥의 목적은 악업을 '태워 버릴' 시간을 주는 것이었다.

그러나 그리스도인들은 불자들이 '가벼운 악업'이라 부를 법한 것 – 가톨릭 용어로는 용서받을 만한 죄 – 만을 연옥에서 정화할 수 있다고 제한했다. 그것은 사람과 사물을 자기의 이익을 위한 도구로 사용하는 자기중심성의 '용서받지 못할 죄'가 아니라 누구나 이따금씩 하는 사소한 이기적 행위를 말한다. 가톨릭의 전통적 믿음에 따르면 용서받을 만한 죄의 결과나 악업은 연옥에서 씻을 수 있다. 하지만 용서받지 못할 죄는 영원히 씻을 수 없는 오점이다.

불교와의 대화는 신학자들의 그런 주장이 더듬거리듯 다루고 있던 것들을 더 분명하게 알 수 있도록 도와주었다. 하느님을 아버지라고 부르고 하느님은 사랑이라고 말하는 그리스도교의 상징들을 정말 믿는다면 영원한 오점이란 있을 수 없는 것이다. 영원한 지옥은 없다. 아마 라너가 짐작했듯이 불자들은 그리스도인들로 하여금 연옥이라는 상징의 의미를 확장하도록 부드럽게 자극한다. 우리의 작은 결점들뿐 아니라 큰 오점들도 '정화'할 수 있다는 것이다. 물론 이 정화는 한 번 이상의 삶을 필요로 한다. 그리고 이 과정은 계속된다. 왜냐하면 불교에서 말하는 '악업'은 결코 최종적이지 않고 언제나 '선업'을 지을 기회가 주어질 가능성이 있기 때문이다. 그리스도교의 언어로 말하면 인간의 결정이 아무리 비열하고 타인을 죽음으로까지 내모는 것이라고 해도 하느님의 사랑보다 더 최종적일 수는 없는 것이다. 시인 프란시스 톰슨이 '천국의 사냥개'라고 형상화한 하느님의 사랑은 인간을 결코 포기하지 않는다.

그러므로 단테가 『지옥』에서 죄의 행위에 의한 악업의 끔찍함을 정밀하게 묘사하긴 했지만 "여기 들어오는 자, 모든 희망을 버려라"라는 문구를 지옥문에 걸어 놓은 것은 틀린 것이었다. 그리스도인들이 하느님을 사랑이라고 부르는 것이 옳고 불자들이 자비를 상호존재가 지속되는 과정의 특성이라고 긍정한 것이 옳다면 항상 희망이 있는 것이다. 불자들은 그리스도인들이 믿는다고 말하는 것이 정말 사실이라는 것을 그리스도인들에게 상기시켜 주었다. 사랑은 증오보다 강하고 선은 악보다 강하다는 것이다. 우리가 행하거나 행할 수 있는 선은 우리가 저지른 악보다 더 오래 가고 악을 상쇄할 것이다. 물론 그 과정은 한 번 이상의 생을 필요로 할지도 모른다!

나는 이것이 진실이라는 것을 확신한다. 하지만 나는 이것이 '어떻게' 이루어질 것인지 분명하게 말할 수는 없다. 비유로 말하면, 달은 손가락에서 너무 멀고, 우리가 그것을 통해 건너편을 바라보는 창은 항상 어둡기 때문이다. 우리가 사용하는 상징들은 설명하기보다는 가리키는 데 훨씬 더 쓸모가 있다. 하지만 내가 신뢰하는 것처럼 신적 생명이 실재하고 상호연관되어 있는 영이 계속 활동한다면, 그리고 상호존재의 과정이 계속된다면, 내가 한 일과 나의 존재는 사후에 더 좋게든 더 나쁘게든 그 생명, 영, 상호연관성 안으로 들어올려질 것이다. 나는 이 과정이 전개되는 방식이나 그리스도인들이 하느님의 공동체라고 부르는 것이 형성되는 데 있어서 내가 행한 악뿐 아니라 선이 '차이를 만든다는 것'을 신뢰한다. 물론 특히 내 인생에서 저지른 악과 이기적 행위가 나의 죽음 이후에 어떤 영향을 미칠지 정확하게 말할 수는 없다. 하지만, 다시 강조하건대, 내가 아무리 지독한 악업을 쌓았다 해도, 타인에게 아무리 큰 해를 끼쳤더라도, 그것은 결국 천천히, 고통스럽게, 더 큰 생명, 더 큰 선을 위한 계기가 되거나 그것에 받아들여질 거라고 나는 신뢰한다.

우리의 존재와 우리가 하는 일이 어떻게 현재 삶 이후에도 계속 영향을 미치는지에 대한 그런 생각에서 '누구'who와 '무엇'what 사이의 경계는 흐릿해지기 마련이다. 그것은 다시 우리로 하여금 '누구' 또는 '무엇'이 계속 살아가는가 하는 물음으로 향하게 한다.

우리가 발견하는 것은
우리가 잃은 것과 같지 않다

환생에 대한 불교의 가르침, 특히 현대 불자들이 이해한 환생의 가르침은, 영생을 그리스도교 교육을 통해 배운 것보다 예수의 가르침의 정신에 더 가깝게 이해하도록 나를 도와주었다. 붓다는 "다시 태어나는 것이 있다"고 말한다. 그러나 이 다시 태어나는 '것'은 내 인생에서 나였던 '것'과는 매우 다르다. 그리스도교 선례는 이를 "사후의 삶은 변화될 것이며 사라지지 않는다"고 표현한다. 여기에서 '변화된다'는 것은 우리의 '형상'이 달라질 거라는 의미이다. 이 변화에는 연속성과 함께 진정한 불연속성도 있을 것이다. 그리스도인들은 '연속성'을 말하는 데는 능숙하지만 '불연속성'을 받아들이고 다루는 데는 능숙하지 못하다. 나는 '지금 존재하는 우리'가 '죽음 이후에 있게 될 우리'를 알아볼 동일한 주체일 수 없다고 생각한다.

    내가 이런 것을 말하는 이유는 그리스도인으로서 내가 믿는 것을 새로운 눈으로 더 깊이 바라보도록 불교가 도와주었기 때문이다. 그리스도인들은 영원한 삶이란 '하느님 안에서의 삶'이라고 말한다. 그러나 1장과 2장에서 제안했듯이, 우리가 신비를 한 '인격체' 안에 가둠으로써 신비이신 하느님을 거스르지 않는다면, 하느님을 인격적 임재 혹은 만물을 있게 하고 연관시켜 주는 영-에너지로 보다 정확하게 '가리킬' 수 있다면, 하느님이 한 인격체가 아니듯이 하느님 안에서의 영원한 삶을 살 우리도 여기 이 세상에서 살고 있는 인격체들이 아닐 것이다. 우리가 하느님이라고 부르는 것의 가장 깊은 정체성을 개체적 자아의 개념으로 포착할 수 없고 포착하려 해서도 안 되는 것이라면, 하느님 안에서 계속될 우리의 삶 역시 폴 혹은 캐시라고 불리는 개체적 자아의 연장으로 상징할 수 없고 상징하려 해서도 안 된다. 실로 우리의 삶, 우리의 정체성은 '변화될' 것이다.

    때때로 영적 혹은 신비적 순간에 우리의 제한된 개인적 의식을 초월하는 체험은(성인, 신비가, 시인은 자주 체험하겠지만) 죽음 이후 하느님 안에 영원히 사는 삶에서는 더 강하게 체험될 것이다. 앞에서 인용했던 T. S. 엘리엇의 "내가 음악이 된다"라는 시적 표현은 "내가 하느님이 된다"는 사후 삶에 대한 좋은 은유가 될 수 있을 것이다. '나'라는 것이 완전히 소멸하는 것은 아니다. 하지만 그렇다고 해서 예전 그대로의 '나'로 존재하는 것도 아니다. 그 '나'는 우리 존재의 현재 단계에서 우리가 체험하는 '나'보다 훨씬 더 큰 무엇으로 지속한다.

불교와 대화한 후 나의 그리스도인 정체성과 전통으로 돌아왔을 때, 나는 지금껏 살아오면서 거듭 말했거나 읽었던 많은 말들이 새로운 의미로 빛나기 시작한다는 것을 알게 되었다. 특히 우리 그리스도인들이 천국이라고 부르는 '영생'을 이해하는 데 있어 불교와의 대화는 중요했다.

이 책에서 여러 번(기도와 명상에 관한 6장에서 특히 많이) 등장하는 바오로 성인의 말은 우리가 기대할 수 있는 '사후의 삶'이 어떤 것인지를 가리켜 준다. 바오로는 갈라디아 사람들에게 선포했다. "나는 그리스도와 함께 십자가에 못박혔으니, 지금 살고 있는 것은 내가 아닙니다. 내 안에서 살고 있는 것은 그리스도입니다."(갈라디아 2:19-20의 희랍어본을 자유롭게 번역했음) 그리스도인이 추구하는 삶의 이상은 부활한 그리스도-영의 더 넓은 활동 안에서 개인의 자아중심적 정체성을 잃는 것이다. 이것은 우리의 자아가 한 걸음 물러나고 대신 그리스도-영이 우리 안에서, 우리로서 살게 하는 것이다. 분명히 이것은 상상할 수 없을 정도로 더 심오한 죽음 이후 삶의 현실일 것이다. 이때 계속 살아가는 '나'는 모든 것 안에서 계속 살아가는 그리스도-영이다(그래서 바오로 성인은 '부활한 그리스도'와 '영'의 차이를 보지 않았다).

또한 불교는 자주 인용되는 요한복음서의 구절을 보다 새롭고 강렬하게 조명해 준다. "밀알 하나가 땅에 떨어져 죽지 않으면 한 알 그대로 남아 있고 죽으면 많은 열매를 맺는다."(요한 12:24) 이 구절에서 예수는 자신의 죽음을 내다보면서 우리 모두에게 죽음에 대해 말하고 있다. 죽음은 우리가 '한 알의 밀알'로서 정말 죽는다는 의미이다. 그 후 우리의 정체성의 '단일성'은 더 이상 찾아볼 수 없다. 맺혀질 '열매'는 하나의 작은 씨앗과는 매우 다른 것이다. 여기에서 우리는 다시 상징을, 어떤 것을 가리키는 손가락을 다루고 있다. 그런데 이 손가락은 더 이상 개체들로서 사는 것이 아닌 사후의 삶을 가리키는 것으로 보인다.

불교의 손전등으로 비추어 보면 같은 가르침이 공관복음서(마태오, 마르코, 루가복음서)의 다른 다섯 구절들에도 나타난다. 거기서 예수는 만일 우리가 생명을 '발견'하고 '구원' 받기를 진심으로 원한다면 먼저 그것을 정말 '잃어야만 한다'고 말한다. 전에 그 구절들을 읽었을 때 나는 대개 '발견'이나 '구원'에 강조점을 두었다. 하지만 불교는 내게 '잃음'을 더 진지하게 받아들일 것을 권유했다. '잃다'라는 뜻의 희랍어 *apoluein*은 전에 가지고 있던 것을 더 이상 갖고 있지 않다는 의미이다. 우리가 이해하고 있는 지금의 생명은 사후에는 없어진다는 것이다. 내가 나라고 생각하는 '나'는 더 이상 존재하지 않게 된다. 우리가 발견하는 것은 우리가 잃은 것이 아니다! 이것이 천국에 관한 '복음'이다! (이 구절들을 찾아보고 싶다면 마태오 10:39, 16:25; 마르코 8:35; 루가 9:24, 17:33 을 읽어 보라.)

우리가 발견하게 될 것이 무엇일지를 묻는 것은 너무 많이 묻는 것이다. 그것은 달의 신비이기 때문이다. 하지만 나는 단순하지만 깊은 의미에서 사후의 삶은 더 이상 개체들로서 사는 삶이 아니라고 말할 수 있다. 바로 이 것이 1960년대에 내가 처음 읽은 『죽음의 신학에 대하여』라는 작은 책에서 칼 라너가 조심스럽게(마치 이단처럼 들렸기 때문에!) 암시했던 것이다. 당시 그가 사후의 삶에 대해 말하기 위해 사용한 용어들은 요즘에는 좀 뉴에이지풍으로 들린다. 그는 '내세'에서는 우리가 더 이상 물질적 몸의 제약에 얽매이지 않기 때문에 우리의 의식이나 자각이 우리만의 것이 아닌 '범우주적' 존재를 갖게 될 거라고 생각했다. 우리는 하느님 안에서 공유된 삶을 살도록 할 일종의 공유된 의식, 더 깊은 상호관계를 갖게 된다는 것이다.

당시 나는 라너의 주장을 '이상한 이야기'로만 생각했다. 그러나 현재 삶에서든 다음 삶에서든 우리의 진정한 존재는 '무아'가 되는 것이라는 불교의 핵심 주장과 대화하면서 지혜로운 스승 라너가 탐구하고 있던 것을 더 깊이 이해하고 존중할 수 있게 되었다. '범우주적'이라는 것은 우리가 생명을 잃은 후에 발견하게 될 것을 가리키는 암시적 상징(또는 뉴에이지풍의 손가락!)일 수도 있다.

2002년 6월, 겟세마네 수도원에서 피정하는 도중 나 자신이 내세에 대해 믿는 바를 표현하려 했을 때 나는 꽃의 이미지에 매료되었다.

불교의 무상無常 개념은 사후 세계에 대한 물음을 신중하게 추구하도록 도와주었다. 내가 계속 살게 될까? 그렇기도 하고 아니기도 하다. 실재의 본질과 하느님의 본질은 무상이다. 무상하다는 것은 변화한다는 뜻이다. 특히 과학이 진화에 대해 이야기하는 것에 비추어 보면 무상은 진정한 변화를 의미한다. 인간을 비롯한 살아 있는 모든 존재의 목적은 이 경이로운 존재의 드라마에서 항상 더 위대한 아름다움과 합일을 낳는 영의 활동이 흐르는 파이프 혹은 그것의 구현이 되는 것이다. 이런 아름다움을 낳는 기본적인 방식은 다양한 존재들과의 상호연관이다. … 생명을 주는 그런 상호연관을 표현하는 다른 단어는 자비이다.

어제 책을 읽고 있을 때 정원 이미지가 떠올랐다. 정원의 아름다움은 항상 변화하는 다양성에 있다. 정원의 아름다움은 다양한 꽃들이 피고 지면서 부단히 변화하는 모습에서 형성된다. 그런 하느님의 정원에서 나는 한 송이 꽃일 것이다. 내가 어떤 존재인가에 따라 정원의 현재와 미래의 모습이 달라질 것이다. 내가 미래에도 정원의 일부이게 될까? 분명히 그럴 것이다. 그러나 화려했던 나라는 '하나의 작은 꽃'으로서가 아니라 화려하게 계속 피어날 '꽃들'로서일 것이다.

이런 믿음이 세상을 꽃피우기 위해 사랑하고, 자신을 내어 주고, 죽으라는, 그리스도교적 소명의 더 깊은 뜻이 아닐까? 그런 소명을 따르는 것은 많은 수고가 필요하지만 그만큼 더 만족스럽다. 반면 내세에 대한 지나치게 개인화된 관념은 매우 이기적이고 옹졸한 것일 수 있다. 나는 나를 버릴 때 나 자신을 발견한다. 하지만 내가 발견하는 것은 이전에 나라고 여겼던 자아와는 안타까울 정도로 매우 다를 수 있다.

나의 오랜 친구
어둠

너무 많은 말을 했다. 나는 너무 많이 묻지도 너무 많이 답하지도 말라는 나 자신과 붓다의 훈계를 따르지 않았다. 하지만 그럴 수밖에 없다. 나는 그리스도인이고 무엇보다도 신학자이니 말이 필요할 수밖에. 나는 계속해서 묻고, 가능한 답을 탐구한다. 모든 말이 상징이고 모든 대답은 다만 어떤 것을 가리키는 손가락이라는 것을 기억하는 한 문제될 것은 없다. 나와 다른 이들에게 도움될 수 있는 말을 한 후, 달을 가리킨 후에, 마침내 나는 손을 거두고, 입을 다물고, 삶과 죽음의 신비를 고이 간직해야만 한다.

결국 참으로 내게 남는 것은 신뢰뿐이다. 내가 신뢰하는 것을 표현하기 위해 사용한 말들과 손가락들의 가치와 정확성이 무엇이든 결국 나는 다만 신뢰할 뿐이다. 나는 내가 죽은 후에, 우리가 죽은 후에, 이 행성이 멸망한 후에도 생명이 있으리라는 것을 신뢰한다. 노르위치의 줄리안의 말대로 "모든 것이 다 잘될 것"이다.

2004년 3월 피정 중에 나와 아내 캐시는 친구들의 충고와 모범을 따라 우리가 가족, 친구들과 함께 할 마지막 순간과 장례식에 대한 소망을 기록하기로 했다. 그것은 앞날에 크게 소용될 뿐 아니라 현재에도 매우 뜻깊은 연습이었다. 아래 글은 그 연습을 하며 일기에 쓴 것이다. 그것이 이 장을 마치는 데 적합한 마지막 말들이라고 생각한다.

나는 내 장례미사의 주제를 "신비를 고이 간직하라"로 정하고 싶다.

신비를 존중하고 그것을 범하지 말라. 그것을 그대로 놓아두어라. 너무 많은 말은 신비를 희석시킨다. 오직 내가 말하고 싶은 것은 신비는 풍부한 어둠이며, 보잘것없고 늙은 나보다 훨씬 더 큰 존재일 거라는 점이다. 신비는 내가 지금 상상할 수 있는 것보다 더 실제적이고 더 큰 것이리라.

그러므로 죽는 것은 좋은 것이다. 교황 요한 23세가 말했듯이 모든 날이 태어나기 좋은 날이고 모든 날이 죽기 좋은 날이다. 삶의 기본적, 존재론적 방식이었던 것은 죽을 때에도 적용될 것이다. 즉, 평생 동안 숨을 들이쉬고 내쉬는 것, 받아들이고 놓아 버리는 것이 좋았던 것처럼, 마지막 숨을 내쉬는 것과 마지막으로 놓아 버리는 것에 마음챙김으로 온전히 참여하는 것은 좋을 것이다. 나는 평생토록 이런 놓아 버림이 정확히 무엇으로 이끌 것인지를 결코 확실히 알 수 없었다. 그러므로 마지막 놓아 버림이 무엇으로 이끌 것인지도 나는 확실히 알 수 없다. 그렇게 놓아 버리면서 인생에서 '무엇인가 계속되고 있다'는 것을 평생 신뢰한 것처럼, 이 마지막 순간에도 어떤 것이 계속될 것이다. 이 계속되고 있는 것은 사랑스러운 신비의 일부이고 불교 용어로는 사랑스러운 다르마의 일부이다.

나는 나의 장례미사에서 낭독되는 성서 구절들, 기도들, 추도사들의 언어가 죽음의 신비와 그 신비가 이끄는 것을 존중하기 바란다. 나는 이 신비를 신뢰하면서, 사는 것이 좋았듯이 죽는 것도 좋다는 것을 신뢰하면서, 그리고 평생 동안 나의 모든 결정들을 길러 주고 안내했던 가치들이 또한 죽음으로 나를 안내하는 가치들이기도 하다는 것을 신뢰하면서 죽고 싶다. 그러므로 부디 신비를 존중하라. 내가 신뢰해야 하고 희망해야 하는 이유를 내게서 빼앗지 말라.

나의 장례미사를 시작하는 찬송가는 폴 사이먼의 '침묵의 소리'The Sounds of Silence면 좋겠다.

Chapter 5

그리스도 예수와
붓다 고타마

5 그리스도 예수와
붓다 고타마

예수 그리스도가 그리스도교의 심장이라면 이 장은 심장수술의 섬세함과 과감함을 요구한다. 물론 '수술'이라고 해서 그리스도교의 심장 자체에 뭔가 이상이 있다는 것은 아니다. 그보다는 그리스도교의 심장인 예수와 그리스도의 몸인 교회의 신자를 연결하는 혈관인 교리에 문제가 있는 것이다. 많은 그리스도인들에게 교리의 혈관은 막혀 있다.

교리의 혈관에 있는 문제는 그리스도인들이 어려서부터 예수에 대해 배워 온 것들과 관련이 있다. 내가 내 정신의 주의를 끌고 감정을 자극하는 교리들을 받아들이기 어렵다고 솔직히 고백할 때면 공감하는 동료 그리스도인들이 많다. 교리의 혈관을 막아 버리는 것은 예수 자신이 말한 것, 즉 복음서가 기록하는 하느님의 공동체Kindom [1]에 대한 그의 비전이 아니라 '다른 사람들이 예수에 대해 말한' 것들이다. 그것들은 예수의 죽음 후 신약성서의 저자들과 특히 3세기에서 6세기에 걸쳐 개최된 공의회의 교회지도자들과 신학자들이 예수에게 붙여준 칭호와 지위들이다.

"예수는 하느님의 아들이며 하느님의 '유일한' 아들이다. 그는 인간이 되기 위해 하늘에서 내려왔다. 예수의 '본성'은 신성과 인성을 모두 갖고 있지만 그의 '위격'位格은 오직 신성이다. 예수의 피가 우리를 죄악으로부터 구원했고 천국 문을 열어 주었다. 그는 죽은 지 사흘 만에 무덤에서 몸으로 걸어 나왔다. 세상이 종말을 맞을 때에 그는 구름을 타고 몸으로 다시 올 것이다. 만약 힌두나 무슬림이 하느님을 알고 '구원' 받는다면 그것은 진정 예수 덕분

---

1) 신약성서가 바실레이아(*Basileia*, 왕국)라고 부르는 것에서 예수가 의도했던 것은 사랑과 정의의 가족 같은 사회에 더 가까운 것이므로, 이 신조어를 제안하는 페미니스트 학자들의 조언에 따라 "Kingdom"의 가부장적 어조를 피하기 위해 이 용어를 사용한다.

이다." 나 자신과 특히 다른 종교인 친구들에게 이렇게 말할 때 내가 의미하는 것은 무엇인가?

　이 기본적 신조들이 그리스도교 교회에서 말해지고 설교되는 것을 들을 때면 나는 내 집의 사적인 공간이나 내 양심의 고요한 곳으로 돌아가 나 자신에게 묻는다. 나는 정말 그런 신조들을 믿는가? 나는 지난 수십 년 동안 나 자신에게, 그리고 비슷한 고백을 하는 그리스도인인 친구들에게, 내가 그 신조들을 믿지 않는다는 것을 고백해야만 했다. 나는 믿을 수 없기 때문에 믿지 않는다. 이 사실을 정직하게 말하는 것은 그것을 피할 수 없는 것만큼이나 고통스럽다. 평신도나 성직자들이 보통 직접적이고 문자적인 의미로 말하는 예수에 대한 기초적 신조들을 내가 이해하고 긍정하려 할 때면 나는 그 신조들이 내 정신적·감정적 혈관을 막아 버리는 것을 느낀다.

　그 신조들은 이치에 맞지 않는다. 그것들은 세상과 세상이 움직이는 원리에 대해 내가 아는 것에 위배되고, 연관시키는 영이 세상과 내 삶에서 활동하는 방식이라고 내가 믿는 것에도 너무 많이 위배된다. 단순히 그 신조들이 틀렸다는 건 아니다. 그보다는 그 신조들에 들어 있는 진실이 무엇이든 그것이 나와 내 많은 친구들과 학생들에게 통하지 않는다는 것을 말하는 것이다. 그 신조들이 '당시의 언어'로 말해지고 당시의 유대와 그리스-로마 문화의 사유 방식, 과학적 지식, 상징을 사용하는 한 초기 그리스도인들에게 그 신조들은 통하는 것이었고, 따라서 진실이었다.

　그러나 오늘날 그 신조들은 우리 시대의 언어로 말해지고 있지 않으며 현대의 과학적·문화적 경험이 말해 주는 것들과도 충돌한다. 물론 성서가 말하는 것과 우리의 문화가 말하는 것이 항상 꼭 들어맞아야 하는 것은 아니다. 사실 유대 예언자들과 예수가 선포한 것들은 그들을 처형당하게 할 만큼 반문화적이었다! 하지만 '문화적으로 조건 지워진' 나의 현재적 경험에 근거해서 참되고 선하다고 긍정할 수 있고 긍정해야만 하는 것과 '성서가 내게 말하는' 것 사이에 지속적이고 끈질긴 단절이 있다면 어느 한쪽이 양보해야 한다. 때로는 양쪽 모두 양보해야 하고, 아니면 어느 한쪽이 다른 쪽보다 더 많이 양보해야 한다.

성서나 전통적 신조 쪽에서 양보해야 한다면 그것은 오래된 진리를 표현하는 새로운 언어를 찾는 일이 될 것이다. 말은 이렇게 하지만 그것이 쉬운 일은 아니다. '진리'와 그것을 나타내는 '언어'는 너무 단단히 묶여 있어서 언어를 바꾸면 진리가 매우 다르게 보이고 느껴질 수 있기 때문이다. 이것은 우리의 인격과 몸의 관계와 비슷하다. 칠십여 년을 살아오면서 축적된 경험과 몸을 갖고 있는 오늘의 나는 열여덟 살 몸의 과거의 나와는 다르게 보일 뿐 아니라 정말 다르다. 니터라는 같은 사람이지만, 다행히도, 너무나 다른 사람인 것이다!

다시 3장의 주제인 언어로 돌아왔다. 예수에 대해 말하는 전통적 방식이 많은 그리스도인들의 마음과 감정의 흐름을 막히게 하는 이유는 그 언어를 너무 문자 그대로 받아들이고 전달하기 때문이다! 그리스도인들은 예수가 하느님의 아들이고 구원자라는 이야기는 상징적인 것이며 항상 저 너머에 있는 달을 가리키는 손가락이라는 사실을 잊고 있다. 이런 문제에 대해 신학자들이 말해 주는 것은 그 언어를 문자 그대로가 아니라 진지하게, 창의적으로 받아들이라는 것이다. 모든 상징과 마찬가지로 예수에 대한 상징과 이미지의 의미는 과거의 사람들이 어떻게 그 상징과 이미지를 이해했는가에 있지 않다. 그들이 이해한 상징과 이미지의 의미도 분명히 중요하지만 그만큼 또한 중요한 것은 오늘의 우리가 그것들을 어떻게 이해하느냐이다.

하지만 여기에 또 다시 앞의 장들에서 우리가 느꼈던 어려움이 있다. 예수에 대한 전통적 언어를 어떻게 우리 시대에 맞게 이해해야 하는가? 어떻게 그런 상징들을 진지하게, 하지만 문자에 얽매이지 않고 받아들일 수 있을까? 예수에 대한 전통적인 말과 이미지의 의미가 그 말뜻에 없다면 어디에 있는가? 그것은 무엇인가? 우리가 공공연히 세상을 향해, 혹은 집 안 조용한 곳에서 스스로에게, 예수는 하느님의 아들이며 세상의 구원자라고 선포할 때 우리가 정말 의미하는 것은 무엇인가? 불교는 내가 그런 문제들과 씨름하는 데 결정적 도움을 주었다.

나의 갈등:
배제하는 그리스도

하느님의 아들?

때로는 오직 친구의 물음을 통해서 우리 자신의 물음을 더 잘 느낄 수 있다. 2003년 인도네시아 족자카르타의 〈종교와 비교문화 연구소〉에서 학생들을 가르칠 때 그것을 경험했다. 당시 내 강의를 듣는 학생의 95퍼센트는 무슬림이었다. 나는 무슬림들이 예수를 진정한 예언자로 인식하듯이 그리스도인들도 무함마드를 진정한 예언자로 여길 수 있다고 믿는 이유를 설명하고 있었다. 그때 영리한 학생들 중 하나인 이크발이 '딱 걸렸어!' 하는 듯한 눈빛을 빛내며 말을 받아쳤다.

"하지만 그리스도인들은 예수를 하느님의 아들이라고 말하잖아요. 그긴 예수를 무함마드와는 매우 다르게 만들어요. 우리는 무함마드가 우리와 마찬가지로 진짜 사람이었다고 믿기 때문에 그에 대해 결코 그런 식으로 말하지 않아요. 게다가 우리는 하느님이 어떻게 아들을 낳을 수 있다는 건지 이해할 수 없어요. 그게 어떻게 가능하겠어요?"

조금 말을 더듬으면서 나는 표준적인 대답을 했다.

"물론 문자 그대로 하느님이 아들을 가질 수는 없지요. 많은 그리스도인들은 '하느님의 아들'이라는 말을 상징으로 봅니다."

그러자 이크발의 눈빛이 더 밝게 빛났다.

"글쎄요, 그렇다면 왜 그 상징을 사용하지요? 그 상징은 무슨 의미지요?"

그 수업의 남은 시간 동안 우호적 분위기 속에서 느꼈던 좌절감에 대해 자세히 말하지는 않겠다. 그날 나는 무슬림 학생들의 물음이 정말로 아직도 나 자신의 물음이었다는 것을 깨달으면서 집으로 걸어왔다. 나는 하느님의 아들이며 하느님 자신인 예수에 대한 나의 그리스도교 믿음을 둘러싸고 있는 수많은 지적·영적 혼란을 예전부터 지금까지 느끼고 있다.

모든 그리스도인들이 믿으려 하고 또 믿어야 하는 그리스도교 교리는 하느님은 '순전한 영'이고, 비물질적이고, 몸이 없다고 가르친다. 이 교리를 당연하게 여긴다면, 순전한 영인 하느님이 아들을(또는 딸을!) 낳을 수 있으며 실제로 나사렛 예수라는 사람을 낳았다고 말할 때 우리가 정말 의미하는 것은 무엇인가? 내가 무슬림 학생들에게 말했듯이 그것이 실제로 하느님이 자녀를 낳는다는 의미는 아니라고 주장한다면 그 말이 의미하는 것은 무엇인가?

이런 물음들은 내가 처음 신학 강의실에 발을 들여놓았을 때(그 후 나는 결코 그곳을 떠나지 않았다) 내게 '낳아져서' 계속해서 더 강하게 자라났다. 그레고리안 대학에서 신약성서를 가르쳤던 예수회 교수들이 로마와 바티칸의 방어적 분위기에서 단지 암시하기만 했던 것이나 마르부르크 대학의 독일인 교수들이 복음서의 풍부한 본문 분석을 통해 말해 주었던 것은 예수는 결코 자신을 하느님의 아들이라고 부르지 않았고 자신이 하느님이라고 주장하지도 않았다는 것이었다. 예수가 하느님의 아들이라는 것은 예수가 죽은 후 그의 제자들이 예수가 그들의 삶을 감동시키고 변화시켰던 것을 표현하는 말을 찾으려 할 때 생겨난 것이었다. 그리고 나는 그들이 그런 노력으로 말했던 이야기들 중 하나였던 성령에 의해 잉태한 마리아의 이야기는 복음서 저자들 중에 오직 루가만이 말했다는 것을 배웠다. 루가보다 약 이십 년 앞서 서신들을 받아쓰게 했던 성 바오로는 그런 신적인 동정녀 수태에 대해 모르고 있었던 것으로 보인다. 사실 성 바오로는 분명히 예수가 우리들처럼 태어났다고 생각했다! 하느님의 아들 예수에 대한 나의 믿음의 배후에 있는 의미는 내게 더 모호하면서도 흥미로운 것이 되었다. 나는 그것을 자유롭게 탐구할 수 있다고 느꼈다.

사람의 몸을 입은 하느님

　신학생 시절 수강한 신약성서 관련 강의들은 예수의 신성에 대한 그리스도교 신조의 기원을 탐구한 반면 조직신학 강의들은 그 신조의 의미를 밝히려고 했다. 그런데 그 조직신학 강의들을 맡은 존경스러운 교수들은(예수회의 버나드 로너건이 가장 존경받던 교수들 중 하나였다!) 주로 초기 공의회의 언어를 사용했다. 교회사의 첫 5세기 동안의 공의회들에서 주교들과 신학자들은 어떻게 인간 예수가 동시에 하느님의 아들 예수일 수 있는지를 더 분명하고 깊게 이해하려 애썼다. 그러나 한 공의회에서 그들이 제시한 답변들은 늘 또 다른 공의회에서 더 많은 물음과 의견 충돌을 야기했다. 모든 답변들은 새로운 논쟁의 불길을 일으키는 장작이 되었던 것이다.

　공의회 주교들과 신학자들의 답변이 학자들이나 평신도들에게 전혀 먹혀들지 않았던 한 가지 이유는 그들이 예수의 신성을 말할 때 어떻게 하나 더하기 하나가 둘이 아닌 하나(!)가 되는지를 설명하려 했기 때문이었다. 그들에게 도전이 되었던 문제는 어떻게 하느님 아버지 더하기 하느님 예수가 여전히 한 하느님인지를 철학적, 논리적으로 해결하는 것이었다. 다시 말해, 예수의 신격과 인격이 어떻게 여전히 하나의 위격인가 하는 것이었다. 451년 칼케돈 공의회는 예수에게는 진정한 신적 존재/본질과 진정한 인간적 존재/본질이 있지만 오직 하나의 개인/위격이 있다고 제안했다. 예수의 신성을 어떻게 이해할 것인가에 관한 이 공식적·교리적 선포는 존경스러운 교수들의 노력에도 불구하고 여전히 나의 정신과 마음의 혈관을 막히게 한다.

칼 라너는 그의 장황한 분석 가운데 재치 있게 툭 던지는 듯한 말을 통해 문제가 정확히 어디에 있는지 알 수 있게 도와주었다. 그는 대부분의 그리스도인들에게 예수는 인간의 몸을 입고 걸어 다니는 하느님이라고 말하곤 했다. 처음 그 말을 들었을 때 나는 정신이 얼어붙어 버린 듯했다. 나는 혼잣말을 했다. "예수는 '대부분의 그리스도인들'뿐 아니라 바로 내게도 그런 존재다!" 내가 배운 대로 상상할 때 내 머릿속에서 그려진 예수는 인간처럼 말하고 걸어 다니는 것처럼 보이지만 속은 하느님인 존재였다. 상상력을 더 발휘해 본다면, 예수는 클라크 켄트로 변장한 슈퍼맨과도 조금 비슷했다. 하느님 또는 삼위 중 둘째 위격이 하늘에서 내려와 마리아의 순종을 통해 잉태된 예수의 내적 인격이 되었다. 그렇다면 예수는 그가 갈릴리와 유대 지역에서 활동할 때 이미 모든 것을 알고 있었고, 미래를 예측할 수 있었고, 기적을 행할 수 있었고, 그밖에 그가 원하는 모든 일을 할 수 있었다는 뜻이다. 예수는 우리들 가운데 있는 하느님, 인간의 모습으로 걸어 다니는 하느님이었던 것이다.

라너가 지적했듯이 예수에 대한 이런 일반적 관점은 사실 많은 그리스도인들에게 매우 어리석고 불쾌할 뿐 아니라 이단이기도 하다. 그런 관점이 이단인 까닭은 그리스도인들은 예수가 '진실로 하느님이며 진실로 인간'이었다고 믿어야 하는데 인격이 신격으로 완전히 대체된 인간은 더 이상 우리와 같은 인간이 아니기 때문이다. 그 어리석고 불쾌한 관점은 예수에게서 인성을 빼앗는다. 예수를 '진실로 인간'이지 못하게 하는 것이다. 라너가 매우 정교하게 암시했듯이 그런 관점은 예수를 다소 기형처럼, 즉 인간적 '내면'이 없는 인간으로 만들어 버린다. 또한 예수를 인간들과 전적으로 다른 부류의 존재로 만들어, 예수가 우리에게 "가서 나처럼 행하라"고 한 말을 정말 진지하게 받아들일 수 없게 한다. 예수는 하느님이었기에 모든 것을 알았고, 모든 것을 할 수 있었고, 정말 어떤 실수도 할 수 없는 반면 우리는 발버둥치고 실수하는 인간에 불과하기 때문이다.

하느님의 독생자

예수는 우리가 '닿을 수 없는' 분이기에 다른 모든 인간들보다 우월하다는 이 불편한 이해는 예수가 하느님의 아들일 뿐 아니라 하느님의 '절대적으로 유일한' 아들이라는 전통적 주장에 의해 더 강조된다. 사도신조는 이를 '독생하신'으로 표현한다. 하지만 성서는 또한 우리 모두가 하느님의 자녀라고 말하지 않는가? 그런데 이 자연스러운 물음에 대한 대답은 많은 그리스도인들에게 원래의 물음보다 더 많은 문제를 야기한다! 그 대답이란 예수는 하느님의 '친아들'이고 우리는 '입양된 아이들'이라는 것이다. 그렇다면 하느님이 인류와 함께 이루려는 가족 중 단 한 명만 빼고 나머지는 모두 입양된 아이들이라는 말인가? 권위 있는 학자들은 여기에서 하느님의 아들 유비가 무너지는 거라고 말할 것이다.

우리가 예수를 일반적인 인간들과 비교하지 않고 다른 종교의 특별히 중요한 인물이나 창시자들과 비교할 때 그 유비는 더 무너진다. 예수만이 하느님의 유일한 아들이라 말하는 것은 그가 다른 종교의 지도자나 스승들과 다를 뿐만 아니라 전적으로 다른 부류의 존재라는 의미이다. 이 차이는 다른 어느 누구도 주장할 수 없는 예수의 우월성의 근거가 된다. 무함마드가 하느님의 예언자라면 예수는 하느님의 아들이다. 붓다가 깨달은 존재라면 예수는 하느님이다. 공자가 탁월하게 지혜로운 이라면 예수는 모든 지혜의 근원이다. 이는 다른 종교의 성인들이 제자들에게 가르쳐 준 훌륭한 가르침에도 불구하고 만약 이들 이슬람, 불교, 유교의 제자들이 정말 하느님의 참되고 완전한 진리를 받아들이기 원한다면 그들의 근본적 헌신을 예수와 그의 종교로 돌릴 필요가 있다는 의미이다. 그들의 원래 종교는(그리스도교 근본주의자들에 의하면) 그리스도교로 대체되든지(자유주의적 그리스도인들에 의하면) 그리스도교에 흡수되어야 한다는 것이다. 예수에게 적용된 '유일한' 이라는 표현은 그리스도교 교회까지 흘러넘쳐서 '유일한 아들' 주장이 '유일하게 권위 있는 종교' 주장의 근거가 된다. 그래서(지금은 교황 베네딕토 16세인) 라칭거 추기경은 다른 모든 종교는 "중대하게 불완전"하다고 말했던 것이다.

    나는 동료 그리스도인 형제자매들의 신앙과 나의 신앙을 존중하기 위해 예수의 유일성이라는 문제를 극도로 신중하게 다룰 필요가 있음을 느낀다. 한편으로는, 예수는 하느님의 유일한 아들이라는 주장은 오랫동안 그리스도교 신조에서 중추적 위치를 차지해 왔기 때문에, 단순히 이 '유일한'이란 말을 떼어 내던져 버리면 신조의 전체 구조가 무너질 것이다. 다른 한편으로는, 모든 종교적 성인들을 색깔만 다른 같은 모델의 자동차처럼 여기는 방식으로 예수에게서 '유일한'이라는 수식어를 제거하는 것은 예수뿐 아니라 무함마드, 붓다, 공자에게도 부당한 일이 될 것이다. 종교들 사이에는 '진정한 차이'가 있다. 이 차이를 부정하거나 희석시키는 것은 종교들을 왜곡하는 것이다.

하지만 예수는 하느님의 유일한 아들이라는 신조가 명시적으로나 암묵적으로 다른 종교들과 그 종교의 성인들을 모욕하고 내려다보게 한다면, 그런 신조는 내 신앙의 순환계에서 자유롭고 생명을 주는 흐름을 막는 응어리가 된다. 유감스럽게도 정말 그렇게 된다. 그것은 나만의 생각이 아니다.

모든 인류의 구원자 예수

"예수가 구원하신다"라는 그리스도교의 또 하나의 중요한 신조를 다룰 때면 그 응어리는 더 커진다. 하느님의 유일한 아들인 예수는 하느님의 유일한 구원자라는 것이다. 여기서 다시 우리는 그리스도교의 신조의 건물에서 절대적으로 중심적인 벽돌을 다루고 있는 것이다. 하지만 이 신조는 나를 비롯한(내가 가르치거나 나와 함께 미사에 참석하는) 많은 그리스도인들이 신앙을 일상생활과 연관시키려 할 때 큰 걸림돌이 되어 왔다. "우리는 정확히 무엇으로부터 구원 받는가?" 혹은 "예수는 우리를 어떻게 구원하는가?" 같은 물음에 대한 전통적 답변은 우리 삶의 경험과 상식에 모순되어 보인다.

표준적인 대답은 우리가 죄로부터 구원받는다는 것이다. 그리고 일반적으로 이 죄는 우리와 하느님에게 영향을 미치는 상태로 설명된다. '처음'의 큰 실수는 인간의 조건을 크게 변화시켜서 우리는 타자석에 들어서기도 전에 이미 원 스트라이크 또는 투 스트라이크를 먹는다. 죄성은 내적·외적 압박 때문에 이기적 성향으로 기우는 것이다. 게다가 원래 모든 인간이 갖고 있고 각자에게 고유한 이런 죄성 때문에 우리는 하느님과 단절되어 있다. 그리스도교의 표준적 가르침에 따르면 우리의 죄성으로 인해 인간과 하느님 사이에 간극이 있다. 하느님의 사랑은 여전히 생동하고 있지만, 그 간극에 다리가 놓이지 않으면 하느님의 사랑이 우리에게 닿지 못하고 우리도 그 사랑에 닿지 못해 결국 우리는 천국에 들어갈 수 없다. 원죄는 본래의, 그리고 지속적으로 엉망인 상태를 의미한다.

어쩌면 내가 이 죄의 그림을 지나치게 황량한 색조로 칠하고 있는지도 모른다. 그러나 그리스도교에서 죄성이나 타락 또는 하느님으로부터의 분리를 강조하는 것이 많은 그리스도인들의 자아감을 심하게, 그리고 종종 해롭게 짓누른다는 점을 부인할 사제나 상담가는 거의 없을 것이다. 물론, 이기성은 재발하는 질병처럼 늘 존재하고, 우리는 사랑하는 사람들을 너무 자주 해치고, 우리가 정말 스스로를 제대로 개선하는 것은 거의 불가능해 보인다. 하지만 우리의 약함과 실수로 우리 자신을 한정하고 우리 자신을 '사랑받는 존재'나 '하느님의 자녀' 대신 '죄인'으로 여기는 것은 정확하지도 않고 전혀 건강하지도 않아 보인다. 일부 신학자들이 언급했듯이 개인적·보편적 인간 삶의 출발점이 '원복'이 아니라 '원죄'로 낙인 찍혀 있다고 확신한다면 인간 삶의 개선은 더욱더 어려울 것이다.

우리의 문제가 죄로 인해 하느님으로부터 소외된 상태라면 구원자 예수의 역할은 본질적으로 수리공의 역할처럼 보인다. 무례하고 싶지는 않지만 솔직히 그렇게 보인다. 하느님과 인간 사이에는 갈라진 틈이 있다. 그런데 원죄 교리에 따르면 하느님이 그렇게 만든 것이 아니다. 그보다는 우리의 조상인 아담과 하와가 태초에 잘못을 저질러 하느님과의 관계를 끊어 버렸고, 그 후 우리 모두는 내내 그 망쳐진 상태에 빠져 하느님으로부터 떨어져 있었다는 것이다. 그리고 예수는 그 망쳐진 상태를 고치고 하느님과 인간 사이의 틈에 다리를 놓기 위해 온다는 것이다. 그리고 그가 올 때까지는 망쳐진 상태는 고쳐질 수 없고 하느님과 인간 사이의 틈은 넘어설 수 없다고 한다. 나는 나이를 먹어 가면서 이런 묘사가 인간 존재의 현실을 반영하지 못한다는 것을 고통스럽게 느끼게 되었다. 그것은 마치 우리가 선택되고 구원받을 수 있기 전에 먼저 우리가 완전히 망쳐졌고 길을 잃었다는 것을 확신해야만 한다는 것 같기 때문이다.

예수가 이 망쳐진 상태를 '어떻게' 고치고 구원하는지 설명해 온 그리스도교 교리를 나 자신과 학생들에게 이해시키려 할 때 내가 느끼는 불편함은 더 첨예해진다. 예수를 따르는 사람들의 공동체가 막 생겨난 초창기부터 예수가 어떻게 구원하는지 설명하려는 노력은 예수의 십자가 처형과 죽음에 초점을 맞추어 왔다. 그들은 유대교 성전과 그리스-로마의 의례들에서 희생 제물로 바쳐진 동물의 피를 연상하면서 예수를, 우리를 위해, 우리의 죄를 씻어 주기 위해 유일회적으로 희생당한 하느님의 어린 양으로 여겼다. 그의 죽음은 희생 제물로 바쳐진 죽음이었던 것이다. 예수의 죽음을 이렇게 희생 제물로 이해하는 것은 오랜 세월을 거치면서 소위 '만족설'로 발전했다. 예수의 죽음은 확실히 우리를 위한 하느님의 사랑의 표현이지만 더 근본적으로는 우리가 하느님께 지은 영원한 죄를 씻기 위해 치러야 하는 '필연적 대가'라는 것이다. 하느님은 우리를 사랑하지만 우리의 불복종으로 인해 불쾌해했고, 일부 성서 본문에 따르면 심지어 "분노하셨다". (로마서 2:8; 히브리서 4:3) 대가는 치러져야만 했고 보상이 이루어져야만 했다.

　이처럼 불쾌해하고 심지어 분노하기까지 하는 하느님, 그리고는 '사랑스럽게' 자기 아들의 죽음을 요구하는 아버지 하느님의 이미지, 예수의 피로 씻겨져야 하는 우리의 죄에 관한 이런 묘사는 초기 그리스도교 공동체의 문화적 상황에서는 의미가 있었을지 모른다. 그리고 일요일 아침 라디오와 텔레비전으로 선교방송을 듣거나 보면 그런 묘사가 복음주의 그리스도인들에게는 여전히 의미가 있을지 모른다. 하지만 우리가 하느님이라고 부르는 신적 신비가 정말 그런 거라면 그런 신비는 감싸 안아 주는 신비가 아니라 밀어 내치는 신비이다. 여성신학자들이 이런 하느님을 학대하는 부모로 간주한다는 말을 처음 들었을 때 나는 그들이 조금 지나치다고 생각했다. 하지만 하느님에 대한 전통적 묘사에 대해 더 많이 숙고할수록, 여성신학자들의 주장이 지나친 게 아니라는 생각이 든다. 신약성서 학자들은 예수를 희생 제물로 보는 상징 말고도 예수가 어떻게 구원하는지를 설명하는 여러 구원론들이 초기 그리스도교 공동체에 있었다고 말한다. 그런 구원론들 중에 더 좋은 것이 있을 것이다.

유일한 구원자

　예수가 하느님과 인간 사이의 단절을 고친다는 상징을 문자적으로 받아들인다면 예수는 그 단절을 고칠 뿐 아니라 그 일을 하는 '유일한' 존재라는 것이 분명하다. 하느님과 인간 사이의 단절이 고쳐질 필요가 있는 문제라면, 한 번 고치고 나면 다시 고칠 필요도, 다시 고칠 수도 없는 것이다. 제2차 바티칸 공의회가 다른 종교들에도 영적 가치가 있다는 것을 인정하는 혁명적 발걸음을 내디뎠고, 그 후 교황 요한 바오로 2세와 자유주의 신학자들이 다른 종교들도 진정으로 하느님의 신비를 체험할 수 있는 '구원의 길'이라는 것을 긍정했음에도 불구하고, 여전히 대부분의 가톨릭 교회와 개신교 교회가 만약 다른 종교에서 어떤 '구원'이 발견될 수 있다면 그것은 '그리스도교산!'이라는 상표를 붙여야만 한다는 것을 공식적 신조로 삼고 있는 이유는 바로 이 때문이다.

예수가 하느님의 정의를 만족시키기 위해 치러져야 하는 '대가'라면 그는 하느님의 구원하시는 은총이 인류의 역사에 다시 흐르게 하는 '유일한' 수로이다. 물론 이 수로는 예수의 교회를 통해 역사 속으로 확장된다. 그러므로 다른 종교들에도 하느님의 신적인, 변화시키는 임재가 있다면 그것은 예수와 교회로부터 흘러나온 것이다. 게다가, 다른 종교에도 있는 하느님의 임재의 목적은 그것이 예수에 의해 이루어진 하느님의 구원하는 행위라는 것을 정말 인식할 수 있는 그리스도교 공동체로 다시 흘러 들어가는 것이다. 제2차 바티칸 공의회가 표현하듯이, 다른 종교들의 모든 진리와 가치는 복음을 받아들이고 그리스도인이 되도록 사람들을 예비하는 길로서 존재한다는 것이다.

이런 이유로 제2차 바티칸 공의회에서 시작한 다른 종교들에 관한 혁명적이고 긍정적인 관점은 '포용주의'라고 불린다. 물론 포용주의는 그리스도교 역사의 대부분을 지배했고 다른 종교들의 가치를 전혀 인정하지 않았던 배타주의로부터는 확실히 벗어난 것이었다. 하지만 이 새로운 관점은 하느님의 사랑으로부터 다른 종교들을 배제하지는 않지만, 궁극적으로는 다른 종교들을 그리스도교 교회에 포함시키려는 의도를 가지고 있다. 유일하고 진정한 구원자를 가지고 있는 그리스도교 교회만이 정말 유일하게 참된 종교라고 믿기 때문이다.

    1960년대 후반 독일에서 신학 연구를 하고 있을 때, 하느님의 모든 사랑의 행위가 예수라는 유일한 깔때기를 통해 세계와 다른 종교들 속으로 흘러 들어가고, 그 다음 그 모든 종교들을 다시 교회로 끌어오는 이미지에 나도 동의했다. 어쨌든 그런 이미지는 이전에 내가 취했던 그리스도교 배타주의로부터 해방시켜 주는 것이었다. 심지어 나는 마르부르크 대학에서 제2차 바티칸 공의회의 포용주의를 옹호하는 박사학위 논문을 쓰면서 다른 종교들에 대한 개신교의 배타주의적 접근 방식들을 비판했다. 하지만 세월이 지나면서, 그리고 실제로 다른 종교전통들을 연구하고 특히 다른 종교인들과 친구가 되면서, 포용주의를 옹호하던 나의 입장은 무너졌고 내가 했던 비판이 내게로 되돌아왔다.

    파키스탄인 무슬림 친구 라힘은 내가 뜻하는 것을 보여 주는 좋은 예다. 뮌스터 대학 화학과 대학원생이었던 라힘은 매우 독실한 무슬림이었다. 내가 뮌스터 대학에서 라너 신부의 지도로 박사과정 연구를 시작할 때 우리는 좋은 친구가 되었다. 항상 미소 짓고, 남에게 나쁜 말을 할 줄 모르고, 가정에 헌신적이고, 유머감각을 타고난 라힘은 모두에게서 환영받는 친구였다. 그는 자기 종교에 대해 말을 많이 하지 않았지만 하루에 다섯 번 기도했고 우리가 맥주를 시킬 때 항상 사과주스를 주문했다. 나는 라힘은 분명히 천국에 갈 수 있을 만큼 '좋은 사람'이지만 그가 예수를 영접하고 교회에 다니게 되면 더 좋을 것이고 하느님에게 더 가까워지고 더 행복한 인간이 될 수 있다는 게 내 신학이라는 사실을 서서히 그리고 불편하게 깨닫기 시작했다. 그를 위해서는 그렇게 희망해야 했지만 나는 그것을 믿을 수 없었기에 그렇게 희망할 수 없었다. 라힘이 사는 모습을 보면서 '하느님의 뜻'은 라힘이 그처럼 헌신적이고, 사랑스럽고, 행복한 무슬림이 아닌 다른 누군가가 되는 것을 원하는 게 아닐 거라는 의심이 자라기 시작했다.

내가 다른 종교의 친구들을 더 많이 사귀고 다른 종교전통들을 더 공부할수록 구원자 예수에 대한 나의 이해를 수정하고 확장해야 할 필요성을 더욱 자주 고통스럽게 느꼈다.

죽은 자 가운데서
부활하신

예수에 대한 교리문답의 여러 이미지들 중 내가 씨름하는 문제가 하나 더 있다. 그것은 오랫동안 내 의식 밑바닥에서 부글부글 끓고 있다가 내가 사십대가 되었을 무렵 말로 표현되었다. 그리스도교 신앙의 주춧돌인 예수의 부활이 바로 그것이다.

정말 무슨 일이 일어났는가? 예수는 문자 그대로 육신으로 무덤에서 걸어 나와 사십 일 동안 제자들과 지내다 구름 위로 사라졌을까? 그것은 흥미로운 동화책 속 이야기 같았다. 하느님에 대한 우리의 모든 이야기가 상징적인 것이고 다른 모든 종교문헌들처럼 신약성서도 문자적으로 받아들일 필요가 없는 상징과 상징적 이야기 – 물론 역사적 사건에 근거하고 있는 것들도 많지만 – 로 채워져 있는 것이라면 부활 자체의 진리는 역사적 사실성보다는 우리에게 힘을 북돋워 주는 의미의 상징 혹은 신화에 있는 것이 아닐까?

부활에 대한 내 문제의 일부는 그리스도인들이 다른 종교에 대한 그리스도교의 진리성과 우월성을 증명하기 위해 부활을 이용하는 것과 관련이 있다. "예수 말고는 아무도 부활하지 못했다!" 이런 주장은 믿음의 근거를 놀라운 기적에 두어서는 안 된다는 예수의 가르침을 부정하는 것으로 보인다. 사실 예수는 기적을 갈망하는 사람들 가운데 나타나는 것조차도 종종 거부했다.(마르코 8:12; 마태오 16:4) 또한 부활한 예수의 몸을 직접 보고 만질 수 있는 직접적인 기적이 있기 전에는 예수의 부활을 믿지 않겠다던 의심 많은 토마스에게 예수가 한 결정적인 말은 무엇이었는가? "나를 '보지 않고도' 믿는 사람은 행복하다"(요한 20:29)였다. 이 말은 부활이 보거나 만지는 기적과는 다른 문제라는 것을 암시하는 것 같다.

제이비어 대학에서 학생들과 함께 예수의 부활을 말하는 초기설화에 대한 신약성서 학자들의 연구를 탐구했을 때 예수의 부활에 대한 나의 불편한 느낌은 더 깊어졌다. 성서학자들은 예수의 부활을 기록한 복음서의 마지막 장들에서는(가장 먼저 쓰인 마르코복음의 사본에는 부활에 대한 이야기가 없지만!) 다른 부분들에서보다 더 풍부한 상징들과 이야기 양식이 사용되고 있다는 것을 밝혀 주었다. 그런데 복음서의 부활 설화들에는 받아들이기 어려운 불일치들이 있다. 어느 구절은 예수가 갈릴리에 나타났다고 하고 다른 구절은 예수가 예루살렘에 나타났다고 한다. 또 어떤 구절은 예수가 부활 후 이 세상에 일주일 정도 머물렀다고 암시하지만 루가는 그 기간이 사십 일이었다고 명시한다. 부활한 예수를 가장 먼저 목격한 사람이 베드로인지 막달라 여자 마리아인지에 대해서도 의견이 일치하지 않는다. 어떤 이야기는 부활한 예수가 죽기 전과 같은 몸을 갖고 있었다고 강조하지만, 다른 이야기는 부활한 예수가 마음대로 사라지거나 벽을 통과할 수 있었고, 오랫동안 그와 함께 지냈던 제자들도 그를 알아보지 못했다고 한다.

그것만이 아니다. 고린토인들에게 보낸 바오로의 첫 번째 편지에 있는 부활에 대한 가장 초기의 이야기는 빈 무덤을 언급조차 하지 않고 있고, 부활한 예수의 몸이 '육적'인 것이 아니라 '영적'인 것이었다고 주장한다. (고린토 1서 15장) 그리고 최초의 그리스도인들을 연구한 역사학자들이 발견한 정말 놀라운 일은 예수를 따르던 팔레스타인의 초기 공동체들 중 일부는 부활에 대한 언급조차 하지 않았다는 사실이다. 그들의 신앙은 죽은 후에 하느님 곁으로 높여지고 세상에 승리의 종말을 가져오기 위해 영광 속에 곧 재림할 예수에 초점을 두고 있었다.

그러므로 지난 이십여 년 동안 예수의 부활에 대한 나의 그리스도교 신앙을 혼란스럽게 하고 동시에 괴롭혀 왔던 물음들은 다음과 같다. 과거에 '부활'이 지녔던 진실과 그것의 현재적 의미와 힘은 예수가 무덤에서 걸어 나와 제자들과 이야기를 나눴다고 우리가 배워 온 것보다 훨씬 더 큰 어떤 것이 아닐까? 부활이란 죽은 사람이 다시 살아나는 기적과 무척 다르고 더 깊은 의미를 지닌 무언가를 상징하는 게 아닐까? 부활은 달을 가리키는 손가락이 아닐까?

이런 물음들에 답하고, 하느님의 아들이고 구원자이며 부활한 존재인 예수에 대한 나의 믿음을 다시 보고 생기 있게 하려 할 때, 불교는 그리스도교 전통에서는 결코 보거나 느끼지 못했던 것을 볼 수 있게 하는 다른 안경이 되어 주었다.

건너가기:
깨달은 자이며
깨우치는 자 붓다

    나사렛 예수와 고타마 싯다르타의 차이는 자주 비유되는 사과와 오렌지의 차이보다 훨씬 더 크다. 그들은 매우 다른 시대와 문화적 환경에서 살았다. 고타마는 예수보다 400년 내지 500년 먼저 태어났다. 예수는 이스라엘이 외국에 점령되었을 때 살았고 고타마는 인도가 거대한 정치적·경제적 발전을 하고 있을 때 살았다. 예수와 고타마는 현대의 이스라엘인과 스리랑카인만큼이나 달랐다. 이것이 바로 예수와 붓다를 사과와 오렌지처럼 비교해서는 안 된다고 말하는 이유이다.

    그럼에도 불구하고 예수와 붓다를 비교하는 이유는 그들 사이의 소통과 비교를 가능하게 하는 게 바로 그들의 차이이기 때문이다. '하느님의 아들', '구원자', '부활' 같은 개념이나 상징은 붓다의 영향을 받은 불자들의 체험과 공명하는 것이 거의 없다. 하지만 불자들이 붓다에 대해 말하는 것은 그리스도인인 나의 물음과 공명하고 예수에 대한 나의 믿음을 새롭게 조명하며 설명해 준다. 불자들에게도 마찬가지일지 아닐지는 그들이 말해야 하는 것이다.

이 '건너가기' 부분에서는 불자들이 붓다에 대해 믿는 '붓다론'을 매우 선택적으로 비교하고자 한다. 나는 역사적 사실이 아닌 종교적 믿음을 강조할 것이다. 그리스도 예수에 대한 신약성서의 자료들처럼 붓다 고타마의 삶에 대한 불교의 자료들도 그들 종교의 창시자의 삶에서 정확하게 무슨 일이 일어났는지가 아니라 초기 불교 공동체가 붓다에 대해 믿었던 것을 말해 준다. 그것들은 종교적 자료이지 역사책이 아니다.

구도자
싯다르타 고타마

예수의 '숨겨진 생애'에 대해 우리가 아는 것이 거의 없는 반면 불교의 자료들은 싯다르타(붓다의 속명)의 어린 시절에 대해 꽤 많은 것을 알려 준다. 예수와 붓다의 차이는 금방 알 수 있을 만큼 분명하고 이미 언급했듯이 사과와 오렌지의 차이보다 더 크다. 만약 예수가 싯다르타와 같은 시기, 같은 장소(기원전 563년, 현재의 네팔)에서 태어났다면 매우 다른 삶을 살았을 것이다. 싯다르타의 아버지는 석가족의 왕 또는 통치자였다. 목수의 아들이었던 예수와 달리 싯다르타는 무척 특권적인, 심지어 응석받이의 삶을 살았다. 싯다르타는 중매로 아름다운 야소다라와 결혼했고 아들 라훌라를 낳았다. 하지만 예수와 붓다 모두 나이 서른 무렵에 출가해 세상으로 나아갔다. 이때 아마 둘의 가장 뚜렷한 차이는, 기록에 따르면, 예수가 다른 이들과 함께 행동했고 무엇을 할지 알고 있었던 반면 싯다르타는 혼란을 겪는 구도자였다는 사실일 것이다.

예수의 숨겨진 생애에 대한 얼마 안 되는 이야기들 중 하나는 예수가 예루살렘 성전에서 놀라운 대답으로 유대교 교사들을 놀라게 했다는 것이다. 반면 싯다르타는 성인이 되면서 답보다는 더 많은 의문을 가졌다. 싯다르타가 영적 지도자 아니면 위대한 전사 중 하나가 될 거라는 예언을 들은 그의 아버지는 싯다르타를 집에만 머물게 하고 그가 원하는 건 뭐든지 갖게 함으로써 그의 영적 기질을 누르고 전사의 기질을 길러 주려 애썼다. 하지만 전설에 따르면 싯다르타는 이미 약간 반항적이어서 과감하게 카필라바투 주변의 마을로 가서 병자, 노인, 시체, 그리고 방랑하는 수행자를 보게 되는 '사문유관四門遊觀' 체험을 했다. 그의 내면에서 끓어오르는 물음들이 하나로 모아졌다. 질병, 노화, 죽음으로 구체화된 인간존재의 피할 수 없는 고통을 어떻게 다루어야 하는가? 종교적 구도가 답이 될 수 있을까?

그의 나이 이십구 세 때 아내와 아들이 부족함 없이 살 수 있다고 안심한 싯다르타는(그의 부인 야소다라가 어떻게 생각했는지에 대해서는 알려진 바가 없지만) 부와 권력의 삶을 떠나 삭발한 후 수행자의 옷을 입고 구도를 시작했다. 그 후 육 년 동안 싯다르타는 당시의 영적 여행의 지도地圖들을 따라가며 직접 시험했다. 먼저 그는 요가의 이론과 실제를 가르치는 두 스승과 함께 수행했다. 수행의 결과는 도움이 되었지만 충분하지는 못했다. 다음에 그는 고행 수도자 다섯 명과 함께 금식과 철저한 자기 부정의 고행을 맹렬히 수행하면서 자기 배를 만지면 등뼈를 만질 수 있을 정도까지 되었다. 그런 혹독한 고행의 결과, 그는 거의 죽을 지경이었다!

그때 싯다르타는 소를 치는 가난한 여인 수자타를 만났다. 수자타는 수척하고 탈진한 싯다르타를 보고 가엾이 여겨 그에게 우유죽을 주었다. 수자타의 메시지는 조용했지만 싯다르타의 심금을 울렸다. 당신이 얻고자 하는 것을 위해 당신이 지금 하고 있는 것은 아무런 소용이 되지 않는다! 맛있는 우유죽을 먹고 목욕을 하고 난 싯다르타는 구도를 계속하려면 '중도中道'를 따라야 한다는 것을 깨달았다. '지나친 탐닉'과 '지나친 고행'의 양극단을 모두 피해야 한다는 것이었다.

중도를 걷기 시작한 싯다르타는 획기적인 순간이 임박했음을 느꼈다. 그래서 그는 훗날 보리수(지혜의 나무)라고 불리게 된 나무 아래 결가부좌를 하고 앉아 그가 배웠던 요가 명상의 기본적 지침을 따라 수행하면서 무엇인가 일어나기를 기다렸다.

그리고 마침내 '그것'이 일어났다. 동쪽 지평선 위로 해가 떠오르는 아침 나절, 싯다르타 고타마는 깨달은 존재, 깨친 존재, 눈을 뜬 존재인 붓다가 되었다. 붓다는 그의 마음뿐 아니라 그의 전 존재를 통해, 세계와 그 세계 안의 인간 존재가 어떻게 작용하는지, 어떻게 모든 존재가 상호연관된 활동의 끊임없는 과정 속에 있는지, 인간이 탐욕스럽게 그 상호연관성을 깨뜨리고 오직 혼자서만 모든 걸 가지려고 할 때 어떻게 고통이 생겨나는지, 모든 생명 있는 존재들을 위한 자비심으로 단지 이기성뿐 아니라 자아 자체를 놓아버림으로써 어떻게 고통을 멈출 수 있는지, 마지막으로 특히 정규적 명상 수행을 통해 모든 인간이 어떻게 그런 깨달음을 실현할 수 있는지를 알게 되었다. 이 모두는 붓다의 첫 설법인 사성제에 간결하게 요약되어 있다.

붓다는 깨달음의 더없는 행복에 휩싸인 채 보리수 아래 사십구 일 동안 앉아 있었다고 전해진다. 붓다가 세상으로 다시 돌아가 그가 깨달은 것을 다른 이들과 나누는 과제를 시작하려는 준비를 할 때 예수가 공적 사역을 시작하기 직전에 경험했던 것과 이상하도록 비슷한 경험이 있었다. 붓다도 아무도 그가 한 체험의 깊이를 이해하지 못할 테니 시간을 낭비하지 말라고 그를 설득하는 죽음의 마왕 마라의 유혹을 받았던 것이다. 마라는 세상을 포기하고 열반의 더할 나위 없는 행복으로 사라지는 편이 더 좋을 거라고 붓다를 유혹했다. 마라의 유혹은 붓다를 놀라게 하고 정신이 번쩍 들게 했지만 모든 존재를 향한 붓다의 대자비심을 압도하지는 못했다. 마라를 물리친 후 붓다는 보리수 아래에서 그가 보았고 구현한 진리인 다르마의 기쁜 소식을 나누는 사명을 시작하기로 결심했다. 깨달은 존재, 깨친 존재가 이제 깨닫게 하는 존재, 깨우치는 존재가 된 것이다. 붓다는 진리를 전하고 제자들의 공동체인 승가를 형성하는 이 사명을 그 후 사십오 년 동안 계속했다.

붓다의 제자들은 이 다르마와 그것이 고취하는 깨달음을 약 이천오백 년 동안 전하고 수행해 왔다.

고타마 붓다: 깨달은 존재

싯다르타가 그 자신과 다른 이들을 위해 한 일 때문에 사람들은 그가 '누구'였는지 묻게 되었다. 그래서 '붓다론'이 발달하게 되었다. 이는 붓다가 수많은 사람들에게 끼친 영향을 설명하기 위해 그가 과연 어떤 존재였는지를 이해하려는 노력이다. 그리스도인들이 '그리스도론'에서 시도해 온 것과 유사하게 불자들도 싯다르타의 사역을 보고 그의 인격을 이해하고자 했다. 그 후 불자들은 그리스도인들이 예수에게 했듯이 싯다르타에게 여러 가지 이름의 의상을 우아하게 걸쳐 주기 시작했다. 싯다르타와 예수에 대한 가장 초기의 칭호들 중 특히 오래도록 남아 있는 것들이 있다. 나사렛 예수가 그리스도 예수, 기름부음 받은 자, 메시아로 불린 것과 비슷하게 석가속의 고타마 싯다르타는 붓다 고타마, 깨달은 존재로 불렸다.

불교의 역사적 지형을 포괄적으로 보기 위해 한걸음 물러나 보면 싯다르타의 '인격'을 해석하는 매우 다른 두 가지 흐름을 명확하게 볼 수 있다. 두 흐름 모두 싯다르타를 깨달은 존재인 붓다로 단언하는 공통의 수원지에서 시작하지만, 그 후 다른 방향으로 흘러간다. 초기의 흐름은 스스로를 상좌부^{上座部, Theravada}불교라고 부르는 나라들을 따라 흐른다. 불교국가들인 스리랑카, 태국, 버마, 라오스, 베트남, 캄보디아가 이 흐름에 해당된다. 붓다의 입멸 후 약 이백 년이 지나서 형성되기 시작한 또 하나의 흐름은 주로 대승^{大乘, Mahayana}불교 나라들을 따라 흐른다. 이 흐름에는 중국, 한국, 일본이 해당되고, 티베트를 포함시키는 이들도 있다. 두 흐름을 탐구한 후 우리가 제기하게 될 물음은 그들이 완전히 다른 방향으로 흐르는가, 아니면 서로 교차하면서 서로를 풍요롭게 하는가이다.

불교의 이 두 주요 전통은 그리스도교의 두 주요 형태인 가톨릭과 개신교에 비교될 수 있다. 로마 가톨릭 신자들이 그러는 것처럼 상좌부 불자들은 그들의 불교가 더 초기의 것이므로 더 진정한 불교라고 자랑한다. 그리고 성직제도나 수도원 전통이 강한 경향이 있다. 반면 대승불자들은 개신교 그리스도인들처럼 그들이 꼭 필요한 개혁을 했다고 주장하면서 특히 평신도에게 보다 열려 있는 불교를 지향한다. 한편 동방정교와 티베트불교의 유사성에 주목하는 이들도 있다. 이 두 전통에는 '향을 피우고 종을 울리는' 의례와 이미지들이 풍부하다.

특별한 스승 붓다

상좌부 불자들에게 붓다는 무엇보다도 스승이다. 아마도 '특별한 스승'이라고 말하는 편이 더 정확할 것이다. 이 불교의 초기 전통은 붓다의 인간성을 매우 강조한다. 붓다도 우리가 경험하는 인간적 한계, 불확실성, 오류 가능성을 짊어지고 있었다. 붓다도 전생의 업의 조건들에 의해 제약받았고, 구도의 길을 걸을 때 특별한 신적 계시를 받지 않았고, 신적 조명이나 힘도 얻지 못했다. 붓다도 우리 모두처럼 혼자 힘으로 수행해야만 했던 것이다. 분명히 그는 힌두 전통의 가르침과 지혜에 의지했고, 지혜로운 요가 스승이든 소치는 여인 수자타든, 남에게서 배우는 데 최선을 다해 마음을 열었다. 하지만 가장 중요한 것은 그가 철저하게 인간이었다는 점이다. 깨달음이란 외부로부터 주어지는 것이 아니라 스스로 얻어야 하는 것이었다.

바로 여기에 붓다가 오랜 세월 동안 수많은 사람들에게 영향을 미치고 사로잡은 힘 — 그리스도인들이 구원의 중요성이라고 부르는 — 이 있다. 붓다는 한 인간이었지만 '정말' 깨달음을 얻었고, 목표를 성취했다. 그의 초기 명칭 중의 하나인 여래如來, Tathagata는 '도달한 자'를 뜻했다. 그의 구도의 길은 깨달음의 진리를 향한 길고 고된 여정이었다. 사실, 초기 전통에 따르면, 붓다는 이미 여러 번의 전생을 거쳐 마침내 보리수 아래에서 변화의 순간을 맞이하게 된 것이었다. 그는 '정말' 깨달음에 도달했다. 바로 이것이 사람들을 끌어당기는 붓다의 힘이다. 그는 우리 모두가 성취할 수 있는 것을 보여주고 구현한다. 인간인 그가 한 것을 우리도 할 수 있다. 단지 깨닫기만 하면 되는 것이다. 바로 이것이 붓다가 스승으로서 우리를 돕는 방식이다. 물론 그는 매우 특별하고 정말 필요한 스승이다. 붓다는 단지 말만이 아니라 특히 그의 존재를 통해 가르침을 준다. 붓다는 그가 가르치는 바로 그것인 것이다. 그리고 우리는 지금 붓다 같은 존재이거나 붓다 같은 존재가 될 수 있다.

하지만 우리는 스스로의 노력을 통해서만 깨달음을 성취할 수 있다. 상좌부 불자들은 붓다가 우리를 위해 대신 깨달음을 성취해 줄 수 없다고 본다. 가난한 대장장이가 상한 줄 모르고 그에게 공양한 돼지고기를 먹고 죽게 되었을 때 붓다가 제자들에게 말한다. "너 자신의 등불이 되어라. 너 자신의 의지처가 되어라. 진리를 등불과 의지처로 삼아라." 그가 성취한 것을 우리도 성취하려면 그처럼 우리 자신의 힘으로 해야만 한다는 것을 붓다는 분명히 한 것이다. 하지만 붓다는 제자들이 그들의 힘만으로는 깨달음을 성취할 수 없다는 것 또한 분명히 했다. 왜냐하면 그들이 의지해야만 하는 '의지처'는 그들 자신과 붓다가 가르쳐 준 진리, 이 두 가지이기 때문이다. 우리에게는 스승이 필요하다. 하지만 붓다가 분명히 해 주었듯이, 좋은 스승은 제자들이 스스로 해야 할 일을 대신 해 주지 않는다. 대신, 제자들이 그것을 할 수 있도록 도와준다.

그러므로 상좌부 불자들에게 붓다는 단지 인간이고 스승이다. 물론 본보기가 되는 특별한 인간이고 꼭 필요한 스승이다.

구원자 붓다?

　대승불자들에게도 붓다는 스승이지만, 동시에 스승 이상이기도 하다. 대승불자들은 이 땅에서의 붓다의 삶에 대한 그들의 이해 때문이기도 하지만 특히 그들의 삶에서 붓다를 계속 체험하는 것 때문에 여러 가지 창조적인 방식으로 붓다에게서 인간 이상의 특성들을 생각해 내게 되었다. 대승불자들은 다양한 방식으로 그들의 삶 속에서 계속 변화시키는 존재로 있는 붓다에게 찬양 받는 지위를 부여했다. 일부 대승불자들은 붓다를 너무 찬양하고 그의 초월적인 면을 너무 강조한 나머지 일부 초기 그리스도인들이 예수에게 한 것처럼 고타마의 인간성을 왜곡하기도 했다.

　붓다에 대한 불자들의 이런 이해를 연구하고 또 불자 친구들의 삶에서 그것을 목격했을 때, 그리스도인인 내게 붓다는 확실히 구원자 같은 존재로 보였다. 붓다의 가르침과 삶은 예수의 그것과 매우 달랐지만 결국 붓다도 제자들의 삶을 변화시켰다. 붓다의 가르침을 통해 자신의 힘으로 평화를 얻고 그 평화를 타인과 나눔으로써 변화되는 것이 구원받는 것이다.

　대승불교의 중심 상징이며 이상인 보살은 붓다의 역할이 단지 가르치는 것만이 아니라 실제로 인간의 삶에 참여해 깨달음을 얻는 어려운 일을 도와주는 것임을 분명히 보여 준다. 이 보살 상징에 대해서는 이미 2장에서 이야기했다. 많은 상좌부 불자들이 추구하는 이상은 아라한^{arhat}이다. 경전에 의하면 아라한은 무지의 울창한 정글을 헤쳐 나가는 코뿔소의 꾸준함과 강인함으로 깨달음을 성취하기 위해 열심히 수행하는 승려나 수행자를 말한다. 반면, 대승불자들의 목표는 붓다처럼 보살이 되는 것이다. 보살은 깨달음의 오아시스를 발견하고는 그곳으로 다른 사람들을 데려오기 위해 다시 사막으로 돌아가는 존재이다(2장의, 사막에서 길을 잃은 네 사람 이야기를 기억하라). 바로 이것이 붓다가 하는 일이다. 붓다는 다른 사람들도 변화할 수 있도록 할 수 있는 모든 일을 하는 데 자발적으로 헌신하지 않고서는 열반이라는 개인적 변화를 체험할 수 없다는 것을 보여 준다. 최고의 깨달음을 이룬 붓다는 동시에 최고로 자비로운 붓다인 것이다.

보살의 자비가 얼마나 절실하며 얼마나 자유자재로 사람들의 필요에 맞게 반응하는 것인지는 8세기의 유명한 경전인 『입보리행론』에 아름답게 표현되어 있다.

> 나는 보호받지 못하는 자들의 보호자이고, 여행자들의 인도자이다. 저편 강기슭으로 건너가기를 바라는 사람들을 위해 나는 배, 둑길, 다리가 되어 왔다. 나는 불빛이 필요한 사람들에게 불빛이 되고자 한다. 나는 쉼이 필요한 사람들에게 침대가 되고자 한다. 나는 시중이 필요한 사람들과 모든 존재에게 종이 되고자 한다.

대승불교 경전에서는 완전히 깨달은 존재인 붓다와 다른 사람들을 구원하기 위해 깨달음을 연기한 존재인 보살의 차이는 흐려지고 섞여 동일한 압도적 체험의 두 출구로 표현된다. 즉, 우리는 본 것을 나누어야만 하고, 받은 것을 주어야만 하며, 우리 마음의 평화는 남을 위한 봉사로 이어져야 한다. 간단히 말해, 붓다가 된다는 것은 보살이 되는 것이다.

많은 붓다들

　　대승불교가 아시아에 퍼지고 각양각색의 문화적 형태를 취하면서 붓다의 구원자 역할은 다양한 형태의 붓다들과 보살들로 표현되었다. 대승불자들은 단지 한 명의 붓다만 있을 수 없다고 인식했다. 깨달은 자의 길을 따르려고 노력하는 사람들이 필요로 하는 많은 것들을 채워 주기 위해서는 많은 붓다들이 있어야 했다. 점점 늘어나는 붓다들과 보살들의 합창단원들은 리드 싱어인 고타마와는 분명히 달랐지만, 그들은 모두 각자의 다른 목소리로 생명 있는 모든 존재들을 깨달음으로 부르고 돕는 같은 테마로 화음을 이루었다. 그래서 고타마 붓다는 한 명이었지만 많은 붓다들과 보살들이 있었던 것이다.

　　이 합창단에서 잘 알려진 목소리들을 알아보자. 가장 대중적인 관세음보살('세상의 신음 소리를 듣는 이')은 최고로 자비로운 보살이다. 원래 인도에서 기원했을 때는 남성이었는데 중국, 한국, 일본에서는 여성 보살인 관음이 되었다. 문수보살은 혼란을 끊어 버리는 지혜의 보살이다. 대중으로부터 사랑받는 여성 보살인 타라는 신자들의 여러 필요에 따라 여러 색을 띤다. 지장보살은 지옥에 있는 이들을 해방하고 여행자들과 어린이들을 보호한다. 미륵보살은 인간이 미래에 위험에 처할 때 구원하러 올 보살이다.

　　하지만 고타마 붓다 다음으로 동아시아와 특히 현대 일본에서 지금까지도 가장 널리 알려지고 깊이 신뢰 받는 붓다는 아미타불이다. 이 아미타불은 하루 벌어 하루 먹고 살기에도 바빠 깨달음을 얻기 위한 '필수적 수행'을 할 수 없는 보통사람들을 도울 것을 서원한 붓다이다. 바오로 성인이나 루터와 비슷하게, 아미타불을 믿는 신자들은 '선행'은 전혀 필요하지 않다고 확신했다. 신자들이 해야만 하는 일은 오직 믿음으로 아미타불의 이름을 염송하거나 아미타불의 자비에 자신을 내맡기는 것이었다. 그러면 아미타불은 신자들이 죽은 후에 깨달음을 얻게 될 정토淨土로 그들을 데려간다는 것이다. 아미타불은 확실히 구원자의 역할을 한다.

지금 소개한 붓다들과 보살들은 서구 그리스도인들에게는 지나치게 방만한 종교적 상상력으로 보일 것이다. 그러나 신화와 상징의 세계에 더 익숙한 대승불자들에게 이런 존재들은 상상적인 것만큼이나 현실적이다. 그 다양한 붓다들과 보살들은 깨달음의 길을 가는 불자들과 수행자들을 돕는 현실적인 존재들이다. 그리고 특히 티베트불자들이 상기시켜 주듯이, 모든 붓다들과 보살들의 외적 실재는 바로 우리의 자아 안에 있는 실재의 반영이고 그것을 확인하는 수단이다(2장에서 우리가 '자력'과 '타력'에 대해 말했던 것을 기억해 보자). 불자들에게 자력과 타력은 동전의 양면이며 같은 실재의 두 가지 다른 형태이다. 불자가 외부의 보살이나 붓다로부터 받는 도움은 결국 자신이 이미 늘 가지고 있던 것을 일깨워 그것과 하나되는 것이다.

이처럼 붓다의 '구원하는' 역할은 우리를 뭔가 다른 존재로 변화시키는 것이 아니라 이미 우리 안에 있는 참 존재를 보여 주는 것이다. 이런 이해는 대중적으로 널리 퍼져 있는 대승불교의 또 다른 형태인 선불교에서 특히 분명하다. 선불교 선방에는 향 연기가 경건하게 감싸고 있는 불상들이 가득하지만, 선불교 불자들은 붓다를 구원자라고 말하지 않는다. 하지만 그들은 불성佛性에 관해서는 많은 말을 한다. 고타마가 보리수 아래 앉아 그 자신 안에서 발견한 것이 바로 이 불성이다. 불성은 우리 모두에게 있지만 숨겨져 있거나 잊혀져 있는 것이다. 불성이란 달을 가리키는 손가락들 중 하나로 결코 사진을 찍듯 명료하게 포착할 수 없다. 불성은 무아인 우리의 정체성, 부단히 변화하며 우주의 상호존재에 참여하고 있는 우리의 진정한 정체성을 가리킨다. 붓다의 역할은 불성을 발견하고, 구현하고, 그 불성이 모든 사람들에게 실재한다는 것을 보여 주고, 사람들이 그들 '자신 안에서' 불성을 발견할 수 있는 실제적 방법을 가르쳐 주는 것이다. 다시 강조하지만, 이런 일들은 분명히 '구원자'가 하는 일들이다.

붓다의 세 가지 몸

대승불교의 가르침 중 그리스도인들에게 가장 흥미롭고 매력적인 것은 붓다의 '세 가지 몸' 상징이다. 이 가르침은 고타마가 깨달음을 이룬 후 다른 사람들도 깨달음을 얻도록 도와주는 그의 역할을 어떻게 계속하는지를 설명하려는 대승불자들의 노력에 의해 발달했다. 이 삼신불=身佛, Trikaya 가르침은 대승불교의 역사에서 각각 다른 형태와 기능을 취했지만 그 근본 의도는, 그리스도교적 표현으로 말하자면, 고타마 붓다의 '인격과 사역'을 이해하는 것이었다. 다시 말해, 붓다가 어떤 존재였는지, 그가 어떻게 사람들의 삶에 영향을 주었고 또 계속 영향을 주고 있는지를 이해하려는 가르침이다.

고타마는 서로 다르지만 완전히 상호보완적인 세 몸kaya을 갖고 있거나 얻게 되었을 거라고 전해진다. 여기서 몸이라는 말은 고타마 붓다(또는 다른 붓다)가 행하거나 존재하는 다른 방식들을 가리키고 표현하기 위해 사용된다. 역사적으로는, 붓다가 동시대 사람들에게 존재하거나 나타났던 화신化身, *Nirmanakaya*이 있었다. 하지만 대승불자들은 고타마에게 가장 중요한 것, 그가 깨달음을 성취해서 붓다가 된 것을 이해하기 위해 붓다의 법신法身, *Dharmakaya*을 인식했다. 앞 장들에서 말했듯이 다르마는 보리수 아래에서 붓다가 발견했고 그것과 하나 되었던 최상의 진리로, 모든 불자들의 목적인 깨달음 -열반, 공空, 상호존재라고도 불리는- 을 가리킨다. 고타마는 이 궁극적 실재인 다르마와 하나가 된 것이었다. 이런 이유로 붓다는 예수가 한 제자에게 했던 말을 떠올리게 하는 말을 한다. "나를 보는 사람은 다르마를 보는 것이다." 예수의 말에서는 다르마 대신 '아버지'였다. (요한 12:44-46) 붓다를 만나는 것은 진리를 만나는 것이고, 다르마의 실재와 힘으로 이끌려 들어가는 것이다.

하지만 대승불자들은 진리를 구현하고 전하는 붓다의 능력이 그의 열반 후에도 계속된다고 믿었다. 그래서 그들은 붓다의 '보신'報身, *Sambhogakaya*을 말하게 되었다. 보신은 불자들이 '향유'할 수 있는 몸이며, 붓다가 여전히 진실로, 효과적으로 그들 가운데 존재한다고 말할 수 있는 몸이다. 붓다의 유해나 유골은 그가 생전에 걸어 다녔던 땅을 표시하는 사리탑과 거대한 봉분의 성골함 속에 있었지만, 불자들은 붓다가 보신불로서 여전히 그들 사이에 생생하게 존재하며 활동하고 있다고 확신하게 되었다. 보신불은 피와 살로 이루어진 몸과 달리 붓다가 열반에 든 후에도 그들과 함께 있는 일종의 영적 몸이었다.

스승인가 구원자인가?

그렇다면 붓다의 주요 역할은 스승인가 구원자인가? 상좌부 불자들과 대승불자들의 붓다 이해 중 무엇이 실제의 붓다에 더 가까운가? 그런 물음은 과거에 가톨릭과 개신교 신자들이 은총으로 구원 받는가, 선행으로 구원 받는가를 놓고 서로 싸웠던 난처하고 괴로운 기억을 떠올리게 한다. 그 물음 때문에 많은 신학적 분쟁이 일어났고 심지어 물리적 충돌도 있었다. 하지만 지난 삼사십 년 동안 격한 싸움 대신 차분한 대화를 통해 가톨릭과 개신교 신학자들은 '구원'이 은총의 문제인지 선행의 문제인지를 묻는 것은 동전의 어느 면이 그 동전을 나타내는 것인지를 따지는 것과 비슷하다는 것을 인식하게 되었다.

이는 붓다가 근본적으로 스승인지 구원자인지를 따지는 경우에도 마찬가지다. 붓다가 어떻게 구원하는지를 이해하는 것은 그가 어떻게 가르치는지를 이해하는 것이다. 그가 어떻게 가르치는지를 이해하는 것은 그의 가르침이 어떻게 우리를 변화시키고 구원하는지를 이해하는 것이다. 따라서 붓다를 '오직' 스승으로만 부르는 것은 붓다를 교실에서 학생들에게 단편적인 지식만을 전달하는 교사인 것처럼 한정할 위험이 있다. 붓다가 제공하는 '지식'은 주어지는 것이 아니라 서서히 스며들거나 흡수되는 것이었다. 머리에만 남는 지식이 아니라 온 존재를 통해 감동시키고 힘을 주는 지식이었다. 붓다는 말로만이 아니라 그의 존재를 통해 가르쳤다. 제자들도 붓다의 가르침을 단지 머리로 이해하는 것이 아니라 그들의 전 존재를 통해 '받아들임'으로써 '이해했다'.

또한, 붓다를 오직 구원자로만 부르는 것은 붓다가 '어떻게' 우리를 구원하는지를 잊게 하는 위험을 초래한다. 불자에게 구원이나 깨달음은 전적으로 외부에서 이루어지는 일이 결코 아니다. 붓다나 보살이 주는 '타력' 혹은 도움은 필수적이기는 하지만 항상 어느 시점에서는 '자력'을 수반하거나 '자력'이 된다. 아미타불을 열성적으로 믿는 신자들조차 오직 아미타불을 믿음으로써 정토에 도달한 후에는 그들 스스로 완전한 깨달음을 체험해야만 한다. 따라서 가장 중요한 점은 스승 붓다와 구원자 붓다 사이에 모순이 없다는 것이다. 붓다는 그토록 위대한 스승이기 때문에 그토록 위대한 구원자인 것이다.

붓다가 누구인지, 그가 어떻게 우리를 구원하는지에 대한 이러한 전반적 이해는 그리스도인들이 예수를 하느님의 아들이며 구원자라고 부르는 것의 의미를 이해하려 애쓰는 내게 큰 도움을 주었다. 이제 그것을 설명해 보자.

되돌아오기:
예수–다른 길들을 향해 열려 있는 길

신성과 깨달음

'하느님의 아들'이라는 칭호는 초기 그리스도인들이 그들에게 예수가 어떤 존재였는지를 분명하게 표현하려는 '여러' 방식들 중 하나였다. 그리고 '하느님의 아들'은 자손을 낳는 그리스의 신들을 말하는 것과 같은 문자 그대로의 사실이 아니라 그 전체를 볼 수는 없는 달을 가리키는 상징적 손가락이다. 이런 점을 인식하면서 예수가 "너는 내가 누구라고 말하느냐?"라고 애태우듯 물은 것에 답하려고 한다면, '하느님의 아들'이 '깨달은 이'와 비슷한 의미라는 것을 이해할 수 있게 될까? 나는 그럴 수 있다는 것을 점차 확신하게 되었다. 그리고 학생들을 가르치면서, 하느님이 하늘에서 내려와 '한 인격 안의 두 본질'을 가진 존재를 낳는다는 이야기보다 이런 이해가 예수의 신성을 이해하는 데 훨씬 더 매력적이고 도전적인 방식이 된다는 것을 알게 되었다.

하지만 '신적인'이라는 형용사를 '깨달은'이라는 의미의 형용사로 번역하자고 제안하는 것은 마치 예수가 보리수 아래 붓다의 체험과 같은 체험을 한 것처럼 그 둘을 동일시하는 것은 아니다. 차차 분명히 이야기하겠지만, 예수와 붓다, 그리고 그 둘의 체험에는 매우 실제적이고 분명한 차이가 있다. 하지만 나는 예수의 신성은 하늘로부터 '내려와' 그에게 임한 것이 아니라 인간인 예수가 '된' 어떤 것이라고 제안하고 있는 것이다. 여기서 예수가 된 것은 그가 깨닫고, 자각하고, 반응한, 그의 내면의 어떤 것이었다. 예수는 신성을 향해 성장했다. 또한 예수는 마치 고타마가 깨달은 것처럼 신성을 '깨달았다.' 나는 예수의 구도와 깨달음의 대부분이 그의 '숨겨진 생애' 동안에 일어났다고 생각한다. 사실, 복음서들은 어린 시절 예수가 "지혜와 은혜 안에 '자라났다'"(루가 2:40)고 명백하게 말한다. 그리고 그것은 예수가 집을 떠나 어느 스승에게서 배웠음을 암시한다. 그 스승은 사막에 살고 있던 사촌인 요한이었다.

붓다의 깨달음이라는 렌즈를 통해 예수의 신성을 이해하는 것은 그리스도교의 전통적 믿음을 잘라내고 그 자리에 불교를 이식해 대체하려는 것이 아니다. 오히려 깨달음의 개념은 그리스도교 전통의 먼지 쌓인 선반에 있어서 그리스도인들이 주목하지 못하고 진가를 알아보지 못했던 상징들과 가르침들을 재발견하고 회복할 수 있게 해 준 손전등 같은 것이었다.

붓다의 도움으로 회복할 수 있었던 그리스도교의 가장 중요하고 가장 오래된 예수의 이미지들 중 하나는 신학자들이 '영 그리스도론' 혹은 '지혜 그리스도론'이라고 부르는 것이다. 이 그리스도론은 예수를 하느님의 지혜의 구현으로, 최고의 스승으로 보고 느꼈다. 여기에서 하느님의 지혜를 말하는 히브리어 '호크마'^{Hokma}는 같은 뜻의 희랍어 '소피아'^{Sophia}로 번역되었다(두 단어 모두 여성명사이다!). 예수가 하느님의 지혜로 충만했던 이유는 하느님의 '영'으로 충만했기 때문이었다. 그것은 당시의 유대신학적 어휘로 하느님에 대해 말하는 한 방식이었다.

그러므로 복음서에는 예수가 어떻게 영의 인도를 받고, 영으로 충만하고, 영의 능력을 받았는지에 대한 언급이 많다. 이처럼 영으로 충만한 예수의 이미지는 훗날 요한이 예수를 하느님의 '말씀' 혹은 로고스^{Logos}로 상징한 것보다 앞선 것이었다. 이 초기 그리스도론에 의하면 예수는 하느님이었다. 왜냐하면 예수는 하느님의 영에 민감하게 반응하고, 자기 안의 영을 자각하고, 그 영과 완전히 조화를 이루었기 때문이었다. 예수는 영의 완전한 표현이었다. 물론 예수의 영과 하느님의 영은 다르긴 했지만 구분될 수 없었다. 예수를 만나는 것은 하느님의 영을 만나고 느끼는 것이었다.

훗날 그리스도인들이 예수를 '하느님의 아들'이라고 부를 때 말하려 했던 것이 주로 이것이었다. 그들이 예수를 하느님의 아들이라 부른 것은 그렇게 부르라고 누가 시켜서 그런 게 아니었다. 예수와 함께 있을 때 그들이 보고 느끼고 경험한 일들 때문에 그들은 예수를 하느님의 아들이라고 불렀다. 그런 예수와 함께 있는 것은 어떤 점에서는 하느님과 함께 있는 것이었고, 하느님의 임재를 느끼는 것이었다. 그리스도인들은 예수는 하느님의 영으로 충만하고 그 영과 조화된 사람이었기에 그를 아는 것이 하느님을 아는 것임을 깨달았다. 예수는 하느님의 영으로 충만했고 하느님의 목적과 너무나 일치했기에, 그리스도인들은 자연스럽게 그들의 유대 전통과 그들이 곧 받아들였던 그리스 문화에서 쉽게 이용할 수 있는 상징과 이미지를 예수에게 적용하려 했다. 예수는 하느님의 탁월한 아들이었다.

　　예수의 신성은 그의 영혼 안에 있는 영의 존재와 활동을 깨달은 결과라고 이해하는 것은 그를 매우 특별한 인간이긴 하지만 동시에 매우 실제적인 인간으로 남아 있게 하는 것이기도 하다. 예수는 우리들 대부분보다 훨씬 앞서 깨달음에 '도달'했지만 여전히 우리와 같은 인간이다. 고타마에 대한 불교의 가르침으로 건너갔다가 예수에 대한 그리스도교의 가르침으로 돌아왔을 때, 나는 예수의 신성을 깨달음으로 보는 것과 내 스승 칼 라너가 말한 '초월적 그리스도론' 사이에 놀랄 만큼 공명하는 것이 있음을 알게 되었다. 라너는 그리스도인들이 예수를 하느님이라고 말하는 것은 그를 이상한 '괴물'이나 우리를 구원하기 위해 크립톤에서 내려온 신적인 슈퍼맨 같은 존재로 만드는 것이 아니라고 주장했다.

　　그보다는, 라너는 예수를 하느님이라고 말할 때 우리가 말하는 것은 그가 인간 본성의 완전한 가능성을 실현했다는 것, 알든 모르든 우리 모두가 추구하고 있는 것을 그가 성취했다는 의미라고 주장했다. 우리 모두는 무한자에 대해 열려 있다. 우리는 모두 "무한자를 갖추고 있는 유한한 존재"인 것이다. 불자들은 우리 모두가 불성(그리스도교 용어로는 신성)을 타고 났기에 그 불성을 실현해야 한다고 말할 수 있을 것이다. 라너는 예수가 진실로 하느님이었다고 말하는 것은 그가 완전한 인간이었다고 말하는 다른 방식이라는 점을 상기시켜 주었다.

예수의 신성을 이렇게 이해하면 그가 우리 모두에게 준 "가서 나처럼 행하라"는 명령을 따르는 것은 무척 힘들긴 하지만 그렇다고 불가능한 임무는 아니다. 예수는 우리와 전혀 다른 부류라며 핑계를 댈 수 없다. 우리도 예수처럼 될 것을 요구받는다. 우리 모두는 그가 성취한 것을 성취하기 위해 애쓸 것을 요구받는다. 그리고 비록 예수가 성취한 것을 우리도 성취하고 예수와 붓다가 도달한 곳에 우리도 '도달'할 것을 상상조차 할 수 없다 해도 우리는 그 요구를 느끼고 응답할 수 있다. 예수는 이미 결승선을 넘었지만 우리는 아직도 첫 발을 내디디려 애쓰고 있는 것 같다. 하지만 상상할 수 없는 것도 여전히 성취할 수 있다. 설령 우리가 마침내 거기에 도달하고 예수가 자신의 신성을 깨달았듯이 우리도 완전하게 신성을 깨닫는 것을 상상할 수 없다고 해도 여전히 우리는 오늘보다 내일은 거기에 조금 더 가까이 다가갈 수 있다. 우리는 이 노력이 가치가 있다는 것을 알고 신뢰한다. 이런 신뢰는 그리스도가 된 예수에게서 우리가 보고, 계속 느끼는 것에 근거하고 있다.

'구원'은 '깨달음'이다

　불교는 내게 예수의 신성을 깨달음의 결과로 이해할 수 있게 해 주었다. 그리고 그리스도인들이 말하는 '구원'이란 우리 자신의 깨달음, 곧 '하느님의 자녀'인 우리의 신성을 발견하는 것임을 이해하게 해 주었다. 또한 그리스도인들이 예수를 '구원자'라고 부르는 까닭은 그가 그토록 위대한 '스승'이며, 보다 그리스도교적 용어로는 '계시자'임을 체험했기 때문임을 이해하게 해 주었다. 이처럼 구원을 깨달음으로, 구원자를 계시자로 이해하는 것은 그리스도교 전통을 재발견하고 심화하는 것이다.

　불교는 내게 그리스도인들이 '구원'을 말할 때 단순히 '천국에 이르는 것'을 말하는 것이 아님을 상기시켜 주었다. 물론, 4장에서 탐구했듯이, 우리는 사후에도 계속되는 삶에 대한 확고한 희망을 가지고 있다. 하지만 그 삶은 현재의 삶에서 이미 시작한다. 현재의 삶에서의 구원은 단지 '영화 예고편' 같은 것이 아니다. 영화는 지금 시작한다. 또한 불교는 그리스도교의 구원은 불교의 깨달음처럼 우리와 하느님의 합일, 곧 영과 하나됨을 깨닫는 것임을 내 안에서 보고 느끼도록 도와주었다. 구원받는 것은 우리가 참으로 하느님의 자녀라는 것을 깨닫는 것이다. 하느님의 자녀인 우리는 우리의 존재를 통해 흐르는 하느님의 생명과 사랑과 자비의 에너지를 느낄 수 있다. 라너가 말한 '우리와 하느님의 직접적 관계'를 진실로 느끼는 것은 그 어떤 것이든 다룰 수 있게 해 주는 평화와 우리가 의거할 수 있는 것을 느끼는 것이다. 또한 그만큼 하느님의 다른 자녀들에게 자발적이고 지속적인 관심과 자비심을 느끼는 것이다. 이 '하느님의 자녀'에는, 붓다가 우리에게 상기시켜 주듯이, 생명 있는 모든 존재들이 포함된다.

그러므로 구원은 우리의 외부에서 일어나는 활동이 아니라 우리 안에서 솟아나 우리의 전 존재에서 넘쳐나며 힘을 북돋는 자각이다. 근본적으로 이것은 연관시키는 영과 우리의 참자아 사이에 이미 존재하는 불이不二의 관계를 깨닫는 것이다.

불자들은 이 불이의 체험이 일상생활에서 어떻게 작용하는지를 설명할 때 무아를 말한다. 그리스도인들은 깨닫는 것 혹은 구원받는 것을 성 바오로의 편지에 자주 나오는 신비하고 힘 있는 구절인 "그리스도 안에 있음"으로 묘사한다. 구원받음은 그리스도 안에 있는 것이다! 이 구절의 의미를 말로는 결코 충분하게 설명할 수 없다. 하지만 내게 가장 도움이 되는 말은 이 책에서 내가 여러 번 언급하는 갈라디아인들에게 보낸 바오로의 편지 구절에 있다. "이제는 내가 사는 것이 아니라 그리스도가 내 안에서 사는 것입니다." (갈라디아인들에게 보낸 편지 2:20) 불교의 안경을 쓰고 이 말을 읽으면 이 말은 더 깊은 의미뿐 아니라 새로운 의미를 갖게 된다.

나는 2003년 10월의 일기 중 '무아/그리스도 안에 있음'이라는 글에서 불교와 그리스도교가 말하는 방식을 비교하려 했다.

> 여기에는 상보성이 있다. 불교는 우리의 참존재를 부정의 길^{via negativa}의 방식으로 말한다. 반면 그리스도교는 더 긍정적 방식인 일치의 길^{via unitiva}로 말한다.
>
> 불교에 의하면 우리의 참존재는 개체적 자아 너머에 있다. 우리는 개체적 자아들이 아니다. 불교는 우리가 무엇인지를 자세히 설명하지 않

는다. 대신 자아와, 자아에 대한 관심과 이기성이 없는 존재 방식을 암시한다. 그것은 우리를 더 큰 차원을 향해 단순하고 완전하게 개방하고, 그 안에서 우리의 자리를 찾는 존재 방식이다.

반면에 그리스도교는 그 자리를 나사렛 예수의 삶과 존재에서 찾는다. 자아를 넘어선다는 것은 그리스도처럼 사는 것이다. 즉 모든 것에 생기를 불어넣는 힘을 전적으로 신뢰하면서, 특히 소외된 이들에게 가장 중요한 관심을 기울이면서 정의를 실천한 그리스도처럼 사는 것을 말한다.

2004년 9월에 인도네시아 파당에서 있었던 학회에서 나의 멘토이자 친구인 세바스찬 페이나다뜨 신부와 함께 있을 때 나는 약간 도취되었던 것 같다.

나는 분명히 느꼈다. 나는 그리스도이다. 그리스도가 내 안에서 살고 있다. 내 삶은 다름 아니라 그리스도가 그의 영과 삶의 방식을 나로서 계속할 기회를 주는 것이다. 이것이 존재의 모든 것이다. 개체적 불멸성이 있을지, 하느님 나라와 하나된 세상이 있을지, 언젠가는 분쟁들을 비폭력적으로 해결할 수 있을지, 이런 것들은 전혀 중요하지 않다. 오직 그리스도 예수였던 사랑과 자비와 정의에 대한 관심이 내 안에 살게 하라.

"내가 사는 것이 아닙니다"라고 말할 때 바오로가 의미했던 것은, 만약 내 안에 살고 있는 살아 있는 그리스도를 느낄 수 있다면 나는 '나'

에 대해 관심을 갖지 않게 된다는 것이다. 어제 우리의 긴 산책에서 세바스찬이 말했듯이, 그리스도가 내 안의 주인이 되게 하라.

바오로가 말하는 '그리스도 안에 있음'은 깨달음에 대해 불교가 암시하는 것을 보완하거나 명료하게 해 준다. 우리가 그리스도 안에 있음 혹은 우리의 불성을 드러내는 것으로 이해하는 구원은 단지 우리가 어떤 존재인지를 놀랍게 나타내는 것만이 아니다. 그것은 우리가 우리라고 생각했던 것을 변화시키고 바로잡는, 정신이 번쩍 들게 하는 충격일 수도 있다. 이렇게 충격을 주는 요소는 그리스도교 개념인 은총에 담겨 있다. 2004년 4월에 대화를 나누었던 개신교 목사들이 이 점을 상기시켜 주었다. 나는 그날 일기에 이렇게 썼다.

루터교 그리스도인 친구 하나가 여기 미국에서 그리스도인들이 얼마나 쉽게 미국적 삶의 양식을 따라 살아가는지 목격하고는 놀라서, 그가 어떻게 다원주의적인, '아래로부터의' 예수-많은 구원자들 중의 하나인 인간 예수-에 대한 이해를 포기했는지 말해 주었다. "우리는 인간과 하느님 사이의 역설과 긴장을 보존해야만 해요. 인간과 하느님이 어떻게 만나는지를 너무 쉽게, 명확하게, 만족스럽게 설명하려 해서는 안 돼요. 그렇지 않다면 우리는 하느님의 권능을 잃어버릴 거예요."

나는 완전한 인간이 되는 것은 완전한 신이 되는 것이라고 자주 말했다. 그런데 완전한 신이 됨으로써 인간은 변화하고, 고양되고, 그것이라고 생각했던 것 이상의 것을 접하게 된다. … '그 이상의 것'을 준비하라. 은총을 맞을 준비를 하라.

구원자 = 계시자

구원을 깨달음으로 이해하는 것은 구원자 예수를 계시자 예수로 이해하는 것이다. 상좌부 불자들과 대승불자들이 붓다를 '스승 붓다'와 '구원자 붓다'로 매우 다르게 말하고 있지만, 사실 그들은 정말 같은 것을 말하고 있다는 것에 대해 씨름하고 있을 때 그런 이해가 명확해졌다. 붓다는 정확히 그의 가르침으로 우리를 구원한다. 마찬가지로 예수도 우리에게 '알려진' 가르침과 행동을 통해 우리 삶을 변화시키는 것이다.

이렇게 예수를 구원자/스승으로 묘사하는 것에 대한 혼한 반대는 그것이 예수를 '단지' 스승이나 본보기로 만들면서 예수의 구원자 역할을 경시한다는 것이다. 하지만 불자 친구들과 내가 정중히 제안하는 것은 그런 반대야말로 예수와 붓다를 스승으로 부르는 의미를 경시하게 될 거라는 점이다. 예수가 복음을 선포하고 붓다가 다르마를 가르칠 때 그들은 단지 사람들의 마음만을 사로잡고 충만하게 하는 진리를 가르친 것만이 아니다. 그 진리는 마음을 관통하면서 제자들의 삶 전체를, 곧 그들이 세상에서 존재하며 살아가는 방식을 충만하게 하고, 개선하고, 생기 있게 하는 에너지가 되었다. 그리고 예수와 붓다의 가르침이 지닌 힘은 무엇보다도 그들이 가르친 내용과 관련이 있었다. 다시 말해 그들의 '가르침'은 세계의 '실상'을 분명히 밝혀 주었다. 누군가 우리로 하여금 세계가 실제로 존재하고 작용하는 방식을 이해하고 느낄 수 있게 해 줄 때 우리는 진리의 능력을, '진리가 우리를 자유롭게 하는' 것을 체험하는 것이다.

그런데 사람들이 예수에게 있는 진리의 힘을 느꼈던 것은 단지 예수의 가르침 때문이 아니라 예수가 그 가르침을 자기 삶에서 체현한 것 때문이었다. 예수는 자신이 가르친 것 그 자체였기에 그토록 위대한 '구원자' 스승이었던 것이나. 그는 그가 가르친 것을 체현했고, 살았고, 육화했고, 실현했다. 라마 수리야 다스의 책 제목은 내가 말하려는 것을 표현하고 있다. 『붓다는 붓다가 행하는 것이다』. 이와 유사하게 예수도 바로 그가 행하는 것이었다. 이것이 그의 가르침에 그토록 권능이 있었던 까닭이다. 이것이 예수의 가르침이 우리를 변화시키고 구원하는 이유다.

철학자들은 예수는 그가 교통하고 있던 것의 강력한 상징이었다고 말할 것이다. 신학자들, 특히 가톨릭 신학자들은 같은 것을 다른 용어를 사용해 말한다. 그들에게 예수는 하느님의 진리와 임재의 완전하고 근원적인 '성사'聖事라는 것이다.

예수가 상징 혹은 성사가 됨으로써 우리를 구원한다고 말할 때 우리는 그가 우리에게 단순히 이미지나 그림을 제공한다고 말하는 게 결코 아니다. 상징과 성사는 단지 진리를 묘사하는 것이 아니라 그 '자체로' 진리이다. 상징과 성사는 단순한 말이나 사상이 할 수 있는 것보다 훨씬 더 강력하고 변화시키는 힘으로 진리를 전달한다. 중세 신학자들이 "상징이 야기하는"*symbolisando causant* 것을 말했듯이 성사는 상징화를 통해 은총, 곧 하느님의 변화시키는 힘을 야기한다. 이것이 바로 내가 앞에서 예수를 계시자, 스승, 상징이라고 부를 때 우리가 무엇을 말하고 있는 것인지를 정말 안다면 예수를 '단지' 스승일 뿐이라거나 '단지' 상징일 뿐이라고 말할 수 없다고 하는 이유이다. 상징과 스승은 실재하는 것을 전해 주기 때문이다.

사실, 이렇게 구원자 예수를 계시자/스승 예수로 이해하는 것은 새로운 것이 아니다. 이런 이해는 신약성서의 초기 구원론들 중의 하나를 먼지 털고 다시 광을 내는 것이다. 그 구원론은 그리스도인들의 공동체에서 예수가 어떻게 그들을 구원하고 삶을 변화시켰는지를 이해하고 선포하려 했던 가장 초기의 시도들 중 하나이다. 그런 시도들이 많았고, 그 시도들 각각은 다양한 공동체들의 사고방식과 문화에 맞게 조정되었다. 그런데, 그 후의 교회 역사에서 예수가 어떻게 우리를 구원하는지를 표현하는 구원론들 중 하나가 가장 지배적인 것이 되었다. 그것은 예수의 죽음을 인간의 죄 때문에 마음이 상한 하느님께 드리는 희생과 속죄의 행위로 생각하는 구원론이었다. 그것은 예수를 하느님과 인간 사이의 문제를 '수선'하고 죄로 인해 단절이 생긴 곳에 다리를 놓는 수선공처럼 보는 것이었다.

하지만 신약성서의 공동체들이 예수가 한 일의 권능과 신비를 다르게 표현하려 했던 방식들도 있었다. 그것들은 특히 요한 문헌에서 발견된다. 예수를 주로 하느님의 '말씀' 또는 '지혜'로 보는 요한 문헌은 예수가 하느님의 진리를 가르치고 구현함으로써 진정 "우리를 자유롭게"(요한 8:32) 한다고 본다. 예수가 우리를 구원하는 것을 이렇게 이해하면, 다른 방법으로는 고칠 수 없는 망가진 것을 고치는 예수가 아니라 너무 심오하고 놀라워서 우리가 이해하지 못하거나 믿기를 두려워하는 진리를 계시하는 예수에게 강조점이 주어지게 된다. 예수의 초기 제자들은 붓다의 초기 제자들이 붓다를 이해했던 것과 매우 비슷한 방식으로 예수를 이해했다고 말할 수 있다. 그들은 진리를 알려 주고 구현한 그들의 스승 없이는 진리를 결코 이해하거나 신뢰할 수 없다는 것을 알고 있었다. 붓다의 제자들이 붓다 없이 깨닫는 것을 상상할 수 없었다면, 예수의 제자들은 예수 없이 구원받는 것을 상상할 수 없었다. 따라서 붓다와 예수는 구원자들인 것이다.

2000년 3월에 쓴 일기에서 예수를 '상징이 된 스승'으로 체험하는 것이 무엇을 의미하는지를 더 개인적으로 표현해 보았다.

그리스도 예수는 추론적 사고나 유력한 증거를 초월해서 내 삶 속에 있는 영/하느님의 임재를 구현한다. 그는 실재를 명료하게 하고, 나타나게 하고, 이해하게 하는 성사이고 상징이며 신화다. 현대 세계를 살아가는 나는 갖가지 물음들로 마음이 동요된다. 정말 뭔가 더 있는 걸까? 사랑과 정의를 위해 싸우는 것이 정말 그럴 만한 가치가 있는 걸까? 죽음의 문 너머에 무엇인가가 있을까? 이런 물음에는 늘 결론이 없다. 그러므로 나는 신뢰한다. 그러므로 나는 놓아버린다. 그러므로 나는 믿는다. 내가 이성으로는 알 수 없지만 신뢰를 통해 아는 것은 그의 이야기 속에, 그의 삶과 죽음 속에, 특히 그의 부활을 통해 공동체와 나의 삶에 현존하고 있는 예수이다.

단순하게 말해, 예수가 로메로 대주교, 존 소브리노, 달라이 라마, 교황 요한 23세 같은 사람들 안에서 살았고 살고 있고 그 삶이 진리와 실재에 근거하고 있기 때문에 그런 삶에 가치가 있는 것이다. 내가 아니라 그리스도가 내 안에서 사는 거라는 말은 내가 상상할 수 있는 것보다 더 많은 생명력과 의미를 갖고 있다. 살아계신 그리스도가 내 안에서 살고 주도하기를.

그리스도의 유일성,
붓다의 유일성

불교의 도움으로 예수의 구원자 역할을 수선공이 아니라 스승으로 이해하게 되면서 나는 그리스도교 신앙의 순환계에서 가장 문제가 많은 응어리 중 하나를 다룰 수 있게 되었다. 그것은 신약성서와 그리스도교 전통이 예수를 말할 때 사용하는 '유일한', '최고의', '최종적인', '그밖에 다른 누구도 아닌' 등의 언어를 어떻게 이해할 것인가이다.

내가 이 장의 첫 부분에서 설명하려 했듯이, 우리 그리스도인들은 예수에 대한 신앙을 긍정하기 위해 너무 자주 다른 신앙을 부정하는 것 같다. 예수를 긍정하기 위해 다른 신앙의 대상을 부정하는 것이다. 예수를 '구원자', '하느님의 아들'로 긍정할 때 즉각적으로 "다른 구원자나 하느님의 아들은 없다"고 덧붙인다. 더 직설적으로 말해, 우리 그리스도인들은 "나의 구원자는 너의 구원자보다 더 위대하고 강하다"고 주장해야만 하는 것처럼 느껴져 몹시 불편하다. 그것은 "나의 교회와 종교는 너의 교회와 종교보다 더 위대하다"는 의미가 된다(이것이 바로 로마의 성베드로 대성당의 건축가들이 중심 통로에 세계의 모든 주요 교회들이 들어갈 수 있는 자리를 명확하게 표시하면서 입증하려고 했던 것이다!). 그렇게 "내 것은 네 것보다 위대하다"고 주장하는 것은 부족시대의 족장들이나 어린 십대 소년들에게는 중요할지도 모른다. 하지만 오늘날 많은 그리스도인들에게 그런 주장은 확실히 예수의 참모습에 상반되는 것으로 보인다.

바로 여기가 예수의 구원자 역할을 수선하는 것이 아니라 계시하는 것으로 보는 전통과 함께 예수의 신성을 하느님의 영에 대한 전적인 반응과 개방으로 보는 신약성서의 관점을 회복함으로써 예수의 유일성을 새롭게 이해할 수 있는 곳이다. 그런 관점은 다른 종교의 성인들이나 창시자들의 구원하는 역할을 부정하지 않고도 예수가 우리와 세계의 구원자라는 것을 계속 긍정하고 선포할 수 있게 해 준다. 그것은 '유일한'only이라는 말을 고집하지 않으면서도 예수가 '진실로'truly 하느님이며 구원자라고 계속 말할 수 있게 해 준다.

이것이 '수선공'과 '계시자'의 차이다. 구원이 본질적으로 어떤 문제를 고치거나 값을 치러야 하는 것이라면, 일단 문제가 고쳐지거나 값을 치른 다음에는 다시 할 필요가 없고 할 수도 없다. 그렇다면 '단 한 명의 수선공'과 '단 한 번' 고치는 것이 말이 된다. 하지만 구원이 우리 자신과 세계에 대한 가장 깊고 이미 존재하고 있는 진리 – 그리스도교적으로 말하면, 우리는 이미 영과의 일치를 깨닫고 그렇게 살도록 부름 받은 하느님의 자녀라는 것 – 를 계시하거나 구현하는 것이라면, 우리 존재의 신비의 다른 면을 보고 가르친 다른 스승들이나 계시자들이 있다는 것이 정말 가능하게 된다. 사실 인류 문화의 다양성과 역사의 변화를 고려해 보면, 그리스도인들이 하느님이라 부르고 불자들이 깨달음이라고 부르는 것을 다른 문화적·역사적 맥락에서 다르게, 더 깊이 있게 말하고 알려 준 많은 스승들, 계시자들, 구원자들이 있다는 것이 충분히 가능할 뿐 아니라 심지어 필연적이기까지 할 것이다.

예수의 신성을 깨달음과 같은 것으로 이해하고 그의 구원하는 능력을 계시하는 능력으로 느끼는 것은 예수의 유일성을 더 이상 말하지 않겠다는 의미가 아니다. 그리스도인들은 사람들이 자신의 배우자나 연인에 대해 "그이 같은 사람은 없어"라고 자연스럽게 말하고 느끼는 것처럼 예수에 대해 계속 말하고 느낄 것이다. 사람들이 그리스도인이 되고 그리스도인으로 남아있는 이유는 그 어느 누구도 예수처럼 그들을 감동시키고, 그들에게 말씀하시고, 그들의 참모습을 발견하게 해 주지 않았다는 체험 때문이다. 그런데 분명히 우리 그리스도인들은 비슷한 방식으로 사람들의 삶을 변화시키고 충만하게 한 성인들이 다른 종교전통에도 있음을 인식하게 될 것이다. 그리고 아마 우리는 붓다, 크리슈나, 노자 같은 다른 종교의 성인들과 우호적 관계를 맺게 될 것이고, 그들로부터 많은 것을 배우게 될 것이다. 하지만 우리 그리스도인과 예수의 관계는 다른 관계들과 다르고, 특별하고, 유일한 것이다. 자연스럽게 우리는 예수에게서만 느낄 수 있는 가까움과 친밀감을 경험한다. 그것은 아마도 배우자나 연인끼리 느끼는 성적 친밀감과 비슷할 것이다.

하지만 내게 예수를 유일하게 하는 것이 단지 '내게만' 의미 있고, 나를 포함한 그리스도인들만이 가치 있게 여길 수 있는 것이 아니라는 점을 덧붙여야만 한다. 예수의 유일성에는 보편적 특성이 있다. 나는 내가 예수에게서 보는 것을 다른 이들도 보기를 원한다. 그리고 예수가 내 삶에 변화를 일으킨 것처럼 다른 이들의 삶에도 영향을 주고 — 아마도 나의 경우처럼 깊고 전면적이지는 않겠지만 — 진정한 변화를 일으키기를 원한다. 여기에서 결혼의 유비가 내가 말하려는 것을 잘 표현하도록 도와준다. 다른 이들도 그들의 배우자에게 헌신해야 한다는 것을 알고 있지만, 나는 그들이 내 배우자의 선함과 아름다움을 알아주고 존중해 주기를 원한다. 나는 그들이 예수를 만나고 이해한다면 그들의 근본적인 관계에 매우 중요한 어떤 것을 더할 수 있을 거라고 믿는다. 우리들 각자에게는 자신에게 가장 중요하고 유일한 관계가 있다. 하지만 그것이 다른 관계들을 존중하고 다른 관계들로부터 배우는 것을 막지는 않는다.

예수의 유일성을 이렇게 이해한다면 그것은 다른 관계들을 배제하지 않는 에너지가 될 수 있다. 실로 예수의 유일성은 다른 관계들을 포함하고 다른 관계들에 열려 있다. 결혼이나 다른 헌신적인 관계에서처럼 내 파트너와의 관계가 행복하고 만족스럽고 안정적일수록 나는 다른 친구들을 더 존중하고 그들로 인해 더 풍요로워질 수 있다. 철학적으로 예수의 유일성은 배타적이지 않은 상보적, 관계적 유일성이라고 말할 수 있다. 상보적 혹은 관계적 유일성은 그 본성상 타자와 관계 맺고, 참여하고, 배우고, 도전하게 한다. 지난 세월 동안 내가 진실로 체험해 왔듯이, '그리스도의 제자'가 되는 것은 나를 붓다의 친구가 될 수 있게 했고 심지어 그것을 '요구'하기까지 했다. 이것이 내 친구인 존 캅의 심오한 진술이 의미하는 것이다. "예수는 다른 길들other Ways에 열려 있는 길the Way이다."

하지만, 그럼에도 불구하고, 우리의 성서와 전례들을 너무 과도하게 차지하고 있는 '유일한'이라는 언어를 어떻게 해야 하는가? 한 가지 제안을 하겠다. 신약성서 학자들이 지적하듯이 그런 언어는 '고백적' 언어이다. 즉, 초기 공동체에서 예수의 제자들이 그들의 삶에 그토록 큰 영향을 준 예수에 대해 느낀 것을 고백적으로 표현하기 위해 사용했던 말이다. 또는, 더 일상적 용어로 말하면, 그것은 "당신이 세상에서 가장 아름다워요", "내게는 당신밖에 없어요"와 같은 사랑의 언어였다. 그리고 모든 사랑의 언어처럼 그 언어도 최상급과 배타적 표현을 자연스럽고 풍부하게 사용했다. 하지만 내가 말하려는 요점은 그런 사랑의 언어는 자신의 배우자나 연인이 있는 다른 사람들과 함께 있을 때가 아니라 친한 사이끼리 있을 때에만 사용해야 한다는 것이다.

그리스도교 공동체에서 '친한 사이끼리 있을 때'란 그리스도인들의 헌신을 나누고 신앙을 노래하는 전례와 예배다. 따라서 나는 예수가 '유일'하다고 말하는 전통적 사랑의 언어를 '내부적으로만 사용'할 것을 제안한다. 즉, 그리스도교 공동체 안에서나 혼자 기도할 때만 사용하고 다른 종교인들과의 관계에서는 사용하지 말자는 것이다. 이 언어는 우리 그리스도인들이 예수와 복음에 대한 신앙과 헌신을 나눌 때 우리끼리 말하는 방식이지 다른 종교인들과 있을 때 말하는 방식이 아니다. 왜냐하면 다른 종교인들의 신앙과 헌신을 경시하게 될 수도 있기 때문이다. 이런 태도는 신약성서에서 예수에 대해 '유일회적'이라고 말하는 언어의 본래 고백적인 목적에도 부합한다. 예수가 유일하다는 말은 예수를 찬양하기 위한 언어였지 다른 종교의 성인들을 무시하기 위해 사용한 언어가 아니었다.

무엇이 예수를 유일하게 만드는가?

예수의 유일성을 배타적으로가 아니라 관계적으로 이해하려 할 때 나는 내가 알 수 있는 한 예수가 붓다보다 훨씬 더 명확하게 나타내는 어떤 것을 상기해야만 했다. 그것은 붓다보다 예수에게 훨씬 더 유일하고 독특한 것이었다. 그것은 역사의 중요성 또는 역사적 사건들의 중요성이다. 3장에서 다루었듯이, 불자들과 비교해 볼 때 그리스도인들은 역사와 역사를 이루는 모든 사건들을 더 중요시한다. 이는 그리스도교 신앙과 체험에 있어서 성육신의 중요성과 관련이 있다. 그리스도인들은 전통적으로 성육신을 예수에게만 한정하기는 했지만, 그 의미를 매우 진지하게 받아들인다. 신성은 요한복음서에서 육이라고 부르는 인성과 동일시되고 완전히 하나가 된다. 이는 역사와 하나가 됨을 의미하는 것이다.

'성육신'을 확장해 나사렛 예수만이 아니라 붓다와 무함마드를 비롯한 다른 종교의 성인들도 궁극적 실재 혹은 궁극적 진리의 '육화'enfleshment일 수 있다고 인식한다면, 이 육화들은 매우 다른 역사적 맥락에서 일어나므로 그것들이 계시하는 진리들도 매우 다를 것이다. 또는, 불교적 비유를 사용해 예수와 붓다를 달을 가리키는 다른 손가락들이라고 부른다면, 우리는 단순하게 그들이 아주 똑같은 것을 가리키고 있다고 말할 수 없다. 예수와 붓다라는 손가락들은 달의 다른 부분들을 가리키고 있는 것이다. 아니면 하나의 신비의 둘레를 공전하고 있는 두 개의 다른 달들을 가리키고 있다고 말하는 것이 더 좋을 수도 있다.

다시 말해, 예수와 붓다가 거룩한 신비나 영의 유일한 현현들이라고 말할 때 우리는 신비는 '하나'이지만 예수와 붓다는 여전히 다르다고 말하고 있는 것이다. 또는, 하나의 신비 안에 진정한 차이들이 있다고 인식하는 것이 아마 더 정확할 것이다. 오직 그 차이들을 간직하고 그 차이들이 서로 대화하게 함으로써 우리는 신비를 간직할 수 있고 더 잘 이해할 수 있다. 1998년 7월에 일기를 쓰면서 나는 이것을 자각하기 시작했다.

나는 인간과 하느님이 관계된 역사적 사건들에서 일어난 것을 믿는다. '그리스도 사건'에서 일어난 것은 단지 또 한 번의 신비의 현현이 아니었다. 그것은 그 신비의 역사적이고 특수하며 결코 반복되지 않는 계시였다. 그리스도 사건은 신비의 전부는 아니지만 똑같은 형태와 권능의 이야기를 다른 어디에서도 찾아볼 수 없는 엄청나게 중요한 사건이었다. 세계를 움직일 수 있고 세계를 알 수 있게 하는 것에 영향을 주는 뭔가가 예수에게 일어난 것이다. 그리고 붓다, 무함마드, 모세에 대해서도 똑같이 말할 수 있다. 그들은 모두 신비의 특수하고 반복될 수 없으며 유일한 계시들이다.

그런데 역사가 중요하다면 예수의 역사에서 가장 중요한 것은 무엇인가? 다시 우리는 예수를 유일하게 만드는 것은 무엇인가를 묻고 있다. 내가 나 자신과 동료 그리스도인들에게 상기시켜 주고 싶은 것은 예수를 유일하게 만드는 것이 무엇인지를 물을 때 우리는 예수를 인간 역사에서 다른 종교의 성인들보다 더 우월하게 하는 것이 무엇인지를 묻는 것이 아니라는 점이다. 그보다는, 그것 없이는 더 이상 예수일 수 없는 점이 무엇인지, 예수의 가르침과 삶에서 그를 독특하게 만드는 점이 무엇인지를 묻고 있는 것이다. 예나 지금이나 예수를 예수로 만드는 것은 과연 무엇인가?

그것은 '최종적' 답이 있을 수 없는 물음이다. 그것은 예수의 핵심 정체성에 대해 묻는 물음이다. 인생의 변화하는 정황과 요구를 통해 성장하면서 인간의 핵심 정체성은 적응하고 진화한다. 그리스도인들이 주장하듯 예수가 그들 가운데 계속 살고 있으므로, 예수의 핵심 정체성도 다양한 역사적·문화적 환경에서 다르게 표현될 것이다. 그러므로 우리는 "너희는 나를 누구라 하느냐?"라는 예수의 물음에 계속해서 대답하고 다시 대답해야만 한다.

현대를 살아가는 나와 학생들에게 예수의 유일성을 이해하고 선포하는 가장 분명하고 설득력 있으며 가장 도전이 되는 길은 내 친구인 알로이시우스 피어리스 신부가 제시한 것이다. 알로이시우스는 예수의 유일성을 "예수는 가난한 사람들과 맺은 하느님의 보호조약 defense pact"이라고 시적으로 표현했다. 다른 종교 지도자들이나 창시자들처럼 예수는 하느님, 곧 궁극적 실재를 사랑의 능력으로서 체험했다. 그런데 예수의 체험에서 독특했던 점은 이 하느님이 모두를 사랑하지만, 어느 사회에나 있는 억눌리고 소외되고 무시당하고 착취당하는 사람들에게 '우선적' 사랑 또는 더 긴급한 사랑이라고 할 수 있는 특별한 사랑을 기울인다는 것이다. 예수는 가난하고 굶주리고 소외된 이들을 위한 우선적이고 긴급한 사랑을 그들 중의 하나처럼 – 현실에 눈을 떠서 지배권력에 맞서 반대의 목소리를 높이는 누구든 죽임당했을 것처럼 – 죽임당할 정도로까지 구현했다. 예수 안에 구현된 하느님은 세상의 희생자들을 위해 고통 받는 것만이 아니었다. 그 하느님은 '그들처럼', '그들과 함께' 고통 받는 것이다.

2003년 6월 1일 일기에 썼던 것처럼, 희생자들에 대한 우선적 사랑은 다른 종교들과의 대화에서 그리스도인들이 기여할 수 있는 독특하거나 유일한 점이라고 말할 수 있다.

그리스도교는 그 신자들과 다른 모든 종교에게 하느님을 안다는 것은 세상의 희생자들에게 관심을 갖는 것, 희생자들과 가해자들을 어떻게 화해시킬지에 관심을 갖는 것이라는 점을 상기시켜 주는 종교다.

또는 2004년 엘살바도르 여행에서 분명히 알게 된 것처럼, 그리스도인들은 아이들에게 먹을 것과 약을 줄 수 없는 희생자들이 하느님보다 더 중요하다고 주장한다.

우리를 부르고 우리의 행동을 요청하는 타자의 고통은 하느님보다 더 중요하다. 타자의 고통에 응답하지 않으면서 하느님의 실재에 응답하고 있다고 생각한다면 우리는 그릇된 길을 가고 있을 가능성이 높다. 적어도 예수를 통해 알려진 하느님은 타자의 고통 속에서, 타자의 고통을 통해 우리를 부른다. 타자의 고통 속에 하느님이 실재한다. 만약 고통 받는 이들이 우리에게 요구하는 것을 느끼지 않는다면 우리는 하느님의 실재를, 적어도 그 완전한 실재를 느끼지 못하고 있는 것이다.

그러므로 엘살바도르인들이 "하느님이 먼저다"$^{primero\ Dios}$라고 말하는 것은 옳지만, "희생자들이 먼저다"$^{primero\ las\ victimas}$라고 말하는 것 역시 옳다. … 하느님은 '궁극적 실재'^{Ultimate}이지만 고통 받는 타자는 '즉각적 실재'^{Immediate}이다.

알로이시우스는 불자, 힌두, 무슬림 친구들에게 예수의 유일성은 "가난한 사람들과 맺은 하느님의 보호조약"이라고 말하면, 그들은 예수의 유일성을 '좋은 소식'으로, 즉 그들을 경시하는 어떤 것이 아니라 그들을 풍요롭게 하는 것으로 받아들인다고 말했다.

부활 : 생생하게 살아 있는 그리스도-영

이 장의 서두에서 예수의 부활에 관한 끈질긴 문제들을 "부활은 손가락보다 훨씬 더 중요한 달을 가리키는 손가락일 수 있지 않을까?"라는 물음으로 끝맺었다. 불교는 나로 하여금 그 물음에 확고하고 기쁘게 "그렇다!"라고 대답할 수 있게 해 주었다. 불교는 신약성서와 신학자들의 연구에서 이미 발견했던 다른 "그렇다"라는 대답들에 힘과 명료함을 더해 주었다.

특히 불교의 '삼신불' 가르침, 그 중에서도 붓다가 불자들의 삶에서 계속 존재하며 힘이 되어 주는 '보신'에 대한 불자들의 가르침은 부활의 신비를 더 깊이 이해하고 느낄 수 있게 해 주었다. 보신의 개념은 바오로가 육신이 아니라 영적 몸*soma pneumatikon*의 부활을 주장할 때 가리킨 것을 이해하고 적용할 수 있게 해 주었다. 바오로가 '부활한 그리스도'와 '그리스도의 영'을 거의 동의어로 사용한 이유는 예수의 부활한 몸은 영적 몸이었기 때문이다! 초기 그리스도인들이 예수의 사후에도 그를(불자들이 말하듯이) '향유'할 수 있었던 것은, 다시 말해 그의 존재와 힘을 계속 느낄 수 있었던 것은 영을 통해서였다. 신약학자 루크 티모시 존슨은 이것을 솔직하고 분명하게 말한다. "성령은 예수 부활의 현존이 세상에 나타나는 양태이다. '주님은 영이십니

다'". (고린토2서 3:17)

일부 그리스도인들은 이렇게 영에 근거해서 부활을 이해하는 설교를 들으면 불안해서 몸을 뒤척이기도 한다. 그들에게 그것은 육신에 대한 관심을 잃어버리고 부활한 그리스도를 영적 의미로만 해석하는 것처럼 보이기 때문이다. 예수의 부활이라는 '사실'을 그의 제자들의 마음속에 있는 '느낌'으로 환원시키는 주관화로 보이는 것이다. 그리스도인들이 예수의 부활에 관해 믿는 바를 '비물질화'하거나 '과도하게 개인화'하는 것은 하느님이 구체적인 역사 속에 실재한다는 그리스도교의 독특한 주장과 결별하게 된다는 주장에는 나도 동의한다.

하지만 그런 염려가 놓치고 있는 요점이 있다. 바오로가 부활한 주님을 영이라고 말할 때, 우리가 부활한 예수를 그리스도-영이라고 말할 때, 결코 이 그리스도-영이 육신을 떠난다고 말하는 것이 아니라는 점이다. 반대로, 이 부활한 그리스도-영은 이제 '우리 몸 안에' 실재한다. 바오로가 알려주듯이, 우리는 이제 그리스도의 몸이다. (고린토1서 12:27) 바오로는 빈 무덤에 대해 말하지 않고 예수의 몸이 어떻게 되었는지에 대해서도 말하지 않지만 '그리스도가 된 예수'가 더 이상 예수 자신의 몸에 얽매이지 않는다는 것은 매우 분명하게 주장한다. 예수는 그를 체험하고 따르는 이들의 구체적 삶 속에, 그들의 결정과 행동 안에 살아 있는 것이다.

예수의 제자들이 체험한 부활한 그리스도-영은 '단순한 느낌'으로 환원될 수 없는 실재였다. 예수가 그들에게, 그들 안에 살아 있다는 확신은 주관적 자기 암시나 환상 또는 "무조건 믿자"는 완고한 믿음의 결과가 아니었다. 부활한 예수에 대한 신앙은 제자들의 바람이나 감정을 넘어선 체험에 의해 생겨났다. 그들은 그리스도-영을 '만났고', 그들의 개인적, 공동체적 삶 속에서 그리스도-영의 임재와 힘을 느꼈다. 일부 신학자들이 말하듯, 당시의 이런 만남은 오늘날 우리와 그리스도-영의 만남과 본질적으로 같은 방식으로 일어났을 것이다. 그때 제자들은 예수가 명령한 일을 실천했고, 함께 모여 예수가 말한 이야기를 다시 들었고, 더불어 빵을 나누었다. 그들 가운데 예수의 '실제적 임재'가 있었다. 예수는 제자들의 육신의 삶에 실재하고 영적으로 만져질 수 있는 존재였다.

이런 체험에 근거해서 부활한 그리스도를 그리스도교 공동체의 몸 안에 있는 그리스도-영으로 이해하게 되면, "무덤 입구의 바위가 굴려졌나?", "무덤은 비어 있었나?", "부활의 현상을 문자 그대로 믿어야만 하나?" 같은 물음들은 부차적인 것이 된다. '실제로' 무슨 일이 일어났는가보다 더 중요한 것은 그리스도-영이 '정말' 생생하게 살아 예수의 제자들의 삶과 몸 안에서 그의 사역을 계속했다는 것이다. 2004년 부활절 일요일에 나는 분명한 확신으로 이것을 깨달았다.

부활절을 기념한다는 것은 그리스도가 내 안에 나로서 살아 있음을 믿고 느끼고 긍정하는 것이다. 빈 무덤이나 부활 현현의 본질, 또는 부활한 예수의 몸이 어떤 것이었는지에 대한 논의가 중요할 수도 있다. 하지만 더 결정적으로 중요한 것은 그리스도-영인 예수가 내 안에서 실제로 부활해 살아 있음을 내가 정말 믿는가이다. 만약 그가 내 안에, 곧 공동체로서의 우리 안에 살아 있지 않다면, 그가 부활해서 무덤에서 걸어 나왔다 한들, 부활한 그가 육신을 가졌다 한들, 무슨 의미가 있겠는가?

하지만 그리스도의 부활한 몸이 붓다의 '보신'과 유사한 의미를 지닌다고 말할 때 여전히 그 둘은 두 개의 다른 몸이라는 것을 잊어서는 안 된다. 대승불교의 삼신불 교리가 붓다의 보신은 그의 육신과 관련되어 있다는 점을 명확히 하는 것처럼, 부활한 그리스도-영은 오직 역사적 예수와 관련해서만 이해되고 체험될 수 있다. 이것이 복음서에 있는 부활 현현의 상세한 이야기들의 요점이다. 예수를 따르던 초기 제자들은 그들 자신과 새로 제자가 되려는 사람들에게 이 부활한 그리스도-영이 갈릴리 언덕과 예루살렘 거리를 걸었던 예수-영과 같다는 점을 분명히 하기를 원했다. 여기서 다시 그리스도교의 독특성으로 돌아온다. 모든 인간과 모든 종교에 보편적이고 유용한 것은 무엇이든 역사의 구체적인 특수성에 단단히 기반해야 한다는 것이다. 이는 하나의 보편적 영이 다른 종교들에서 진실로 다른 영이 된다는 것을 의미한다.

그러므로 부활한 그리스도-영은 여전히 특정한 역사적 예수의 영이므로 고타마의 몸과 관련된 붓다의 보편적 보신과 비슷하면서도 정말 다르다. 1998년 7월 일기에서 그것을 말하려고 했다.

부활한 그리스도는 모든 종교에서 볼 수 있는 하느님의 보편적 임재와 능력의 한 표현이다. 하지만 부활한 그리스도는 세상을 제대로 구원하기 위해서는 결코 잃어버려서는 안 될 차이를 지닌, 유일하고, 다르고, 매우 특정한 현존이다. 역사적 예수가 그리스도-영에 특정한 성격을 부여한다는 점에 있어서 그리스도-영은 역사적 예수와 본질적으로 연결되어 있다. '그리스도의 마음'을 알고, '그리스도의 법'대로 살고, 그리스도의 형상으로 태어나고 자라나기 위해 우리는 나사렛 예수와 그에 대한 기록들을 우리의 역사의 정박지로 삼아야만 한다.

2004년 부활절 아침, 나는 이 '역사의 정박지'가 요구하는 것을 더 명료하게 할 필요가 있음을 느꼈다.

그러면 이 그리스도-영은 무엇(혹은 누구)인가? 이 그리스도-영은 붓다나 무함마드 또는 크리슈나를 따르는 이들에게 있는 영의 임재와 어떻게 다른가? 예수는 자비와 정의를 향한 열렬한 관심 때문에 십자가형을 겪은 영을 구현했다. 우리 '그리스도-영의 사람들'은 타인을 위한 고난에, 특히 나약하고 천대받는 이들을 위한 고난에 자신을 비우는 하느님을 따른다. 이것은 결코 우리를 불자나 무슬림이나 힌두보다 우월하게 만들지는 않는다. 하지만 이것은 확실히 우리를 그들과 다르게 만들 수 있다.

그러므로 붓다 고타마와 그리스도 예수 사이에서 건너가기와 되돌아오기를 한 후에 나는 붓다와 맺은 나의 관계는 그리스도에 대한 나의 헌신을 더 분명하고 깊게 했음을 조심스럽지만 확고하게 말할 수 있다. 나는 이것이 나의 그리스도인 형제자매들에게도 마찬가지일 것이라고 믿는다.

Chapter 6

기도와
명상

6 기도와 명상

이 장에서 우리는 수행에 대해 이야기할 것이다. 수행은 기본적으로 불교 용어다. 나는 불자 친구들이 그들의 '수행'에 대해 말하고 서로에게 "어떤 수행을 하고 있습니까?"라고 묻는 것을 자주 들었다. 그들이 말하는 수행은 세계의 모든 종교전통 안에서 찾아볼 수 있는 것이다.

넓은 의미로 보면 '수행'은 영적 생활을 유지하고 진보시키기 위해 하는 모든 것이다. 우리의 영성을 건강한 상태로 유지하기 위해 하는 모든 일이 '수행'인 것이다. 우리가 영적이기 위해 반드시 종교적이어야만 하는 것은 아니다. 즉 영적 수행을 위해 반드시 어떤 종교전통이나 공동체의 구성원이 되어야 할 필요는 없다. 하지만 이 장에서 나는 불교와 그리스도교 전통에 속하는 이들이 그들의 종교전통을 계속 영적이도록 하기 위해 하는 모든 수행을 고찰해 보고자 한다.

한 종교인의 수행은 그의 종교전통을 낳고 지속시킨 근원적 체험과 접촉하도록 하는 모든 것을 포함한다. 수행은 한 수행자가 따르는 전통의 핵심이 그 수행자 자신의 핵심이기도 하다는 것을 확인하기 위해 하는 것이다. 수행은 수행자의 종교전통을 낳고 지속시키는 모든 것에 그가 직접적으로 연결되어 있게 해 준다. 더 구체적으로 말하면 수행은 불자와 그리스도인이 붓다와 예수의 체험과 계속 연결되기 위해, 또 그 체험의 에너지가 삶의 모든 어려운 순간에도 자라나고, 적응하고, 적용되고, 강건하도록 하기 위해 하는 모든 것이다.

영적 수행은 본질적으로 영적 건강과 안녕을 유지하기 위해 매일 먹어야 하는 음식과 같다. 영적 생활에서 적절하게 먹지 못한다면 우리는 병에 걸릴 것이다.

불교와 그리스도교의 수행은 사람에 따라, 역사적 시대에 따라 무척 다양한 요소들을 포함한다. 하지만 불교 수행의 주요 요소는 팔정도의 마지막 세 항목이라는 데 대부분의 학자들이 동의할 것이다. 그것은 명상을 구성하는 바른 노력正精進, 바른 마음챙김正念, 바른 선정正定이다. 한편 그리스도교 수행의 중심은 기도이다. 이 기도에는 공동체의 전례 기도와 혼자 하는 기도 두 가지가 있다.

그래서 이 장의 제목은 '기도와 명상'이다. 기도의 본질이 되는 '말'과 명상이 일어나는 '침묵'을 말하는 것이다. 이어지는 내용에서는 그리스도교의 기도에서 내가 경험하는 문제를 다루는 데 있어 불교의 명상이 왜, 어떻게 도움을 주었는지 설명하고자 한다.

나의 갈등:
기도할 때
나는 무엇을 하고 있는가?

그리스도교의 기도에 대한 나의 문제를 털어놓기 전에 한 가지 먼저 밝혀 두어야 할 것이 있다. 수행과 기도에 대한 이 장은 앞 장들에서 다룬 주제들보다 훨씬 더 개인적인 내용을 다룬다는 것이다. '하느님', '내세', '그리스도'와 관련해 내가 제기했던 문제들은 주로 개념적이고 철학적인 것들이었다. 즉, 하느님을 어떻게 형상화할 것인가, 사후의 삶을 어떻게 이해해야 하는가, 예수의 신성과 구원자 역할을 어떻게 설명해야 하는가 등의 문제들이었다. 하지만 기도를 다룰 때 우리는 개념적인 것보다는 실제적인 것을 탐구하는 것이다. 지적인 것은 실제적이어야 하고 실제적인 것은 지적인 것에 근거해야 한다는 점에서 그 둘이 밀접하게 연결되어 있긴 하지만, 그 둘은 서로 다르다. 지적인 것에 대해 정직하고 열린 태도를 가진 사람들이 일반적 합의에 이르는 것은 불가능하지 않지만, 실제적인 것에 대해서는 더 다양한 의견이 있을 수 있다. 나는 내게 지적으로 타당한 것이 당신에게도 타당할 것이라고 생각하지만 실제적인 것에 대해서도 똑같이 말할 수 있는지는 확신하지 못한다.

그러므로 기도와 관련된 나의 개인적 문제를 말할 때 다른 그리스도인들도 반드시 같은 문제를 갖고 있거나 그래야만 한다고 주장하는 것은 아니다. 이어지는 내용에서는 그리스도교 수행 중에서 내게 그다지 소용이 되지 않았던 것에 대해 할 수 있는 한 정직하고 분명하게 말하고자 한다. 그리고 독자들도 나와 같은 어려움을 느끼는지 스스로에게 물어볼 것을 권한다. 그렇게 느낀다면 이 장의 내용들이 도움이 될 것이다. 혹시 그렇게 느끼지 않더라도 흥미롭게 읽어 주면 좋겠다.

대화의 어려움

그리스도교의 기도는 대부분 하느님과의 대화로 이해되고 실천되어 왔다. 기도는 우리와 하느님이 관계하는 방식 중 하나이다. 우리는 기도를 통해 하느님과 연결되고 소통한다. 기도할 때 나는 '여기' 교회나 숲 속에 있고 하느님은 '저기' 천국이나 내 마음속에 있다. 그리고 우리는 서로 소통한다. 소통은 주로 말을 매개로 이루어지지만, 몸짓, 의례 또는 노래를 통해 이루어지기도 한다. 우리는 말하고 하느님은 듣는다. 그리고 우리는 하느님이 이런저런 방식으로 응답하기를 기대하고 희망한다. 대화의 상대가 하느님인 기도는 사람들이 나누는 대화 방식과는 분명히 다르다. 하지만 양쪽이 서로 소통한다는 점에서 기도는 여전히 본질적으로 대화를 통해 상호작용하는 것이다.

여기에 내가 느끼는 문제들이 있다. 물론 대화로서의 그리스도교 기도는 많은 사람들에게 매우 깊고 만족스러운 경험일 수 있다는 것을 안다. 하지만 나는 나이가 들면서, 특히 중년에 접어들면서, 대화로서의 기도가 부담스러워졌다. 교회에서 공동체적으로 드리는 전례 기도에서나 내 방에서 혼자 조용히 기도할 때 나는 하느님을 향한 말의 흐름에 들어갈 수가 없다. 내가 의식하고 있는 어떤 지적 문제가 있어서가 아니다. 나는 대화로서의 기도를 할 수 없을 뿐이다. 하느님과 대화하려 하면 말을 더듬게 되거나, 따분해지거나, 강요받는 것 같거나, 부적절한 것만 같다.

나는 성요셉 초등학교에서 경건한 학생만 선택되는 복사服事로 선발될 정도로 독실한 학생이었을 때나, 신학교에서 고등학생, 대학생 시절을 보냈을 때나, 한결같이 매일 예배당에서 하루 평균 세 시간을 보내며 엄마와 이야기를 나누는 것처럼(아빠는 엄마보다 말을 훨씬 덜 했으므로) 하느님과 많은 대화를 할 수 있었다. 그러나 이제 나는 더 이상 하느님과 말로 대화하지 못한다. 이는 아마도 부모가 하느님의 역할을 할 수 없다는 것을 깨달은 심리적 성숙과 함께 하느님이 부모보다 훨씬 더 크다는 것을 깨달은 영적 성숙 때문일 것이다.

받기와 주기

그리스도교의 기도 대부분은 너무 인간의 부모-자녀 관계를 모델로 하는 것 같다. 우리는 부모로부터 필요한 것을 받는다. 그리고 성장해서는 우리가 부모에게 필요한 것을 준다. 하느님과의 대화인 기도의 대부분도 우리를 위해 하느님에게 뭔가를 요구하거나 드리는 것과 관련이 있다. 우리는 기도를 통해 하느님에게 청원하거나 하느님을 찬양한다. 우리는 말을 하거나 예배하는 것이다.

그리스도교의 기도 중 '청원기도'가 차지하는 비율이 어느 정도인지 궁금하다. 필요한 것이 많은 우리는 청원기도를 많이 한다. 하느님이 뭔가 해 주길 기대하면서 그에게 우리가 원하는 것을 알려 준다. 본질적으로, 우리는 하느님이 우리 삶에 개입하고 간섭하여 변화를 일으켜 주기를 요청하는 것이다. 하느님이 우리를 돕기 위해 개입한다는 이런 생각의 주된 문제는 결국 그런 개입이 너무 자주 다른 누군가를 차별하는 결과를 가져온다는 점이다. 우리가 일요일에 소풍 가기 좋은 날씨는 농부의 바짝 마른 논밭에는 나쁜 날씨다. 만약 하느님이 내 여동생의 암을 낫게 해 준다면, 어째서 같은 병으로 고통 받는 남의 여동생들은 낫게 해 주지 않는가? 더구나 그들도 내가 여동생을 위해 열심히 기도하는 만큼 그들의 여동생을 위해 열심히 기도한다면 말이다.

나의 어려운 처지나 상황을 하느님이 직접 개입해서 변화시키고 심지어 해결해 달라고 요청하는 기도는 나 자신이 책임져야 할 일까지도 하느님이 대신 맡아 달라고 요청하는 것 같아 불편하다. 우리가 기도한다고 하느님이 정말 날씨를 바꿔 줄까? 학기 내내 공부는 하지 않고 게으름을 부렸는데도 하느님이 시험에서 나를 도와줄까? 내가 어렸을 때 부모에게 "이걸 고쳐 주세요," "저걸 바꿔 주세요"라고 떼를 썼던 것은 그 나이에 어울리는 것이었다. 그러나 이제는 더 이상 그렇지 않다. 어른이 되어서도 부모에게 그런 요청을 하는 것은 부적절하다. 이는 우리와 하느님의 관계에서도 마찬가지이다.

우리는 전례나 예배를 '경배'라고 말한다. 우리는 주로 하느님을 경배하고 찬양하기 위해 모인다. 그것이 우리가 모이는 주된 동기이다. 그러나 나는 묻게 된다. 하느님은 정말 우리의 경배를 필요로 할까? 왜 우리는 그렇게 많은 시간을 들여 하느님을 찬양하고 머리를 숙여야만 하는 걸까? 하느님은 자신이 얼마나 위대한지를 정말 듣고 듣고 또 들어야 할 필요가 있을까? 많은 여성들은 이렇게 대답할지도 모른다. "하느님이 정말 한 '남자 he'라면 그렇겠지요!"

그리스도인들은 이런 물음을 들으면 하느님을 위해서가 아니라 우리 자신을 위해 경배한다는 대답을 많이 한다. 하느님은 경배 받을 필요가 없지만 우리는 하느님을 경배할 필요가 있다는 것이다. 그러나 여전히 나는 묻게 된다. 왜 그런가? 하느님에게 정말 경배가 필요하지 않다면 왜 우리는 경배해야만 하는가? 어떤 그리스도인들은 우리가 하느님과 다르다는 것을 상기시켜 주기 위해 경배가 필요하다고 한다. 그래도 여전히 나는 묻게 된다. 어째서 그렇게 많이 경배해야만 하는가? 왜 하느님이 우리와 다르고, 우리보다 위대하고, 우리를 초월한다는 것을 계속해서 우리 자신에게 상기시켜야만 하는가? 다르다는 것을 그토록 강조하면 거리가 생긴다. 차이가 크면 그 간격도 큰 것이다.

그리스도인들이 기도의 대상으로 하는 하느님과의 관계를 이렇게 '간격'으로 묘사하는 것은 문제의 진술에서 문제의 진단으로 나아가게 하는 디딤돌이 되어 준다.

진단: 지나친 경배, 너무 많은 말

내가 배운 대로 기도하려 할 때 마주치는 혼란은 하느님을 말하는 전통적 방식과 관련해 내가 겪는 문제의 실제적인 귀결이다. '하느님에 대한 이야기'God-talk(우리 신학자들이 1970년대에 많이 사용했던 용어)가 기도와 관련된 나의 문제들의 근원에 있는 것이다. 즉, 내가 '하느님에 대해' 말하는 것에 심각한 문제가 있다면 틀림없이 내가 '하느님에게' 말하는 데에도 문제가 있을 것이다.

전례에서나 사적인 모임에서 동료 그리스도인들과 함께 기도할 때 내가 그렇게 자주 불안하게 뒤척이는 이유를 진단하기 위해 앞 장들을 살펴보니 나의 불안에는 두 가지 주요 원인이 있는 것 같다. 하나는 그리스도교의 기도가 지나치게 하느님을 숭배하는 나머지 이원론에 빠진다는 것이고, 다른 하나는 그리스도교의 기도에 말이 너무 많다는 것이다.

이원론적 태도의 문제

그리스도교의 기도 대부분이 사실상 하느님을 향한 찬양과 청원, 경배와 호소로 채워져 있으므로, 그리스도교 신학이나 하느님을 형상화하는 것에 대한 나의 문제는 분명히 그리스도교 수행인 기도에 대한 나의 문제에도 관련이 있을 것이다. 즉, 경배 받고 청원 받는 하느님은 여전히 초월적 타자이고 슈퍼맨 같은 존재이다. 내가 '기도하게' 되는 하느님은 여전히 나의 밖이나 반대편에 서 있으면서 나의 삶과 세계 속으로 들어오거나 개입해야 하는 '타자'이다. 이런 하느님은 하나의 인격체이며, 그와 함께 내가 소통하고 대화하는 관계를 갖게 되는 하나의 '당신'인 것이다.

이런 하느님의 이미지는 신성에 대한 나의 생각이나 느낌과 맞지 않는다. 오히려 불교의 도움으로 내가 다시 초점을 맞추게 된 신성의 이미지나 상징은 우리 피조물 각자 안에서뿐 아니라 '우리로서' 살고 행동하고 존재하는 영을, 인격체가 아닌 인격적 에너지로서 우리 안에 내재하고 연관시키는 영을 체험하게 한다. 이 영은 나를 마주 보는 '타자'가 아니라 나의 생명력과 하나인 창조와 유지의 생명력이다. 바오로의 말처럼 "내 생명을 사는 것은 내가 아니고 나로서 사는 그리스도"이다. 나와 하느님의 관계는 진실로 '불이적'이며 그리스도-영과 나는 둘이 아니다(하지만 또한 하나인 것도 아니다). 하느님에 대한 이 새로운 이해를 따른다면 내게는 철저하게 합일적, 불이적인 관계를 표현하고 느낄 수 있게 하는 어떤 영적 수행이나 기도가 필요하게 된다. 바로 여기에 내가 갖는 어려움이 있다. 내 그리스도교 생활과 성장에서 기도에 대해 배운 것들 중에서는 새로운 하느님 이해에 맞게 쉽사리 활용할 수 있는 수행을 찾기 어려운 것이다. 왜냐하면 나의 그리스도교 수행의 대부분은 내 '바깥에' 있는 하느님과 관계 맺는 것이기 때문이다. 이것은 이원론이다.

장황한 말

나는 그리스도교 전례에 참여할 때면 말에 질식된 나머지 숨을 헐떡이곤 한다! 그리스도교의 기도와 전례는 너무 장황하다. 넘치는 말 속에서 질식할 것 같은 이런 느낌은 3장에서 내가 말하려 했던 것에서 비롯된다. 즉 하느님은 신비이며, 기도와 전례에서 표현된 하느님의 알려진 면보다 알려지지 않은 면이 훨씬 더 많다는 자각이다. 하느님이 신비라는 자각은 그리스도인들 사이에 점차 더 널리 확산되고 있다. 하지만 여전히 우리의 말은 양적으로만이 아니라 질적으로도 하느님의 신비를 존중하지 않는 것 같다.

우리는 하느님이라는 신비에 합당하지 않고 오히려 무례하게까지 느껴지는 말을 너무 많이 사용한다. 우리는 말을 너무 경솔하게 사용해서 마치 말을 문자 그대로의 의미로 사용하는 것 같다. 그래서 하느님이 정말 문자 그대로 "우리 기도를 들어주는 전능한 아버지"거나, 예수님이 문자 그대로 "종말의 때에 구름을 타고 오신다"거나, 우리가 하느님에게 "우리의 희생제물을 받아 주시길" 간청해야만 하는 것처럼 들리고 느껴진다.

문자주의적으로 사용하는 말의 문제에 내가 과잉반응하고 있는지도 모른다. 그런 문제의 해결책은 모든 말이 상징이라는 것과 그 말에 '해석학적

소금'을 약간 뿌려 취해야만 한다는 것을 나 자신과 나의 전례 공동체에게 상기시켜 주는 것이다. 하지만 이것은 그리스도교 수행에서 말과 관련된 더 근본적인 문제를 해결하지는 못한다. 말은 신적 신비를 표현하는 데 항상 부적절할 뿐 아니라 그 신비를 체험하는 데 실제로 장애가 될 수 있다. 그러므로 우리는 말을 상징으로 받아들여야 하며, 때로는 말을 아예 치워 두어야 할지도 모른다. 말을 멈춰야 하는 것이다.

내가 붓다의 도움으로 깨달은 것은 상호연관시키는 영의 실재와 신비는 그것이 신비이기 때문에 말이 아닌 다른 방식으로 소통되고 느껴져야만 한다는 것이다. 실로, 신비의 가장 깊은 체험은 오직 말 없는 가운데 이루어질 수 있을 것이다. 만일 말의 사용이 그만 말중독이 되고 만다면 영의 신비로운 현존의 실재를 느끼고 깨닫는 더 심오한 방식을 잃어버리게 될 것이다.

나는 '침묵'의 필요성을 말하고 있다. 하느님이 진정으로 인간의 모든 이해와 사상과 말 너머에 있는 신비라면 우리의 모든 영적 수행은 침묵을 위한 여지를 충분히 두어야만 한다. 그리스도교 수행이 빠뜨리고 있는 것이 이것이다. 말과 노래와 음악으로 떠들썩한 그리스도교 전례를 보면 이 점은 더욱 분명하다. 가톨릭 미사에서 유일한 침묵의 시간은 영성체 후의 짧은 묵상의 순간뿐이다. 그나마 사제가 미사를 서둘러 진행하면 그 시간마저 줄어든다. 그리스도교 전례에 참여하면서 나는 침묵을 몹시 그리워한다.

또한 나 자신의 개인적 기도에서도 침묵이 필요하다는 것을 점점 더 절실히 느끼게 되었다. 하지만 여기에서 밝혀야만 하는 것은 내가 받은 그리스도교 영성교육과 훈련이 침묵을 배우는 데 큰 도움이 되지 못했다는 사실이다.

그리스도교에도
관상과 묵상 전통이 있지 않은가?

그런데 내가 뭔가를 잊고 있거나 소홀히 하고 있는 건 아닐까? 그리스도교 역사에도 관상과 묵상의 풍부한 전통이 있지 않았던가? 아빌라의 테레사, 십자가의 성 요한, 마이스터 엑카르트, 노르위치의 줄리안, 로욜라의 이냐시오 같은 위대한 그리스도교 신비가들에게서 묵상과 침묵의 깊이를 볼 수 있지 않은가? 이들은 합일 기도의 스승이며 신비의 성 안 고요한 복도의 설계자요 안내자이다. 그렇다면, 더 불이적이고 침묵 가득한 그리스도교 기도를 찾고 있는 나는 이미 그리스도교의 영적 저장고에 풍부한 양식이 있는데도 먹을 것이 없다고 불평하고 있는 것인가?

물론 그리스도교의 영적 저장고에도 신비주의의 양식이 풍족하다. 이 장의 '되돌아오기' 부분에서 나는 그 중 일부를 이야기할 것이다. 여기서는 내가 관찰한 두 가지 현상을 말하려 한다. 하나는 말하기 쉬운 긍정적인 현상이고, 다른 하나는 꼭 집어서 설명하기 어려운 부정적인 현상이다.

첫째, 서구의 가톨릭과 개신교 교회의 평신도들이 그리스도교 영성의 저장고에 있는 신비주의의 양식을 쉽게 이용할 수 없었던 이유는 성직자들이 그것을 이용할 수 없었거나 관심이 없었기 때문이라는 점이 널리 인식되고 있다. 지난 삼십여 년간 이러한 신비와 관상 전통의 빈약함이 인식되고 지적되어 왔다.

1975년 제이비어 대학에서 처음 가르친 학생들 중 하나인 폴 피터한스는 미국 도처에서 흔히 일어나고 있는 일을 전형적으로 보여 주었다. 폴은 트라피스트 수도회의 토마스 키팅 신부와 시애틀에서 함께 일하면서 '관상지원단'이라는 모임을 조직했다. 이 모임은 직장에서 일하거나 아이들을 가득 태운 자동차를 운전하는 동안에도 '향심기도' 같은 수행법을 통해 누구나 관상가가 될 수 있다는 것을 평신도들에게 확신시켜 준다. 그리스도교 수행의 신비적 전통을 갱신하려는 이런 노력은 그리스도인들이 직면하고 있는 기도의 문제를 제기하는 데 도움이 된다.

둘째 현상은 더 까다롭다. 나는 우리 그리스도인들을 괴롭히는 만성적 이원론과 말에 대한 의존성을 그리스도교 신비주의의 자원만으로 충분히 다룰 수 있을지 확신하지 못한다는 것이다. 내가 받은 영성훈련 몇 가지를 간략하게 회고해 봄으로써 그 의미를 명확히 해 보고 싶다.

앞에서 암시했듯이 나는 영성훈련을 많이 받았다. 여러 해 동안의 신학교 생활과 수도회 생활을 통해 나는 꾸준하고 체계적인 기도와 묵상훈련을 받았다. <말씀의 선교 수도회>에서의 영적 양성은 예수회의 깊고, 실제적이고, 검증된 영성을 모델로 한 것이었다. 나는 2년 동안 일종의 '영적 신병 훈련소 생활' 같은 수련기간을 거쳤다. 그때, 꼭 하사관 같은 독일인 수련장이 신중하고 철저하게 우리를 영적으로 훈련시키고 시험했다. 그 수련기간 동안 우리는 이냐시오 영성수련의 묵상 경험에 전념하는 삼십 일 침묵피정을 두 번 했다. 그리고 이십삼 년 동안 <말씀의 선교 수도회>의 회원으로 있는 동안 팔 일간의 연례 피정을 했고 매달 며칠씩 묵상을 했다.

그리고 매일 아침 5시 15분부터 6시까지 아침미사 전에 성당에서 정규적인 개인 묵상을 했다. 우리는 무릎을 꿇거나 앉아 있을 수 있었고 졸리면 일어서기도 했다(나는 수련 동기 둘이 선 채로 잠을 자는 기술을 완벽하게 구사하는 걸 보고 놀라며 부러워하기도 했다!). 우리는 하루 종일 하느님의 임재를 '체험'할 것을 고무받았다. 그 체험을 돕기 위해 매 15분마다 울리는 종소리를 들을 때마다 우리는 잠시 모든 걸 멈추고 기도했다. 이 모든 수행의 목적은 '내재하는 하느님'과 지속적으로 교제하게 함으로써 하느님에게 민감하게 반응하게 하려는 것이었다.

가톨릭 교회의 관점을 전반적으로 완화하고 확장한 제2차 바티칸 공의회 이후에는 엄격한 영적 일과가 꽤 느슨해졌다. 하지만 지속적 영적 상담, 영적 독서와 함께 묵상과 전례기도는 여전히 내 그리스도교 수행의 필수 요소였다. 나는 그 모든 수행에 근본적으로 만족했다. 그 영성훈련을 받았고 수행을 계속해 왔기에 오늘날 더 나은 사람이 되었을 것이다. 하지만 세월이 더 흐르면서, 내가 아직 사제였던 때도 그랬지만 특히 사제직을 떠나 제이비어 대학에서 교수 생활을 하며 영적 수행을 계속하려 했을 때, 내가 전에 배운 묵상법은 그것이 원래 의도한 방식이나 내가 바라는 방식에 딱 맞게 실행되지 않았다. 지금 와서 돌아보면, 주된 문제는 하느님에 대한 내 이해는 불이적인 것으로 변하는데 내가 그 전에 배웠던 영적 수행은 그 변화에 적응하지 못하고 있었다는 데 있었다.

이제 되돌아보니 그 이유를 알 것 같다. 내가 배운 묵상법과 관상법은 침묵을 강조하긴 했지만 수많은 무언의 말과 형상이 그 침묵을 채우고 있었던 것이다. 그 침묵은 말 없는 침묵이 아니었다. 전문적으로 설명하면, 내가 배운 묵상법은 본질적으로 '담화적인'^{discursive} 것이었다. 비록 말 그대로 '입을 닫고' 있긴 했지만 우리는 여전히 생각, 형상, 개념과 같은 무언의 말을 사용하고 있었다. 예를 들어, 묵상할 때 우리는 보통 먼저 '장면설정'^{compositio loci}부터 하라고 배웠다. 그것은 예수의 삶에서 특정하고 구체적인 장면을 마음속에 그리고, 그 장면 안에서 예수와 관계 맺는 우리를 상상하는 것이었다. 그리고 예수나 하느님 아버지를 향한 우리의 정서와 감정을 일으키라고 배웠다. 이런 묵상법들을 통해 우리는 하느님과의 인격적 관계로 들어가고 그것을 느끼려 했다. 그리고 매번 묵상이 끝날 때마다 우리는 우리의 결론, 다짐, 바람을 말하게 되어 있었다.

일부 그리스도교 영성의 전문가들은 그것은 '묵상'meditation이지 '관상'contemplation이 아니라고 말할지도 모른다. 진정한 수행으로 이끄는 예비적 노력인 묵상은 하느님과의 합일 체험을 바깥에서 들여다보는 것이다. 반면 관상은 안으로부터, 곧 우리와 하느님의 합일 안에서 보는 것이다. 이것을 말로는 적절하게 표현할 수 없다. 나는 그리스도교 수행의 목표가 그런 관상을 통한 하느님과의 합일감이라는 것을 이해한다. 이제 되돌아보면, 나의 좌절은 내가 했던 모든 묵상의 예비작업이 관상의 열매를 맺지 못했다는 데 있었다. 물론 이른 아침 시간에 늑장 부리느라 제대로 노력하지 않은 것도 그 원인의 일부였다(아마도 진정한 관상은 커피나 녹차 없이는 불가능한가 보다!). 하지만 내가 관상에 성공하지 못한 진짜 이유는 말의 대지를 떠나 관상의 열린 공간으로 날아오르는 것에 대한 그리스도인들의 고유한 어려움과 관련이 있다.

그런 어려움이 그리스도인들에게 '고유한' 것이라고 말하는 까닭은 관상가가 되려는 사람이 의식적으로든 무의식적으로든 그리스도교의 하느님 형상과 상징의 영향을 받기 때문이다. 그리스도인들은 하느님을 하나의 '존재' 혹은 저편에 홀로 있는 '타자'로 본다. 그런 타자로서의 하느님은 우리와 관계없이 우리의 너머에 존재하는 실체이다. 그래서 그리스도인들은 하느님을 외부에서 '나'를 대하는 하나의 '당신'이라는 실체로 보고 관계한다. 그 결과, 형상과 말을 진정으로 넘어서는 것이 불가능하지는 않더라도 매우 어렵게 되고 만다. 하느님을 음악을 창조한 초월적인 '존재'로 이해하는 것은 우리가 음악이 되기 위해 모든 말을 놓아 버리는 것을 방해하는 것이다.

깊은 우물, 새는 두레박

여기에서 이전에 나 자신에게 경고했던 것을 다시 반복할 필요가 있다. 즉, 내가 말하는 것은 내가 겪는 문제이지 모든 그리스도인들이 겪는 문제가 아니라는 사실이다. 아마도 관상과 관련된 나의 문제는 내가 그리스도인 관상가가 아니기에 생겨난 것인지도 모른다. 그런데, 본격적인 그리스도교 관상을 나보다 훨씬 더 많이 체험한 친구의 이야기를 듣고 그런 염려를 조금은 덜 수 있었다. 뉴욕의 교구 사제인 마이클 홀러런 신부는 카르투지오 수도원에서 이십여 년을 살았던 이다. 2007년 6월에 내게 보내온 이메일에서 그는 이렇게 말했다. "그리스도교 전통을 오랫동안 체험해 오면서 알게 된 것은 그리스도교가 영감에서는 뛰어나지만 영적 기술에서는 부족하고, 이상과 내용에서는 강하지만 방법에서는 약하다는 겁니다."

이것은 그리스도교 수행을 하며 내가 겪은 경험을 확인해 주는 한편, 나의 그리스도교 수행에 희망을 준다. 그리스도교 전통과 영성은 상호연관시키는 영과 신자들의 공동체 안에 살아 일하고 있는 그리스도에 대한 깊고,

신비적이며, 불이적인 체험을 담고 있는 우물이다. 그리스도교 신비가들은 이 우물의 깊이를 증언하고 있다. 그러나 그 우물에서 물을 길어 올리기 위해 우리 그리스도인들이 손에 들고 있는 두레박에 구멍이 나 있는 것이다. 우리 같은 보통 그리스도인들만의 두레박이 아니라 홀러런 신부 같은 관상가들의 두레박에도 구멍이 나 있는 것 같다. 구멍난 두레박은 제 역할을 할 수 없다.

그러므로 우물은 그대로 두고 두레박들을 수리하면 된다. 아마도 몇몇 두레박들은 새로 개량된 것으로 교체할 수 있을 것이다. 내가 이 일을 하도록 도와준 불교는 그리스도교의 수행법을 고치거나 개량할 때 잘 살펴보고 활용할 수 있는 신비적 방법들을 갖고 있다. 불교는 나의 그리스도교 수행 목록을 새롭게 하고 확장하는 데 있어 풍부하고 실로 없어서는 안 될 도움이 되어 왔다. 이것이 내가 이 장의 '되돌아오기' 부분에서 말하려는 것이다. 그 전에 먼저 불자들이 어떻게 수행하는지 더 자세히 살펴보아야 한다.

건너가기: 침묵의 힘

불교는 실제로 효과가 있는 영적 수행법을 찾는 과정에서 탄생했다고 말해도 과언이 아니다. 오늘날의 많은 수행자들과 마찬가지로 고타마도 처음에는 좌절한 수행자였다. 그가 속한 힌두 전통의 대중적 의례와 기도의 형식에 좌절한 고타마는 삶의 고통을 다룰 수 있게 해 주고 만물의 있는 그대로의 존재 방식과 조화를 이루며 사는 삶을 고무해 줄 종교적 수행법을 찾아 떠나기로 결심했다.

구도를 계속하던 고타마는 당시 브라만교로 구체화된 힌두교 수행의 상당 부분이 불충분하거나 부적절하다는 것을 인식했던 개혁운동에 속해 있었다. 당시 사람들은 우주가 올바르게 운행되기 위해서는 대개 희생제의인 특정한 의례를 해야만 한다고 믿고 있었다. 이런 의례의 기도, 주문, 희생제의는 매우 정확한 방법과 형식을 따라야 했기에 오직 사제들만이 할 수 있었다. 이런 식으로 신들은 희생제의를 요구했고, 희생제의는 사제들을 필요로 했고, 사제들은 금전적 대가를 요구했다(5달러의 미사 예물을 기억하는 나이 많은 가톨릭 그리스도인들에게는 이런 것이 불편하면서도 귀익게 들린다). 붓다와 그의 동료 수행자들에게 이것은 단지 금전적 문제가 아니라 지성에 대한 모욕이었다.

그래서 고타마는 잘 유지되고 있던 왕궁과 보살핌을 잘 받고 있던 가족을 떠나 완전한 수행, 아니면 최소한 효과적인 수행을 찾기 시작했다. 그것은 돈과는 관계없는 수행, 삶의 고통을 실제적으로 다루도록 도와줄 수 있는 수행이었다. 고타마는 약 6년 동안 유명한 수행자들을 스승으로 삼아 공부하고 수행했다. 정신수련과 명상의 전문가들인 그 스승들로부터 고타마는 많은 것을 배웠다. 하지만 그들이 가르쳐 준 것들은 고통을 다룰 수 있게 해 주고 참자아를 알 수 있게 해 주어야 한다는 고타마의 실용적 기준에 미치지 못했다. 결국 고타마는 보리수 아래 홀로 앉아 수행하기 시작했다. 그리고 바로 거기서 '그것'이 일어났다.

바른 명상

붓다는 보리수 아래에서 깨달음을 발견했다. 그리고 깨달음을 얻기 위해 실제로 효과가 있는 수행법도 발견했다. 인류를 위한 붓다의 위대한 공헌이 우리 모두 깨달을 수 있고 사물을 있는 그대로 볼 수 있다는 확신을 준 것이었다고 한다면, 그의 더 위대한 성취는 그가 발견한 것을 발견하려면 어떻게 해야 하는지를 상세하게 가르쳐 준 것이었다고 할 수 있다. 그는 목표를 알려 주었을 뿐 아니라 그 목표에 이르기 위한 지도까지 제공해 준 것이다. 그는 우리도 붓다가 될 수 있다(!)는 놀라운 약속만이 아니라 그 약속을 실현할 방법도 가르쳐 주었다. 앞에서 사용한 이미지로 표현하면, 붓다는 새 우물을 발견했을 뿐만 아니라 물을 길을 두레박도 제공해 주었다.

붓다가 가르친 팔정도八正道에 이 모든 것이 들어 있다. 팔정도의 세 가지 주요 요소는 체계적이고 정연하게 잘 정의되고 배열되어 있다.

신뢰: 붓다의 가르침을 진지하게 받아들여라. 그것을 시험해 보고, 그것이 당신에게 효과가 있는지 살펴보라(바른 견해, 바른 사유).
도덕성: 불필요하게 다른 존재를 해친다면 아무리 붓다의 수행을 한다 해도 아무것도 얻을 수 없을 것이다(바른 말, 바른 행위, 바른 직업).
정신적 수양: 침묵 속에 마음 수행을 하라(바른 노력, 바른 마음챙김, 바른 선정).

팔정도에 담긴 영적 수행의 핵심은 마지막 세 지침에 구체적으로 나타나 있다. 실용적으로, 그리고 다소 자유롭게 번역해 보면, 이 세 지침은 열심히 수행하고(노력), 바로 지금 여기서 우리 안과 주위에서 일어나고 있는 것들을 완전하게 알아차리고(마음챙김), 단호히 앉아 일어날 일들이 일어나도록 놓아둘 것(집중)을 요구한다. 사실, 붓다가 그의 체험과 그의 직접적, 실천적 통찰에 근거해 역설한 것은 자아와 세계에 대한 자각을 심화시키는 마음 수행을 위해 몸으로 수행하는 힌두교 요가 전통의 오래된 방법을 그 자신의 고유한 방식으로 설명한 것이었다.

팔정도의 세 지침이 의미하는 것은 불자들이 '명상'이라고 불러온 것이다. 명상은 주름진 얼굴로 벌거벗고 산 꼭대기에 앉아 있는 구루로부터 수영장에 구릿빛 피부로 벌거벗고 있는 캘리포니아 사람들까지, 전통적 종교부터 뉴에이지 종교에 이르기까지, 다양한 의미를 담고 있다. 그러므로, 곧 살펴보게 되겠지만, 심지어 불자들에게도 단 하나의 정통적 명상법이란 없다.

이제 대부분의 불자들도 인정할 수 있을 명상에 대한 설명을 과감히 시도해 보겠다. 스승의 지도를 받고 다른 사람들과 함께 하기도 하지만 명상은 대개 매우 개인적이고 개별적인 수행이다. 명상을 통해 우리는 실재를 있는 그대로 파악하기 위해 말과 개념에 의지하는 일반적 사고방식을 넘어서는 것을 추구한다. 일반적으로 명상 수행은 우리를 계속 깨어 있게 하고 자연스럽게 호흡할 수 있게 하는 몸의 자세를 강조한다. 그리고 명상은 대개 물리적, 정신적 침묵 속에 이루어진다. 때로는 리듬 있는 염불처럼 말이나 소리를 통해 침묵을 추구하기도 한다. 명상의 결과는 우리의 생각과 감정을 실재로 간주하는 장막을 걷어낼수록 생각으로는 결코 볼 수 없던 생각 너머의 실상을 더 잘 볼 수 있게 되는 것이다. 즉, 깨달은 존재에게는 부적절한 말이지만, 내가 학생들에게 장난스럽게 말했던 것처럼 말이다. "입을 다물어라. 그러면 깨달을지도 모른다!"

불교의 스승들은 불교 수행이 실제로 효과가 있으려면 특정한 명상법을 매일 지속적으로, 정기적으로, 성실하게 수행해야 한다고 강조한다. 바오로 성인이 "언제나 기도하라"(에페소 6:18)고 격려했다면 붓다는 "언제나 명상하라"고 했던 셈이다. 이것이 불자들이 그리스도인들에게 주는 가장 현명하면서도 값진 충고일 것이다. 즉, 영성을 깊게 하고 그 열매를 맺으려면 특정한 형태의 정규적인 명상(또는 우리의 인습적인 생각과 말을 침묵하게 하는 수행)이 필수요건이라는 것이다. 꾸준한 명상 없이는 정말 아무런 변화도 일어나지 않는다.

이미 지적했듯이 불교에 명상법이 오직 하나만 있는 것은 아니다. 지금부터 내가 실제로 수행해 본 불교 명상법들을 설명하고, 그 명상법들이 어떻게 우리의 마음을 고요하게 하고 깨닫도록 돕는지 말하고자 한다.

침묵 수행의 여러 방법들_

불교의 명상 수행은 가끔 혼란스러울 정도로 다양하지만 모든 명상 수행의 목적은 오직 하나다. 곧 우리의 진정한 자아는 붓다가 가르친 무아無我, anatta(또는 내 불자 학생 하나가 강조해 말한 '무아적 자아')라는 것을 깨닫도록 돕는 게 그 목적이다. 붓다 자신이 행한 것처럼 모든 불교 수행은 인간을 이기적 자아로부터 무아적 자아로 변화시키는 것이다. 더 철학적으로 말하면 자아 중심적 존재로부터 타자 중심적 존재로 변화시키는 것이다. 우리의 진정한 본성인 무아적 자아로서의 정체성을 깨닫는 것은 우리의 정체성이나 안녕이 우리만의 것이 아니라 모든 존재와 함께 하는 것임을 깨닫고 그에 따라 살아가는 것이다. '나'의 자아와 행복은 신비롭게도 또한 '너'의 자아와 행복이기도 하다. 이 진리를 진정으로 알고 실현하는 것이 곧 깨닫는 것이다.

그런데 불교의 가르침에 따르면 이 무아적 자아를 깨닫게 하는, 상당히 다르면서도 철저하게 상보적인 두 길이 있는 것 같다. 첫째, 우리의 자아를 들여다보면 자신만의 자아라고 주장할 것이 없다는 것을 행복하게 깨달을 수 있는 길이다. 우리의 내면을 들여다볼수록 우리가 볼 수 있는 실체적인 것이 아무것도 없음을 더 확실히 알게 된다. 대신 발견하는 것은 어떤 '실체적인' 것이 아닌 것이다. 어떤 실체적인 것이 아니기에 그것을 말로 표현할 수 없다. 그것은 우리의 존재를 지탱하고 이루고 있는 '무근거성'Groundlessness이며 '상호존재성'Inter-being-ness이다. 불자들에게 이것은 사물을 있는 그대로 보는 '지혜'이다.

둘째, 우리의 내면을 들여다보는 대신 우리 너머의 세계를 이루고 있는 다른 존재를 보는 길이다. 그들의 고통을 목격하게 되면 고통받는 그들의 '필요'와 그들에 대한 '책임'을 느끼게 된다. 우리 너머의 세계를 보고 타자가 우리의 보살핌과 관심을 일깨우고 있는 것을 느낄 때 우리는 다시 한번 우리 모두 가운데 공명하며 우리 모두를 구성하고 있는 상호존재를 느낀다. 모든 '나들'이 '나'에게 요구하는 것을 알게 되면서 나는 매우 실제적이면서도 신비로운 방식으로 그 모든 '나들'이 '나'의 일부이며 '나'도 그 '나들'의 일부라는 것을 느낀다. 따라서 나는 나 자신에게 관심을 갖는 것만큼 그들의 '나'에게도 관심을 갖는다. 이것이 불자들이 자비의 시작이라고 말하는 것이다. 이 자비는 우리의 무아적 자아를 드러내는 모든 생명 있는 존재들을 향한다.

무아적 자아로서의 우리의 본성이 발현되는 이 두 길에 부합하는 두 가지 형태의 불교 명상이 있다. 둘은 대체로 다르지만 서로를 강화시켜 준다. 하나는 지혜를 향상시키는 것이고 다른 하나는 자비를 향상시키는 것이다. 이 두 형태의 명상에서 우리가 실존적이고 경험적으로 느끼고 자각하게 되는 것은 우리의 진정한 존재는 더 큰 상호연관된 차원의 일부라는 것이며, 또한 이 더 큰 차원의 일부라는 것은 모든 생명 있는 존재들에게 자비심을 느끼는 것을 의미한다는 것이다.

이제 일반적으로 알려진 여러 가지 불교 명상법을 이 두 개의 범주에 따라 나누어 설명해 보자.

지혜로 충만한 침묵

위빠사나 명상

상좌부 불자들은 불교의 가장 오래된 명상법인 위빠사나 명상이 고타마의 수행에 가장 가까운 수행법이라고 주장한다. 위빠사나의 문자적 의미는 '있는 그대로 바라보기'이다. 즉, 무엇인가 있다고 우리가 생각하거나 느끼거나 들은 것이 아니라 정말 있는 그대로를 정확하게 보는 것이다. 요즘에는 이것을 '통찰명상'이라고 부르기도 한다. 위빠사나는 세계를 새롭게 봄으로써 세상에서 새롭게 살 수 있게 하는 명상이다.

위빠사나 명상의 근본적 목표는 그것의 기본적 방법에 있다. 곧 우리가 바라보는 모든 대상을 전적으로 알아차리고, 그것에 참여하고, 그것과 조화를 이루는 것이다. 이것이 의도하는 것은 우리가 관계하는 대상에 우리의 선입견이나 사회적으로 영향받은 생각이나 기호를 부과하기 전에 그 대상이 스스로를 드러낼 수 있게 하는 것이다. 이렇게 하려면, 수행자는 진직으로 치열하게 관찰해야만 한다. 오직 바라보고 관찰하는 것만 계속하는 것이다. 생각이 일기 시작하면 그 생각을 부드럽게 쫓아 버리고 바라보기로 돌아온다.

처음에 위빠사나 명상을 하기 좋은 대상은 우리의 몸이므로 위빠사나 수행자들은 종종 '몸 관찰'로 명상을 시작한다. 몸 관찰 명상은 알아차림과 관찰로 머리 끝부터 발 끝까지 몸의 모든 부분을 훑어내려 가며 느끼고 참여하는 것이다. 몸의 특정 부분에서 느낄 수 있는 것을 발견하지 못하면, 오직 그 사실을 알아차린다. 또는 코와 폐를 통해 흐르는 공기의 움직임을 느낌으로써 호흡을 알아차릴 수 있다. 단지 호흡을 느끼고, 호흡에 참여하고, 그래서 호흡이 우리 자신에게 참여하게 한다.

일어나고 있는 일, 특히 우리 몸 안에서 일어나고 있는 일에 집중적이고 훈련된 주의를 기울임으로써 사물이 작용하는 그대로에 대한 알아차림과 우리의 자아가 그 작용의 일부라는 것에 대한 알아차림이 자라난다. 우리는 '실재'가 우리 마음이나 마음이 상상하는 개념보다 크며, 우리의 생각에 의해 통제될 수 없다는 것을 깨닫기 시작한다. 우리의 생각과 감정이 실재의 흐름을 따르도록 하고 그 흐름에 우리 자신을 맡긴다. 이렇게 함으로써 우리의 알아차림은 편안함, 평화, 자유로 깊어진다. 우리는 모든 것이 변하고 있고, 우리도 그 모든 것과 함께 변하고 있고, 우리의 진정한 정체성은 그 변화를 일으키고 그 변화와 함께 움직이는 것이라는 깨달음으로 자라난다. 그 깨달음이 우리 안으로 자라난다고 말하는 것이 더 좋겠다.

선禪

선은 서기 6세기경 불교가 중국에 전해졌을 때 중국의 문화와 영성, 특히 도교의 영향을 받으면서 생겨났다. 중국에서 발달한 이 명상법은 한국과 일본에 전해졌고, 일본 문화에 더 깊이 뿌리내리면서 지관타좌只管打坐, 곧 "오직 앉아 있음"이라 불리게 되었다. 이것이 선명상에 관해 말할 수 있는 거의 모든 것이다. 이 명상에서는 앉아 있는 것 말고는 다른 어떤 일도 할 필요가 없다. 오직 좌선하는 것 말고는 다른 어떤 것도 우리의 마음을 차지하거나 영향을 미치지 않게 하라는 것이다. 그러므로 다른 명상법들은 배워야 할 지침이 많은 반면 선명상은 배워야 할 지침이 적다.

선의 주된 목적은 생각을 넘어서는 것이다. 선에서는 생각이 근본 문제이다. 왜 그런가? 생각하는 것 말고 세계와 우리의 실재를 알고 이해하는 다른 길이 있기 때문이다. 이 다른 길은 생각하는 것 없이 또는 생각을 넘어 작용한다. 사실 생각은 방해가 된다. 그러므로 선명상의 최종 목적은 '생각 없는 앎'이라는 다른 길이 나타날 수 있도록 터를 닦는 것이다.

선명상은 붙잡고 놓아 주는 지속적 과정이다. 즉, 일어나고 있는 것을 관찰하고, 생각과 느낌을 관찰하고, 그 다음 그것들을 놓아 버린다. 호흡에도 같은 방식을 적용한다. 선에서 호흡을 관찰하는 것은 그 자체로 목적이 아니다. 그보다는 호흡을 관찰하거나 세는 것은 생각을 놓아 버리기 위해 사용하는 수단이다. 생각이나 느낌이 의식의 앞문으로 밀고 들어오면 호흡 관찰로 돌아가 생각과 느낌을 상대하지 않고 그들이 뒷문으로 떠나가게 한다. 호흡을 세는 것은 생각을 줄이기 위한 수단인 것이다. 그러나 궁극적으로 선 수행자는 호흡을 관찰하거나 세는 수단까지도 내려놓기를 원한다. 그는 좌선이나 호흡에 대한 생각조차 없이 '오직 앉아 있는' 것만을 원하는 것이다.

하지만 여기서 한 가지 주의해야 할 것이 있다. 유명한 에이헤이 도겐永平道元 선사가 가르쳐 주었듯이, 선명상은 '생각하지 않기'가 아니라 '생각없음(무념)'을 목표로 한다는 것이다. 선명상은 무기력하고 방향성 없고 완전히 텅 빈 마음을 추구하는 것이 아니다. '생각없음'은 늘 생겨나기 마련인 생각이나 느낌이 생길 때 그것들에 집착하지 않고, 그것들을 고집하지 않고, 그것들에 의해 영향받지 않는 것이다. 그러면, 생각으로 삶을 통제하거나 지배하려 하지 않을수록 삶이 우리를 더 포용하고 지탱해 준다는 것을 알게 된다. 우리가 삶을 살고 있다기보다는 삶이 우리를 살고 있다는 자각이 자라난다. 삶이 제 길을 가도록 놓아 버리는 것이다. 혹은 더 전통적인 선 언어로 말하면, 우리는 점차(때로는 갑자기) 모든 생각과 이해 너머에 있는 것, 즉 항시 변화하고 늘 창조적인 공空 혹은 상호존재의 실재를 자각하게 된다. 우리가 공이고 공이 우리다.

우리가 아침마다 방석에 앉아 명상하면서 상호존재 혹은 공의 포용하는 현존을 자각할수록, 우리는 그날의 나머지 시간 동안 어디를 가든, 무엇을 하든(설거지, 잔디 깎기, 화장실에 앉아 있기) 모든 것을 더 잘 자각하게 될 것이다.

바즈라야나 시각화 명상

앞서 언급했듯이 티베트의 바즈라야나 불교는 가톨릭이나 동방정교회처럼 향, 종, 형상(만다라 또는 탱화), 소리(만트라)를 적극적으로 활용한다. 그러므로 바즈라야나 불교에는 시각과 청각을 활용하는 명상법이 있다. 하지만 가톨릭이나 동방정교회와 달리 바즈라야나 불교에서 형상과 소리의 목표는 기도가 아닌 지혜의 구현이다. 즉, 기도하는 사람과 기도를 받는 대상 사이에 다리를 놓아 하나 되게 하는 체험이다.

바즈라야나 수행에서 시각화에 근거한 명상은 여러 형태로 나타날 수 있는데(그것은 일부 정토종 수행에서도 발견할 수 있다), 그 기본틀은 다음과 같다. 수행자는 자신의 필요나 염원을 구현하는 붓다나 보살같이 특별히 신성한 존재를 그의 수호존守護尊, *yi-dam*으로 선택한다. 그 다음 이 명상의 첫 단계인 '예비' 단계에서 명상가는 자기 마음속에 자신의 수호존을 최대한 생생하고 상세하고 매혹적인 신의 모습으로 시각화한다. 그렇게 창조한 수호존을 마치 큰 스크린 위에 총천연색으로 투사하듯 시각화한다. 이것은 흔히 만다라라는 복잡한 그림에 있는 신의 형상을 시각적으로 받아들임으로써 이루어질 수 있다. 신과 관련된 소리나 특정한 말들인 만트라를 외는 것도 도움이 될 수 있다. 이 모든 것의 목적은 수행자가 눈을 뜨고 있든 감고 있든 마음을 충만하게 하고 기쁘게 하는 신성한 존재의 생생하고 구체적인 형상을 만들어 내는 것이다.

그 다음 '완성' 단계에서는 수호존과 수행자가 하나로 융합된다. 수행자는 용기, 평화, 지혜, 창조성, 평정, 자비 등 수호존의 특정한 에너지와 특성이 모두 자신의 것임을 인식하게 된다. 그래서 신의 형상의 모든 특성이 자신의 형상 안에 있다고 느끼게 된다. 모든 에너지와 선을 가진 '저기'의 형상이 이제 '여기' 수행자 자신의 형상이 된다. 그것들은 서로 다르지만 또한 하나이다.

이 시각화 수행의 마지막 단계는 형상에 집착하지 않도록 모든 것을 내려놓고 공으로 사라지게 하는 것이다. 예를 들면, 만다라를 만드는 수행자들은 오랜 시간에 걸쳐 애써 명상하면서 만든 모래 만다라를 단 한 번의 빗질로 지워 버린다! 이처럼 형상을 내려놓거나 지워 버릴 때 그 시각화된 형상은 족첸Dzogchen 전통에서 '대완성'이라 부르는 상태-사물이 있는 그대로 평화롭고 평안한 상태-를 수행자가 개념에 사로잡히지 않고 직접적으로 체험하기 위한 공간을 마련해 준다.

이런 시각화 명상에서 형상은 효과적이고 필수적인 전달 수단이지만, 그 역시 목표를 위한 하나의 수단일 뿐이다. 즉, 달을 보여 주는 손가락일 뿐이다.

마침내, 마지막에는 우리의 존재가 우리만의 것이 아니고 모든 존재와 상호연관성 안에서 전개되는 것임을 깨닫는 지혜가 있다. 수행자가 시각화하는 것은 이미 그 자신인 것이다.

자비로 충만한 침묵

'지혜로 충만한' 명상은 대부분의 사람들이 불교를 말할 때 흔히 떠올리는 명상이다. 그것보다 덜 알려진 '자비로 충만한' 명상은 더 쉽고 간결하게 설명할 수 있는데, 아마 이 수행법이 더 '사용자친화적'이며 요점이 명확하기 때문일 것이다. 물론 그 '요점'이란 우리의 참자아는 무아적 자아라는 깨달음이다.

자애심 명상

이 명상 수행의 목적은 보고 느끼는 모든 것에서 자애심*metta*을 활성화시켜 어떤 사람이나 사물을 '보자마자' 즉시 자애심을 느끼도록 하는 것이다. 대개 '자애심'*loving-kindness*으로 번역되는 메타는 차가우면서도 뜨거운 사랑을 가리킨다. 그것은 무조건적이며 무엇에도 집착하지 않는다는 면에서 차갑다. 마치 자동센서 수도꼭지에 손을 대자마자 수돗물이 나오는 것처럼 자동적으로, 어떤 대가도 요구하지 않고 사랑을 쏟아 준다. 하지만 또한 그것은 마음 전부로부터 나오며, 사랑하는 대상의 아름다움과 추함을 가리지 않고 있는 그대로 받아들인다는 면에서 뜨겁다. 불교는 모든 사람의 마음이 그런 자애심의 저수지라고 믿는다. 자애심 명상은 이 저수지 문을 열어 자애심의 물이 자유롭게 흐르도록 하는 수행법이다.

자애심 명상의 각 단계는 자애심의 물이 흐를 수 있게 수로를 점차 넓히는 것을 목적으로 한다. 이 명상은 방석이나 의자에 앉아 등을 쭉 펴고, 긴장을 풀고, 깊고 자연스럽게 호흡하면서, 자애로운 생각이나 느낌을 우리 자신에게 보내는 것으로 시작한다. 그 첫째 단계의 기본적인 형식은 이렇게 기원하는 것이다. "내가 건강하고 행복하기를 기원합니다. 내게 어려움과 괴로움이 없기를 기원합니다." 얼마 동안 이 사랑이 우리에게서 흘러나와 받아들여지는 것을 느낀다. 그 후 둘째 단계에서는 배우자, 동료, 자녀, 친구처럼 우리가 사랑하거나 친밀하게 느끼는 사람들을 위해 같은 기원을 한다. "내 딸이 건강하고 행복하기를 기원합니다." 자애심의 물이 자유롭게 흐르게 되면 수로를 더 넓혀서, 그 다음 셋째 단계에서는 지하철에서 본 사람들이나 오늘 아침에 인사한 현관 안내인같이 별로 중요하지 않게 느껴지던 사람들에게로 자애심의 물이 흐르도록 한다. 그리고 넷째 단계에서는 솔직히 우리 인생이나 이 세상에서 없었으면 하는 사람들 - 당신을 들볶는 상사, 이기적인 정치인, 오늘 아침에 당신을 해고한 '이기적인 인간' 등 - 에게로 자애심의 물길을 돌리기 위해 수압을 올린다. 조금만 더 노력하면 우리는 그들이 행복하고 건강하고 고통이 없기를 바라게 되고, 어쩌면 심지어 그들을 포용하게 되는 것을 실제로 느낄 수 있게 된다. 자애심 명상의 일부 스승들은 우리가 사랑하기 가장 어려운 사람을 명상의 마지막 단계에 놓으려 한다면, 아마도 우리 자신을 명상의 시작 단계가 아닌 마지막 단계에 놓아야 할 거라고 제안한다.

또한 자비심 수행에 관한 초기 문헌 중 하나인 『청정도론』의 9장에서는 두 단계를 추가한다. 다섯째 단계에서는 우리의 사랑을 받는 네 대상인 우리 자신, 사랑하는 사람, 낯선 사람, 적을 한데 모아서 사랑과 호의의 따뜻한 마음으로 그들 모두를 한꺼번에 포용한다. 그리고 아무런 제한도 없는 여섯째 단계에서는 우리의 자애심이 자유롭게 서서히 전 우주로 흘러들어 모든 생명 있는 존재들, 모든 산과 계곡, 모든 식물과 행성들에게까지 미치게 한다.

통렌 명상

티베트불교의 이 명상법은 티베트어 통렌 *tonglen*의 기본적 의미인 '주고받기'에 담긴 영적 이로움을 추구한다. 자애심 명상처럼 통렌 명상도 자아 바끝의 타자를 향하지만, 자애심 명상이 보편적 사랑의 방법이라면 통렌 명상은 특별한 어려움에 처한 사람을 찾아 구조하는 활동 같은 것이다. 이것은 고타마가 시작한 곳, 바로 고통에서 시작한다. 그 기본적 과정은 고통을 겪고 있는 사람을 찾아내어(이것은 쉬운 부분이다), 그 고통을 자기 자신에게로 가져오고 자기의 행복과 평화를 그 사람에게 주는 것을 시각화하는 것이다. 수행자는 침묵 속에 앉아 그가 돕고자 하는 이의 매우 특별한 고통을 들숨으로 받아들인다. 물론 그 사람은 당신이 사랑하는 사람뿐 아니라 자애심 명상에서처럼 당신이 좋아하지 않는 사람일 수도 있다. 이 명상이 자애심 명상과 다른 점은 그 사람의 행복을 비는 것뿐 아니라 그의 고통을 받아들인다는 것이다. 그 다음 숨을 내쉴 때, 그 사람이 고통을 없애는 데 필요한 따뜻함, 힘, 확신 등을 내보내는 자신의 모습을 시각화한다.

통렌 명상은 우리가 연결되어 있고, 고통이 실제로 우리를 연결한다는 불교의 가르침을 상기시켜 준다. 더 나아가, 통렌 명상은 타인의 고통이 우리 안에 원래 존재하지만 대개 막혀 있는 자비와 자애를 타인에게 열어 주는 수단이 된다는 불교의 확신에 근거하고 있다. 고통이 고통을 극복하는 수단이 되는 것이다. 고통은 우리의 자연스러운 자애심을 끌어냄으로써 우리가 연결되어 있음을 느끼게 하고, 그럼으로써 타인과 우리 자신을 돕도록 우리를 감동시킨다.

깊이 존경받는 통렌 스승인 페마 초드론은 이 명상법이 어떻게 작용할 수 있는지에 대해 자세히 말한다. 통렌 명상은 사실 반대 방향으로 해도 제대로 작용한다. 수행하는 우리 자신이 분노, 좌절, 두려움, 원한에 단단히 사로잡혀 고통받고 있는 사람일 때 통렌은 거꾸로 우리 자신의 특정한 고통으로부터 시작한다. 우리 자신의 고통에 빠져들기 전에 즉시 온 세계에서 같은 고통을 겪고 있는 무수한 사람들과 그 고통을 연결하라고 요구한다. 간단히 말해, 우리의 특정한 고통이 고통받는 이들의 보편적 클럽의 회원자격이 됨을 상기시켜 주는 것이다. 그리고 우리는 그들 모두에게 - 그들 중 하나인 우리 자신을 포함해서 - 평안과 인내와 사랑과 힘의 따뜻한 기원을 보낸다.

내 아내가 말하는 것처럼 여기가 통렌의 마술이 시작되는 곳이다. 즉, 타인들과 연결되어 우리의 고통을 타인들의 고통 안에 놓음으로써, 우리가 행복해지기 위해 타인들의 행복을 기원함으로써, 놀랍게도 우리는 우리의 고통을 다룰 수 있게 된다는 것을 알게 된다. 이것은 단순한 '동병상련'이 아니다. 고통을 함께 함으로써 실제로 고통을 치유할 수 있는 것이다.

세계와 사물이 작용하는 것에 대한 불교적 이해를 고려하면 통렌 명상과 자애심 명상이 우리에게 평화와 힘을 주는 것은 사실 그리 신비로운 일이 아니다. 바로 그것이 '자비로 충만한 침묵 명상'이 작용하는 방식이다. 남의 행복을 기원하고 남의 고통을 받아들이는 것을 통해 남과 연결됨으로써 우리는 '무아적 자아'인 우리의 진정한 본성이 요구하는 바를 실천하고 있는 것이다. 자애심 명상에서는 타인의 행복을 우리 자신의 행복만큼 중요하게 만들고, 통렌 수행에서는 실제로 타인의 행복을 우리의 행복보다 더 중요하게 만든다. 그런데 바로 이렇게 함으로써 자신을 행복하게 하고, 사랑하고, 돌보는 능력을 얻게 된다. 우리의 평안과 타인의 평안 사이에는 정말 아무런 차이가 없다. 이것을 깨닫는 것은 우리 모두를 품고 있는 상호존재를 깨닫는 것이다. 그런 이해가 곧 깨달음이다.

마음챙김의 중심 역할

불교 명상의 다양한 요리법에는 빵을 만들 때 필요한 누룩처럼 꼭 있어야만 하는 요소가 있다. 지금까지는 그것에 대해 암시적으로 혹은 스쳐 지나가듯 이야기했다. 그것을 더 분명하게 설명할 필요가 있는 까닭은 그 요소가 대개의 그리스도교 식품저장고에서는 찾기 어렵고, 찾을 수 있다 해도 거의 사용되지 않고 있기 때문이다.

그 필수적 요소는 '마음챙김'이다. 특히 '지혜로 충만한' 명상법에서 침묵과 좌선은 마음챙김의 환경에서 이루어진다. 마음챙김은 명상 수행을 준비하는 것이면서 또한 명상을 수행하는 장소이다. 틱낫한에 따르면 우리가 진실로 마음챙김을 한다면 무엇을 하든 우리는 명상하고 있는 것이다. "명상한다는 것은 일어나고 있는 것을 알아차리는 것이다 … 당신의 몸, 느낌, 마음, 마음의 대상인 세계에서 일어나고 있는 것을 알아차리는 것이다." 그가 말하는 것은 심오하지만, 특히 나 같은 서양 그리스도인들에게는 매우 어려울 수도 있다.

틱낫한이 말하는 마음챙김의 구성요소가 되는 알아차림은 1980년대 초 내가 불교 명상을 연구하고 서툴게나마 수행을 시작했을 때 상상했던 것보다 더 많은 것을 포함하고 있고 더 많은 노력을 요구한다. 알아차림이란 단지 일어나고 있는 것을 파악하는 것이 아니다. 파악하는 것은 첫 단계일 뿐이다. 다른 두 단계가 뒤따라야 한다. 즉 일어나고 있는 것을 온전히 '받아들여야' 하고, 또한 그 일어나고 있는 것에 '집착하지 말아야' 한다.

페마 초드론은 마음챙김 수행이 요구하는 것과 그것의 가능성에 적응하도록 도와주었다. 그의 『도피하지 않는 지혜』에서 초드론은 마음챙김을 하고 마음챙김으로 행동할 수 있게 하는 연속적 세 단계를 설명한다.

정확성: 당신의 안과 밖에서 일어나고 있는 것을 무시하거나 피하지 말고 직시하라. 정확하고 정직하게, 아름답거나 추한 세세한 부분까지 직시하라. 두렵거나, 화나거나, 우울하거나, 즐겁거나, 만족스럽거나, 시기심을 느낀다면, 또는 누군가 정말 험한 말을 한다면, 또는 텔레비전에서 자연재해나 인간이 저지르는 폭력의 공포를 목격한다면, 그것을 그대로 인식하라. 부정하지 말라. 모든 것을 그 형태와 느낌 그대로 놓아두어라.

부드러움: 이것은 일어나고 있는 것을 직시하는 데서 한 걸음 더 나아가는 것이다. 부드러움이란 일어나고 있는 것을 상냥하게 대하고 포용하기까지 한다는 의미이다. 그것이 반드시 좋은 것이기 때문이 아니라(좋은 것일 수도 있지만) 그것이 존재하기 때문에 부드럽고 사랑스럽게 대해야 한다. 그것이 지금 일어나고 있는 일이다. 그것을 견디기만 하지 말라. 그것을 받아들여라. 설령 그것이 아주 끔찍한 것일지라도 부드럽게 대하라. 그것을 사랑할 수 없다면 최소한 친절하게 대하라.

놓아 버리기: 어떤 사실이든 감정이든 직시하고, 받아들이고, 포용한 후에는 그것을 놓아준다. 이것은 마치 껑충거리는 강아지의 목줄을 단단히 잡고 있다가 턱 밑을 간질여 준 후 놓아주는 것과 비슷하다. 소리치거나 쉿 소리 내며 쫓아내지 않고 단지 붙잡고 있던 것을 풀어준다. 그리고 일어날 일이 일

어나게 한다.

이때 틱낫한이 말하는 '마음챙김의 기적'이 일어날 수 있다. 그것이 기적인 까닭은 그것이 이상하고 행복하게 신비하기 때문이다. 우리를 둘러싼 세상이 우리 안에서 일으키는 생각과 감정을 진실로 마음챙겨 대하면 세상이 우리에게 던지는 무엇이든 감당할 수 있다는 것을 알게 된다. 어떤 사건, 사람, 기억이 우리 안에서 일으키는 긍정적이거나 부정적인 감정을 정직하게 인정하고, 사랑스럽게 받아들이고, 부드럽게 놓아주면 감정에 휩쓸리지 않고 주체적으로 자유롭게 그 감정을 대하거나 반응할 수 있다는 것을 알게 된다. 마음챙김은 공항에서 통과해야만 하는 보안장치와 비슷하다. 그것은 당신과 동료 승객 모두의 안전에 위협이 될 수 있는 것을 확인하고 제거해 준다. 마음챙김은 우리가 우리의 감정이나 견해에 납치당하는 것을 막아 준다.

하지만 이것은 마음챙김의 기적의 절반일 뿐이다. 마음챙김은 또한 그런 감정들에 적절하게 반응할 수 있게 해 준다. 이를테면, 감정이나 생각을 확인하고 나서 지나가게 함으로써(긍정적이든 부정적이든) 그 즉각적 격렬함을 무장해제했기에, 우리는 감정과 생각에 대해 해야 하는 것을 할 수 있다. '해야 하는 것'이라는 말이 모호한 것은 사실이다. 하지만 그것은 마음챙김의 경이로운 작용의 한 부분이다. 마음챙김은 우리를 자유롭게 하고, 소극적으로 반응하기보다는 적극적으로 행동할 수 있게 해 준다. 그 '행동'이 떠나 버리는 것이든, 맞서는 것이든, 반대하는 것이든, 머무는 것이든, 그 어떤 것이든 우리는 내적으로는 평정을 유지하고 외적으로는 친구와 반대자를 보살피면서 평화롭고 자비롭게 행동하게 될 것이다.

1998년 일기에서 나는 이 마음챙김의 기적의 근원을 찾아내려 했다.

마음챙김을 하고 있을 때는 감정들이나 생각들이 - 분노가 아무리 강해도, 상처가 아무리 깊어도, 무력한 느낌이 아무리 혼란스러워도 - 그들 스스로를 돌보는 경향이 있다. 더 적절히 말하면, 그런 감정들과 생각들은 존재의 가장 근본적 실상인 근원적 합일, 상호연관시키는 영의 빛과 따뜻함 속으로 용해되어 사라지게 된다.

물론, 마음챙김이 항상 그렇게 작용하는 것은 아니다. 하지만 매우 자주, 기적적으로, 그렇게 작용한다.

되돌아오기:
침묵의 성사

내가 불교 수행으로 건너가서 발견한 것에 기초해 그리스도교 공동체에 제안하고 싶은 것은 그리스도인들에게 다른 성사^{聖事}가 하나 더 필요하다는 것이다(그렇게 되면, 가톨릭에는 여덟 가지 성사, 개신교에는 세 가지 성례전이 있게 되는 셈이다). 그것은 '침묵의 성사' 또는 '명상의 성사'이다. 더 나아가 나는 그리스도인들이 이 성사를 정기적으로, 자주, 매일 받아야 할 필요가 있다고 믿는다. 다행히 그것은 스스로 하는 성사이므로 반드시 교회에 가지 않아도 할 수 있다.

이 장의 나머지 부분에서 내가 추천하는 것은 그리스도교 기도와 전례의 형식을 완전히 대체하는 것이 아니다. 그것은 기존의 성사에 반드시 필요한 것을 '추가'하는 것이다. 내가 말하는 침묵의 성사는 본질적으로 우리가 믿고 말하는 언어의 더 깊은 내적 의미를 듣기 위해 말과 정신의 침묵을 이용하는 일종의 영적 수행을 뜻한다. 침묵의 성사는 생각과 말을 넘어선 앎의 길을 추구한다. 신비가 모든 종교적 체험의 목표이자 내용이라면 침묵은 신비가 말하게 하기 위해 필요한 수단이다.

앞에서 언급했듯이, 명상적 침묵을 활용하는 것은 분명히 그리스도교 수행에서 배제되지 않았다. 하지만 그렇다고 수행에 충분히 포함된 것도 아니다. 그리고 교회는 그리스도인들에게 명상적 침묵의 중요성을 적극적으로 가르쳐 주지도 않았다. 불교는 그리스도인들이 자기들의 전통 안에서 무시됐던 관상적 요소를 재발견하고, 재결합하고, 재건하는 것을 도울 수 있다.

불교는 확실히 나를 도와주었다. 나의 불교 수행 탐구는 나의 그리스도교 수행에서 침묵의 성사를 이해하고 활용할 수 있게 해 주었다. 솔직히 말해, 이런 불교 수행이 없었다면, 이 침묵의 성사가 없었다면, 나는 그리스도인으로서 기도할 수 없었을 것이다. 불교 수행은 내가 그리스도교의 기도와 의례를 명확하게 이해하고 잘 활용하도록 도와주었다. 이제 나는 다른 방식으로 기도한다. 종교의식에 참여할 때 나는 전례의 언어를 다르게 느낀다. 나는 그리스도교 공동체의 다른 이들에게도 이런 일이 일어날 수 있다거나 일어나야만 한다고 말하는 것은 아니다. 하지만 그럴 수 있고, 그렇게 된다면 좋겠다.

그리스도교의 우물에서
불교의 두레박을 사용하다

나는 그리스도인들이 신앙의 신비로운 내용을 활용하는 것을 도울 수 있는 수행에 대해 말하고 있다. 불교는 그리스도인들이 신비적 그리스도인이 되는 것을 도울 수 있다. 그리고 그리스도교가 현시대에 살아남기 위해서는 신비적 깊이를 재전유해야 한다는 칼 라너의 단언에 응답하도록 도울 수 있다.

앞에서 든 유비를 사용해 말하면, 불교는 그리스도교 우물의 깊고 신비로운 물을 퍼 올릴 수 있는 두레박을 그리스도인들에게 제공한다고 말할 수 있다. 불교는 그리스도교 체험의 불이적 또는 합일적 핵심—우리가 아버지 하느님과 하나가 되고, 그리스도의 삶을 살고, 영을 담는 그릇이 될 뿐 아니라 영의 구현과 표현이 되고, 영에 의해 영과 함께 영 안에서 살고, 하느님 안에서 살고 움직이며 존재하는 길—을 깨닫고 거기로 들어가는 데 결정적 도움을 준다.

그러므로 내가 제안하는 것은 그리스도교적 목적을 위해 불교적 수단을 사용하자는 것이다. 이에 대해 어떤 이들은 "그것은 범주오류가 아닌가?"라고 이의를 제기할 수도 있을 것이다. 또는 "이것은 축구에 야구의 전술을 이용하는 것과 같지 않은가?"라고 더 직설적으로 반대할 수도 있을 것이다. 물론, 그리스도인들이 추구하는 것은 불자들이 추구하는 것과 다르다. 그리스도인들의 목표는 그리스도-영과 하나되는 것이지만 불자들의 목표는 불성을 깨닫는 것이다. 하지만 이렇게 매우 다른 두 체험 사이에 공통점이 있다. 둘 모두 '불이적'이고, '합일적'이고, '신비적'인 체험이라는 것이다. 우리는 그 체험을 통해 우리의 정체성보다 크면서 동시에 우리의 정체성과 하나인 것과 결합되어 있음을 알게 된다.

이것이 불교 수행의 탁월한 점이다. 즉, 자아를 잃을 정도로 자아를 변화시킴으로써 자아를 찾을 수 있는 합일의 경험을 성취하는 것이다. 이것이 그리스도인들이 불교로부터 많은 것을 배울 수 있는 점이다. 불자들이 어떻게 그들의 '목표'를 성취하는지 관찰함으로써 그리스도인들은 그들 자신의 목표로 더 잘 '돌아올' 수 있다.

하지만 아직도 불안하게 하는 원인이 있을 수 있다. "그것은 불교를 착취하는 게 아닌가? 그것은 서구 그리스도인들이 다른 문화와 종교를 자기 이익을 위해 이용하는 식민주의적 성향에 빠져드는 또 하나의 보다 미묘한 사례가 아닐까?" 그런 식민주의적 성향은 의심의 여지 없이 입증된 것이며 정말 위험한 것이다. 하지만 착취는 한쪽이 피폐하게 되고 해를 입을 때 발생한다. 내가 불교에서 '취하는' 것은 결코 불교를 손상시키는 것이 아니다. 사실 내가 만나 온 불교의 스승들은 불교의 가르침을 나누어 주기를 좋아했다.

오히려 나는 종교들 간에 주고 받는 것의 한 예로서 대화를 시도하고 있는 것이다. 레이몬 파니카는 이 대화를 종교들 간에 이루어질 수 있고 또 이루어져야만 하는 '상호 결실'이라고 말한다. 우리 모두에게는 서로에게서 배워야 하는 많은 다른 것들이 있다. 아마 언젠가는 불자들도 『그리스도 없이 나는 불자일 수 없었다』라는 제목의 책을 쓸지도 모른다!

그러므로 이제부터 나의 그리스도교 수행에 불교의 수행법을 추가한-통합시켰다고도 말할 수 있는-몇 가지 방식을 말하고자 한다. 이것은 그리스도교의 침묵의 성사를 이해하고 매일 그 침묵의 성사를 받을 수 있도록 불교가 도와준 방법들이다.

침묵의 영성체 안에서
그리스도를 받아들임

　오랜 역사 동안 그리스도인들에게 그리스도인이 된다는 것은 성 바오로가 말했듯이 "그리스도 예수 안에 있는 것"이었다. 그리고, 5장에서 말한 것처럼, 부활의 본질과 결정적 의미는 예수에게 생기를 불어넣었던 그리스도-영이 예수의 제자들에게도 생기를 불어넣고 인도하면서 그들 안에 계속 살아있는 것이었다. 그렇다면, 그리스도교의 심장과 지속적 맥박은 그리스도-영과의 신비적 합일이다. 이것이 성만찬의 성사가 생생하게 유지하려는 것이다. 그리스도인들이 빵과 포도주를 축복하고 먹고 마실 때 우리의 몸은 예수의 몸을 먹고 받아들임으로써 예수의 몸이 된다. 즉, 예수가 우리 안에 살고 우리가 예수 안에 살게 되는 것이다. 이것이 바로 모든 그리스도인들이 주의 만찬을 공동체의 지속적 생명에 필수적인 성사로 여기는 까닭이다.

　나는 침묵의 성사도 점점 더 많은 그리스도인들에게 필수적인 것이 되고 있다고 믿는다. 성만찬의 성사가 말과 상징을 통해 불러일으키려는 신비적 체험을 침묵의 성사는 생각이나 사물 없이 불러일으키려 한다. 나의 체험에 비추어 보면 성만찬의 성사와 침묵의 성사는 서로를 필요로 한다.

　불교의 도움으로 이해하고 수행하게 되는 명상은 그리스도교의 핵심에 있는 신비인 그리스도-영을 너무 자주 모호하게 하는 언어와 개념의 덧칠을 지우고 넘어서는 데 매우 필요한 것이다. 명상할 때 우리는 말이나 구체적 형상을 사용하지 않고 단순히 그리스도-영과 함께 앉아 있는다. 침묵은 그리스도-영을 인식하고, 놓아두고, 그것에 우리 자신을 개방하는 수단이다. 우리는 단지 거기에 '있음'으로써 그리스도-영과 친교를 나눈다. 침묵은 '그리스도 안에 있는' 나의 존재가 자신을 표현할 수 있게 하고, 느껴지게 한다. 이것은 내 안에 있는 그리스도-영을 자각하게 되는 것만이 아니다. 나 자신이 바로 그리스도-영의 의식이라는 것을 알게 되는 것이다. 바오로가 말했듯이 내가 살고 있는 것이 아니고 그리스도가 살고 있다.

2003년 7월 일기에서 나는 그것을 이렇게 표현하려 했다.

내게 침묵 속에 앉아 있는 것은 "내가 아닌 그리스도" 의식으로 앉아 있는 것이다. 또는 한 불교 스승이 언젠가 내게 말한 대로, "나인 그리스도" 의식으로 앉아 있는 것이다. 명상할 때 나는 호흡을 세는 것, 생각을 관찰하는 것, 떠오르는 생각들을 확인하는 것과 같은 기술들을 —이 기술들이 중요하고 필수적이기는 하지만— 넘어서기를 원한다. 내가 진정으로 원하는 것은 그리스도가 내 안의 그리스도, 나인 그리스도가 되게 하는 것이다. 이것은 내가 들이쉴 다음 호흡만큼이나 실제적인 실재이다. 살아 있는 그리스도, 그리스도의 영이 내 안에서, 나로서, 숨을 쉬고 있는 것이다. 앉아서 명상을 할 때 나는 그 실재 속으로 스며들고 그 안에 있기를 원한다.

나는 때때로, 불교 스승들이 특히 명상을 시작할 때 추천하는 방법인 호흡을 세는 대신, 호흡을 구별하기 위해 그리스도교의 만트라를 활용할 수 있다는 것을 알게 되었다. 들숨에 "내가 아닌"이라 하고 날숨에 "그리스도"라고 하는 식이다. 거듭 말하지만, 나는 "내가 아닌 그리스도"라는 말의 의미를 생각하려는 것이 아니다. 어떤 의미에서, 그 말이 나를 생각하게 하려는 것이다.

때때로 앞에서 설명한 자애심 명상이나 통렌 명상을 활용할 때 내가 타인에게 보내는 자비가 나로서 살고 있는 그리스도-영의 자비라고 느껴질 때면 그 수행들이 그리스도교의 특정한 에너지를 띠고 있다는 것을 알게 된다. 2005년 3월의 일기에 쓴 성찰에서, 나는 그날의 명상을 하면서 자비심을 일으키려 할 때마다 영을 자각할 수 있다는 것을 알게 되었다.

나는 삶의 자연스러운 부분인 사람들과의 끊임없는 만남 속에서 그리스도-영이 되는 것을 늘 상기한다. 특히 그들 중 일부가 날을 세우고 다가올 때, 또는 그들이 탐욕과 불의의 근원이라고 내가 판단할 때, 나는 자애심으로 그들과 관계를 맺으라고 요구하는 내면의 소리를 늘 듣는다. 심지어 내가 그들과 맞서야 하고, 그들의 말과 행동을 반대한다고 그들에게 말해야 할 때조차도.

"그리스도 안에 있음"의 변화시키는 능력을 깨닫기 위해 그리스도인들이 활용할 수 있는 또 하나의 특정한 불교 수행은 티베트불교의 수행법인 시각화이다. 그리스도인은 그리스도 예수를 자신의 수호존으로 선택한 사람이라고 정의할 수도 있다. 이 예수의 인격과 이야기에는 그리스도인들이 필요하다고 느끼는 것과 그렇게 되기를 원하는 것이 담겨 있다. 그러므로 그리스도교 형식의 바즈라야나 시각화 명상을 할 때 나는 1957년 수련수사였을 때 배운 방법으로 시작한다. 나는 예수의 삶의 생생하고 구체적인 것들을 '보고' 느끼기 위해 그의 생애 중 특정한 장면 속에 있는 예수를 시각화한다. 예를 들면, 십자가 위의 예수를 응시하는 것이다. 하지만 그 다음에는 수련수사 때 배운 것과 다르게 수행한다. 이때, 예수에게 이야기하거나 기도하는 대신, 또는 내가 살면서 배우기를 원하는 예수의 덕목을 하나하나 확인하는 대신, 말과 생각을 넘어서서 내가 응시하고 있는 예수가 바로 내 안의 실재임을 느끼고 자각하게 한다. 바오로가 그의 편지에서 계속 상기시켜 주듯이, 이 예수는 지금 우리 안에 우리로서 살고 있는 그리스도이다. 외적으로 시각화된 영상이 나와 그리스도의 불이적 합일의 내적 실재가 되는 것이다. 이 내적 실재는 형상이 없다.

마지막 단계는 그리스도교의 시각화 기도의 전통적 형식과 결정적으로 다르다. 이 단계에서 나는 예수의 영상을 놓아 버린다. 이를테면, 그것을 없애거나 그것으로부터 떠나는 것이다. 역사적 예수의 외적 형상이 나의 존재 안에서 그리스도-영이 태어나는 것을 방해해서는 안 된다. 불교는 예수가 제자들에게 "내가 떠나가는 것이 너희에게는 더 유익하다. 내가 떠나가지 않으면 그 협조자가 너희에게 오시지 않을 것이다. 그러나 내가 가면 그분을 보내겠다"(요한 16:7)라고 말했을 때 의미한 것을 내가 느끼도록 도와주었다.

아무 데도 의지할 곳 없음을 드러내는 말 없음:
하느님 너머의 하느님

지금까지 불교 명상 수행의 그리스도교적 적용을 탐구해 오면서, 나는 아직도 말과 형상을 넘어서기 위해 말(만트라)이나 형상(만다라)을 어느 정도 사용해 왔다. 하지만 그리스도교적 목적을 위해 불교 수행을 활용하려 노력하면서 나는 정기적이고 꾸준하게 더 엄격한 선 수행을 해야 한다는 것과, 선 수행자들이 말하듯 모든 말과 생각과 형상을 '버려야' 한다는 것을 알게 되었다.

어떤 특정한 방법에 얽매이지 말라. 호흡을 세지 말고 의식하려고도 하지 말라. 당신이 자각하려 하고 있는 것 – 예를 들면, 영의 임재, 나로서 사는 그리스도와 같은 – 에 대해 어떤 생각도 하지 말라. 물론 생각은 떠오르기 마련이다. 생각이 떠오르면 놓아 버려라. 그것에 집착하지 말라. 억지로 생각을 지우려고도 하지 말라. 다만 앉아 있으라. 다만 호흡하라. 다만 존재하라. 그리고 뭔가 일어나기를 기대함 없이, 그저 일어나는 일이 일어나게 하라.

이렇게 할 때 일어날 수 있는 일은 모든 종교들을 함양하는 불이적 합일의 신비적 체험으로 더 깊이 들어가기 시작하는 것이다. 그것은 각 종교마다 다르게 느껴지고 다르게 표현될 것이다. 이런 신비적 체험의 토대를 한마디로 분명하게 말할 수는 없다. 하지만 그것이 어떤 느낌인지에 대한 페마 초드론의 말은, 적어도 내게는, 우리 그리스도인들이 말하는 '신앙'의 완전한 의미를 드러낼 수 있다. 페마 초드론은 신비적 체험의 토대는 '아무 데도 의지할 곳이 없는'groundless 것임을 알려 준다. 그는 일상적 삶의 수행인 명상 수행

297

은 모든 것을 놓아 버리는 것이며, '광대한 개방성'이나 아무 데도 의지할 곳 없는 '무근거성'Groundlessness이 우리를 지탱하도록 하는 것이라고 말한다.

아무 데도 의지할 곳 없는 '무근거성'이 우리를 지탱한다? 없는 것이 어떻게 우리를 지탱하고 유지할 수 있는가? 어떻게 우리가 '무근거성'에 의해 지탱될 수 있는지에 대한 답이나 설명은 없다. 하지만 그것이 일어나도록 놓아두면, 그리스도교적으로 말해, 그것이 일어난다는 것을 '신뢰'한다면, 그렇게 되는 것이다.

이것이 신앙이 우리에게 요구하는 것이다. 침묵명상의 정기적 수행은 그리스도인들에게 신앙의 본질은 신뢰라는 것을 경험적으로 명료하게 해 줄 수 있다. 무엇을 신뢰한다는 것인가? 대개의 대답은 하느님이다. 우리는 명상을 통해 이것이 의미하는 바를 이해하기 시작할 수 있다. 아니, 이해한다기보다는 느끼거나 직관으로 아는 것이다. 하느님을 체험한다는 것은, 말하자면, '무근거성'이 자신을 지탱하게 하는 것이다.

2004년 8월에 피정하는 동안 나는 페마 초드론의 『모든 것이 산산이 무너질 때』를 읽고 있었다. 그때, 하느님은 '무근거성'이며 신앙은 신뢰임을 깨닫는 데서 오는 평화와 힘을 느꼈다.

> '무근거성' 위에 선다는 것은 우리가 정말 신뢰하고 있다는 것을 의미한다 … 신뢰란 있는 그대로를 '받아들이는' 것, 있는 그대로에 놓아 버리는 것, 그리고 이것이 있는 그대로를 대하는 가장 좋은 방법임을 신뢰한다는 것을 의미한다. 게다가 이것이 세상을 계속 움직이게 하는 최선의 길이고, '하느님의 뜻을 행하는' 최선의 길이다. 다시 말해, 상호

존재의 역동적이고 항시 변화하되 창조적으로 상호연관되어 있는 과정에 참여하는 최선의 길이다.

내게, 그리고 아마도 많은 그리스도인들에게, 신앙생활이나 신뢰의 가장 어려운 점은 현실을 있는 그대로 받아들이는 것이다. 물론, 받아들인다는 것은 승인이나 긍정을 의미하는 게 아니다. 그보다, 받아들인다는 것은 현실이 있는 그대로의 현실이 되게 함으로써 그 현실이 있을 수 있는 현실이 될 수 있게 하는 것이다. 현실이 무엇이 될까? 말할 수 없다. 그것은 신앙의 숨겨진 측면이다. 하지만 현실은 우리가 확신하는 것이 될 것이다. 왜냐고? 우리는 신앙을 가지고 있고 신뢰하기 때문이다. … 고무적인 사실도 없고 아무런 성공의 기미도 보이지 않지만, 우리는 역경을 딛고 모든 일이 잘될 거라고 신뢰한다. 이를 위해서는 영적 용기가 필요하다.

이보다 앞선 2001년 나는 페마 초드론이 말한 '무근거성'과 칼 라너의 신비에 대한 강조가 같은 달을 가리키는 다른 손가락들이라는 것을 알게 되었다.

이것이 라너가 신비라고 말한 것이다. 나는 최근 레오 르페브르가 『계시, 종교, 폭력』에서 라너의 신비에 대한 이해와 마사오 아베의 공 혹은 '무근거성'의 개념 사이의 유사성을 비교한 것을 읽었다. 두 사람에게 신비 혹은 공의 실재를 느낀다는 것은 자아를 놓아 버리는 것, 그들이 무한한 개방성이라 부르는 것을 전적으로 신뢰한다는 것을 의미한다. 무엇에 대한 개방성인가? 나는 지금 일어나고 있는 것의 일부이며, 그 일어나고 있는 것이 순간순간 나를 지탱하고 이끌 것을 신뢰하면서, 존재하는 것에, 바로 지금 일어나고 있는 그대로에 개방하는 것이다. 오직 순간순간일 뿐이다. 여기에는 웅장한 미래의 약속도 없다. 매 순간이 혼란과 영감, 기쁨과 공포, 희망과 절망과 함께 올 때 단지 마음챙김으로 그 순간을 신뢰하는 것이다. 있는 그대로의 모든 것, 바로 지금의 이 여여如如함이 영의 호흡이고, 신비의 힘이며, 공의 연관성이다.

같은 해, 좀 더 뒤에 쓴 일기이다.

토마스 머튼은 같은 것을 가리키고 있었다. "하느님의 자비에 완전히 매달린 나는 일어나는 어떤 일에도 만족한다"(머튼의 일기, 1952년 11월 19일) … 모든 것은 바로 이 순간, 지금 이 순간에 완전하다는 것이 불교의 이해이다. 이것이 여여함, 있는 그대로의 모습이다. 각 순간의 여여함은 하느님의 무한한 자비이다.

그러므로 침묵의 성사를 정기적으로 수행하는 것은 신앙의 의미에 대한 더 깊은 체험으로 그리스도인들을 이끌 수 있다. 말을 넘어선다는 것은 명확한 지식을 넘어서는 것이고, 침묵으로 들어가는 것은 아무 데도 의지할 곳 없는 지경으로 들어가는 것이다. 비어 있는 침묵이 충만한 것처럼 아무 데도 의지할 곳 없는 '무근거성'이 지탱하고 있다. 불교 수행이 그리스도인들에게 말해 주는 것은 말을 토대로 세워진 우리 종교가 너무 쉽사리 잊을 수 있는 것이다. 즉, 정말 신앙을 갖는다면, 정말 하느님을 신뢰하려면, 우리는 신뢰하는 것을 정말 몰라야 한다는 것이다. 신뢰는 모름을 요구한다. 우리가 알고 있다면 신뢰할 필요가 없다.

나의 스승인 예수회의 버나드 로너건이 신앙이란 사랑하는 대상을 확신히지 못한 채 사랑에 빠지는 것이라고 했을 때 의미한 것이 이것이다. 신앙은 사랑처럼 우리가 정말 모르는 것을 말해 준다. 신앙은 지식을 넘어선다. 우리 그리스도인들에게 위험한 것은, 우리의 말 때문에, 우리가 어떤 것을 신뢰할 때 그 신뢰하는 대상을 너무 분명히 알고 있다고 생각한다는 점이다. 물론 우리에게는 말이 중요하다. 그러나 우리가 말을 너무 중시하고 우리가 신뢰하는 것을 너무 확신한다면 진정한 신앙과, 신앙이 요구하는 것과, 신앙이 가능하게 하는 도전과 보상 둘을 모두 놓치게 될 것이다.

아무 데도 의지할 곳 없는 허공을 향해 신뢰하면서 절벽에서 발을 내디딤으로써 우리는 무근거성과 신비가 우리를 지탱하고 있음을 알게 되고 그로 인한 힘과 평화를 체험할 수 있다. 그러므로 그리스도인들이 "모든 것을 놓아 버리고 하느님에게 맡긴다"라고 말할 때 그 놓아 버림에는 말과 지식의 확실성을 놓아 버리는 것도 포함된다. 오직 그때만 정말 "하느님에게 맡기는" 것이다. 신비인 하느님은 침묵 속에서 가장 분명하고 가장 힘 있게 말씀한다.

마음챙김의 중요성

불교 수행에는 우리 그리스도인들의 침묵의 성사 수행에 통합할 필요가 있는 또 하나의 요소가 있다. '건너가기' 부분에서 보았듯이, 지혜를 목표로 하든 자비를 목표로 하든 모든 불교 명상의 출발점은 마음챙김이다. 그리스도교의 기도와 묵상에 불교의 마음챙김 수행을 도입하는 것은 기도하고 하느님과 연결되는 데 있는 위험으로부터 그리스도인들을 보호할 수 있다.

나는 우리의 삶과 세상의 현실 속에 임재하는 영에 우리를 개방하는 노력을 하지 못하게 될 위험을 말하고 있다. 살아오면서 나는 그리스도교의 기도가 나의 내면의 현실과 세상의 현실을 직시하지 못하게 하기 쉽다는 것을 알게 되었다. 기도는 나 자신에 대한 의도하지 않은 부정직함을 초래하고 문제투성이 현실로부터 도피하게 하는 때가 많다는 것을 깨닫게 된 것이다.

내가 지적하는 것은 우리 그리스도인들이 쉽게 경험할 수 있는 일이다. 우리는 자신을 진정으로 바라보기 전에 하느님에게 의지한다. 우리는 문제를 솔직하게 직시하고 정확히 이해하기 전에 하느님에게 해결책을 요구한다. 우리는 너무 쉽게 하느님에게 도와달라고 손을 내밀기 때문에 삶의 구체적 상황 속에서 영이 말하고 행하는 것을 듣지 못한다. 우리가 찾고 있는 해결책은 우리가 직면하고 있는 바로 그 문제 안에 있을 수도 있다. 하지만 우리는 문제들을 충분히 마음챙겨 대하지 않기 때문에 그 문제들이 어디서 오는지, 왜 생기는지, 우리 안에서 무엇을 일으키는지를 보지 못한다.

불자들이 마음챙김 수행의 중요성을 강조할 때 인식하는 것이 바로 이것이다. 보다 정확하고 단순하게 말하면, 불자들은 각 순간을 대하기 위해 필요한 모든 것을 각 순간 속에서 찾을 수 있음을 안다. 불교의 언어로 말하면, 우리는 그 어디도 아닌 바로 지금-여기에서 우리의 불성을 찾을 수 있고, 그 불성이 어떻게 반응할지 알 수 있다. 그리스도교의 언어로 옮겨 보면, 바로 지금 우리가 직면하고 있는 실제적 상황, 물음, 문제 속에서 영을 느끼거나 들을 수 있다. 하지만 이 불성이나 영을 알고 느끼려면 그 순간을 미음챙김으로 대해야만 한다.

페마 초드론의 마음챙김 수행의 세 활동(정확성, 부드러움, 놓아 버리기)은 실제로 두 가지 요소로 환원될 수 있다. 즉, 우리는 일어나고 있는 일을 할 수 있는 한 정직하게 '인정해야' 하고, 그 후 할 수 있는 한 온전하게 그것을 '받아들여야' 한다는 것이다. 받아들임을 강조하는 불교 스승들은 일어나고 있는 것에 내맡길 것을 요구한다. 우리는 그것을 놓아두고, 지배하지 않고, 포용한다. 그렇다고 우리가 그 일어나고 있는 것에 동의하거나, 승인하거나, 고무한다는 의미는 아니다. 다만, 그것이 무섭고, 끔찍하고, '악'이라 부르는 것이라 해도 우리는 일어나고 있는 그것을 허락하고, 받아들이고, 심지어 가까이 하는 것이다.

우리가 우리와 우리 주위에서 일어나고 있는 일을 마음챙겨 대할 수 있다면, 바로 그것이 그 일 안에 있는 영을 발견하고 느낄 수 있는 길이다. 그러면 상황에 대한 우리의 반응은 두려움, 분노, 질투 같은 충동적 감정이 아닌 영으로부터 비롯될 것이다. 그리고 그것이 용기 있게 인내하는 것이든 창조적으로 행동하는 것이든 '이해'와 '자비'로 반응하게 될 것이다. 이는 생명을 주고, 생명을 창조하는 것이다.

이 모든 말이 조금 이상하게 들릴지도 모른다. 하지만 이것이 불자들이 '마음챙김의 기적'을 말하는 이유이다. 또 이것은 마음챙김이 침묵의 성사의 필수적 부분이 되어야 하는 이유이기도 하다. 이 침묵의 성사를 받아들이는 첫 단계는 마음챙김 수행이다. 우리는 그렇게 현실을 받아들이는 마음챙김을 침묵명상으로 가져오고, 그것이 침묵 속으로 사라지게 한다.

2000년 3월에 쓴 일기에서 나는 마음챙김 수행을 '그리스도 안에 있음'과 연관시키려 했다. "그것은 두 가지 방식으로 작용한다. 순간과 접촉하거나 순간을 마음챙겨 대함으로써 바로 여기 이 세상에 존재하는 그리스도를 발견하는 것이다. 그런데 그 순간에서 그리스도를 발견하게 되면 그 순간은 더 이상 내게 힘을 미치지 못한다." 오직 이 길을 통해서만 그리스도-영의 성육신은 세상에 압도당하지 않으면서 세상에서 계속될 수 있다.

침묵을 교회로 가져오기

침묵의 성사가 나의 그리스도교 수행을 심화하고 확장하는 데 놀라울 정도로 필요하다 해도, 한 사람의 그리스도인으로서 나는 아직도 여전히 아주 많은 말들에 갇혀 있다. 그리스도교는 바로 그 성육신적 본질로 인해 의례의 종교이다(물론 이것은 개신교보다는 가톨릭과 동방정교회가 더 그렇다). 종교적 체험을 지속시키고 그 체험을 살아가기 위해 그리스도인들은 함께 모여 이야기하고 노래하고 기도한다. 이를 위해 우리가 사용하는 언어는 매우 다른 역사적·문화적 배경에서 비롯된 거룩하고 예전적인 전례나 공동기도서에 나오는 것들이다. 앞서 살펴보았듯이, 이런 언어는 지나치게 억압적일 정도로 이원론적이고 신인동형론적이며, 저편에 있는 슈퍼맨 같은 하느님을 향하고 있는 것 같다.

그렇다면 합일적, 불이적, 신비적인 침묵의 성사가 어떻게 그리스도교 수행의 다른 성사 및 의례들과 어울릴 수 있을까? 이는 침묵이 단지 '마음의 동굴' 같은 사적 생활에서만 실행할 수 있는 개인적 성사인지, 아니면 교회로 가져와 함께 나눌 수 있는 공동체적 성사인지를 묻고 있는 것이다.

이 물음에 직접적이고 단순하게 대답하자면, 나는 침묵의 성사와 그 성사의 열매를 일요일 미사와 유니온 신학대학원의 공동체 예배에 도입할 수 있었다. 그리고 이것은 내가 그 의례들에 참여할 수 있는 방식에 질적인 차이를 가져왔다. 그 차이는, 감히 말하자면, 생명을 구하고 신앙을 구할 정도의 차이였다. 정기적인 침묵명상 수행은 나로 하여금 쏟아지는 전례의 말을 견딜 수 있게 했을 뿐 아니라 그 전례의 말의 힘에 휩싸이게 하기도 했다.

왜 이런 일이 생기는지를 한마디로 명료하게 설명할 수는 없다. 하지만 이것은 침묵 수행이 그리스도교의 모든 교리와 신조의 내용처럼 전례의 내용도 궁극적으로 신비의 문제라는 것을 나로 하여금 자각하게 하는 것과 관련이 있다는 것은 분명하다. 신비는 그 본성에 있어 말을 필요로 하지만 동시에 항상 말의 한계를 넘어선다. 그러므로 내가 목소리를 높여 "하느님께 영광"을 찬양하고, "나는 전능하신 아버지 하느님을 믿습니다"라고 선언하고, "천상의 모든 천사들과 성인들"에게 고백할 때, 침묵 수행의 도움으로 나는 이 모든 말들이 부적절하기는 하지만 그만큼 진실하기도 하다는 것을 느낄 수 있게 되었다. 이 말들은 상징이다. 그리고 바로 이 말들이 오직 상징이기 때문에 이 말들은 진실하다. 우리가 모든 전례와 의례의 언어, 몸짓, 찬송이 상징이라는 것을 알게 되면 비로소 그것들은 그 힘을 발휘한다.

전례의 말과 형상은 나의 가치관, 희망, 행동에 영향을 주고 이끌어 준다. 하지만 나는 그 말과 형상이 말해 주는 것보다 훨씬 더 많은 것이 있음을 안다. 내가 앞으로 알 수 있는 것이 무척 많고, 또한 앞으로도 내가 결코 알 수 없을 것도 매우 많다는 것을 안다. 나는 그리스도교 공동체의 전통에 전해진 유서 깊고 소중한 이 말들을 마음에 품고 고이 간직한다. 하지만 그 말들에 집착하지는 않는다. 그 말들은 진실하지만 결코 '진리 자체'는 아니다. 내가 그 말들에 집착하지 않을 때 그 말들은 훨씬 더 깊이 나를 감동시킬 수 있다. 그 말들이 달을 가리키는 손가락들이라는 것을 알기 때문에 나는 달을 볼 수 있는 것이다!

티베트불교의 수행법 하나가 그리스도교 전례의 언어의 힘을 활용하는 데 특별한 도움을 주었다. 내가 이 책의 마지막 개정판을 손보고 있었던 2008년 여름에 참여한 열흘간의 족첸Dzogchen 수련회 중에 그것을 경험했다. 그 수련회의 모든 모임은 붓다와 보살들(특히 타라)에게 바치는 기원으로 시작했다. 그리고 독경을 하고(때로는 오순절 그리스도인의 열정처럼), 붓다와 보살들의 은총과 도움을 간구하고 빌었다. 또한 우리의 '영적 은인'이 우리를 붙들어 주고 사랑하는 것을 상상했다. 우리는 "영적 은인이 당신의 행복을 바라며 발산하는 치유의 에너지를 당신 몸의 모든 세포로 흡수하십시오"라는 초대의 말을 들었다.

하지만 그 의식의 풍부한 언어와 이미지에 한껏 휩싸이고 난 후 우리는 다음과 같은 초대의 말을 들었다. "시각화를 그만두고 모든 준거의 틀을 내려놓으십시오. 다만 사랑의 광명과 하나됨으로 편안해지십시오. 자아와 타자의 분리를 넘어서는, 그 부드럽고, 눈부신 온전함 안에 깊이 존재하십시오. 마음 편히, 느긋하게, 완전히, 오직 존재함을 누리십시오."

내가 그리스도교 수행으로 되돌아왔을 때 이 족첸 명상 체험은 그리스도교 전례의 언어와 내용에 훨씬 더 깊이 나 자신을 맡길 수 있게 해 주었다. 그리스도교와 티베트불교 수행자들에게 이 족첸 명상법은 단지 히면 좋은 수련이 아니다. 그것은 우리의 상상력과 몸을 일깨우고, 우리의 몸과 마음 안에 있는 신비와 영의 임재를 느끼는 데 꼭 필요하고 효과적인 방법이다. 이 티베트불교의 족첸 수행은 그리스도교 수행에 결여되어 있던 것을 내게 더해 준다. 그것은 모든 것을 '놓아 버리고', 말과 형상을 '내려놓고', 신비 안에 '편히 쉴' 수 있도록 상기시켜 주는 것이다. 그 신비는 향과 종소리, 말과 몸짓으로 소통되면서도 본질적으로 그 모든 것을 넘어서는 것이다. 그러므로 이제 나는 미사나 예배에 참여할 때 모든 것을 놓아 버릴 수 있고 말의 이면에 있는 신비를 느낄 수 있는 침묵의 순간 - 이것이 더 많으면 좋겠다 - 을 활용하거나 찾아낸다.

침묵으로 조율된 귀로 전례와 예배의 말을 '듣는' 이런 과정은 또 다른 방식으로 효과적일 수 있었다. 일요일 아침 교회에서 듣는 대부분의 언어에 새로운 활기를 불어넣을 수 있었던 것이다. 물론 모든 언어에 활기를 불어넣을 수는 없었다. 내가 물려받은 그리스도교 전례와 언어 중에는 아무리 침묵에 흠뻑 젖게 해도 달을 가리키지 못하는 손가락들도 있다. 하지만 이런 경우는 그 언어들이 과도하게 신인동형론적이거나 암시적인 이원론이기 때문이 아니다. 그보다는 그 언어들 자체가 틀렸거나, 거짓이거나, 예수의 가르침과 일치하지 않기 때문이다. 특히 하느님의 능력을 너무 강조한 나머지 하느님의 사랑을 위태롭게 하는 가부장적 언어가 그렇다.

그러므로 전례의 기도나 찬송이 보여주는 하느님이 적을 정복하는 하느님이나 화를 내며 저주하거나 파괴하는 하느님일 때, 나는 자연스럽게 그리고 저항의 표시로 입을 꾹 닫아 버린다. 그래서, 할 수 있는 한 섬세하게, 동료 교구민들과 사제가 나의 불편함과 저항을 알게 한다. 제도와 전통의 언어를 바꾸는 데는 시간이 좀 걸리기 마련이다.

청원하는 것은 연결되는 것이다

침묵의 성사는 내가 전례의 언어를 바르게 대하고 그 언어를 통해 영감 받도록 도와준다. 이것은 심지어 의례에 있어 가장 큰 걸림돌 중 하나인 청원 기도도 포함한다. 우리가 하느님에게 요청하는 것이 우리나라나 우리 팀, 우리 교회의 필요를 다른 사람들의 필요보다 우선시해 달라는 것일 때 나는 여전히 "주님, 우리의 기도를 들어 주소서"라는 기도를 따라 할 수 없다. 이런 '나 먼저' 식의 청원기도를 들으면 말이 나오지 않는다. 하지만, 청원기도를 더 넓게 보면, 매일 받는 침묵의 성사는 영에게 요청하는 것이 타당하고 가치 있는 일이라는 것을 알고 느낄 수 있게 도와주었다.

우리는 침묵 속에서 우리 각자가 상호연관시키는 신비 그 자체이며 우리 안에 살아 있는 영의 일부라는 것을 자각한다. 그리고 남을 걱정하며 남의 행복을 비는 마음을 표현하는 우리의 기도는 우리가 그 침묵을 통해 자각한 것-모든 존재, 특히 도움이 필요한 존재를 향한, 영에 근거한 나의 관계와 자비-을 행할 수 있는 길이다. 이것이 불자들이 이해하는 통렌 수행과 자애심 수행의 작용 방식이고, 내가 이해하는 청원기도의 작용 방식이다. 내가 타인에게 자비심을 느낄 때 나는 타인이 아닌 나를 위해 '수행'하고 있는 것이다. 나는 영의 에너지가 나를 타인과 연관시키게 하고 있는 것이다.

이 수행은 나를 타인과 연관시키기 때문에 내게도 좋다. 그 수행이 타인에게 얼마나 좋을지, 내가 느끼고 보내는 에너지가 얼마나 많이 타인에게 도달하고 영향을 미칠지 나는 확실하게 알지 못한다. 하지만 그것이 내게 좋다는 것은 확실히 안다. 나는 그 영의 에너지가 타인에게도 분명히 좋다는 것을 신뢰한다.

그런데, 우리가 이렇게 서로를 위해 기도하는 것은 하느님의 개입을 요청하는 것이 아니다. 그것은 연관시키는 영이 '나타날 수 있게' 하는 것이지 '개입하게' 하는 것이 아니다. 즉, 저편에서 영이 개입해 오기를 바라는 것이 아니라 이미 여기 있는 영이 활동하게 하는 것이다. 청원기도는 모든 존재를 포함하는 불성 혹은 우리 모두가 그 지체인 그리스도의 몸을 자각하게 함으로써 우리로 하여금 더 활동적인 주체가 되도록 한다.

전례의 찬양과 청원의 의미를 찾기 위해 나는 침묵을 교회로 가져오고 있다. 하지만 그리스도인들이 침묵의 성사를 그리스도교 수행의 핵심에 통합해서 그것이 전례 생활과 공동체 생활의 일부가 되게 하려면 교회에 '더 많은' 침묵의 성사가 있어야 할 것이다.

이를 위해 할 일이 많다. 교회에 다니는 많은 신자들에게 그리스도교 전례는 아름답고 영감을 주긴 하지만 여전히 너무 시끄럽고, 너무 번잡하고, 너무 말이 많다. 이는 전례학자들이 '비의'*Arcanum* 라고 부르는 것, 즉 모든 성공적 의례의 핵심인 말 없는 신비를 충분히 존중하지 않는다는 의미이다.

솔직하면서도 간곡하게 말하면, 우리 그리스도인들은 예배와 전례에서 침묵을 더 필요로 한다. 가톨릭의 경우에 그것이 어떻게 실현될지, 어떻게 침묵을 말과 찬양, 그리고 찬송과 융합하고 균형 잡히게 할 수 있을지는 제2차 바티칸 공의회 이후 계속 진행 중인 전례 개혁을 통해 성취되어야만 할 것이다.

하지만, 개인적 체험에 근거해 말한다면, 침묵에 있어서는 서양 그리스도인들이 동양 그리스도인들로부터 배울 점이 많다. 아시아의 많은 그리스도인들은 불교와 힌두교 문화의 영향을 받았기 때문에 침묵이 그리스도교 의례의 일부가 되어야 한다는 것을 당연하게 여긴다. 스리랑카 〈툴라나 종교대화센터〉의 작은 예배당에서 알로이시우스 피어리스 신부가 집례한 '불교적 미사'에 참여했을 때, 그리고 인도의 방갈로어에 있는 〈가톨릭 종교대화센터〉에서 열린 '인도식 성만찬'에 참여했을 때, 나는 공동체적 침묵이 어떻게 그리스도교 전례에 통합되고 그것을 풍부하게 할 수 있는지를 목격했다. 그리스도교 전례가 동양의 영성으로 건너갔다가 되돌아온 결과로 만들어진 그 의례들은 전체 그리스도교 교회에게 본보기를 제공함으로써 희망을 준다.

요약하면, 불교의 영적 수행으로 건너갔던 경험이 내게 가르쳐 주었고 교회에 가르쳐 줄 수 있는 것은, 그리스도교 신학이나 전례에서 사용하는 모든 말이 침묵으로부터 생겨나야 하고 다시 침묵으로 돌아가야 한다는 것이다. 오직 그럴 때만 말할 수 있는 무언가가 있게 될 것이다.

Chapter 7

평화 만들기와 평화롭기

7 평화 만들기와
평화롭기

앞 장은 "이 장에서 우리는 수행에 대해 이야기할 것이다"라는 문장으로 시작했다. 거기에서 나는 불교적 의미로 '수행'practice이라는 용어를 사용했다. 그 의미에서의 수행은 영적으로 건강한 상태를 유지하기 위해 매일 해야 하는 운동 같은 것이다. 하지만 이번 장에서는 보다 그리스도교적 의미의 '실천'practice에 대해 이야기하겠다. 실천은 지역적으로든 지구적으로든 세상 속에서 자신의 영성을 실현하는 활동을 의미한다. 일반화해서 말하면, 불자들이 말하는 수행이 보다 내적이고 개인적인 것이라면 그리스도인들이 말하는 실천은 보다 외적이고 사회적인 것이다. 또는 알로이시우스 피어리스가 말하듯이, 불자들이 그들의 수행에서 지혜prajna를 강조한다면 그리스도인들은 그들의 실천에서 사랑agape을 강조한다.

물론 불자와 그리스도인 모두 지혜와 사랑이 서로를 필요로 한다는 것을 안다. 지혜는 자비를 요청하고 자비는 지혜를 필요로 하는 것이다. 하지만 이 책을 쓴 의도에 맞게, 이 장에서는 불교의 영성이 어떻게 그리스도인들의 사회참여를 명료하게 해 주고, 근거를 제공해 주고, 방향을 제시해 주고, 영감을 주면서 도와줄 수 있는지에 초점을 맞추고자 한다.

이는 이 장에서 다루는 주제들이 세상 속에서의 내 개인적, 사회적 삶과 훨씬 더 밀접한 관련이 있다는 의미이다. 내가 여기에서 이야기하려는 갈등은 모두 신학적 뿌리를 가지고 있긴 하지만 주로 '사회운동'의 경험에서 나온 것들이다. 돌아보면, 지난 사십 년 동안의 나의 직업생활에서 내가 주로 해 온 역할은 분명 학자의 역할이었다. 하지만 내 삶의 방향을 재조정하고 사제로 살아가는 '단순한' 은총을 떠나 교수, 남편, 부모가 되는 보다 '복합적인' 은총에 정착한 후부터, 그리고 특히 1980년대 중반 이래로 나는 나의 지적 추구가 구체적인 사회적·정치적 참여와 관련되고 또한 도전받을 수 있기를 노력해 왔다.

나는 미국의 한 시민이자 한 정당의 책임 있는 당원으로 활동하며 지내오는 한편 지난 수십 년 동안 〈엘살바도르의 평화를 위한 그리스도인들크리스파즈, CRISPAZ〉과 〈국제종교평화위원회〉에서 사회운동가로 활동하며 살아왔다. 앞 장에서 언급했듯이 크리스파즈는 잔혹한 내전 시기였던 1980년대 중반부터 현재까지 엘살바도르의 비정부기구들, 교회들과 함께 정의로운 평화를 이루기 위해 일해 온 초교파 단체이다. 아내 캐시와 나는 1988년부터 2002년까지 크리스파즈 이사회의 이사로 활동했다. 한편 평화위원회는 세계 주요 종교전통의 영향력 있는 지도자들로 구성된 단체로, 분쟁을 평화롭게 해결하는 데 범종교적으로 기여하기 위해 매년 모임을 개최한다. 나는 1996년부터 평화위원회의 이사로도 활동해 오고 있다. 이제부터 이야기하려는 대부분의 갈등은 이 크리스파즈와 평화위원회에서 활동해 오면서 표면화된 것들이다.

이러한 고투의 맥락을 더 큰 차원에서 보면 그것은 나사렛 예수로 하여금 당시의 권력과 갈등하게 했던 '하느님의 나라'Basileia tou Theou의 과제를 수행하려는 그리스도인들의 노력에서 생겨난 것이다. 나는 '하느님의 나라'의 평등성을 강조하기 위해 그것을 '하느님의 공동체'Kindom of God로 번역한다. 하느님의 공동체는 인류가 서로를 존중하고, 보살피고, 모두의 평안을(예수가 오늘날 있었다면 지구의 평안을 추가했을 것이다) 위해 살아가는 세상에 대한 예수의 이상을 상징하는 것이다.

그런데, 하느님의 공동체를 실현하기 위한 계획을 세우거나 그 계획을 실행할 때면 많은 문제들이 생기기 마련이다. 불교는 그런 문제들을 다룰 때 내게 큰 도움이 되어 왔다. 예수가 내게 하느님의 공동체에 대한 근원적 이상과 의무를 주었다면, 붓다는 내가 그 이상과 의무를 이해하고 실천하면서 부딪친 문제들을 다루는 데 없어서는 안 될 도움을 주었다. 붓다가 없었다면 나는 예수와 함께 하느님의 공동체를 건설하는 일꾼일 수 없었다.

나의 갈등: 하느님의 공동체는 언제, 어디에, 어떻게 실현되는가?

무엇을 희망할 수 있는가?

예수가 선포한 하느님의 공동체가 꿈꾸었던 더 나은 세계를 실현하려 애쓸 때 늘 재발하는 감기처럼 나를 감염시키고 약해지게 한 가장 어려운 물음의 하나는 "우리가 정말 성취할 수 있는 것은 무엇인가? 우리가 희망할 수 있는 것은 무엇인가?"였다.

그런 물음은 엘살바도르의 변화를 위한 노력에서 특별히 고통스러운 것이었다. 이미 말했듯이 크리스파즈는 엘살바도르 군부가 자행한 학살, 실종, 암살로 점철된 여러 해 동안 엘살바도르 교회들, 교사들, 노조운동가들, 인권단체들과 함께 일했다. 그래서 1992년에 일상적 전쟁의 굉음이 멈추고 마침내 평화조약이 체결되었을 때 우리는 엘살바도르인들과 더불어 기뻐했다. 그리고 불의와 폭력을 비폭력적으로 극복하려는 노력이 기대했던 열매를 맺었다는 자부심이 깃든 성취감도 있었다.

하지만 그 후 여러 해 동안 엘살바도르를 다시 찾았을 때, 도시공동체들과 마을들은 여전히 가난했고, 파라분도 마르티 민족해방전선$^{F.M.L.N.}$의 반란군은 정치체제로 '통합'되고 있는 것을 목격했다. 우리가 새로운 모퉁이라고 생각하며 돌아선 곳이 너무나 익숙한 풍경으로 다가왔다. 가난은 여전히 만연해 있었고, 한때 악명 높았던 '열네 지배가문'의 손아귀에 있던 경제력은 눈에 보이지 않는 세계화 세력의 손으로 넘어갔다. 정치적 부패는 이제는 정장을 입은 민족해방전선 게릴라들에게서조차 볼 수 있었다. 군대의 폭력은 갱단과 경찰의 폭력으로 변했다. 용기 있는 순교자 오스카 로메로 대주교와 인내심 있었지만 고집 셌던 리베라 이 다마스 대주교로 상징되던 가톨릭교회의 지도력은 바티칸의 칙령에 따라 해방신학을 근절하기로 결심한 '오푸스 데이' 고위성직자들의 손으로 넘어갔다. 이것이 인구 오백만의 나라에서 무려 칠만 명의 민간인이 죽었을 만큼 큰 고통, 희생, 희망을 겪은 후에 남은 전부이다. 이 모든 고통과 혼란을 한 엘살바도르인 친구가 성난 한마디로 명확하게 표현했다. "더 나빴을 때가 더 좋았다."

그 특정한 시간과 공간의 강렬함에서 엘살바도르는 특별하다. 하지만 엘살바도르의 명료하게 응축된 경험은 고통과 불의의 세상을 변화시키기 위한 헌신을 '기본적 가치'로 삼는 종교적, 세속적 사람들을 동요시키고 심지어 무력하게 만드는 물음을 던진다. 변화는 가능한가? 우리는 정말 어떤 변화를 일으킬 수 있는가? 우리는 진정 보다 나은 방향으로의 지속적 변화를 일으킬 수 있는가? 우리 모두는 '시지푸스' 같은 교회나 운동에 속하는가? 언덕 위로 바위를 굴려 올라가는 전설 속의 시지푸스처럼 우리는 정상에 도달했을 때 안도와 성취의 한숨을 쉰다. 하지만 곧 그 바위는 언덕 아래로 다시 굴러떨어진다. 우리가 바위를 굴려 올리는 잠시 동안 골짜기의 삶은 좀 편안해지겠지만 진정으로 변하는 것은 아무 것도 없다. 바위는 계속 다시 굴러떨어져 사람들의 삶을 파괴한다.

그러면 정말 나는 폭력과 불의의 세계가 변화될 수 있다고 희망할 수 있는가? 아니, 나는 그것을 희망하는가? 이 물음에서 "희망하는가?"라는 부분이 나를 전율하게 한다. 몇 년 전 종교평화위원회 위원 중 하나인 엘리스 보울딩이 특유의 부드러운 솔직함으로 던진 물음은 마치 내 뺨을 찰싹 때린 것만 같았다. "평화운동가들은 정말로 평화가 가능하다고 믿나요? 정말 인류가 더 이상 폭력과 피를 통해서가 아니라 대화와 타협을 통해 갈등을 해결할 역사의 한 지점에 도달할 수 있다고 믿나요? 만약 평화운동가들이 이것을 진정으로 믿지 않는다면 왜 지금 평화운동을 하고 있는 거죠? 그리고 '어떻게' 그 일을 하고 있는 거죠?" 그 물음이 나를 계속 위축시킨다. 나는 정말 평화가 가능하다고 믿는가?

그런 실천적이고 실존적인 물음은 특히 나처럼 생각을 너무 많이 하는 사람에게는 더 깊은 철학적, 신학적 물음을 일으킨다. 비록 봉급을 받는 그리스도교 신학자이기는 하지만 솔직히 나는 전통적 그리스도교 신앙의 교리들이 지금 말하는 고통스러운 물음을 다루는 데 어떻게 도움을 주는지 확신하지 못할 때가 있다. 내가 정말 희망할 수 있는 것은 무엇인가?

그리스도교 신앙과 신학의 광범위한 영역에서 그 물음에 대한 답을 찾으려면 구글에서 '그리스도교 종말론'을 검색해야 할 것이다. '종말론'은 그리스도인들이 '종말에 있을 일들'에 대해 믿는 것을 담고 있는 것으로, 세상의 종말, 내세, 모든 피조물의 최종 목적지, 역사의 목적, 간단히 말해 본향으로 돌아감에 대한 것들이다. 근본적으로 모든 그리스도인들은 세상이 어딘가를 향해 가고 있고 그 종착점이 있다고 믿는다. 게다가 그들은 지금 일어나고 있는 일들과 역사의 무대에서 그들이 선택하고 행하고 있는 것들이 어느 정도, 어떤 방식으로 그들의 마지막 운명을 결정할 거라고 믿는다. 달리 말하면 현재와 미래 사이에, 인간의 역사와 하느님이 주관하는 최후 사태 - '천국' 또는 '지옥'이라고 불리는 - 사이에 인과관계가 있다는 것이다.

그런데 그리스도교 신앙에서는 이 인과성이 현재와 미래 양방향으로 작용한다. 현재가 미래에 영향을 미칠 수 있을 뿐만 아니라 미래도 현재에 영향을 줄 수 있는 것이다. 사실 그리스도인들은 하느님이 종말의 때에 준비해 놓은 것이 현재의 이 시대에 이미 존재한다고 믿는다! 이것은 믿기 어려울 뿐만 아니라 이해하기도 어려운 개념이다. 신학자들은 복잡한 것을 더 복잡하게 하는 그들의 능력을 보여주듯이 이것을 '실현된 종말론'이라고 부른다. '종말에 있을 일들'이 최소한 어느 정도는 바로 지금 '실현'될 수 있다는 것이다.

신약성서 학자들은 신약성서의 기록들을 주의 깊게 분석해 보면 예수가 하느님 나라 혹은 하느님의 공동체의 "이미/아직 아닌"$^{already/not\ yet}$ 현존과 능력을 말하고 있었음을 알 수 있다고 주장한다. 이런 주장은 종말에 대한 우리의 이해를 도와준다. 분명히 그것이 의미했던 모든 면에서 볼 때 예수에게 하느님의 공동체는 여전히 미래 '저편에' 있었기 때문에 '아직 여기에' 와 있지 않았다. 하지만 동시에 하느님의 공동체는 특히 예수의 사명과 인격 안에서 '이미 여기에' 있었고, 이미 이르렀다. 그래서 우리는 하느님의 공동체를 체험하기 위해 역사의 마지막까지, 천국이 올 때까지 기다릴 필요가 없다. 예수는 제자들에게 매일 기도할 때 그것을 기억하라고 가르쳤다. "아버지의 나라가 오게 하시며 아버지의 뜻이 [아직 오고 있는] 하늘에서와 같이 [바로 지금!] 땅에서도 이루어지게 하소서."

그러므로 '종말에 있을 일들'에 관한 그리스도교의 믿음에서 '이미'와 '아직 아니' 사이의 균형 잡기는 "무엇을 희망할 수 있는가"에 대해 답할 수 있도록 나를 도울 수 있다. 나는 여전히 오고 있는 것이 이미 실현될 수 있다는 것을 희망할 수 있는 것이다.

하지만 물음은 계속 남는다. 그것은 단지 철학적 물음이 아니라 엘살바도르와 같은 상황에서의 경험, 더 심각하게는 워싱턴의 정치인들이 일으키는 문제들을 경험하며 생겨나는 실천적 물음이다. 정말 변하는 것은 아무 것도 없는 것 같다. 전쟁 전에 가난했던 사람들은 전쟁 후에도 가난하다. 엘살바도르에서 사람들을 죽게 했던 잘못된 정책들이 이라크에서 그대로 반복된다.

이 세상이 '정말' 달라지고 변화될 수 있는지에 대한 괴로운 의심을 더 깊게 하는 그리스도교 믿음도 있다. 사랑과 정의의 하느님의 공동체가 바로 지금 실현될 수 있다며 용기를 주는 좋은 소식과 인간은 여전히 죄인이라는 나쁜 소식은 그리스도교 믿음에서 균형 혹은 모순을 이룬다. 그것은 내가 새로운 경제질서에 대한 희망을 이야기할 때마다 학생들이 "인간의 본성은 바꿀 수 없어요!"라고 반응하는 것과 같다.

그렇다. 우리는 여전히 죄가 있다. 그것은 우리가 이기적이라는 의미이다. 그것은 또한 우리가 그토록 수고해서 언덕 꼭대기까지 밀어 올린 바위가 저절로 뒤로 다시 굴러가는 게 아니라는 의미이다. 그 돌을 아래로 굴려 버리는 죄인들이 항상 있는 것이다! 그리고 인간의 죄성에 대해 말하는 그리스도교 교리에 따르면 그런 죄인들은 '항상' 있을 것이다. 그렇다면 항상 죄를 짓는 이기적인 인간들이 사는 사회에 어떻게 하느님의 공동체가 이미 와 있을 수 있다는 말인가? 그 바위들은, 적어도 그 바위들 중 일부는 꼭대기에 계속 머물러 있게 될까?

그런 물음은 그리스도의 '재림'이라는 또 하나의 근본적인 그리스도교 믿음 때문에 다소 실망스러운 대답을 듣게 된다. 재림 상징의 묘사와 해석이 제시하는 것은 재림이 오직 역사의 마지막 때에 일어나리라는 것이다. 그리고 그때 예수가 하느님의 공동체를 진정으로 완성해 하느님 아버지에게 바치리라는 것이다. 이는 역사가 다 지나간 후에만 세상이 정말로 달라질 거라는 의미이다. 오직 그때에만 죄와 이기심과 폭력과 불의가 진정으로 사라질 것이다. 오직 그때에만 바위들은 언덕 꼭대기에 그대로 머물고 골짜기에는 참되고 영원한 평화가 있게 될 것이다.

하지만 그리스도의 재림을 그렇게 해석하는 것은 하느님의 공동체를 '지금' 실현하려는 우리의 희망에 어떤 의미를 주는가? 쉽게 할 수 있는 답변은 이와 같을 것이다. "간단해. 종말 때까지는 아무 것도 완전하지 못할 거라는 뜻이지." 하느님의 공동체 또는 자비와 비폭력의 세계는 이 땅 위에 부분적으로만 실현될 수 있을 뿐 결코 완전히 실현될 수 없다는 것이다. 하지만 내 안의 철학자와 운동가는 그런 대답이 너무 피상적이라는 데 동의한다.

"결코 충분하지 않게", "결코 완전하지 않은", "항상 죄가 있는" 같은 말들이 진정 의미하는 것은 무엇인가?

  나를 괴롭히는 물음들을 요약해 보자. 예수를 포함해 유대 전통의 모든 예언자들이 말하는 것처럼 그리스도인들은 세상을 '고칠' 수 있고 그래야만 한다고 믿는다. 잘 알려진 히브리어 '티쿤 올림'*Tikkun Olam*의 뜻이 그것이다. 그런데 여기에서 '고친다'는 의미는 '적당히 손보는 것' 아니면 '완전히 변화시키는 것' 둘 중 하나일 수 있다. 적당히 손보는 것은 문제를 땜질하듯 다루는 것이어서 결국 나중에 그 문제들이 재발하게 한다. 비유하자면 새는 파이프를 대충 수선한 탓에 다음 달에 다시 새기 시작하는 것과 같다. 그런 땜질식 처방도 문제들이 생겨날 때마다 그것을 해결하게 하므로 삶을 더 살 만하게 만들긴 한다. 하지만 중요한 것은 집은 여전히 망가진 상태 그대로라는 것이다. 이와 달리 완전히 변화시킨다는 것은 실제로 집을 새로 증축하거나 아예 새로 지을 수 있다는 것을 의미한다. 물론 새 집도 완전하지는 않지만 이전의 집보다는 분명히 개선된 것이다.

  이 세상에 사는 우리가 예수의 하느님의 공동체의 이상으로 부름받은 것은 세상을 적당히 손보기 위함인가 아니면 완전히 변화시키기 위함인가? 이렇게 물음을 정확히 하면서 나는 훨씬 더 근원적인 물음을 마주하게 된다. "이 세상의 가치는 무엇인가?" 이 세상은 하느님의 공동체가 형태를 갖추는 데 필요한 건축자재들을 제공하는가? 아니면 종말의 때에 완전히 새로운 세상을 위해 이 세상의 모든 것은 제거되어 버릴 것인가? 같은 질문을 좀 더 개인적이고 실존적으로도 할 수 있을 것이다. 이 세상에 사는 우리는 세상과 자신을 더 정의롭고, 더 자비롭고, 더 이롭도록 변화시키게 될까? 아니면 우리가 이 세상에 있는 주된 이유는 끝없는 악과 이기주의의 세상이 끝난 뒤 그것을 뒤로하고 다른 세상으로 가는 통행권을 얻기 위한 것인가?

이런 물음들은 단지 철학적, 신학적 사색을 위한 소재인 것이 아니라 내가 하고 있는 사회운동에서 비롯되고 또한 그것에 영향을 미친다. 이 물음들은 "정말로 평화가 가능하다고 믿나요?"라고 묻는 엘리스 보울딩의 물음에 어떻게 대답할지를 결정한다.

행동과 명상

여기서 말하려는 갈등은 1980년대에 한 선사(禪師)와 나눈 대화에 들어 있다. 1987년 여름, 크리스파즈의 동료들, 자원봉사자들과의 연대를 계속하기 위해 아내 캐시와 함께 엘살바도르에 가기 몇 주 전이었다. 학술적 업무로 뉴욕을 방문하고 있던 나는 짧은 수련의 시간을 갖기로 결정했고, 버니 글래스먼이 이끄는 리버데일 선(禪)센터에서 며칠을 보냈다. 편안하면서도 집중적인 좌선 수행을 삼 일 동안 한 후 글래스먼 선사와 짧은 독대의 시간을 가졌다. 나는 다소 불안하게 말을 더듬으면서 말했다. 암살부대를 저지하기 위해 작은 역할이라도 하려고 엘살바도르에 가야 할 필요를 강하게 느낀다고. 당시 엘살바도르에서는 특히 교회 인사들을 표적으로 하는 암살이 빈번했다. 하지만 동시에 나는 앉아서 명상하는 것도 매우 필요하다는 것을 느끼고 있었다. 나는 이 '필요한' 두 가지를 어떻게 조화시킬 수 있을지 잘 모르겠다고 이야기했다.

글래스먼은 전형적인 선의 냉철함으로 대답했다. "그 두 가지 모두 절대적으로 필요합니다. 당신은 좌선 수행을 해야만 합니다. 당신은 암살부대를 저지해야만 합니다." 그렇게 말하고 나서 그는 내가 지금도 그 의미를 이해하려 애쓰고 있는 화두를 하나 주었다. "하지만 당신이 그 암살부대와 하나라는 것을 깨닫기 전에는 당신은 그들을 막을 수 없을 겁니다." 그리고 그는 조용히 나를 물러나게 했다.

어떤 의미에서 글래스먼 선사는 내가 이미 알고 있던 것을 말했다. 하지만 그는 내게 그것에 더 깊이 뛰어들라고 초청하고 있었다. 〈말씀의 선교수도회〉 선교사들과의 수련을 통해, 그리고 오랫동안 예수회 수사들과 함께 연구하고 활동해 오면서 나는 '활동'action과 '관상'contemplation의 필연적인 연관을 확신하고 있었다. 활동과 관상이 필연적으로 연관되어 있는 이유는 나의 수련장이었던 독일인 글로리우스 신부가 사용하던 격언에 본질적으로 담겨 있다. "아무도 자신이 갖고 있지 않은 것을 줄 수는 없다." 우리가 남에게 무엇인가를 줄 수 있으려면 그 전에 그것을 가지고 있어야만 한다. 우리는 우리가 말하고 있는 것을 알아야 한다. 그것도 단지 지적으로만이 아니라 몸소, 직접적으로 알아야 한다. 더 나아가 관상을 통해 얻는 생명력은 진리와 정의의 하느님의 공동체를 선포하고 그것을 위한 사목활동을 하며 겪는 요구와 어려움 속에서 우리를 강하게 하고 지탱시켜 줄 것이다. 그러므로 정기적 영성수련인 관상은 다른 이들에게 줄 것과 그것을 주기 위한 에너지를 갖기 위해 필요한 것이다.

글래스먼 선사는 기본적으로 이 모든 것에 동의했을 것이다. 하지만 나는 그가 무언가를 더 말하고 있었다고 믿는다. 그는 내가 암살부대와 하나임을 깨달아야 한다는 메시지를 내 것으로 만들고 그 메시지를 다른 이들에게 전할 힘을 얻으라고 말하고 있는 게 아니었다. 그는 그 '메시지를 전하는 사람의 변화'에 대해 말하고 있었던 것이다. 그리고 그는 내가 "암살부대와 하나임을 깨달을" 수 있게 하는 특정한 형태의 인격적, 주체적 변화를 의도했다. 여기에서 나는 당황했다. 그것은 내가 그리스도교 수행에서 배운 것들의 범위 너머의 것으로 보였던 탓이다. 그때 글래스먼 선사는 내가 그리스도교 수행에서 노력해 왔던 것과 다른 방식으로 인격적 변화와 자각을 함양할 다른 명상이나 영적 수행을 요구하고 있었던 것일까?

리버데일 선센터에서의 경험이 자극하고 관심 갖게 한 그런 의문은 1980년대 후반과 1990년대 초 엘살바도르의 크리스파즈와 함께 열정적으로 활동하는 내내 끈질기게 나를 괴롭혔고 또한 성숙시켰다. 나는 우리가 하고 있는 일이 옳다는 것은 알고 있었다. 미국 정부의 정치적, 경제적, 군사적 정책에 필연적으로 의존해서 지탱되는 엘살바도르 정부와 지배계급이 초래한 엘살바도르 국민들의 엄청난 고통에 대해 우리는 무언가를 해야만 했다. 하지만 상황을 변화시키기 위해 우리가 노력하고 있는 방식이 완전히 옳거나 적절한 건 아니라는 사실도 점차 느끼게 되었다. 우리의 행동에 무언가가 빠져 있었다. 나는 그것이 무엇인지를 확실히 알지는 못했지만 그것은 글래스먼 선사의 부드러운 훈계와 관련이 있다는 것을 느꼈다.

지금 돌아보면 나는 옳은 일을 하고는 있었지만 그 옳은 일을 하는 방식은 옳지 않았다는 불안을 갖게 한 여러 자극들이 있었음을 깨닫는다. 그 자극들은 우리가 활동할 때의 '태도'와 그 활동을 수행하는 '분위기' 모두에서 내가 점점 더 많이 느끼게 되었던 불안과 관련된 것이었다. 태도에 대해 말하자면, 비록 엘살바도르에서 활동하는 '외국인'인 우리는 엘살바도르 사람들과 함께 하고 그들로부터 배우기 위해 거기에 갔다는 것을 분명히 알고 있었지만, 한편으로는 매우 확고한 우리의 계획과 의제를 가지고 있었다. 우리는 '해방신학'의 방법론을 따랐고 '사회적, 정치적 분석'을 시도했다. 우리는 고통과 폭력의 원인인 불의한 경제정책을 알고 있었고, 그 기본적인 해결책이 정치적 의제와 정부의 구조적 변화에 있다는 것도 알고 있었다. 우리는 누가 좋은 사람이고 누가 나쁜 사람인지도 알고 있었다. 좋은 사람들은 투쟁하고 있는 가난한 이들, 그리고 그들과 함께 투쟁하고 있는 '우리'였고, 나쁜 사람들은 '그들', 곧 독재자, 군부, 레이건 행정부, 암살부대였다.

이런 분석과 계획의 '확고함'은 우리가 활동하는 '분위기'에도 영향을 주었다. 일부러 의도한 것은 아니었지만, 미국 정부가 엘살바도르에서 하고 있는 끔찍한 일들을 미국 시민들과 교회 신자들에게 알려 줄 때 우리에게는 "당신들보다 우리가 더 선하다"는 자만이 있었다. 캐시와 내가 연방수사국FBI의 조사를 받고 있다는 사실을 알게 되었을 때는 심지어 선택받았다는 느낌마저 있었다! 우리는 분명히 좋은 사람들이었다.

우리는 우리가 하고 있는 일의 옳음을 확신했고 엘살바도르 정부와 미국 정부가 하고 있는 일의 옳지 못함에 분노했다. 이 확신과 분노는 우리의 말과 행동을 폭력적이게 만들었다. 물론 그것은 물리적 폭력은 결코 아니었지만 분명 해로운 것이었다. 산타아나의 한 식당에서 암살부대원들이 들어와 우리 옆 테이블에 앉았을 때 내가 느꼈던 증오를 기억한다. 짙게 코팅된 유리창의 체로키를 타고 다니며 사복을 입고 자동화기를 들고 다니던 그들의 표나는 특징들을 우리는 알고 있었다. 나는 미국 대사관에서 우리가 했던 질문과 말에 담겨 있던 경멸감을 기억한다. "단지 교회를 세우기 위해" 엘살바도르에 갔던 미국 복음주의자들과 나누었던 우리의 대화에 스며들었던 경멸을 기억한다. 또한, 이제 와서 돌아보면, "상황을 개선"하려는 결의로 인한 압박과 긴장에 시달리느라 꽃향기 맡는 법을 잊어버린 채 우리 자신에게 가했던 폭력도 깨닫게 된다. 토마스 머튼이 그가 만났던 가장 폭력적인 사람들은 스스로에게 폭력적인 사회운동가들이었다고 말했던 까닭이 여기에 있을 것이다. 그때 나는 이 모든 것들을 막연히 느낄 뿐이었다. 하지만 지금은 그것을 훨씬 더 분명하게 보고 있다. 불교가 제공해 준 안경 덕분이다.

평화, 정의, 폭력?

이 장에서 내가 씨름하고 있는 문제를 다루기 위해 여기에서는 사회운동을 하며 겪은 두 가지 대조적인 경험에 대해 말하겠다.

1984년 중앙아메리카로의 첫 여행 때 캐시와 나는 〈체험을 통한 국제이해G.A.T.E.〉의 미국 대표단과 함께 온두라스와 니카라과의 국경에 있는 작은 마을인 오코탈을 방문했다. 그 마을은 우리가 방문한 바로 그 전 주에 미국이 지원하는 '콘트라 반군'의 공격을 받았다. 미국 레이건 행정부는 당시 니카라과를 통치하고 있던 산디니스타의 사회주의를 완강하게 반대하고 있었다. 콘트라 반군은 산디니스타 라디오 방송국을 파괴했고 두 명의 젊은 방송기사들을 산 채로 불태워 죽였다. 그리고 스웨덴 정부가 지원해 준 기금으로 산디니스타 정부가 설립한 탁아소를 폭파하려다 성난 주민들에 의해

쫓겨났다. 어느 날 밤 우리는 그곳 지역교구와 '그리스도인 기초 공동체'에서 일하는 매리놀 수녀회 수녀들과 대화를 나누고 있었다. 그런데 대화 도중에 시계를 본 두 수녀가 옆방으로 가더니 AK-47 소총을 들고 나오는 것이었다! 자기들이 손에 들고 있는 총 때문에 무안해 하고 심지어 괴로워하던 그들이 말했다. "야간경비를 서야 하는 시간이에요.… 우리는 밭은 일을 해야 하고, 공동체 사람들과 함께 싸워야 해요."

십이 년 후 캐시와 나는 새뮤얼 가르시아 루이즈 주교의 초청으로 〈종교평화위원회〉와 함께 멕시코 치아파스를 방문했다. 우리의 임무는 자파티스타가 이끄는 원주민들과 멕시코 정부 및 군부 사이의 충돌을 비폭력적으로 해결하도록 지원하는 것이었다. 일정이 끝나기 이틀 전이었다. 그때까지 우리는 일주일 넘게 양측 대표들을 만났다. 우리 평화위원들과 이사들은 루이즈 주교의 집에 모여 갈등과 폭력을 해소하기 위한 종교들의 기여에 대해 언론에 발표할 성명서를 작성하고 있었다. 그즈음 공표된 북미자유무역협정으로 최대의 이익을 보고 있던 부유한 토지 소유자들과 정부관료들의 경제적·정치적 정책으로 인해 원주민들이 겪고 있는 고통을 목격한 우리 그리스도인들은 멕시코 정부와 북미자유무역협정의 관련 정책을 비난해야 한다고 목소리를 높였다. 사실 그리스도교 해방신학적 접근의 근간 중 하나는 복음의 진리를 '선포'하기 위해 종종 억압자들의 권력을 '비난'해야 한다는 것이었다.

그 방이 우리의 정당한 선언으로 들썩이고 있을 때 한 불자가 가만히 손을 들더니 조용한 목소리로 말했다. "미안하지만 우리 불자들은 누구도 비난하지 않습니다." 그 후에 이어진 '종교 간의 대화'는 내가 지금껏 경험해 온 대화 중에 가장 진지하고 영감 넘치는 것이었다. 그것에 대해서는 이 장의 말미에 다시 이야기하겠다.

바로 그것이다. 한쪽에서는 가톨릭 수녀들이 불의한 폭력으로부터 사람들을 보호하기 위해 고통스럽게 총을 들고 있고, 다른 한쪽에서는 같은 폭력을 직면한 불자들이 말로라도 압제자들을 비난하는 것을 거부하고 있는 것이다. 이 대조에는 지난 수십 년 동안 이 세상의 잔인한 현실 속에서 하느님의 공동체의 이상을 실현하려고 애써 오면서 내가 느꼈던 책임감과 혼란이 모두 들어 있다.

나의 혼란과 불안은 우리가 하느님이라고 부르는 신비에 대한 그리스도인의(유대인과 무슬림도 포함해서) 체험의 중심에 있는 정의를 위한 헌신과 관련되어 있다. 그것은 가난한 자들을 착취해 왕궁을 짓는 왕에게 선포한 예언자 예레미야의 경고에서 구체화된다. "하느님을 아는 것은 정의를 행하는 것이다."(예레미야 22:13-16 참조) 우리가 정의를 위해 행동하지 않는다면, 노예들과 소외된 사람들을 보호하고 편들지 않는다면, 진정 예수의(또한 모세와 무함마드의) 하느님을 아는 것이 아니다. 또한 이웃을 사랑하지 않는다면 하느님을 사랑할 수 없다는 점에서 이웃에 대한 자선과 사랑이 중요하지만 여기에 예수는 한 가지를 덧붙일 것이다. "당신의 이웃이 불의로 인해 고통받고 있다면 그 불의를 극복하기 위해 무언가를 하지 않으면서 진정으로 이웃을 사랑할 수는 없다. 그것은 불의를 저지르는 자들에 맞서는 것도 포함한다."

그러므로 그리스도인 운동가들의 마음에 호소하며 그들을 인도하는 말은 자동차 범퍼 스티커로도 많이 사용되는 "평화를 원한다면 정의를 위해 일하라"는 것이다. 이 강력한 말은 1980년대에 나를 사회에 '참여'하도록 한 근본적인 영감이었고 지난 수십 년 동안 나의 참여를 이끌어 왔다. 그것의 함의는 광범위하고 고된 노력을 요구하는 것이었다.

정의에 대한 그리스도교적 이해는 사람들이 열심히 일하는데도 불구하고 아이들을 먹여 살릴 수 없고, 약을 줄 수 없고, 교육의 기회를 줄 수 없다면 이웃과 사회와 세계에 평화가 있을 수 없음을 상기시켜 준다. 정의는 어떤 개인이나 국가는 필요한 것보다 더 많이 갖고 있는 반면, 다른 개인이나 국가는 꼭 필요한 것조차 갖고 있지 못한 세상은 뭔가 잘못된 것이고 평화를 방해한다는 것을 알려 준다.

정의가 요구하는 것은 가해자와 피해자가 화해를 이루려면 단순히 "미안하다"고 말하는 것만으로는 불충분하다는 것이다. 삶의 기회와 재산과 생명을 잃은 곳에서는 무엇인가가 '회복'되어야 한다. 만약 그것이 전혀 불가능한 상황이라면 어떤 형태의 공적인 해명이 있은 후에 용서를 구해야만 한다.

정의는 또한 세상을 바로잡기 위해서는 '마음을 바꾸는 것'만으로는 충분하지 않다는 것을 의미한다. 사회적 구조도 함께 변화시켜야만 하는 것이다. 많은 경우 사회구조의 변화가 마음의 변화에 앞서 일어나야 한다. 해방신학자들이 상기시켜 주듯이 인간의 마음에서 비롯된 불의는 경제적·법적·정치적 구조 안에서 그 자체의 정체성과 힘을 얻게 된다. 매일 명상하는 깨달은 사람이 아무렇지도 않게 노동착취 공장에서 만든 운동화를 구입한다.

정의에 대한 흔들림 없는 헌신과 이해가 예전이나 지금이나 여전히 내가 세상에서 행동하는 방식, 매일 아침 뉴욕타임즈에서 읽은 것을 분석하는 방식, 내가 사는 사회와 세계를 하느님의 공동체를 향한 예수의 이상에 조금 더 가깝게 하려고 노력하는 방식에서 나를 인도하고 있다. 정의 없이 평화는 없다!

하지만 오랜 세월 동안, 이미 엘살바도르에서 크리스파즈와 일하던 때부터 뉴욕에서 유니온 신학대학원의 '빈곤 해결을 위한 행동'Poverty Initiative과 함께 일하고 있는 지금까지 나는 무엇인가 잘못되었다는 것을, 더 정확하게 말하면, 뭔가 빠져 있다는 것을 느껴 왔다. 정의를 위한 우리의 헌신이 너무 확고하고 분명한 나머지 그만 우월적인 태도와 남을 경멸하는 분위기를 초래했는지도 모른다.

내가 느끼는 불안은 '폭력'의 문제와 관련이 있다. 정의를 위한 나의 전적인 헌신의 에너지가 자연스럽게, 때로는 마지 못해, 혹은 필연적으로 폭력적인 감정, 말, 행동을 초래할 때가 많은 것이다. 소총을 들고 있던 매리놀 수녀들의 모습이 지금도 잊혀지지 않는 것은 내가 그들의 처지였다면 나도 같은 행동을 했을 것이기 때문이다(물론, 다행스럽게도 그들이 정말 방아쇠를 당겨야만 하는 상황까지는 가지 않았다). 1990년에 우리 크리스파즈 대표단이 페르퀸에 있는 민족해방전선 사령부를 어렵사리 방문했을 때의 기억도 여전히 생생하다. 그때 우리는 반란군의 군종신부로 활동하고 있던 루겔리오 폰첼 신부와 정글에 숨어 촛불을 켠 채 대화를 나누었다. 폰첼 신부가 말했다. "이들 용감한 젊은이들은 가능한 모든 비폭력적인 수단을 시도했지만, 그들의 부모, 형제자매, 친구들은 계속 고문당하고 실종되고 있습니다. 그들이 어쩔 수 없이 무기를 들어야 했을 때, 그리스도교 신앙의 영적 지원을 요청했습니다. 당연히 그들은 그럴 자격이 있습니다. 사제로서 나는 그들에게 등을 돌릴 수 없습니다. 나는 그들을 지원해야만 합니다." 아마 나도 그렇게 했을 것이다.

하지만 그렇게 해야만 한다고 느끼면서도 뭔가 옳지 않다는 것도 느끼게 된다. 나는 "평화를 원한다면 정의를 위해 일하라"는 원칙에 "정의를 위해 일하기를 원한다면 폭력을 사용할 준비를 하라"고 덧붙여야만 할지도 모른다는 것이 두렵다. 물론 사태가 반드시 그렇게 되어야만 하는 것은 아니다. 하지만 너무나 자주 그렇게 된다. 왜 그럴까? 폭력의 사용은 우리가 살고 있는 이 불완전하고, 모호하고, 죄 많은 세상에서는 정말 피할 수 없는 것일까? 예를 들면 민족해방전선 게릴라의 군사적 저항이 없었다면 엘살바도르 정부와 미국 정부가 협상 테이블에 나와 평화협정에 동의하지 않았을 거라고 지적하는 이들이 많다. 반면에 크리스파즈의 비폭력적 방식은 숭고했지만 실제로는 무력한 것이었다. 나는 그 점을 부정할 수 없다. 그러나 오늘날 엘살바도르에 평화협정은 있지만 평화와 정의는 없다.

이런 것들이 지난 수십 년 동안 내가 씨름해 온 물음들이다. 물리적으로 방아쇠를 당기는 폭력이든, 억압자를 말로 비난하는 폭력이든, 정의를 이루기 위해서는 폭력은 정말로 피할 수 없는 것인가? 구조를 변화시켜야만 한다면 '어떻게' 그것을 변화시켜야 하는가? 마음을 바꾸는 것과 정책을 바꾸는 것 중에서 무엇이 더 중요한가? 그리고 더 근원적인 물음이 있다. 평화를 이루기 위해 정의가 '필수적'이라면 평화를 이루기 위해서는 정의만으로 '충분'한가? 평화를 이루기 위해 정의가 필요하다면 정의를 이루기 위해서는 무엇이 필요한가? 내가 하느님의 공동체를 이해하고 그것을 위해 열심히 실천했던 것에는 뭔가가 빠져 있었다.

이 장의 되돌아오기 부분에서 설명하겠지만 내가 이런 물음들을 제기하고 대답하는 데 있어서 불교의 도움은 필수적인 것이었다.

건너가기:
단지 무엇인가를 하려 하지 마라! 앉아서 명상하라!

내가 세상에 참여해 세상을 '고칠' 수 있을지, 그리고 세상을 어떻게 고칠 수 있을지 이해하는 데 불교가 준 도움을 말할 때, 나는 지난 오십여 년 동안 많은 불자들도 의식적으로, 창조적으로 같은 노력을 해 왔다는 것을 먼저 지적해야 한다. 그들은 '참여불교' 운동을 해 온 이들이다. 참여불자들은 그리스도교에서 해방신학이 실천한 것과 같은 것을 불교에서 실천하려고 모색하고 있다. 즉 인류와 지구가 겪고 있는 가난, 착취, 폭력의 고통을 해결하는 일에 참여하도록 불자들에게 확신을 주고 고무하는 자원을 붓다의 가르침에서 재발견하고 구체화하는 것이다. 참여불자들과 해방적 그리스도인들은 지금까지는 서로를 알고 있지 못하지만 이제부터는 서로를 알아야 할 동료 여행자들이다.

나는 베트남의 틱낫한, 동료 종교평화위원이었고 최근 세상을 떠난 캄보디아의 마하 고사난다, 같은 종교평화위원회 위원인 태국의 담마난다, 술락 시바락사, 미국의 조애너 메이시, 스테파니 카자 같은 참여불자들의 삶과 저술에서 많은 것을 배웠고 깊은 영감을 받았다. 여기에서 나는 그들 모두가 일반적으로 시도한 것을 해 보고자 한다. 즉 우리가 어떻게 고통과 폭력의 세상에 참여하고 또 그 세상을 변화시킬 수 있는지를 이해하는 데 도움이 되고 필요한 불교의 '전통적이고 기초적인' 믿음, 태도, 수행을 명확하게 설명하는 것이다.

뒤에 분명해지겠지만, 내가 택하는 불교의 태도와 견해는 해방신학에서 중심 역할을 하는 그리스도교의 기본적 태도와 견해에 비하면 '반-직관적'이다. 사실 그것들은 완전히 모순된 것처럼 보이기도 한다. 하지만 마지막 '되돌아오기' 부분에서 보여주겠지만 불교와 그리스도교의 대조적인 차이는 서로 모순된다기보다는 상보적이다. 이는 그 차이가 이 세상에 하느님의 공동체를 건설하려는 그리스도인들의 노력에 도전을 주면서 변화시킬 수 있다는 것을 의미한다.

세상은 어디로도 가고 있지 않다

불교와 그리스도교 사이에 가장 현저하게 대비되는 것 중의 하나는 불자들은 어떤 종말론도 없이 잘 살아간다는 것이다! 불자들에게 세상은 어딘가를 향해 가는 그런 게 아니다. 꼭 그래야만 하는 것도 아니다. 불자들은 목적지에 이르고, 모든 것이 제대로 정돈되고(혹은 버려지고), 의문들에 대한 답을 얻고, 빚을 청산하게 될 역사의 종착점이나 마지막 장을 믿지 않고, 믿을 필요도 없다. 불자들에게 인간의 역사라는 드라마의 행복한 결말은 없는 것이다.

그리스도인들을 더욱 당황스럽게 하는 것은 행복한 결말에 대한 믿음이나 세상이 결국에는 더 나아질 거라는 '희망' 없이도 불자들이 잘 살아간다는 것이다. 하지만 그것은 그리스도인들에게 불공평하게 보일 뿐이다! 어떤 형태로든 결말과 최종적인 해결이 없다면 더 나은 세상을 위해 싸우다 죽은 이들이나 비참하게 죽은 이들은 그저 허무하게 죽은 게 되고 말 것이다. 영웅적으로 흘린 피와 땀과 눈물은 제국과 권력의 하수구로 흘러 들어갔고, 순교자들과 나약한 사람들은 짓밟히고 내팽개쳐졌다. 만약 결말이 없다면 그들의 희생이 어떻게 의미를 얻고 옳다고 인정받을 수 있겠는가? 물론 불자들은 업^{karma}의 법칙을 이야기할 것이다. 그들은 이기적 행동은 고통스러운 결과를 낳는다는 것을 상기시켜 준다. 하지만 이기적이었던 사람들은 잘 살다가 화려하고 웅장한 장례식으로 생을 마감하는 반면 이기적으로 행동하지 않았던 사람들은 더 많은 고통을 겪는 게 다반사이지 않은가?

이런 반문에 대해 불자들은 답을 갖고 있지 않은 것 같다. 사실 그들은 그런 물음의 절박함과 아픔을 느끼지 않는 것 같다. 이것이 그리스도인들이 불교로 건너가면서 정말로 불편해하고 힘겨워하는 것이다. 물론 그럴수록 진정한 경청과 열린 마음가짐이 필요할 것이다.

그리스도인으로서 느끼는 불편함은 불교의 '정의' 개념이 무엇인지 물을 때 더욱 커진다. 불자들에게는 정의의 개념이 없기 때문이다! 역사 속에서 활동하며 그의 백성이 세상 속에서 정의와 사랑을 실현하도록 격려하는 아브라함 전통의 '역사의 하느님'과 달리 불교의 공^{空} 또는 상호존재는 역사 속에서 아무것도 하지 않는 것만 같다. 내가 아는 한, 그리고 내 불자 친구들의 말에 따르면, 불교전통에는 명시적이고 포괄적인 '정의론'이 없다. 불교에는 세상의 재화를 보다 평등하게 나누라는 요구가 없고, 노예를 풀어 주고 "나의 백성을 놓아 주어라" 하는 명령이 없고, 가난한 사람들은 하느님의 공동체를 차지하는 반면 부자들이 하느님의 공동체에 들어가는 문은 낙타가 바늘귀를 통과하듯 좁다는 선언이 없다. 물론 불자들도 평화를 위해 헌신한다. 하지만 그들은 정의에 대해서는 큰 관심이 없어 보인다.

만약 공이 무엇인가를 "한다"고 말할 수 있다면 그것은 깨달음의 두 주요 요소인 지혜와 자비를 불러일으키는 것이 될 것이다. 그것이 바로 불자들이 관심을 갖는 것이며, 세상의 끔찍한 고통에 대한 그들의 응답이다. 고苦, dukkha에 대한 사성제의 첫 가르침을 생각하면 불자들도 그리스도인들과 마찬가지로 고통을 인식하고, 관심을 갖고 있다는 걸 알 수 있다. 그 고통에는 사람들이 남에게 부당하게 가하는 고통도 포함된다. 하지만 고통에 대한 불자들의 응답은 무엇보다도 – 어쩌면 배타적일 정도로까지 – 자비심을 일으키는 지혜와 지혜로 충만한 자비심을 기르는 것이다. 진정으로 지혜와 자비를 갖추면 모든 일이 저절로 잘 되어 갈 거라고 한다. 그러니 거창한 계획도, 최종적인 목표도 없다.

불교의 체험과 가르침으로 건너가려 할 때 너무나 자주 들어오던 말을 다시 듣는다. "지금 이 순간을 살아라!" 이 순간에 완전히 존재하라. 할 수 있는 한 마음챙겨 이 순간을 받아들여라. 당신이 모든 사람, 모든 존재와 연관되어 있음을 느끼는 지혜로 이 순간에 반응하라. 그 연관성을 느낄 때 자연스럽게 생겨나는 자비심으로 반응하라. 그러면 그 순간이 당신을 가르치고 인도할 것이다. 이것이 당신이 근본적으로 해야 할 모든 것이다.

모든 것이 어디를 향해 가는지, 거기에 이르기 위해 무엇을 해야 하는

지를 말하는 종말론이 불자들에게는 불필요할 뿐 아니라 어쩌면 위험할 수도 있는 까닭이 여기에 있다. 바로 이 순간이 담고 있고 가르쳐 주려는 것에 진정한 마음챙김으로 대하고 응답하는 것을 방해하는 계획, 예정, 분석은 위험할 수도 있는 것이다. 만약 우리가 하는 행위의 가치가 우리의 바람이나 하느님이 약속한 목표에 달려 있다면 희망도 장애가 될 수 있다. 그 목표가 위태로워지고, 흔들리고, 계속 연기되면 될수록 우리가 견디고 행동하는 것이 더 어려워질 것이기 때문이다. 불자들은 어떤 행위의 가치를 우리가 바라는 결과에 너무 많이 혹은 전적으로 의존해서 찾는 것은 그 행위 자체의 가치를 떨어뜨릴 위험이 있다는 것을 잘 알고 있는 것 같다. 그것은 우리의 자녀들에 대한 사랑이 있는 그대로의 그들의 모습이 아니라 우리가 바라는 그들의 모습에 너무 의존하는 것과 비슷하다.

그러므로 할 수 있는 한 마음챙김으로 이 순간을 살라는 불교의 끈질긴 훈계에 담겨 있는 것은 우리 행위의 모든 가치가 바로 여기 이 순간에 있다는 것이다. 그것은 특히 보살 특유의 활동인 자비와 관계가 있다. 자비로운 행동의 가치는 그 행동 자체에 있다. 우리는 상호연관성을 깨달을 때 자연스럽게 자비로워지기 때문에, 자비는 그 자체로 가치 있고, 옳고, 충분하다. 과거 때문이든 미래를 위해서든 자비를 위한 그밖의 다른 이유는 필요없다. 자비는 그 자체 외의 다른 정당화, 동기부여, 충족을 필요로 하지 않는다. 이 점에서 불자들은 힌두교 경전인 『바가바드 기타』의 핵심적이고 가장 도전적인 가르침을 인정한다. "행위의 열매를 얻으려 하지 말고 행하라"는 것이다. 맺어질 열매는 스스로 알아서 맺어지게 놔두면 된다. 그것을 얻으려 해서는 안 된다. 우리가 그것을 얻으려 하면 우리의 자비심은 위태롭게 될 수도 있다.

과거의 고통과 정의의 요구를 믿을 수 없을 만큼-그리스도인들이 보기에는 부당할 정도로-초월하면서 마음챙김과 반응을 오직 현재의 순간에 모으는 불자들의 능력은 2000년에 이스라엘과 팔레스타인에서 열린 종교평화위원회 모임에서 놀랍게 표현되었다. 그때 우리는 팔레스타인 사람들과 이스라엘 사람들 양측의 불만, 두려움, 분노를 들으면서 한 주 이상을 보냈다. 그리고 홀로코스트 희생자 추모일에 나치의 폭력으로 희생당한 이들을 비통한 마음으로 추모하는 의식을 가진 후 예루살렘의 히브리연합대학에서 학생, 교수들과 함께 모여 있었다. 이어진 토론에서 유대인 참가자들은 그런 참사가 "결코 다시는" 일어나지 않도록 절대 잊지 말고 "기억해야 할 필요"가 있다고 말했다. 대화가 순조롭게 흘러가고 있을 때 티베트 스님이자 학자인 게쉐 소파가 손을 들더니 조용하지만 직설적으로 그 대학의 학장에게 물었다. "그런데 왜 기억해야만 합니까?"

어색하고 거의 섬뜩할 정도의 침묵의 순간이 지난 후 게쉐가 계속 말했다. "만약 그 고통의 기억을 놓아 버린다면 무슨 일이 일어날까요?" 그는 티베트 사람들이 중국으로부터 겪고 있는 고통을 말하면서, 지금 이 순간에 중요한 것은 과거의 기억에 집착하는 것이 아니라 중국인들이 악업惡業에서 비롯된 무지로 인해 그렇게 행동하고 있음을 이해하는 거라고 덧붙였다. 그런 이해에 뒤따르는 반응은 자비심이다. "중요한 것은 자기중심적 관점과 무지에서 비롯된 잘못에 대해 자비심을 갖는 것입니다. … 지금 중국인들은 그들이 우리 티베트인들에게 하는 행위로 인해 끔찍한 악업을 쌓고 있습니다. 우리는 티베트와 중국 양쪽에서 고통받고 있는 '모든' 사람들에게 자비심을 느껴야만 합니다. 우리는 중국인들을 악하다고 보지 않습니다. 대신 평화로운 해결책을 찾고, 중국인들이 행복하고 평화로워질 수 있도록 애쓰고 있습니다."

유감스럽게도, 하지만 어쩌면 당연하게도, 게쉐의 물음과 제안에 대한 더 이상의 토론은 없었다. 그의 관점은 유대인이나 그리스도인들의 관점과는 상상할 수 없을 정도로 다른 것이어서 아마도 그 자리에 있던 사람들은 그의 말을 이해하지 못했을 것이다. 며칠 후 디헤이쉬에 있는 팔레스타인 난민 캠프의 지도자에게 게쉐가 비슷한 말을 했을 때의 반응도 히브리대학에서와 비슷한 침묵이었다. 과거에서 비롯된 분노와 미래에 대한 두려움을 버리고 이 순간에 완전히 존재하는 것은 우리 그리스도인들과 서구인들로서는 무척 이해하기 어려운 것이다. 아니 어쩌면 그것을 이해하는 것을 두려워하고 있는지도 모른다.

깨달음의 우선적 중요성

불자들은 정의를 위해 일하는 것보다는 우리의 본래적 지혜와 자비, 불성을 깨우치는 것에 훨씬 더 큰 관심을 갖는다. 그리스도인들이 "평화를 원한다면 정의를 위해 일하라"라고 주장한다면 불자들은 "평화를 원한다면 평화로워라"라고 주장할 것이다. 바로 이것이 이십여 년 전 나를 비롯한 많은 그리스도인 운동가들의 삶을 뒤흔들어 놓은 작은 책 『평화로움』에서 틱낫한이 부드럽게 주장한 것이다. 그의 메시지는 예리하고 전복적인 만큼이나 단순하고 직설적이다. 세상을 평화롭게 만드는 유일한 길은 먼저 우리의 마음

안에 평화를 만들거나 발견하는 것이다. 평화로워지는 것이 평화를 '만들기' 위해 절대적으로 필요한 전제조건이라는 것이다. 또한 틱낫한이 말하는 '평화로움'은 일상생활 속에서 사람들을 만나고 사건들을 경험하면서, 그리고 체계적으로 정기적인 명상을 하면서 마음챙김의 수행을 깊게 하는 것을 의미한다. 그런 마음챙김을 통해 점점 더 우리는 누구를 만나든 무엇을 느끼는 모든 것을 '이해' – 틱낫한에게 지혜에 해당하는 말 – 할 수 있게 되고, 자연히 자비심으로 그 모두를 대할 수 있게 된다. 오직 그런 마음챙김을 통해 평화로울 때 우리는 경험하는 사건, 사람, 감정에 평화롭게 반응할 수 있다.

 평화롭기와 평화 만들기의 필연적인 연관성에 대한 불교의 주장은 우리가 세상에서 하는 모든 행동은 명상과 조화되어야 한다는 그리스도교 영성의 전통적 주장과 비슷하다. 하지만 불교의 성찰에는 더 선명한 초점이 있다. 행동과 명상, 평화 만들기와 평화롭기는 세상의 고통을 대할 때 똑같이 중요하다. 하지만 불자들은 두 가지 모두 필수적이지만 수행이 우선적 중요성을 갖는다는 데 있어 확고하다. 만약 행동과 명상이 서로에게 영향을 주며 계속 돌아가는 원을 만든다면, 그 원으로 들어가는 지점은 명상이다.

 물론 불자들의 이런 주장이 갈등의 세상 속으로 들어가기 위해서는 반드시 성인이나 완전히 깨달은 사람이 되어야만 한다는 의미는 아니다. 그들이 말하는 것은 우리의 자아 정체성을 초월해 그것을 불성 혹은 '그리스도 예수 안에 있음'으로 변화시키기 위해서는 먼저 우리의 영적 전통이 제공하는 수행을 헌신적으로 해야 한다는 것이다. 오직 우리의 중심이며 근원인, 우리가 그 안에서 살고, 움직이고, 존재하는 공 혹은 영과 만나고 그것으로 돌아갈 수 있을 때에만 우리는 평화를 가져오는 데 '필요한 자질'을 갖게 될 수 있다. 우리가 진지하고 단호하게 "마음을 가다듬으려" 노력할 때, 좀 더 불교적으로 말해 우리의 행위가 더 큰 행위 안에서 이루어지는 것임을 깨달으려 할 때, 비로소 우리는 다른 사람들을 위해 일할 수 있는 것이다.

왜 불자들은 행동보다 깨달음을 우선시하는 것일까? 왜 그들은 "무엇인가를 하기" 전에 "다만 거기 앉아 있기"를 원하는 것일까? 이 물음에 대한 불자들의 답은 다양하다. 하지만 가장 많이 듣게 되는 대답은 평화를 만드는 활동을 할 때 우리의 자아를 없애기 위함이라는 것이다. 그럴 때 우리의 행동은 자아의 욕구가 아닌 우리의 참본성인 지혜와 자비로부터 나오게 된다는 것이다.

'자아의 욕구'는 수많은 작은 악마들을 포함한다. 분노, 두려움, 야망, 질투, 완고함, 자만심 등 우리의 실체적 자아를 주장하고 보호하기 위해 필요한 크고 작은 모든 것들이다. 평화운동가들과 회의하고 토론하면서, 욕구에 굶주리거나 욕구가 과잉된 자아들에 내가 둘러싸여 있고 나도 그들 중 하나라고 느낀 때가 얼마나 많았던가! 불자들은 그런 자아들이 그리 좋은 평화운동가가 아니라는 것을 알고 있는 것 같다.

2002년 9월 일기에 에크하르트 톨레의 『지금 이 순간을 살아라』에서 몇 마디를 인용해 썼다. 그는 평화를 만들 수 있기 전에 먼저 평화로워야만 하는 이유를 더 분명한 불교적 개념으로 설명해 준다.

당신의 근본적 임무는 더 나은 세계를 창조함으로써 구원을 추구하는 것이 아니라 형상과 동일시하는 것에서 깨어나는 것이다. 그때 당신은 더 이상 이 세계, 이 실제의 수준에 묶이지 않게 된다. 드러나지 않은 것에서 당신의 근원을 느낄 수 있게 되므로 드러난 세계에 대한 집착으로부터 자유로워진다.

우리 자신의 필요가 아니라 세상이 필요로 하는 것에 따라 진실로 "더 나은 세상을 창조"할 수 있으려면 "집착으로부터 자유로워져야" 한다.

달라이 라마나 틱낫한 같은 참여불자들은 한 걸음 더 나아간다. 그들은 우리가 먼저 스스로 평화롭기 위해 노력하면 세상을 평화롭게 만들 수 있을 뿐만 아니라 실제로 평화를 만들게 될 거라고 제안한다. '평화롭기'는 단지 목표를 위한 수단이 아니라 그 자체로 이미 목표이다. 우리가 평화로워지는 것이 바로 평화로운 세상을 만드는 것이다. 이런 주장은 이해하기 어려울 수 있지만 매우 힘 있는 주장이다. 틱낫한과 달라이 라마는 내적·인격적 변화를 통해 우리가 평화로워지면 필연적으로 외적·사회적 변화를 통해 평화가 만들어질 거라고 제안하고 있는 것이다.

물론 사회구조는 변화되어야 한다. 그러나 사회구조의 변화는 마음이 변화된 이들에 의해 자연스럽고 필연적으로 이루어질 것이다. 물론 정의는 실현되어야 한다. 하지만 깨달은 사람들과 평화가 충만한 사람들이 착취당하는 이들에게 필요한 것을 자연스럽게 나누고 그 필요에 반응할 것이기에 정의는 실현될 것이다. 참된 명상은 저절로 행동이 될 것이다. 스스로 평화로운 사람들은 반드시 평화를 만들 것이다. 만약 당신이 "다만 거기 앉아" 명상하며 충분한 시간을 보낸다면 당신은 일어나 행동하게 될 것이다. 그러므로 세상을 평화롭게 만들기 위해 우선적으로 중요한 것은, 그리고 아마도 진정으로 유일한 필요조건은 우리의 마음이 평화로워지는 것이다.

먼저 내맡겨라
그리고 행동하라

불교 스승이 평화롭기, 더 구체적으로는 마음챙김 수행에 대해 말하는 것을 들을 때마다 저항감이 생긴다. 하지만, 그렇기 때문에 평화롭기 혹은 마음챙김 수행이야말로 평화 만들기에 대해 불자들이 그리스도인들에게 가르쳐 주어야만 하는 가장 중요한 것일 수도 있다. 우리는 앞 장에서 마음챙김 수행에 대해 이야기했다. 진정 마음챙김으로 무언가를 대하려면 먼저 그것을 '받아들여야' 한다. 이런 받아들임은 대상을 그대로 놓아두는 것, 그것에 저항하지 않는 것, 심지어 그것을 판단조차 하지 않고 바로 보며 "좋다"고 말하는 것을 의미한다.

페마 초드론, 샤로테 조코 벡, 아드야샨티 같은 스승들이 마음챙김 수행에서 받아들임이 의미하는 것을 자세히 설명하는 것을 들을 때면 나는 더욱 번민하게 된다. 앞 장에서 보았듯이 받아들인다는 것은 억지로 참는 것 이상을 요구한다. 받아들임은 '내맡김'을 요구하는 것이다. 그것은 항복하듯 하는 내맡김이 아니라 기꺼이 받아들이는 내맡김이다. 그것이 무엇이든 있는 그대로를 끌어안는 것이다. 그것이 좋고, 그것 때문에 행복해서가 아니라 그것이 거기 있기에 끌어안는 것이다. 불교 스승들은 마음챙김 수행에서 결정적인 것은 어떤 것이 선하다 악하다 판단하거나 단언하지 않는 것이라고 강조한다. 어떤 것을 먼저 이해하지 못한다면 우리는 그것을 판단할 수 없다(이는 로마에서 내 스승 버나드 로너건이 되풀이해서 말하곤 했던 것이기도 하다). 언젠가 한 불교 스승이 "먼저 그것을 받아들이지 않는다면 어떻게 그것을 이해할 수 있겠는가!"라고 일갈했듯이, 판단은 이해와 포용 뒤에 오는 것이다. 마음챙김으로 시작하는 하루는 있는 그대로의 것들과 함께 하고, 받아들이고, 내맡기고, 포용하는 것이다. 어떤 스승들은 이렇게 말한다. 마음챙김의 순간에는 모든 것이 있는 그대로 좋은 것이다. 아무것도 바꾸거나 고치지 말라!

그리스도인들도 기차를 놓치거나, 시험을 망치거나, 심지어 친구를 잃는 문제라면 판단하지 않고 받아들이는 것을 해낼 수 있을 것이다. 하지만 받아들여야 하는 현실이 굶주리는 아이들, 강간당한 여성들, 고문당하는 포로들이라면 "좋다"고 말하는 것이 너무 어렵다. 그리고 강간범이나 고문한 사람들을 포용하는 것은 거의 불가능하다.

하지만 마음챙김 수행이 요구하는 것이 바로 그것이다. 그것은 마지못해 승인하는 것이 아니라 받아들이는 것이다. 판단하는 것이 아니라 이해하는 것이다. 허용하는 것이 아니라 사랑하는 것이다. 불자들은 이것이 있는 그대로의 현실에 반응하는 방식이며, 그렇게 할 때 불화 대신 평화를 창조하게 될 거라고 주장한다. 무슨 일이 일어나든 그것에 내맡기는 것은 불의와 폭력의 행위가 '원인과 조건' 때문에 일어난다는 것을 '이해'할 가능성을 열어 준다. 그것은 한 사람의 삶에서 무지를 일으키고, 그 무지가 두려움 혹은 탐욕을 일으키고, 두려움과 탐욕이 이기적 행위를 일으키고, 결국 자신과 다른 사람들을 고통스럽게 하는 '원인과 조건'을 이해하는 것이다. 만약 우리가 증오나 분노 또는 폭력으로 반응한다면 상황을 더 악화시킬 것이다. 우리의 자아욕구가 아니라 이해와 자비심에서 비롯되는 반응만이 상황을 변화시킬 수 있다. 그런 반응을 하려면 마음챙김을 통한 받아들임과 내맡김이 있어야 한다.

불자들은 무엇인가에 대한 우리의 반응이 정확히 어떠해야 하는지는 오직 그것을 받아들이고 포용하는 과정을 통해서만 알 수 있다고 덧붙인다. 일반적으로 그것은 준비된 계획으로는 미리 알 수 없는 것이다. 1980년대 후반에 불자 친구 스테파니 카자와 함께 한 공개토론에서 내가 받은 충고가 그랬다. 그것은 미국종교학회 대회 중 "사회운동: 그리스도교와 불교의 접근방법"을 토론하는 모임에서였다. 우리는 엘살바로드의 격렬한 내전과 만연한 실종과 암살부대가 저지르는 살인에 대해 이야기하고 있었다. 내가 말했다. "그리스도인으로서 나는 사람들이 무참히 죽임당하는 가혹한 현실에 대해 무엇인가를 해야 한다고 느낍니다. 그것도 서둘러서요." 스테파니가 응답했다. "불자인 나도 그 절박함을 똑같이 느낍니다. 하지만 나는 행동하기 전에 기회를 기다립니다."

지금 사람들이 죽어가고 있는데 기회를 기다린다고?! 나는 당시에는 그 말을 이해하지 못했다. 그러나 바로 그것이 불자들의 주장이다. 끔찍한 폭력과 증오의 한가운데서도 우리는 우리가 극복하거나 전환시키려는 힘에 단순히 반대하는 것이 아니라 동양무술처럼 그것과 더불어 행동해야만 한다. 사실 우리는 '파괴'하기보다는 '전환'시켜야 한다. 그렇게 하기 위해서는 있는 그대로를 받아들여야 하고 "그것이 어디에서 오는지"를 이해해야 한다. 그런 다음에는 그 이해로부터 자비로운 반응이 흘러나오도록 해야 한다. 우리는 기회를 지켜보고 그것과 함께 일해야 한다. 그렇지 않으면 더 많은 죽음만이 있을지도 모른다.

"우리는 편들지 않는다!"

틱낫한의 『평화로움』에는 그리스도인 운동가와 해방신학자들을 특히 자극하는 주장이 하나 더 있다. "우리가 어느 한쪽 편에만 동조한다면 평화를 위해 일할 기회를 잃게 될 것이다." 더 최근의 책에서 그가 쓴 글을 읽으면 그 자극은 우리를 더 아프게 할 뿐만 아니라 동요하게까지 한다. "우리가 편드는 쪽이 가난한 사람들이라 해도 하느님은 그런 편들기를 원하지 않을 것이다." 그것은 치아파스에서 종교평화위원회의 동료 불자가 "우리 불자들은 비난하지 않습니다"라고 말했던 것과 다르지 않다. 멕시코 정부를 비난하는 것은 멕시코 정부에 맞서 원주민들을 편드는 것이었다.

『평화로움』에서 틱낫한은 불교 평화운동가들이 어느 한쪽을 편들지 않는 매우 실제적인 이유 몇 가지를 말해 준다. 그 이유들은 비폭력적 갈등 해소를 위한 현대의 지침서의 내용과 통하는 데가 있다. "중재한다는 것은 양측을 모두 이해하는 것이다. 이쪽에 가서 저쪽이 겪고 있는 고통을 이야기하고, 저쪽에 가서는 이쪽이 겪고 있는 고통을 이야기하는 것이다. 그렇게 하는 것만이 평화를 위해 큰 도움이 될 것이다."

이처럼 어느 쪽도 편들지 않는 실용적 이유는 불교의 가르침과 체험에 더 깊이 근거하고 있다. 우리의 진정한 본성이 '무아' 또는 무아적 자아라면, 혹은 더 긍정적으로 말해 상호연관된 자아라면, 우리의 평화 만들기는 모든 존재의 상호연관성으로부터 나올 때에만 효과적일 수 있는 것이다. 그것은 우리가 반대해야만 하는 행위를 하는 이들과 우리 자신의 상호연관성도 포함한다. 암살부대까지도 포함하는 것이다. 그리고 우리와 암살부대의 상호연관성을 인식하며 하는 행동은 그들을 향한 자비심으로 행동하는 것이다. 비로소 지난날 선 수련회를 마칠 때 버니 글래스먼 선사가 내게 부드럽게 해 준 말이 이해되기 시작했다. "당신과 암살부대의 하나됨을 깨달아야만 당신은 그들을 막을 수 있을 것입니다." 나와 그들의 실제적 연관성을 느낄 때에만, 그들에게 진정한 사랑을 느낄 때에만, 오직 그때에만 그들과 함께 평화를 누릴 수 있는 희망이 있는 것이다.

이것이 불자들이 어느 한쪽을 편들거나 맞서지 않는 이유이다. 이는 2장에서 언급한 것처럼 불자들이 누구도 악하다고 규정하지 않는 이유와 같다. 누군가를 악하다고 단언하는 것은 그들에 맞서 편드는 것이고, 그들에 맞서 편드는 것은 그들과 우리의 연관성을, 그리고 그들을 이해하고 그들에게 자비심을 느낄 가능성을 단절하는 것이다. 일단 누군가를 '악인'으로 규정하고 나면 평화를 위한 기회는 거의 없게 된다. 또한 정의를 위한 기회도 훨씬 더 적어진다.

따라서 세상에 참여하는 불자들은 불의로 인한 고통을 극복하고 평화를 이루고 유지하기 위한 모든 노력은 억압당하는 이들뿐 아니라 압제자들까지, 가난한 이들뿐 아니라 부자들까지, 폭력의 희생자들뿐 아니라 가해자들까지 포함한 모든 존재와 우리의 연관성에 대한 인식과 그들을 향한 자비심에 근거해야만 한다고 믿는다. 이것이 의미하는 것을 나와 내 학생들에게 가장 강력하면서도 의아하게 말해 주는 예는 틱낫한의 유명한 시 〈나의 참 이름으로 나를 불러다오〉이다. 그 시에서 가장 충격적인 부분은 다음과 같다.

나는 작은 배를 타고 피난하다

해적에게 강간당하고 바다에 뛰어든 열 두 살 소녀입니다.

그리고 나는 그 해적입니다.

나의 가슴은 아직 볼 줄도 모르고 사랑할 줄도 모릅니다.

우리의 자비가 흘러나와 피해자와 가해자 '양쪽을 모두' 포용할 수 없다면 우리는 평화를 만드는 사람들이 될 수 없을 것이다.

누구를 비난하거나 그들에 맞서 편드는 것에 대한 불자들의 거부는 물리적이든, 언어적이든, 또는 단순한 태도로서든, 누군가를 향한 어떤 종류의 폭력도 행사하지 않겠다는 표현이다. 폭력은 연관성과 자비심을 차단하고 무력하게 만든다. 세계의 모든 종교들 가운데 불교는 가장 확고하게 비폭력의 교리적 토대를 가지고 있고 가장 지속적으로 비폭력을 요구하는 종교이다(비록 다른 모든 종교인들과 마찬가지로 불자들도 그들의 믿음과 이상대로 살아가지 않을 때가 있기는 하지만).

폭력을 부정하는 불자들에게는 '정의로운 분노' 같은 것도 없다. 물론 우리는 분노를 느낀다. 그러면 분노가 우리의 에너지를 자극하고 지배한다. 하지만 불자들은 그 에너지의 방향을 분노가 결정하게 하지 않는다. 불자들은 분노로 행동하지 않는다. 오히려 분노가 밀려오면 마음챙김으로 그것을 대한다. 분노를 받아들이고 부드럽게 대하는 것이다. 우리의 분노는 마음챙김을 통해 우리가 이해와 자비심으로 대하려는 사람들 혹은 사건들을 가리켜 줄 것이다. 물론 우리는 그들에게 반대해야 할지도 모른다. 토지의 독점이나 의료서비스의 축소 같은 그들의 계획을 저지하려고 해야 할지도 모른다. 하지만 그런 때에도 우리의 반대는 비폭력적 저항일 것이다. 그것은 자비로운 저항이다.

『법구경』에서 자주 인용되는 구절은 이것이다. "증오는 증오로써 없어지지 않는다. 오직 사랑에 의해서만 증오를 없앨 수 있다. 이것은 영원한 진리이다."

고통으로 가득한 세상에서 불자들이 행동하는 방식을 매우 간략하게 살펴보면서, 나와 같은 그리스도인들은 불자들에게는 정의보다 자비가 더 중요하다고 결론짓게 된다. 사실 나는 불자들이 정의에 대해 관심을 갖고 있기는 할까 라는 생각을 한다! 그것은 정의가 중요하지 않기 때문이 아니라 진정으로 자비심이 있으면 정의가 자연스럽게 이루어질 것이기 때문이다. 분명히 불자들은 자비 없이 정의는 있을 수 없다고 말한다. 하지만 그들은 한 걸음 더 나아가 자비가 있으면 정의도 이루어질 거라고 제안하고 있는 것은 아닐까?

달라이 라마의 조언자이자 친구이며 2001년부터 티베트의 총리로 재직하고 있는 삼동 린포체 스님과 나눈 대화에서 나는 같은 질문을 곡예하듯 다루었다. 내가 중국에 대한 티베트 정부의 공식적인 비폭력 정책에도 불구하고 중국이 티베트 국민들에게 저지르는 불의는 계속되고 있고, 사실 더 심해진 것 같다고 말했을 때, 그는 이렇게 대답했다. "아마도 우리가 충분히 비폭력적이지 않았고 충분히 자비롭지 않았기 때문이겠지요!"

되돌아오기 :
정의를 원한다면
평화를 위해 일하라!

평화로운 사람이 되라는 불교의 이상으로 '건너가기'를 시도한 후 평화를 만드는 사람이 되라는 그리스도교의 이상으로 '되돌아오기'를 시도하는 이 마지막 장에서 이 책 전체의 내용을 간결하게 살펴보겠다. 1장에서 5장까지의 신학적 내용과 6장의 영적 내용은 모두 이 마지막 장에서 더 실천적 결론을 얻게 될 것이다. 흔히 말하듯 실천이 이론을 입증해 주는 것이라면 이 마지막 건너감이 불교적 그리스도인이 되는 것의 가치를 좀 더 확증해 줄 수 있기를 바란다.

우리는 신성과 유한자 사이의 관계를 보다 불이不二적으로 이해하고자 했고, 상호연관시키는 영으로서의 하느님이라는 상징을 취하고자 했고, 예수를 '그리스도-영'을 구현하고, 드러내고, 제자들 속에서 계속 살아 있는 존재로 바라보려 했고, 그리스도교 영성과 전례에 '침묵의 성사'를 더하자고 제안했다. 이처럼 그리스도교의 믿음과 삶을 재해석하고 다시 살아가게 하는 이 모든 것은 불교의 도움으로 상상할 수 있게 된 것이었다. 이 모든 것에서 불교는 내가 더 효과적인 그리스도인 평화운동가가 되도록 나를 돕고 내게 도전하는 중심적 역할을 해 줄 것이다.

**"하느님의 공동체는
여러분 가운데 있습니다"**

　모든 역사를 현재의 순간(영원한 지금)으로 흡수하는 불교의 방식과 역사를 최종적 결말(세상의 종말과 그리스도의 재림)로 나아가게 하는 그리스도교의 방식 사이에는 완전한 모순은 아니더라도 어떤 대조가 있다. 종교 간의 대화를 위한 지침에 따르면 종종 길을 가로막는 상반성처럼 보이는 것이 오히려 길을 찾아 주는 계시인 것으로 드러날 수 있다. 불교의 '현재'와 그리스도교의 '미래' 사이의 상반성을 깊이 느끼면서 그것을 열린 마음으로 받아들이려고 애썼던 나의 경험이 그랬다. 불교는 미래에 대해 말해 주는 그리스도교의 믿음을 더 명확하게 이해하고 더 의미 있게 살 수 있도록 해 주었다. 불교는 그리스도교 종말론이 과거에 말해 주었던 것을 넘어서는 통찰을 제공해 주었다. 하지만 동시에 이런 통찰은 종말론이 항상 말해 온 것을 새롭게 해 준다. 이제 그것에 대해 설명해 보려 한다.

　내가 불교에서 배웠다고 생각하는 것의 핵심은 다음과 같다. 우리는 1장과 2장에서 무한자와 유한자, 하느님과 세계의 불이성을 탐구했다. 이처럼 실제적 차이 안에 있는 근원적 일치를 나타내는 불이성은 현재와 미래의 관계에도 적용될 수 있다. 현재와 미래는 둘이 아니지만 또한 하나도 아니다. 현재와 미래 사이의 관계는 서로가 서로 안에 존재하는 상호내재적 관계이다. 현재와 미래는 정말 다르지만 서로가 없이는 발견될 수도 실현될 수도 없다.

　이 모든 것은 매우 난해하고 혼란스럽다. 단순하고 실제적으로 말하면 불교는 '저편의' 미래를 찾을 수 없다고 주장한다. 우리는 예수 재림의 이미지처럼 미래를 가리키는 손가락을 가질 수 있지만, 그 손가락이 무엇을 의미하는지를 알려면 현재 순간을 바라보고 그것에 완전히 참여해야만 한다. 미래가 무엇이든, 어떻게 되어질 것이든, 그 미래는 바로 지금 일어나고 있는 것을 통해 이해되고 실현될 수 있다.

그것은 최대한의 정직과 창조성과 대담함과 마음챙김으로 현재 순간에 참여해야만 한다는 의미이다. 우리는 현재 순간에 그렇게 참여할 수 있다. 또한 우리는 현재 순간에 담겨 있는 고통과 실패를 의미 있는 것으로 만들 수 있다. 어째서 그러한가? '현재'는 단순히 현재가 아니기 때문이다. 현재는 또한 미래다. 이를테면 현재는 미래를 잉태하고 있고 미래를 낳는다. 현재는 이미 미래를 품고 있다. 하지만 미래의 내용은 미리 결정되어 있지 않다. 지금 일어나고 있는 것에 의해서 미래는 명시되고 형성된다. 내일 일어날 일은 오늘 일어나는 일 안에 '이미/아직 아닌' 것으로 존재한다.

나는 '이미/아직 아니'라는 말을 의도적으로 사용했다. 앞에서 지적했듯이 신약성서 학자들이 하느님의 공동체에 대한 예수의 이해를 설명하기 위해 그 말을 사용해 왔기 때문이다. 예수는 분명히 미래에 하느님의 공동체가 도래할 것을 믿었다. 그렇지만 마가복음은 예수의 긴급한 선포로 시작한다. "때가 찼다. 하나님의 공동체가 가까이 왔다."(마르코 1:15) 그리고 나서 예수는 하느님의 공동체가 언제 오느냐는 바리새 사람의 질문에 수수께끼 같은 답을 준다. "사실 하느님의 공동체는 너희 가운데에 있다."(루가 17:20-21) 예수에게 하느님의 공동체는 다소 역설적이고 신비적인 방식으로 미래에 올 것이면서 동시에 "너희 가운데" 있는 것이고, 현재이면서 동시에 미래이고, '이미'이면서 '아직 아닌' 것이었다.

　나 자신을 포함해 대부분의 그리스도인들이 이런 모순의 의미를 분명하고 논리적으로 이해하려 애써 온 방식은 다음과 같다. 예수가 의미했던 것은 '미래의 하느님의 공동체'는 완전하고 최종적인 실제인 반면 현재의 우리는 그 약속된 공동체를 부분적으로 경험한다는 것이다. 이것은 우리에게 하느님의 공동체가 확실히 도래할 것을 보증해 주지만, 어린이들이 크리스마스를 생각하듯 우리는 그저 참을성 있게 기다려야 한다. 물론 크리스마스가 다가올 때 마음껏 즐길 수 있으려면 "착하게 지내는 것이 좋다". 하지만 불교는 예수가 체험하고 드러낸 하느님의 공동체가 그렇게 논리정연하고 체계적인 것이 아니었음을 이해하도록 도와주었다. 예수가 전하고 있던 하느님의 공동체는 진실로 '이미 그리고 아직 아닌' 것이었다.

　불교와의 대화를 통해 나는 우리 그리스도인들이 '아직 아니'를 너무 강조한 나머지 '이미'를 잃어버렸다고 생각하게 되었다. 그것은 마치 예수의 신성에 너무 초점을 맞추느라 그의 인성을 흐릿하게 한 것과 비슷하다. 우리는 다가올 것에만 너무 매달리고 그것으로 우리 자신을 위로하는 데 너무 몰두한 나머지, 바로 지금 일어나고 있는 일 안에 있는 기회와 책임성을 보지 못하는 것이다. '그때에는' 세상이 더 좋아질 것이라는 예수의 확신에 집중하느라 '지금' 세상이 더 좋아질 수 있다는 예수의 확신은 놓치고 마는 것이다. 또한 오직 예수가 재림할 미래에야 세상이 정말로 바뀔 거라고 믿으며 엉망인 현재의 상태를 참아야 한다는 태도에 빠지기도 한다. 그래서 우리는 이렇게 생각하고 말한다. "인간의 본성을 바꿀 수는 없어. … 시 당국을 상대로 싸울 수는 없지. … 정치가들은 항상 부패하기 마련이야. … 그게 바로 시장

市場이 지배하는 방식이지." 그래서 우리는 세계를 변화시키기보다는 적당히 수선하는 것에 만족한다. 우리는 변화가 지금 여기가 아닌 오직 미래에 일어난다는 것을 당연하게 여긴다.

아마 변화는 이미 여기에서 일어나고 있다는 예수의 뜻을 불자들이 더 진지하게 이해힐 수도 있을 것이다. 미래가 포함하고 있는 것들은 이미 존재하고 있기에 바로 지금 실현될 수 있다! 사실 미래가 어떻게 될 것인지는 예수의 메시지의 '이미' 부분에서 바로 지금 작용하며 형태를 갖추어 가고 있는 것이다. 우리가 추구하는 것이 이미 여기에 있다. 그래서 우리는 그것을 계속 추구할 수 있다. 우리에게 힘을 주는 이런 역설은 티베트불교 족첸 전통의 라마 수리야 다스의 함축적인 한마디에 담겨 있다. "우리는 있는 그대로 완전하지만 아직 해야 할 일이 있다." 우리는 하느님의 공동체의 완전함이 이미 여기에 있다는 것을 깨닫기에 우리 앞에 놓여 있는 일들을 계속할 수 있는 힘을 얻을 수 있는 것이다.

여기에서 불교는 예수가 역설적으로 제안하고 있는 것을 더 깊이 이해하도록 해 준다. 즉 미래의 '아직 아니'에 대한 우리의 확신은 현재의 '이미'를 우선적으로 중시하게 하는 것이다. 가장 중요한 것은 다가올 미래를 기다리는 것이 아니라 지금 이 순간에 존재하는 미래를 인식하고 구체화하는 것이다. 그러므로 그리스도인들이 예수의 재림이라는 상징이 최종적 결말을 가져온다는 것을 긍정하기를 원하는 반면, 불교는-그리고 신약성서의 메시지 또한-그 최종적 결말이 우리가 지금 하고 있는 것에 의해서 결정되어 간다고 말하는 것이다.

2002년 6월에 쓴 일기다. "불자들은 말한다. 그리스도인들이 하느님이 역사 속에서 자신을 계시한다고 진정으로 주장하려면 그들은 단지 역사뿐 아니라 현재에도 주의를 기울이는 것이 좋을 것이다. 왜냐하면 역사가 이루어지고 있는 곳은 다른 어느 곳도 아닌 바로 현재이기 때문이다!"

라마 수리야 다스는 그가 수행하고 있는 불교의 핵심을 설명하면서 같은 주장을 더 분명하고 힘 있게 말한다. "족첸 수행의 숨겨진 지혜는 우리가 찾는 것이 바로 여기에 있다고 가르쳐 줍니다. 그런데도 우리는 대개 다른 곳을 찾아 돌아다니지요. 바로 그것이 문제입니다."

이렇게 현재를 중시하는 것은 왜 불자들이 "계획의 위험성"에 대해 경고하는지를 이해하게 해 준다. 물론 계획은 우리의 목표와 우리가 미래에 성취하고자 하는 것을 미리 내다보게 함으로써 현재의 여건에서 일하면서 우리의 에너지를 제대로 사용하는 데 중요하고 도움이 된다. 그런데 만약 "하느님의 공동체는 이미 너희 가운데에 있다"고 하는 예수가 옳다면, 그리고 우리에게 필요한 모든 것은 이미 우리에게 주어져 있다고 하는 붓다가 옳다면, 우리의 계획은 현재 순간의 여건에 적용되어야 할 뿐 아니라 종종 현재의 여건을 따라야 한다. 만약 "이미 있는 하느님의 공동체"와 "아직 오지 않은 하느님의 공동체" 사이에 불이적 관계가 있다면, 아직 오지 않은 미래의 하느님의 공동체는 현재 이미 있는 하느님의 공동체 안에서 찾아져야만 하고 또 거기로부터 발전해야만 한다. 지나치게 분명하게 수립되거나 너무 확고하게 유지되는 계획은 현재가 미래가 되는 것을 방해할 수도 있다. 우리 그리스도인들에게 가장 중요한 교훈은 바로 이것이다. 계획을 세워라. 하지만 그것에 집착하지는 말라. 그리고 어떤 계획이라도 항상 기꺼이 조정하고, 변화시키고, 때로는 버려라. 물론 나 같은 A형 인간에게 그것은 쉽지 않은 일이다!

희망의 문제에 대한 불교의 가르침은 그리스도인들에게 훨씬 더 불편하다. 현재 순간에 대한 불교의 이해를 통해 명백해진, 하느님의 공동체가 '이미' 여기 있다는 예수의 확신이 말해 주는 것은 이것이다. 우리는 희망을 가질 수 있지만 희망이 정말로 필요한 것은 아니며, 우리의 현재 행위가 희망에 의존해서도 안 된다는 것이다. 미래에 대한 희망이 필요하시 않은 이유는 우리가 희망하는, 아직 오지 않은 미래가 이미 여기, 이 순간에 있기 때문이다. 우리를 지탱시켜 주는 것, 우리가 '이미'로부터 '아직 아닌'을 이끌어 낼 수 있게 하는 것은 우리가 씨름하고 있는 바로 이 순간의 상황 안에 주어져 있다. 이는 설령 우리가 신뢰하고 있는 것을 분명하게 파악할 수 없다 하더라도 신뢰할 수 있다는 의미이다.

　　앞 장에서 말했듯이 이것이 최상의 의미에서의 신앙이다. 즉 신앙은 우리가 신뢰하는 것을 알지 못하면서도 신뢰하는 것이며, 사랑하는 것을 명확하게 이해하지 못하면서도 사랑하는 것이다. 아마도 이것이 성 바오로가 초기 그리스도인들에게 "희망이 사라진 때에도 희망"(로마서 4:18)하라고 충고했을 때 의미했던 것이리라. 2006년 1월의 일기에 나 자신에게 이렇게 썼다. "내가 희망하고 있는 것을 결코 명확하게 정의할 수 없고 내가 희망하는 대로 미래를 결코 통제할 수 없어도 나는 희망할 수 있다."

　　그렇다면, 그리스도교 종말론과 '이미/아직 아닌' 하느님의 공동체에 대한 예수의 통찰을 불교적으로 재이해한 것을 가지고, 이 장을 시작하면서 던진 질문인 "무엇을 희망할 수 있는가?"에 어떻게 대답할 것인가? 나는 이렇게 대답하고자 한다. "나는 우리가 무엇을 희망할 수 있는지 모른다. 하지만 우리가 희망할 수 있다는 것을 안다." 인간과 마찬가지로 인간의 역사도 상호존재 또는 연관시키는 영의 활동의 일부이기에 우리는 희망할 수 있는 것이다. 그리고 예수는 물론 그의 제자들까지 충만하게 했던 영은 예수에게 하느님의 영이 이미 임재하기에 인간이 진실로 서로 사랑하고 돌보는 세상에 대한 유대적 이상이 정말로 실현 가능하다는 것을 확신시켜 주었다.

우리가 지혜와 자비, 정의에 대한 관심을 가지고 세상에서 활동할 때 영이 우리 안에서, 우리를 통해 활동하고 있는 것이라는 체험과 확신이 우리를 희망할 수 있게 하는 것이다. 이 희망이 어디로 향할지 우리는 모른다. 영과 하느님의 공동체는 '이미' 존재한다. '아직 아니'는 스스로 알아서 되어 갈 것이다.

우리의 행동이 영의 행동이고 이미 존재하는 하느님의 공동체의 일부인 한 우리 행동의 가치는 그 행동 자체에서 찾을 수 있다. 우리의 행동이 결실을 맺든 맺지 못하든, 엘살바도르나 전지구적 시장체제의 구조적 변화를 일으키든 일으키지 못하든, 영이 우리에게 와 닿을 때, 우리가 우리의 불성 혹은 '그리스도 안에 있음'을 깨달을 때 우리는 그 행동을 하는 것이다. 아니 그 행동을 하지 않을 수 없다. 물론 우리의 행동이 결실을 맺으면 기쁘겠지만, 우리는 행동의 결실을 얻기 위해서가 아니라 그것이 우리의 그리스도-영 혹은 불성이 하는 것이기에 행동하는 것이다. 평범한 격언이 맞다. "우리는 성공하는 것이 아니라 있는 그대로의 우리에게 충실할 것을 요구받고 있다." 물론 성공은 그런 충실함에서 비롯되리라는 것을 우리는 안다.

내일은 오늘보다 나을 수 있다

하느님의 공동체에 대한 이러한 성찰을 결론지으면서 고백할 것이 있다. 예수에 대한 이해에 바탕한 나의 그리스도교 믿음에는 불교와 상충되어 보이지만 내가 놓아 버릴 수 없는 요소가 있다(물론 그것에 집착하는 것은 아니다!). 그것은 아브라함 전통의 종교들이 역사는 실재하고, 그 역사가 진보할 수 있다고 긍정하는 것과 관련이 있다. 불자들이 실재의 근원에서 변화와 무상함을 발견하는 한, 그리고 역사가 변화로 이루어져 있는 한, 아마 그들도 역사를 인식한다고 말할 수 있을 것이다. 최근 한 불자 친구가 선물해 준 티셔츠에는 부처님의 웃는 얼굴과 함께 "무상함이 모든 것을 가능하게 한다"라는 문구가 적혀 있었다. 그러나 불자들은 상황이 '더 좋은 쪽으로' 변화할 수 있다는 것을 유대교, 그리스도교, 이슬람처럼 분명하고 중요하게 긍정하지는 않는다. 이미 말했듯이 불자들에게 역사는 어디로 가고 있는 것도 아니고 어디론가 가야만 하는 것도 아니다.

그리스도인인 나는 역사 속에서 "무엇인가를 하고 있는" 하느님, 연관시키는 영을 믿기에 역사는 그 자체 안에 진보의 가능성(필연성이 아닌)을 품고 있다고 믿는다. 다시 말해 오늘보다는 내일의 세상에 증오와 폭력과 불의가 더 적을 수 있다고 믿는 것이다.

불자들에게 공/상호존재가 무엇을 하느냐고 묻는다면 그들은 공/상호존재가 인간에게 항상 깨달음을, 지혜와 자비를 가져온다고 대답할 것이다. 하지만 불자들은 공/상호존재를 그대로 놓아둔다. 여기에 그리스도인으로서 나는 다음과 같이 덧붙이고 싶다. 그 지혜와 자비를 통해 이 세상의 진정한 변화를 이룰 수 있고, 사회적·정치적 구조를 바꿀 수 있고, 그래서 사람들이 조금 더 쉽게 지혜로워지고 자비로워질 수 있는 세상을 만들 수 있다고. 물론 그것은 결코 최종적이고 완벽한 세계는 아니지만 지금과는 다르고 더 나은 세상일 것이다.

물론 세상이 개선되고 변화될 수 있다고 주장할 때, 그 결과가 어떠하리라는 것을 알거나 예측할 수 있다고 생각해서는 안 된다는 불교의 경고를 명심해야 한다. 또한 모든 것이 고정되어 있어 더 이상 어떤 변화도 가능하거나 필요하지 않은 결말이 있으리라고 생각하거나 기대하는 것에 대한 불자들의 의구심에도 주의 깊게 귀기울일 필요가 있다. 그럼에도 불구하고 나는 인간의 마음뿐 아니라 세상과 그 사회구조도 변할 수 있고 변해야만 한다는 그리스도교의 희망-늘 희망에 반하는 근거 없는 희망인-을 고수하기를 원한다.

2002년 11월, 존 소브리노의 『해방자 예수』와 『해방자 그리스도』를 읽고 있던 나는 예수 재림의 상징이 의미하는 것에 대한 통찰을 얻었다.

'재림'이 우리에게 말하고자 하는 것은 이것이다. 상황은 달라질 수 있고, 변할 수 있고, 개선될 수 있다. 그러나 최후의 완성이 있을 것이다. 역사의 막은 내려갈 것이고 모든 것이 있는 그대로 좋을 것이다. 하지만 그것은 우리가 알 수 있는 것이 아니다. 우리가 그런 최후에 대해 생각하면 할수록 그것은 역사의 하느님, 그의 풍부함과 창조성이 한정되거나 종결될 수 없는 하느님과는 더욱 더 어울리지 않아 보인다.

따라서 불교와 그리스도교에 대한 실은 오해일 수도 있는 이해(불자들은 미래를 믿지 않는다는 관념, 그리스도인들은 미래가 어느 날 하늘의 최후의 공동체에서 끝날 거라고 믿는다는 관념)를 명확히 하고 바로잡을 길이 여기에 있을지도 모른다.

재림의 상징 또는 세상의 종말이 의미하는 것은 세상이 정말로 달라지는 '종착점'을 기대할 수 있다는 것이다. 하지만 하나의 종착점은 또 다른 종착점을 배제하지 않는다. '이미'는 또 다른 '아직 아닌'을 배제하지 않는 것이다.

따라서 불교로부터 큰 도움을 받은 그리스도인으로서 나는 엘리스 보울딩의 "당신은 평화가 가능하다고 정말로 믿나요?"라는 물음에 답할 수 있다. 그렇다. 나는 정말 평화가 가능하다고 믿는다. 그것은 전 세계에 평화가 완전하고 영원히 실현되어 어떤 폭력도 증오도 없게 될 거라는 의미가 아니다. 또한 평화 만들기라는 바위를 언덕 위로 굴려 올릴 때 다른 바위들이 계곡으로 굴러떨어지지 않을 거라는 의미도 아니다. 하지만 나는 일부 바위는 굴러떨어지지 않고 머물러 있을 거라고 믿는다. 나는 우리가 더 많은 이들에게 지혜, 자비, 정의의 상호연관된 원천인 그들의 본성을 깨닫게 할 수 있다는 것을 믿는다. 그래서 오늘보다는 내일의 세상이 조금 더 평화로울 수 있음을 믿는다. 내가 그렇게 믿는 이유는 나의 개인적 체험이 예수와 붓다가 가르쳐 준 것을 신뢰하도록 이끌어 주었기 때문이다. 바로 우리의 가장 깊은 본성은 지혜와 자비의 불성이라는 것, 예수에게 생명을 불어넣은 상호연관시키는 영이 여전히 세상 속에 살아 있다는 것이다.

설령 누군가가 평화는 불가능하고, 세상은 결코 진정으로 변할 수 없고, 모든 바위는 결국 언덕 아래로 다시 굴러떨어진다는 것을 입증해 보인다고 해도(아무도 그럴 수 없다고 생각하지만), 그런 경우에조차 불교의 도움을 받은 나는 여전히 평화로워지고 평화를 만들기 위해 계속 노력할 것이다. 나 자신의 불성을 깨닫게 될 때, 또는 내가 살고 있는 것이 아니고 그리스도가 내 안에서 살고 있는 것임을 알게 될 때, 자연히 우리가 하게 되는 일이 그런 노력이기 때문이다. 행복하게도 나는 그것을 할 수밖에 없는 것이다!

그리스도 되기와 하느님의 공동체를 건설하기

틱낫한의 작은 책『평화로움』이 나의 영적 명치를 두들긴 이래 몇 년 동안 단순하지만 뚜렷한 결론이 점점 강해졌다. 그가 옳다는 것, 그리고 정말 나를 포함한 많은 동료 그리스도인 운동가들이 그의 말을 진지하게 받아들여야 할 필요가 있다는 것이었다.

우리 스스로 평화로워지는 데 더 진지하게 헌신하지 않는다면 우리는 세상을 평화롭게 만드는 데 그리 큰 도움이 되지 못할 것이다. 우리가 만드는 평화는 우리가 어떤 사람들인가에 달려 있기 때문이다. 평화운동가들이 분쟁이 가득한 이 세상을 조금이라도 더 평화롭게 만들 수 있는지는 그들이 '하는 일'이 아니라 그들이 '어떤 사람인가'에 달려 있는 것이다. 평화운동가들이 평화롭다면 그들이 하는 일은 평화를 만들 것이다. 반면 그들이 평화롭지 못하다면 그들이 하는 일은 효과적이지 않거나 오히려 역효과를 낳을 것이다. 결국 불안과 갈등을 더 야기하게 될 것이다. 예전에는 그런 충고에 대한 나의 응답은 대수롭지 않다는 것이었다. "나도 다 안다. 이미 그렇게 해 봤다." 나 자신은 평화롭지 않은 채 평화를 만들려 했던 것이다.

틱낫한과 참여불자들이 내게 상기시켜 주는 것은 예수가 꿈꾼 하느님의 공동체를 이 세상에서 실현하려 할 때 단지 나의 행동과 명상 사이에 적절한 균형을 유지해야 한다는 것만이 아니다. 어떤 의미에서, 영성의 우선적 중요성을 강조하는 불자들은 영성과 행동 사이에 어떤 '불균형'이 있어야 할 필요가 있다고 제안한다. 앞에서 말했듯이 행동과 명상은 서로에게 이르게 되고 서로를 필요로 하기 때문에 계속 돌아가는 원과 같은 관계를 형성해야 한다. 여기에서 불자들은 영적 명상이 우리로 하여금 그 원의 운동 안으로 들어갈 수 있게 하는 진입점이라는 것을 상기시켜 준다. 더 중요한 것은 이 원을 계속 돌아가게 하고 소멸되지 않도록 하는 에너지를 명상이 제공한다는 것이다.

그렇다고 해서 무언가를 계획하고 행동하기보다 기도와 명상에 더 많은 시간을 써야 한다는 식으로 지나치게 단순하고 상투적으로 해석하지는 말아야 한다. 또한 우리가 바위를 언덕 위로 굴려 올리기 전에 튼튼한 영적 근육부터 만들어야 한다는 의미도 아니다. 그보다는, 평화 만들기와 하느님의 공동체를 만드는 힘들고 위태로운 일을 할 때 확고하게 영적 훈련을 하고, 지혜, 자비, 마음챙김과 같은 내적 자원을 기본적으로 비축하는 것이 필요하다는 것이다. 그것은 심해잠수부가 바다에 뛰어들기 전에 산소를 탱크에 충분히 가지고 있어야 하는 것과 같다. 그리고 그런 힘든 일들이 우리를 지치게 하고 혼란스럽게 할 때마다 영적 산소탱크를 정기적으로 다시 채워야 한다. 틱낫한의 표현대로, '평화 만들기'는 '평화로움'을 필요로 한다. 평화로워지기 위한 수고는 결코 끝이 없다.

평화 만들기는 평화로움을 필요로 한다는 불자들의 주장은 나를 더욱 밀어붙인다. 불자들은 단지 행동을 하기 위해 명상이 필수적이므로 행동보다 명상이 더 중요하다고 강조하는 게 아니다. 불자들은 평화 만들기를 효과적으로 하는 데 필수적인 특정한 영성을 말하고 있다. 틱낫한을 비롯한 불교의 스승들이 말하는 평화로움의 의미를 깊이 살펴보면 그들은 그리스도인들이 '신비적'이라고 부르는 영성을 말하고 있다는 것을 알게 된다. 불교로 건너갔던 체험이 내게 분명히 가르쳐 준 것은 만약 내가 진정한 그리스도인 운동가가 되기를 바란다면 나는 또한 그리스도인 신비가가 되기를 애써야 한다는 것이었다.

여기에서 나는 이 책이 시종일관 다루고 있는 주제로 돌아온다. 즉 무한자와 유한자 사이, 불교적으로 말하면 공空과 색色의 상징 사이, 그리스도교 용어로는 영과 세계 사이의 근본적이고 역동적인 관계는 양자가 서로 안에 있고 서로로 인해 존재하는 관계라는 것이다. 그들은 비록 전혀 다르지만 서로 안에 있고 함께 존재한다. 이것이 우리가 1장부터 4장까지 탐구한 것이다. 그리고 '구원'과 '영성'은 이런 합일, 일치, 둘 안에 하나인 상태를 깨닫고, 그것을 영적으로 깊이 느끼며 일상생활에서 살아내는 것이다. 5장과 6장이 이에 대한 것이었다. 불교는 그런 신비적, 합일적 체험이 하느님의 공동체의 이상에 이 세계가 좀 더 가까워지도록 하려는 운동가로서의 내 노력의 원천이 되고 방향을 제시하게 해야 한다는 것을 분명히 하도록 도와주었다. 다시 강조하건대 효과적인 행동은 확고한 신비주의를 필요로 한다.

이런 합일적, 신비적 체험에 대한 그리스도교의 특별한 깨달음은 바오로가 갈라디아인들에게 보낸 편지에서 나타낸 감격의 표현에 담겨 있다. "살고 있는 것은 내가 아닙니다. 그리스도께서 나로서 살고 계십니다!" 그래서 나는 이 부분의 소제목을 "그리스도 되기와 하느님의 공동체를 건설하기"로 지었다. 그리스도인에게는 '평화롭기'가 '그리스도 되기'이다. 따라서 우리가 그리스도의 하느님의 공동체의 "평화를 만들기" 원한다면 우리는 먼저 "그리스도가 되어야" 한다.

신비적, 합일적 체험인 그리스도-예수 안에 있기는 평화 만들기의 가장 큰 장애물로 늘 잠복해 있는 우리의 자아를 없애도록 도와준다. 하느님의 공동체를 건설하는 이가 더 이상 내가 아니라 내 안의 그리스도라면, 좋은 일을 하는 수많은 사람들의 활동을 더럽히는 자아 바이러스-인정 받고, 성공하고, 지배하고, 우월해지려는 욕구-에 감염될 위험이 줄어들 것이다. 모든 합일의 영적 체험들처럼 그리스도-예수 안에 있기의 신비적 체험은 우리의 참된 정체성이 우리의 자아 정체성보다 훨씬 더 크다는 것과 우리의 자아 바깥에서만 우리의 참자아를 찾을 수 있다는 것을 느낄 수 있게 하고 알게 해 준다.

그렇게 해서 우리의 에너지는 안으로 향하는 자기중심성에서 바깥으로 향하는 타자중심성으로 자연스럽게 방향을 바꾸게 될 것이다. 이는 하느님의 공동체를 만드는 데 쏟는 에너지가 어떤 목표를 성취하거나 어떤 계획을 실현하기 위한 욕구에서가 아니라 자비와 사랑의 자연스러운 욕구에서 생겨난다는 의미이다. 게다가 이것은 하느님의 공동체를 촉진하는 임무를 수행하는 데 속박되지 않으면서도 그 임무에 확고하게 헌신하는 것을 가능하게 한다. 불자들이 말하듯이, 우리는 행동의 계획을 세우겠지만 그것에 집착하지는 않을 것이다. 우리는 대개 무슨 일이 일어날지 알면서 모든 상황에 개입하겠지만 항상 무엇을 할 것인지를 배우려는 보다 큰 열정으로 그렇게 할 것이다. 우리는 어떤 것에도 집착하지 않으며 모든 것에 개방한다. 그것은 '그리스도 안에 있음'의 지혜와 자비에 의해 인도되는 개방성이다.

평화를 만드는 우리의 활동이 그리스도-영 안에 거하는 신비적 체험에 근거하고 유지될 때, 그리고 세상을 변화시키려는 우리의 모든 노력이 세상에서 일어나고 있는 모든 것을 포용하고 구성하는 상호존재의 일부라는 인식을 늘 가질 때, 우리는 놀랍도록 자유롭게 행동할 수 있을 것이다. 그것은 성공과 실패 모두에 열려 있는 자유이다. 다시 말해 성공에 집착하지 않는 자유이며 실패에 좌절하지 않는 자유이다.

말로는 설명하기 힘든 그런 자유에 관련된 역설이 있다. 우리는 세상을 뒤덮고 있는 고통에 대처하기 위해 행동해야 한다는 것을 알고 느낀다. 하지만 동시에 우리의 행동이 단지 우리의 것이 아니라 더 넓고 지속적인 영의 활동의 일부이기에 우리의 행동이 절대적으로 중요하지는 않다는 것도 깨닫는다. 더 정확히 말하면 우리가 하는 행동의 가치와 필요성은 그 결과에 의해 정해지는 것이 아니다. 그렇기에 우리는 전적인 진지함과 결단력으로 노력하면서도 또한 한 걸음 물러나 웃을 수 있는 것이다. 우리는 영 안에서 수고하고 애쓰는 것만큼이나 정열적으로 영 안에서 춤추며 뛰어놀 수 있다.

2002년 9월에 쓴 일기에 인용한 에크하르트 톨레의 『지금 이 순간을 살아라』의 또 다른 구절은 이런 자유의 힘을 내가 할 수 있는 것보다 더 분명하고 깊이 있게 표현한다.

그가 말한다. "당신은 드러나지 않은 것(나는 이것을 그리스도-영이라고 부른다)에서 당신의 근원을 느낀다. … 당신은 어떤 즐거움보다도 크고, 드러난 어떤 존재보다도 무한히 더 큰 어떤 것에 닿아 있다. 어떤 면에서 그때에 당신은 세계를 더 이상 필요로 하지 않는다. 심지어 세계가 지금과 달라야 할 필요도 없다." 당신은 세계를 바꿔야 한다는 것에서도 자유롭다. 정말로 그때에만 당신은 자유롭고, 세계를 바꿀 수 있다! 톨레는 계속 말한다. "오직 그때에만 당신은 세상을 개선하고 실재의 다른 질서를 창조하는 데 진정으로 기여하기 시작한다. 오직 그때에만 당신은 근원적 차원에서 진정한 자비심을 느끼고 다른 사람들을 도울 수 있게 된다. 세계를 초월한 사람만이 더 나은 세계를 만들 수 있다."

또는 틱낫한의 말로 하자면 평화로운 사람만이 불의하고 잔혹한 세상 한가운데서도 평화를 실현할 수 있다. 이것을 이해하고 실천할 수 있는 있는 사람은 신비가뿐이다.

나와 내 동료 그리스도인들은 깨달음 혹은 평화로움이 평화 만들기에 필수적이며 우선적 중요성을 갖는다는 불교의 가르침으로부터 배울 것이 많다. 하지만 고백컨대 세상의 평화를 만들기에 앞서 우리 스스로 평화로워야만 한다는 전제는 그리스도인들을 불편하게 만든다. 불교의 스승들은 가끔 개인의 깨달음과 변화가 저절로 사회를 변화시킬 수 있다고 말하는 것 같다.

따라서 우리가 정말로 해야 할 일은 스스로 깨달음을 얻고 다른 이들도 그렇게 되도록 도와줘야 한다는 것이다. 그런데 나는 그것을 확신하지 못한다.

산살바도르나 워싱턴, 또는 월스트리트에서 '권력자들'을 만나 본 나의 제한된 경험은 개인의 죄 말고도 사회적 죄가 있다고 상기시켜 준 해방신학자들의 주장이 지닌 중요성을 깨닫게 해 주었다. 이에 대한 불교의 보다 성찰적인 설명은 무지로 인한 탐욕이 사회구조, 경제적·정치적 정책, 그리고 문화적 태도로 구체화된다는 것이다. 그리고 이 과정에서 사회적 무지와 탐욕은 그 자체의 생명력을 갖게 된다. 개인들의 무지가 사회의 무지가 되고, 개인들의 탐욕이 국가의 탐욕이 되고, 개인들의 고통이 사회의 고통이 되는 것이다.

그러므로 사회를 변화시키기 위해서는 개인의 깨달음과 변화가 절대적으로 필요하지만(그리스도인들은 이것을 너무 자주 잊는다), 그것만으로는 부족하다. 사회적, 정치적, 법적 깨달음과 변화 또한 필요한 것이다(불자들은 이 점을 너무 자주 잊는 것 같다). 우리는 무지로 인해 다른 이들을 해치는 개인들만을 상대하고 있는 것이 아니다. 깨달은 개인들이 살고 있음에도 사람들을 해치는 사회적·경제적 구조를 대하고 있는 것이다. 개인의 업만이 아니라 사회적 업도 있다. 개인의 업과 사회적 업은 원인은 같을 수 있지만 다른 몸 안에 살고 있다.

따라서 그리스도인인 나는 모든 고통이 탐욕으로부터 생겨난다는 것을 깨닫기 위해 필요한 개인적 성찰과 함께, 탐욕이 경제적, 법적 수단 안에서 어떻게 작용하고 있는지를 이해하기 위한 사회적 성찰도 필요하다고 생각한다. 고통을 초래하는 사회구조의 궁극적 원인은 개인의 마음과 행동이지만, 우리의 마음을 진정으로 이해하고 변화시키려면 우리는 동시에 사회구조도 변화시켜야만 한다. 고타마가 팔정도의 다섯 번째인 바른 삶正命을 가르치면서 깨달음을 추구하기 전에 직업부터 바꿀 필요도 있음을 훈계했을 때 그는 아마도 이것을 은연중에 이해하고 있었을 것이다.

하지만 그리스도인인 내가 불자들에게 마음을 분석하는 것만이 아니라 사회를 분석하는 것도 필요함을 상기시켜 줘야 한다고 느낀다면, 불자들은 다시 내게 그런 사회분석을 하는 데 있어 중요하면서도 필수적인 도움을 준다. 해방신학자들이 사회변화는 개인의 변화 이상을 요구한다고 주장한다면, 불교는 어떻게 사회구조를 변화시킬 것인가에 대한 중요한 조언을 줄 것이다. 이 마지막 장의 마지막인 다음 부분에서 불교로부터 배운 것을 분명히 하겠다.

자비 없이 정의 없다

하느님의 공동체를 건설하는 데 필요한 조건에 대한 나의 이해를 불교가 '전환'시켜 준 것은 이 '되돌아오기' 부분의 부제에 요약되어 있다. "정의를 원한다면 평화를 위해 일하라." 이것은 그리스도교에서 내가 배워 온 것과 운동가로서 이십여 년을 지내 오는 동안 믿고, 말하고, 실천하려 해 왔던 것을 완전히 뒤바꾸는 것이다.

하지만 그런 뒤바꿈 혹은 전환은 부정이 아니다. 그보다는 행동과 명상의 관계에서 이야기했던 역동적 원과 같은 것을 요구한다. 그것은 둘 중 하나를 선택하는 것이 아닌 둘 모두를 포함하는 것이다. 평화를 원한다면 정의를 위해 일해야 하고, 정의를 원한다면 평화를 위해 일해야 하는 것이다. 하지만 불교는, 행동과 명상의 원에서처럼, 그 원의 입구이면서 원을 계속 돌아가게 하는 것은 평화를 위한 활동이라는 것을 인식하도록 끈질기게 나를 설득해 왔다. 다시 말해 화해를 통해 평화를 이루려 애쓰는 것이 정의와 구조적 변화를 이루려고 노력하는 것보다 우선적인 중요성을 갖는다는 것이다.

불교가 내게 깨닫게 해 준 평화와 정의의 관계에 대한 이 중요한 통찰은 세상의 변화를 위한 나의 모든 노력에 있어 비폭력의 역할을 분명하게 한다. 붓다 덕분에 나는 비폭력이 예수의 가르침의 핵심에 있음을 알고, 느끼게 되었다. 하지만 또한 붓다 덕분에 비폭력을 절대화하지 않으면서 그것을 긍정할 수 있게 되었다. 다시 여기에 역설이 있다. 이제 다섯 가지 주제로 초점을 맞춰 비폭력에 대해 이야기해 보겠다. 그것은 정말 하느님의 공동체를 이루려는 예수의 실천계획을 붓다의 도움으로 더 깊이 이해하게 된 것이다.

더 큰 계명은 없다

깨달은 존재를 규정하는 두 가지 특징은 지혜와 자비다. 지혜와 자비는 하나의 깨달음의 체험에 대한 두 가지 다른 표현이다. 지혜는 자기 '안에서' 발견하는 것을 가리키고 자비는 자기 '바깥의' 세상에 응답하는 것을 묘사한다. 붓다의 깨달음 이야기가 보여 주듯이 보리수 아래에서 붓다가 일어나 처음 한 일은 베나레스에 있는 동료들에게 돌아가는 것이었다. 동료들에게 자비심을 느낀 붓다는 그가 발견한 것을 그들과 나누지 않을 수 없었다. 자비심은 불자들이 세계를 보고 대하는 데 있어서 가장 우선적이고, 근본적이고, 주요하고, 심지어 규제하는 에너지이다. 세계에 대한 붓다의 제자들의 이해와 반응은 자비심에 의해 영감을 받고 인도된다. 이상적인 불자는 모든 것을 오직 자비심으로 한다.

자비는 보편적이다. 자비는 그들이 누구든, 무슨 일을 했든 상관하지 않고 모든 생명 있는 존재를 포용한다. 그것은 깨달음을 통해 모든 존재가 상호연관되어 있고 서로로 인해 존재하고 있음을 명료하게 이해하기 때문이다. 또한 그 깨달음을 통해 타자 안에서 자신을 보고 발견하게 되기 때문이다. 이때 '타자'는 '나의 또 다른 자아'an other self라고 할 수 있을 만큼 '나의 자아'와 구분되지 않게 된다. 우리는 서로 안에서 살고 움직이고 존재한다. 따라서 불자는 이웃을 자기 자신처럼 사랑할 수 있다. 그 이웃이 자신이기 때문이다!

나는 자비심의 자연스러운 필요와 중요함에 대한 붓다의 발견이 예수의 복음의 힘을 긍정하고, 깊게 하고, 훨씬 더 강하게 만들어 준다는 것을 깨달았다. 예수와 성 바오로에게 절대적으로 분명했던 것 중 하나는, 모든 계명을 중요한 순서대로 배열한다면 그 첫째 자리는 늘 사랑에, 아가페에 돌아간다는 것이었다. 예수에게 하느님을 사랑하는 것과 이웃을 사랑하는 것은 하나의 같은 계명을 실행하는 두 가지 다른 길이었다. 예수는 매우 분명하게 "이 계명보다 더 큰 계명은 없다"(마르코 12:29-31)고 했고, 바오로는 이웃에 대한 사랑이 '모든' 다른 계명들을 "요약"하고 "완성"한다고 했다. (로마서 13:8-10)

이웃에 대한 사랑과 모든 생명 있는 존재에 대한 자비는 예수와 붓다를 따르는 이들이 자연스럽게 해야 하는 것이다. 이웃에 대한 사랑이 하느님에 대한 사랑으로부터 흘러나오는 것만큼 자비도 자연스럽게 지혜로부터 흘러나온다. 불자들에게 깨달음은 우리 모두를 하나되게 하는 상호연관성을 체험하는 것이다. 그리스도인들에게 사랑이신 하느님을 체험하는 것은 우리 모두를 '하느님의 자녀'이게 하고, 그래서 서로에게 형제자매가 되게 하는 근원을 체험하는 것이다.

이는 모든 사람들과 모든 생명 있는 존재들이 서로 깊이 연결되어 있고 관계되어 있다는 뜻이다. 그 누구도 배제되지 않는다. 심지어 무지, 증오, 탐욕으로 스스로를 배제하려는 이들조차 배제되지 않는다. 예수가 그들 스스로 우리의 원수라고 말하는 이들도 진정으로 원수가 아니라고 했던 까닭이 여기에 있다. 예수가 우리 몸과 같이 사랑하라고 한 이웃에는 우리의 '원수들'도 포함된다. 그들도 하느님의 자녀이기 때문이다. 불자들이 상호존재라고 부르고 그리스도인들이 하느님의 가족이라고 부르는 상호연관성의 관계로부터 우리의 원수들을 배제할 수 있는 것은 아무 것도 없다.

불자들에게 자비가 중심적인 것처럼 그리스도인들에게는 사랑 혹은 아가페가 중심적인 것이다. 사랑은 진실로 '가장 큰 계명'이다. 그렇다면 원수를 포함한 우리의 '이웃'에 대한 우리의 모든 행위와 태도를 사랑이 앞서고, 안내하고, 결정해야만 한다.

그러므로 이 '우선적'이고 '가장 큰' 계명인 사랑은 정의에도 앞선다. 물론 예수는 모든 사람들이 공정하게 대우 받기를 원했다. 하지만 불교가 내게 상기시켜 준 것은 예수는 무엇보다 먼저 모든 사람들이 서로 사랑하기를 원했다는 것이었다. 그렇다고 해서 사랑이 정의보다 더 중요하다고 말하는 것은 아니다. 내가 정말 말하고 싶은 것은 사랑이 정의에 앞선다는 것이다. 더 정확하게 말하면 사랑은 정의를 가능하게 하는 '필수적 조건'을 제공한다. 바오로의 말을 바꿔 말하면 "평화, 정의, 사랑, 이 셋은 항상 있을 것이다. 하지만 이들 중 제일은 사랑이다."

사랑은 증오의 폭력을 배제한다

'가장 큰 계명'인 사랑과 자비가 정의를 위한 행동을 포함해 하느님의 공동체를 위한 우리의 모든 노력을 고취하고 규제한다면 증오가 끼어들 여지는 없다. 내 학생들은 그것을 "생각할 필요도 없이 당연한 것"이라고 정의할 것이다. 물과 기름처럼 증오와 사랑은 섞일 수 없다. 이는 또한 예수의 가르침과 행동에서도 분명하다. 예수는 어떤 이들과 대립하기는 했지만 결코 그들을 증오하지는 않았다.

불자들은 한 걸음 더 나아가 예수의 "가장 큰 계명"의 본질과 그 계명이 요구하는 것을 더 깊고 정직하게 바라보도록 나를 깨우쳐 주었다. 불자들에게 자비는 단지 증오를 배제하는 것이 아니다. 자비는 또한 분노를 배제하고, 분노가 그 정도를 넘어설 때 필연적으로 생겨나는 폭력도 배제한다. 분노에서 생겨나는 행위와 말은 대개 물리적, 언어적, 심리적으로 폭력적이기 마련이다. 물리적, 언어적, 심리적 폭력의 목적은 남을 해치는 것이다. 그렇기에 불자들은 자비를 분노와 연결시키는 것은 옳지 않다고 여긴다. 분노는 폭력으로 가는 문을 연다. 폭력은 상호연관성을 끊고 사랑하는 능력을 위태롭게 한다.

불자들은 분노에서 비롯된 행위를 배제하는 데 있어 분노의 실재를 부정하지 않는다. 사실 마음챙김으로 모든 것을 대하는 불자들은 분노를 인정하고 심지어 포용한다. 하지만 마음챙김으로 분노를 대할 때 불자들은 그 분노가 곧바로 행동으로 이어지지는 않게 한다. 불자들은 분노를 인식하고 포용함으로써 분노를 일으킨 것에 대한 그들의 반응을 분노가 지배하지 못하게 하는 것이다.

물론 정당화될 수 없는 군사행동으로 인해 민간인들이 당하는 고통을 보며 자연스럽게 느끼는 분노처럼 어떤 분노는 우리에게 고통의 현실을 일깨워 주는 경보로 작용할 수 있다. 분노는 우리의 에너지를 어떻게 사용할지에 영향을 주지 않고 우리의 에너지를 불러일으킬 수 있다. 사실 사람들이 서로에게 얼마나 잔인하고 부당할 수 있는지를 목격하며 자연스럽게 느끼는 분노의 물결은 우리 안의 연관시키는 영으로 돌아와 분노가 아닌 그 영의 힘으로 반응하라는 '경종'이 될 수 있다.

불자들이 분노에 대해 그토록 조심스러워하고, 분노가 그들의 행위에 스며들기 전에 마음챙김을 통해 변화시키려 하는 이유는 '정의로운 분노'가 너무나 쉽게 '정의로운 전쟁'으로 이어진다는 것을 알고 있기 때문이다. 정당화된 분노는 정당화된 폭력을 쉽게 일으키는 것이다. '악인'으로 지목되고 미움을 받는 이들은 공공연한 공격 대상이 되기 쉽다.

불자들은 상호연관성의 불성과 폭력의 명백한 양립 불가능성을 알기에 그리스도인들보다 훨씬 더 체계적이고 정교하게 비폭력을 지지한다. 불자들이 '평화롭기'와 '비폭력'을 연결 짓는 방식은 내게 이웃을 우리 몸같이 사랑하라는 예수의 '가장 큰 계명'과 폭력의 양립 불가능성을 확신시켜 주었다. 결국 예수가 "원수를 사랑"할 것을 촉구하며 우리에게 말하려 했던 것 중 하나는 그들을 죽이지 말라는 것이었다! 붓다는 내가 예수로부터 들어야 했을 물음에 직면하게 한다. 원수들에 맞서 전쟁을 벌이면서 어떻게 그들을 사랑할 수 있겠는가?

하지만 '원수들'에게 폭력을 행사하는 것을 거부하며 그들을 사랑한다는 것이 원수들을 지목하고, 반대하고, 그들에게 단호히 맞서 행동하는 것을 배제하는 것은 아니다. 이는 잘 알려진 예수의 성전정화 사건에서 분명하다. 분명 예수는 마음이 상했고 분노를 느꼈다. 그래서 환전상들의 탁자를 뒤엎고 채찍으로 양과 소를 내쫓은 예수의 행위는 격렬했다. 하지만 그렇다고 해서 그가 상인들과 환전상들을 증오했다거나 그들에게 신체적 위해를 입혔다는 이야기는 없다. 복음서 기록자가 말하듯 예수는 증오가 아닌 "그의 아버지의 집에 대한 열심"(요한 2:13-18)으로 그런 행동을 했던 것이다.

하지만 예수와 붓다가 준 비폭력의 명령을 따를 때 알아야 할 것이 있다. 그들이 정말 명하고 있는 것은 단순히 비폭력이 아니라 사랑 또는 자비라는 것이다. 여기서 '절대적인 것'은 비폭력이 아니라 사랑이라고 말할 수도 있다. 우리가 말하고 있는 예수의 유대적 어휘에서 '계명'은 사랑이지 비폭력이 아니다. 나는 어떤 경우에도 모든 이웃과 모든 생명 있는 존재들을 사랑하라는 즉각적이고 자연스러운 계명의 예외를 생각할 수 없지만, 비폭력의 원칙에 대해서도 똑같이 말할 수는 없다. 누군가가 어떤 극단적 상황에서는 이웃을 사랑하는 것이 악을 행하는 이웃에게 말이나 행위로 폭력을 행사하는 것과 양립할 수 있다는 것을 보여 준다면, 나는 그것에도 열린 태도를 가져야 할 것이다. 하지만 내 생각에는 아무도 그럴 수 없고 또 아직까지 아무도 그러지 못했다.

억압받는 사람들을 위한 선택이 억압자들에게 맞서는 선택일 수 없다

해방신학자들이 말하는 "가난한 이들을 위한 우선적 선택"에 대한 틱낫한의 부드러운 비판에 대해 나는 그런 선택은 유대인 예언자였던 예수가 상호존재의 영을 체험한 독특한 방식이며, 따라서 그리스도교가 불교에게, 그리고 종교 간 대화에 독특하게 공헌할 수 있는 것의 하나라고 부드럽게 응답해야 할 것이다. 물론 틱낫한이 맞다. 하느님은 어떤 이들을 다른 이들보다 더 많이 사랑한다는 의미로 누구를 선호하지 않는다. 보편적 영은 누구도 배제하지 않고 포용하며, 어떤 사람을 다른 사람보다 더 많이 안아 주지도 않는다. 태양과 별들을 움직이는 자비는 생명 있는 모든 존재의 고통과 곤궁 위로 차별 없이 내린다.

하지만 그리스도교의 체험과 믿음에 따르면 나사렛 예수에게 자비의 영이 육화한 것은 이 보편적 영이 다른 모든 생명 있는 존재와 마찬가지로 고통받을 뿐만 아니라 더 강한 이들로 인해 고통받는 이들을 향해 특별히 절박한 관심을 갖도록 우리를 움직인다는 것을 나타낸다. 다시 우리는 무지와 불의의 탐욕이 초래하는 고통을 이야기하고 있다. 무지로 인해 내가 나 자신에게 가하는 고통과 무지로 인해 내가 다른 사람들에게 가하는 고통에는 차이가 있다. "부자든 가난한 사람이든 누구나 고통을 겪고 있다"는 말은 분명히 맞는 말이다. 하지만 그런 말은 다른 사람들의 고통을 초래하는 데 내가 하고 있는 역할에 무관심하게 하거나 그런 나의 역할을 위장하는 것이 될 수 있다.

하느님의 사랑에 대한 그리스도교의 상징을 확장하면서 예수는 부모인 하느님이 모든 자녀를 사랑한다는 것을 체험했다. 하지만 그 사랑은 타자에 의해 고통을 겪는 이들에게 우선적 관심을 기울이는 사랑이었다. 이것은 마치 배고픈 아이들에게 줄 점심을 마련하고 있던 아버지가 불량배에게 맞고 집에 돌아온 한 아이를 돌보려고 일시적으로 그 아이에게로 관심을 돌리는 것과 같다. 그러므로 배제되거나, 노예가 되거나, 소외된 사람들에 대한 '우선적 선택'은 다른 이들을 배제하는 것이 아니라 우리의 관심을 우선적으로 기울일 방향을 나타내며 우리의 책임을 명확하게 하는 것이다.

억압받는 이들에 대한 우선적 선택에 관한 주장을 나의 불자 친구들이 이해해 주기를 바라지만, 나는 치아파스에서 종교평화위원회의 불자들이 "우리는 아무도 비난하지 않습니다"라고 말했을 때의 관점도 이해한다. 예수를 따르는 내가 억압받는 이들에게 우선적 관심을 기울여야 한다고 느낀다면, 붓다를 따르는 이들은 그런 관심이 억압자들에 맞서는 선택이어서는 안 된다는 것을 내게 상기시켜 준다. 억압자에 맞서지 않으면서 억압받는 이들에게 우선적 관심을 기울인다는 것은 쉬운 일이 아니다. 하지만 그것은 절대적으로 필요한 일이다. 만약 억압받는 이들을 위한 나의 선택이 억압자들에 맞서는 선택을 초래한다면 세상은 오직 더 악화될 것이다.

그렇지만 억압자에 맞서 편들지 않으면서 억압받는 이들을 편드는 것이 어떻게 가능한가? 비난하지 않고 어떻게 반대할 수 있을까? 어떻게 억압자들을 '적대'하지 않으면서 억압받는 이들과 함께 할 수 있을까? 이에 대한 분명한 답은 없다. 하지만 나는 간디의 비폭력^{ahimsa}의 본보기와 마음챙김 명상의 지속적 수행이 도움이 되는 것을 알게 되었다. 간디가 실천한 비폭력은 정확하게 우리가 말하고 있는 것이었다. 그는 확고하게 인도의 식민화된 이들의 편에 섰지만 영국 식민주의자들을 결코 미워하거나 모욕하거나 비방하

375

지 않았다. 간디는 식민주의자들과 그의 관계를 단절하지 않았던 것이다. 그래서 식민주의자들은 간디가 자신들을 반대한다는 것을 알았지만 적대한다고 느끼지는 않았다. 사실 식민주의자들은 간디가 자신들을 존중하고 배려한다는 것을 알았다.

간디는 반대했지만 또한 포용했다. 반대하면서도 포용할 수 있으려면 우리는 잘 양성된 영적 중심으로부터 행동해야 한다. 이는 해방을 위한 행동이 모든 존재와 하나 되게 하는 명상으로부터 비롯되어야만 하는 이유이다. 또한, 버니 글래스먼 선사가 말했듯이, 나와 엘살바도르의 암살부대가 하나임을 깨닫지 못하면 결코 그들을 막을 수 없는 이유이다. 앉아서 마음챙김을 수행하면 할수록 행동할 때 마음챙김을 더 잘 실천할 수 있게 된다. 그리고 그런 마음챙김 혹은 집중은 우리가 억압의 현실을 받아들일 수 있게 하고, 억압자들을 악하다고 판단하지 않으면서 바라볼 수 있게 하고, 그래서 우리와 억압자들의 '하나됨'과 억압자들에 대한 사랑을 느낄 수 있게 한다. 아마도 오직 그때만 우리는 억압자들을 효과적으로 반대하기 위한 지혜와 자비를 가질 수 있게 될 것이다.

억압자에 대한 우리의 반대가 지혜와 자비에 의해 실천될 때 그 반대는 항상 그들의 평안을 위한 선택도 포함하게 될 것이다. 그러므로 가난한 이들을 위한 우선적 선택은 또한 항상 억압자들을 위한 선택의 일부이다. 우리는 억압자들의 평안과 행복과 평화도 증진시키려고 한다. 우리는 억압자들이 본래부터 악하고 이기적이어서가 아니라 자신들이 하느님의 자녀이며 불성을 지닌 존재라는 것을 아직 깨닫지 못했기 때문에 타인을 억압한다는 것을 안다. 우리는 억압자들을 반대할 때 그들이 자신들의 근원적 선함을 깨달을 수 있도록 돕고자 한다. 억압자들을 반대하는 것은 억압자들을 포용하는 것이다.

'적들'을 반대하면서 동시에 포용하는 그런 능력의 가장 좋은 본보기가 내게는 예수다. 나를 낙담시키고 화나게 했던 2004년 11월의 미국 대통령 선거 후에 쓴 일기에서 나는 그것을 깨달았다.

> 예수는 예언자이면서 무아^{無我}적 존재였다. 그는 처형당하는 지경에 이를 만큼 대담하게 말했다. 하지만 예수는 처형당하는 것을 저항 없이 받아들일 정도로까지 무아적으로, 사랑으로, 대화적으로 말했다.
> 나는 내 안에서 나로서 살고, 활동하고 있는 이런 예언자적이면서도 자기를 비우는 그리스도-영을 더 많이 접촉하고 의식해야 할 필요가 있다. 미국 행정부가 저지르고 있는 악을 비판하고 비난할 때 나는 마음챙김을 통해 두 가지를 실천하고 싶다. 첫째, 내가 반대하는 사람들과 내가 연관되어 있음을 깨닫고 그들을 받아들이는 것이고, 둘째, 그 상황에 대한 나의 지식과 판단과 평가의 한계를 깨닫는 것이다. 나는 늘 더 많이 배우고 더 많이 보아야 한다. 아마도 내가 반대하는 사람들이 내가 더 많이 배우고 보는 걸 도울 수 있을 것이다.
> 저항과 수용, 예언적 선포와 열린 대화는 요즘 같은(아마도 앞으로 4년 동안) 어려운 시기에 내 안에서 흐르도록 해야 할 에너지이다.

정의로운 사회구조는 화해한 인간의 마음을 필요로 한다

앞에서 설명하려 했듯이 나는 불자들이 개인의 변화만이 아니라 구조적 변화를 위해 일해야 하는 필요성에 대해 해방신학으로부터 배울 것이 있다고 믿는다. 개인의 변화가 저절로 사회를 변화시키는 것은 아니기 때문에 적극적, 의식적, 지적으로 정치와 경제에 참여하고 개혁해야 할 필요가 있는 것이다. 하지만, 그런 구조적 변화가 필요하다는 걸 믿으면서도, 나는 또한 개인의 변화 없이 진정한 구조적 변화는 일어날 수 없다는 불자들의 충고에 우리 그리스도인들이 귀기울여야 할 필요가 훨씬 더 많다는 것도 알고 있다. 그리스도인들이 개인적, 인격적 깨달음이나 회심만으로 충분하지 않다고 주장한다면, 불자들은 그것에 동의하면서도 개인의 깨달음이 "우선되어야" 한다고 대답할 것이다.

왜 그런가? 내가 엘살바도르에서 크리스파즈와 함께, 그리고 멕시코, 북아일랜드, 이스라엘/팔레스타인 등지에서 종교평화위원회와 함께 정의와 구조적 변화를 위해 일해 온 여러 해 동안 분명한 대답이 구체화되어 왔다. 정의와 구조적 변화는 강제될 수 없고, 정부의 새 법률이나 유엔이 제안하는 새로운 해결책으로 단순히 요구될 수 없다는 것을 알게 된 것이다. 오직 법적 강제나 토지개혁 계획 혹은 처벌 정책이나 재분배 정책 같은 것들을 통해서만 사회변화를 추구한다면 변화를 시작할 수는 있겠지만 그 변화를 지속시킬 수는 없을 것이다.

불의하고 악하다고 비난받는 대상에게 변화를 강제하거나 강요하는 것은 제한적이지만 실제적 의미에서 폭력적인 것이다. 그리고 물리법칙과 심리법칙에 따르면 폭력은 대항폭력을 불러일으킨다. 인간의 심리에서 폭력이 증오를 전달하기 때문이다. 만약 억압자들이 미움받고 있다고 느끼고, 사람들이 자신들을 경청하지 않고 존중하지 않는다고 느낀다면, 그들은 폭력적 자기보호 또는 폭력적 증오라는 너무나 인간적인 반작용으로 대응할 것이다. 설령 정의를 요구하고 억압을 비난하는 이들이 그 마음속에 증오를 품지 않는다 해도(이는 정말 보기 드문 일이지만!) 비난받는 억압자가 느끼는 것은 여전히 증오일 것이다. 싫든 좋든 폭력은 증오를 전달하고, 증오를 받으면 폭력으로 반응하기 마련이다.

이 모든 것의 결론은 분명하다. 억압자의 마음속에서 개인적 변화와 내적 깨달음을 일으키는 것이 진정한 사회적 변화를 일으킬 수 있는 유일한 길이자 희망이라는 것이다. 하지만 그것은 사태를 훨씬 더 어렵게 만드는 것이 아닌가? 『법구경』에 따르면 그렇지 않다. "이 세상에서 증오는 증오로 없앨 수 없다. '오직' 사랑에 의해서만 증오를 없앨 수 있다. 이것은 영원한 진리이다." 여기에서 '오직'은 내가 추가한 것이다. 만약 증오가 가라앉고 우리의 적들이 우리의 형제자매가 될 기회가 있다면 그것은 오직 "사랑에 의해서만", 우리가 "우리의 적들을 사랑할" 때에만 그렇게 될 것이다. 이때 우리가 사랑해야 할 적들은 우리를 억압하는 이들도 포함한다.

여기서 붓다의 도움으로 나는 우리 그리스도인 운동가들에게 불편하고 위험할 수도 있지만 해방적인 결론을 이끌어 낸다. 우리가 희망하는 사회 구조의 진정한 변화가 억압자들의 인격적 깨달음과 회심에 달려 있다면, 그런 회심은 억압을 극복하는 데 헌신하는 이들의 깨달음과 회심을 먼저 요구한다는 것이다. 억압자들을 무지와 탐욕의 상태에서 일깨울 가장 좋은 기회를 가진 이들은 정의를 추구하는 깨달은 이들일 것이다. 그들은 증오와 불의에 대해 사랑과 자비로 반응할 수 있기 때문이다.

간디와 마틴 루터 킹 2세가 깨달은 것처럼, 그리고 그들보다 오래전에 붓다와 예수가 깨달은 것처럼, 억압자들과 적들의 마음을 변화시키는 최고의 '무기'는 그들을 사랑하는 것이다. 예수는 분명히 말한다. "그러나 이제 내 말을 듣는 사람들아, 잘 들어라. 너희는 원수를 사랑하여라. 너희를 미워하는 사람들에게 잘해 주고 너희를 저주하는 사람들을 축복해 주어라. 그리고 너희를 학대하는 사람들을 위하여 기도해 주어라."(루가 6:27-28) 오직 이 길을 통해서만 우리는 그들의 증오와 저주와 학대를 끝낼 것을 희망할 수 있다. 오직 그때에만 억압자들과 적들의 마음이 변할 것이다. 오직 그렇게 해야만 새로운 법과 정책과 구조가 제대로 되어 갈 것이다. 오직 이 길을 통해서만 단지 억압받는 이들뿐 아니라 억압하는 이들에게도 해방이 올 것이다.

이것은 정의와 사회구조적 변화를 위한 활동을 훨씬 더 어렵게 만든다. 특히 불의를 직접적으로 당하는 이들에게는 그러하다. 백인 중산층 미국인 남자인 내가 억압자들의 마음을 변화시키기 원한다면 그들을 사랑하고 용서해야 한다고 선언하는 것은 상대적으로 쉬운 일이다. 하지만 실종된 아들을 둔 어머니, 땅을 빼앗긴 아버지, 빗나간 폭탄에 가족이 모두 죽임당한 청소년에게 억압자들을 사랑하고 용서하는 것은 쉬운 일이 아니며 거의 생각조차 할 수 없다. 그리스도교의 관점에서는 증오와 악을 사랑의 비폭력으로 대하는 것은 인간의 능력을 넘어서는 것이다. 그것은 신적이고, 상호연관되어 있고, 영으로 난 자가 되어야 가능한 것이다. 불자들에게 이것은 우리의 참나를 발견하는 것이다.

아드야샨티의 책에서 짧은 구절을 읽었을 때 이런 깨달음이 우레같이 울렸다. 그것을 2007년 3월 16일 일기에 옮겨 썼다. "진실로 거룩한 것은 존재할 수 있는 것을 사랑하는 것이 아니라 존재하는 것을 사랑하는 것이다.

이 사랑이 모든 존재하는 것들을 해방한다." 내 소감은 이랬다. "마지막 문장은 영적 폭탄이다." 우리가 불의를 저지르는 이들을 '우리가 바라는 그들의 모습'으로가 아니라 '그들의 있는 그대로의 모습'으로 사랑할 때, 아마도 오직 그때에만 우리는 불의를 저지르는 이들이 달라질 수 있는 기회를 제공하게 될 것이다.

바로 그것이 예수의 죽음을 통해 우리 그리스도인들에게 계시된 '진정으로 거룩하고 해방하는 사랑'이었다.

"십자가의 법"

정의를 실현하기 위한 조건으로 자비의 비폭력을 강조하는 불교로 건너간 것은 나의 먼 과거, 더 정확하게는 거의 사십오 년 전의 경험을 생각나게 해 주었다. 나는 1965년 로마 그레고리안 대학교의 고풍스러운 원형극장 같은 강의실에 앉아 있었다. 예수회의 버나드 로너건이 가르치는 '말씀의 육화'라는 제목의 그리스도론 강의였다. 그날 우리는 그 강의의 마지막 주제들 중 하나인 예수의 죽음이 갖는 구원의 유효성을 다루고 있었다. 십자가 위에서 예수가 죽은 것이 왜, 어떻게 온 세상을 구원하는가? 나는 로너건이 우리에게 말하고 있던 것을 이삼십 년이 흐른 뒤에야 붓다의 도움으로 이해하고, 식별하고, 살아내려 노력할 수 있게 되었다.

그 주제는 십자가의 법 *Lex Crucis*에 집중되었다. 로너건은 예수의 죽음에 대한 하나의 이해 방식인 '만족설'을 넘어서거나 대체하는 이론을 제시하고자 했다. 어떻게 십자가가 우리를 구원하는지에 대한 초기 그리스도교의 여러 가지 설명들 중 하나였다가 후에는 그리스도인들의 의식을 지배하게 된

만족설은 예수의 죽음은 인간의 끝없는 범죄에 대해 하느님에게 바쳐진 무한한 만족이라고 보는 것이었다. 로너건은 예수의 죽음이 어떻게 "우리를 구원하는" 힘 또는 능력을 갖는지 설명하도록 도와줄 예수의 죽음의 내적 의미 - 그가 '이해 가능성'이라고 불렀던 - 를 파악하려 했다.

로너건은 그것을 그가 '십자가의 법'이라고 부르는 것에서 발견했다. '법'이라고 할 때 그가 의미한 것은 하느님의 명령이나 계명이라기보다는 세상을 움직이는 이치였다. 이 경우에는 그리스도인들이 죄악이라고 부르고 불자들이 무지의 탓으로 돌리는 이기심이 초래한 고통을 극복할 수 있는 이치를 말한다.

로너건은 묻는다. 왜 예수는 결국 십자가 위에서 죽음을 맞게 되었을까? 그가 꼭 처형당해야만 했던 것은 아니었다. 하느님은 예수의 처형을 명령하지 않았다. 그보다 예수는 그가 한 말과 행동 때문에 죽었다. 그것은 예수의 메시지와 사명의 핵심인 하느님의 공동체와 관련된 것이었다. 사람들이 자기 자신을 돌보듯 진정으로 서로를 돌보고 가장 도움이 필요한 가난한 사람들을 특별히 돌보는 새로운 사회 질서를 주장하면서 예수는 자신이 결국 곤란을 겪게 될 것을 분명히 알고 있었다. 그가 마음속에 그리고 있던 하느님의 공동체는 로마 식민지배자들과 유대 지배계급 식민협력자들의 정책과 대립했다. 다른 많은 예언자들처럼 예수도 당시의 권력자들과 맞서게 될 것이었다. 그리고 실제로 그렇게 되었다. 권력자들은 그를 체포했고 사형을 선고했다.

바로 이때 예수는 아마도 무의식적으로, 그러나 분명히 고통스럽게, 로너건이 십자가의 법이라고 부르는 것의 요구를 느꼈을 것이다. 증오와 폭력에 직면하고 위협받았지만 예수는 자신을 통해 활동하는 하느님의 영이 증오와 폭력에 더 큰 증오와 폭력으로 반응할 수 없다는 것을 알고 느꼈다. 증오와 폭력에 또 다른 증오와 폭력으로 반응하는 것은 예수에게 생명을 불어넣은 하느님의 사랑이 하는 것이 아니었다. 하지만 예수는 자신이 증오와 폭력으로 반응하지 않는다면 죽음이 다가올 것도 알고 있었다. 그들은 자신을 죽일 것이었다. 그것이 예수를 두렵게 했다. 복음서들은 예수가 너무 두려워한 나머지 피땀을 흘렸다고 한다. 예수는 도망가서 문제를 회피할 수도 없었고 그렇다고 폭력으로 대응할 수도 없었다. 아무튼 그 순간에 죽어야만 한다는 것이 그가 느꼈던 사명의 일부였다. 그렇다면 그 사명을 따라야만 했다. "당신의 뜻대로 하십시오."

　복음서의 수난설화에 따르면 예수는 폭력을 단호하게 거부했다. 분노해 재빨리 칼을 빼어 든 베드로에게 예수는 그리스도교의 역사 내내 기억될 말을 했다. "칼을 쓰는 사람은 모두 칼로 망한다."(마태오 26:52) 복음서 기자는 예수가 원했다면 하느님의 공동체를 지키고 촉진하기 위해 칼로 무장한 (!) "열두 군대의 천사들"을 부를 수도 있었다는 것을 상기시킴으로써 무력의 부당함과 무용성을 강조한다. 예수는 그 천사들을 부르지 않았다. 재판받고 처형당하는 내내 예수는 자신에게 사형을 선고하고 고문한 이들에게 어떤 증오나 경멸의 말도 하지 않았다. 실로 그를 부당하게 처형한 가해자들에게 한 예수의 마지막 말은 비폭력이 단지 물리적 위해를 가하지 않는 것일 뿐만 아니라 실제로 자비와 사랑을 느끼는 것임을 보여 준다. "아버지, 저 사람들을 용서하여 주십시오! 그들은 자기가 하는 일을 모르고 있습니다."(루가 23:34)

그러나 예수의 그런 사랑, 증오와 폭력으로 반응하는 것에 대한 그의 거부의 대가는 죽음이었다. 로너건에 따르면 예수가 '십자가의 법'의 구원하는 힘을 드러낸 곳이 바로 여기다. 정말로 그것은 증오하기보다는 기꺼이 죽으려는 사랑의 법이다. 당장은 아니지만 반드시 세계를 변화시킬 수 있는 것은 그런 사랑, 증오에 대한 거부와 비폭력이다. 그렇게 사랑하고 죽음으로써 예수는 증오와 폭력의 연쇄고리를 끊어 버릴 수 있는 길을 드러낸다. 인류의 역사를 괴롭혀 온 이 연쇄고리가 십자가 위에서 끊어질 수 있다는 것이 드러났다.

그런 사랑으로부터, 그리고 증오하기보다는 기꺼이 자신의 목숨을 내어주는 태도로부터, 그리고 역설적이게도 그런 죽음으로부터 생명이 오는 것이다! 예수 자신이 그것을 분명히 알았든 알지 못했든 상관없이(그가 하느님께 "어째서 나를 버리십니까?"라고 항의한 것을 보면 그가 그것을 분명히 알았던 것 같지는 않다), 그는 증오와 불의를 사랑으로 대하며 그렇게 죽는 것이 그의 사명을 다하는 것임을 신뢰했다. "내 영혼을 아버지 손에 맡깁니다." 예수가 믿었던 자비의 하느님은 어떻게든 그의 죽음으로부터 생명을 가져올 것이었다.

제자들은 예수의 부활에서 예수가 신뢰했던 것이 정확하게 실현되었다는 것을 깨달았다. 당시의 권력자들에게 맞서면서, 증오가 아닌 사랑으로 권력자들을 포용하면서, 그리고 그렇게 한 것 때문에 죽으면서, 예수는 제자들과 함께했고 그들 안에 여전히 살아 있었다. 하느님의 공동체에 대한 예수의 운동과 이상은 여전히 살아 있었다. 바오로가 예수의 신비한 몸이라고 불렀던 그의 새 몸은 계속될 것이었다.

그러므로 '십자가의 법'은 예수를 따라 하느님의 공동체의 정의를 실현하는 사회구조의 변화를 추구하게 함으로써 우리를 구원한다. 하지만 설령 그 때문에 우리가 목숨을 잃게 될지라도 그것은 언제나 증오의 폭력을 거부하는 사랑으로 행해져야 한다.

십자가의 법은 『법구경』이 노한 깨닫게 해 준 "증오는 사랑으로만 없앨 수 있다"는 '영원한 진리'를 긍정하고 구체화하기 때문에 우리를 구원한다. 예수는 거기에 이렇게 덧붙일 것이다. 그 사랑은 증오하기보다는 기꺼이 죽을 수 있어야만 하는 사랑이라고. 그런 사랑으로 인해, 그리고 그 사랑이 요구할 수 있는 그런 죽음으로 인해 증오는 없어질 것이다. 사람들의 마음이 변화될 것이다. 그래서 세상도 또한 변화될 것이다.

결론 영적 문란인가 혼종인가?

결론
영적 문란인가 혼종인가?

서론에서 언급했던 유니온 신학대학원의 강의에서 이 책에 대해 듣기에 불편했지만 결과적으로 도움이 되었던 질문이 제기되었다. 그 질문은 불교로 건너갔다가 그리스도교로 되돌아오는 노력의 결론에서 다루기에 적합한 내용을 담고 있었다.

'불교와 그리스도교 두 전통에 속하기'라는 제목의 강의는 이 책의 초고를 주교재로 사용했다. 강의의 둘째 주 무렵에 학생들 스스로 씨름하고 또한 그들이 나와 씨름하던 물음이 아픈 곳을 날카롭게 찌르며 제기되었다. "종교적으로 두 전통에 속하는 것이 정말로 효과가 있을까요? 그게 가능하기나 할까요?" 좀 더 세속적인 한 학생은 직설적으로 "그것은 마치 영적으로 아무하고나 자는 것처럼 보이네요!"라고 말했다.

노골적이고 불편한 것이었지만 그 물음은 매우 결정적인 문제를 제기한다. 내가 이 책에서 시도한 것이 일종의 '종교적 문란'인가 하는 점이다. 사실 종교적 정체성과 수행에는 결혼 같은 헌신적 관계와 눈에 띄게 유사한 점이 있다. 나는 종교적이든 문화적이든 결혼에 대한 '법률적' 이해를 말하고 있는 것이 아니다. 그보다는 사랑에 빠졌을 때 우리가 느끼는 것을 이야기하고 있다. 이 책 전체에서 인정해 왔듯이 종교적 체험과 영적 길을 걸으려는 결심은 사랑에 빠지는 것과 매우 비슷하다. 아마도 본질적으로 같을 것이다.

그것이 우레 소리와 같은 갑작스러운 깨달음이든 부드러운 빗줄기같이 서서히 젖어드는 자각이든, 영이 우리의 삶 안으로 들어오면 우리는 그것을 깊이 느끼고 전적으로 응답하게 된다.

거기에는 필연적으로 마음 전부를 사로잡고 다른 것을 배제하는 것처럼 보이는 종교적 체험에의 집중적 헌신이 있다. "너를 선택한다"는 것은 너 아닌 다른 누구도(적어도 내가 너를 선택하고 있는 것과 같은 방식으로는) 선택하지 않는다는 것을 의미한다.

그러므로 공적으로 결혼을 선언하는 경우든 아니면 '동거'처럼 좀 더 개인적 결정이든 일부일처제와 같은 관습이나 기대가 생기기 마련이다. 무슬림 학자들은 꾸란이 일부다처제를 허용하는 경우조차 여러 아내를 가지려면 모든 아내들을 동등하게 사랑해야 한다는 것을 전제조건으로 요구하고 있기 때문에 꾸란은 사실상 일부다처제를 실천하는 게 불가능하다는 것을 가리키고 있다고 말한다. 결혼생활의 침대가 아무리 크더라도 그 침대의 실제 수용능력은 일반적으로 둘로 한정되는 것이다.

그렇다면, 내 의도나 인식과 반대로, 이 책에서 이야기한 건너감과 되돌아옴의 모든 것이 결국 일종의 외도가 되고 마는가? 만일 그렇다면, 나는 스스로를 그리스도인이라고 부르기에, 나의 경우에는 예수 몰래 외도를 하고 있는 것이다. 바로 이것이 나의 신학자 친구들이 좀 더 학문적인 용어를 사용하면서 주장하고 있는 것이다. 즉, 한 종교전통에서 자라난 종교인들이 다른 종교전통과 관계하며 신앙을 기르려 하는 것은 싫든 좋든 결국 자신의 종교전통에의 헌신을 희석시키거나 변화시키게 된다는 것이다. 그들은 외도하는 그리스도인이 되는 것이다.

이것은 학문적으로만이 아니라 개인적으로도 매우 중요한 문제이다. 하지만 이 문제를 최대한 진지하고 주의 깊게 다뤄 오면서 학생들에게 말하려 했던 것을 여기서 말해야겠다. 솔직히 나는 두 전통에 속하기가 영적 문란이나 외도로 이끌 거라는 두려움이 정확한 것이 아니라고 생각한다. 이것은 내가 개인적으로 체험하고 느낀 바에 따라 말하는 것이다. 내가 붓다와 맺은 관계가 예수에 대한, 복음의 가치에 대한, 그리고 그리스도교 교회와 전통의 가르침에 대한 나의 관계와 헌신을 어떤 식으로도 약화시켰다고 느끼지 않는다. 오히려 그 반대이다.

우리는 모두 혼종이다

이런 느낌은 제닌 힐 플레처 같은 페미니스트 종교신학자들이 종교적 정체성의 기본적 특성을 설명할 때 사용하는 개념을 통해 확증되고 명확해졌다. 우리의 문화적, 사회적 자아처럼 우리의 종교적 자아도 그 핵심과 행동에서 하나의 혼종 hybrid이다. 우리의 종교적 정체성은 순종이 아니라 혼종이다. 단일한 것이 아니라 복수적인 것이다. 종교적 정체성은 하나의 삶의 자리에서 다른 삶의 자리로 이동하고, 하나의 자아를 형성한 후 다른 자아들을 만나면서 본래의 자아를 확장하거나 수정하는 지속적인 과정을 통해 형성된다. 명료하게 정의되는 불변의 정체성 같은 것은 없다. 불자들이 옳다. 분리되어 있고 불변하는 자아는 없는 것이다. 우리는 종종 우리와 매우 다른 타자와 상호작용하는 혼종화 과정을 통해 끝없이 변화하고 있는 것이다.

그러므로 '문란'promiscuity의 라틴어 어원인 *miscere*가 '뒤섞는' 경향을 의미한다는 것을 다소 위험스럽게 확장해 본다면 우리는 모두 문란할 뿐만 아니라 문란해져야 한다(!)고 말할 수 있다. 물론 우리는 정체성을 가지고 있다. 하지만 그 정체성은 그 시작과 지속적 과정에서 다른 것들과 섞이는 것을 통해서만 존재하게 되고 계속 변성하게 된다. 말하자면 혼종은 순종보다 더 강하고, 더 오래 살고, 더 즐거워한다.

하지만 종교적 혼종으로 산다는 것이 아무런 정체성도 갖지 않는다는 것은 아니다. 그것은 우리의 정체성을 이루는 어떤 관계가 다른 관계들보다 더 중요하거나 더 큰 영향력을 갖는다는 것을 배제하지 않는다. 혼종이 일부일처제를 배제하는 것은 아니다.

그것이 내 평생에 걸친 그리스도, 그리스도교와의 관계에서, 그리고 붓다, 불교와 새로 맺은 관계에서 알게 된 것이다. 어떤 점에서는 그리스도가 붓다보다 내게 더 중요하다. 그리스도교와 불교의 두 전통에 속하면서 내가 발견해 온 것은 두 전통에 속하는 많은 이들의 경험을 보여 준다. 즉 그들이 다른 종교적 정체성이나 전통과 혼종 관계에 들어갈 때 하나의 핵심적인 종교적 정체성을 갖는다는 것이다. 그것은 대개 그들이 그 안에서 자라난 종교적 전통이다.

이 책이 분명히 해 주듯이, 그리스도인으로서의 나의 핵심적 정체성은 불교로 건너가는 것에 의해 깊은 영향을 받았다. 비록 나의 주된 헌신은 그리스도와 복음을 향한 것이지만, 나의 그리스도인으로서의 체험과 신앙이 붓다를 통해 배우고 체험한 것을 지배하거나 이기려 했던 것은 아니다. 이 책에는 불교가 우리 그리스도인들에게 더 깊은 통찰과 더 분명한 진리를 제공해 줄 수 있다는 것을 깊은 안도감으로 인식하게 한 사례들이 많이 있다. 하지만 하루 일과가 끝나면 나는 예수에게로 귀가한다.

유니온 신학대학원의 더욱 거리낌 없는 학생 중 하나가 어느 날 수업에서 불쑥 말했다. "글쎄요, 교수님은 예수와 붓다를 둘 다 사랑하는 것 같네요. 하지만 잠은 예수와 함께 자는군요." 그의 말은 거북할 정도로 부적절했지만 또한 매우 정확한 것이기도 했다. 예수와 나의 관계에는 다른 데서는 찾을 수 없는 깊이, 특별함, 역사가 있다. 그것은 내가 아내에게서 유일하고 친밀하게 느끼는 애정과 비슷한 어떤 배타성을 갖고 있다.

그러나 그리스도와의 주된 관계가 붓다와의 관계를 통해 단지 깊이 영향받고, 강화되고, 유지된 것만은 아니다. 나의 그리스도교 신앙은 또한 내가 붓다에게 다가가도록 동기를 주고 추진하게 하는 힘이 되었다. 이것은 설명하기 더 어렵다. 나는 어떠한 전통이나 역사적 맥락에서든 볼 수 있는 종교적 체험을 특징 짓는 어떤 것을 발견했다. 즉 자신의 전통을 살아 있게 하는 핵심적 체험으로 더 '깊이' 들어갈수록 더 '넓게' 다른 전통의 체험으로 들어갈 수 있고, 그렇게 하고 싶은 마음이 생기게 된다는 것이다. 자신의 종교적 진리에 더 깊이 들어갈수록 더 넓게 다른 진리들을 이해하고 배울 수 있게 되는 것이다.

내 경우에는 '그리스도 예수 안에 있음'이 진정으로 의미하는 것을 더 많이 알게 될수록 붓다에게 귀기울이고 배움으로써 나의 불성을 발견할 필요와 능력을 더 많이 느끼게 되었다.

중대한 결심

불교와 그리스도교 두 전통에 속하는 것이 내게 실제로 이루어졌다. 이 책을 쓰면서 지난 이십 년 동안 불교로 건너가 본 노력을 돌아볼 때 붓다 없이 나는 그리스도인이 될 수 없었다는 것이 분명해졌다. 내게는 두 전통에 속하기가 단지 가능한 것만이 아니다. 내게는 그것이 필요하다! 내가 종교적일 수 있는 유일한 길은 다른 종교들과의 관계를 통해서이다. 나는 불자가 되는 것을 통해서만 그리스도인이 될 수 있다.

그래서 2008년 여름 이 책의 마지막 교정을 보고 있을 때 중요한 결정을 내렸다. 허드슨강 근처에 있는 개리슨 연구소에서 있었던 열흘 간의 족첸 수련회가 끝나갈 무렵이었다. 나는 스승인 라마 존 매크란스키(그는 보스턴 대학의 불교학과 비교신학 교수이기도 하다)와 진지하게 대화한 후 불교에 '귀의'歸依하고 미국 족첸 공동체의 일원으로서 '보살서원'을 하기로 결정했다. 나는 '연꽃 치유자' Urgyen Menla 라는 법명도 받았다.

그것은 공식적인 것이다. 이제 나는 불자 신분증도 가지고 있다. 나는 1939년에 가톨릭 영세를 받았고 2008년에 불교에 귀의했다. 나는 지난 수십 년 동안의 나를 이렇게 부를 수 있다. 나는 불교적 그리스도인이다.

최첨단인가 바깥 가장자리인가?

그런데 내가 불교적 그리스도인이라는 것은 순전히 개인적인 문제일까? 아니면 나의 공동체인 그리스도교 교회에서 함께 나눌 수 있는 어떤 것인가? 우리 그리스도인들에게는 이것이 매우 중요한 문제이다. 왜냐하면 그리스도교의 본질을 고려할 때 만약 우리의 영적 믿음과 수행을 공동체와 함께 나누고, 실천하고, 탐구할 수 없다면 우리는 진정으로 공동체에 속하는 게 아니기 때문이다. 그렇다면 불교적 그리스도인의 수행을 히고 혼종적 정체성을 가진 나는 그리스도교 공동체에서 최첨단에 있는가 아니면 바깥 가장자리에 있는가?

주일에는 교회에 가고 평일에는 집에서 좌선하는 그리스도인들이 점점 더 많아지고 있다. 그들과 더불어 나는 두 전통에 속하기가 그리스도교 공동체 안의 '최첨단'임을 굳게 믿고 희망한다. 나는 이 '최첨단'이 '교회가 되는 새로운 길'로 이끌 거라고 믿고 희망한다. 그것은 대화를 통해 삶을 살아가고 발견하는 교회이다. 나는 미래의 그리스도인은 신비가여야만 할 거라고 했던 칼 라너의 주장이 옳다면, 그들은 또한 종교 간의 대화를 실천하는 신비가여야 할 것이라고 믿고 희망한다. 나는 노트르담 대학의 신학자인 존 듄 신부가 삼십여 년 전에 예언했던 것이 옳았다고 믿고 희망한다. "우리 시대의 거룩한 사람은 간디 같은 이다. 그는 공감적 이해로 자신의 종교로부터 다른 종교로 건너가고, 자기 종교에 대한 새로운 통찰을 가지고 되돌아온다. … 건너가고 되돌아오기는 우리 시대의 영적 모험이다."

그런 모험은 단지 교회를 새롭게 하는 데만 도움이 되는 게 아니다. 그것은 또한 세상을 새롭게 하는 데 더 잘 기여할 수 있는 그리스도인들이 생겨나게 할 것이다.

찾아보기

C. G. 융 39, 48, 77
T. S. 엘리엇 106, 182
가난한 이들을 위한 우선적 선택 374-377
간디 375-376, 379, 393,
개인적 변화와 사회적 변화 377-381
게쉐 소파 337-338
경배 260
경험의 우선적 중요성 134-135
계시자 = 구원자 234-237
고타마 붓다 136
    깨달은 존재 214-215
    영적 여정 210-215, 270-273
    ☞ 붓다
고통 50-52, 85-86, 99-101, 116-119, 136,
    152, 212-213, 245-246, 270-271, 275,
    283-285, 332-333. 335, 337, 343,
    366-367, 372, 374-375
    고통의 불가해성 116
    ☞ 자비, 악, 무지
공 53-54, 56-57, 62-63, 64, 67, 89, 90-91,
    135, 153-154, 223, 279, 299, 334-335, 357
공안 140
관(세)음보살 220
관상 265, 267-270, 323 ☞ 명상
관상지원단 266
관세음보살 230
교도권 129-130
교황 베네딕토 16세 200
교황 요한 23세 87, 237
교황 요한 바오로 2세 205
구원
    구원과 깨달음 230-233

    붓다의 구원자 역할 220-222
    예수의 구원자 역할 235-237, 257,
                    381-382, 384-385
구원론 204, 236
구원자
    나사렛 예수 201-207
    구원자와 계시자 234-237
구조적 변화 377-381
궁극적 관심 90, 93, 102
그리스도 안에 있음 231-233, 293-295, 304, 339,
                356, 363-364, 391
그리스도-영 182-183, 293-294, 356
    그리스도-영과 침묵의 성사 293-296
    그리스도-영의 부활 247-251
그리스도교
    관상 265-269
    교리의 재해석 171-172
    말 142-145, 153-156
    묵상 265-269
    신비적 전통 58-61, 63-64, 129-130,
        265-269
    신학 24-25, 29-30
    아시아의 그리스도교 310
    "유일회적"이라는 언어 145
    종말론 317-318
    포용주의 201-207
그리스도교 신학 24-25, 29-30,
                ☞ 자유주의 신학
그리스도론 227, 228
그리스도의 재림 320, 350-353, 358-360
근거성 105
글로리우스 신부 323

긍정신학 144
기도 256-261, 302, 361
　　기도와 침묵 264
　　청원기도 259, 308-9
깨달음 49-50, 53, 59, 62, 90-93, 94-96,
　　　　101, 105-108, 118-119, 125,
　　　　134-140, 213-214, 216-217, 219-221,
　　　　223, 225, 227-228, 230, 233-234,
　　　　239-240, 272, 278, 285, 335, 338, 340,
　　　　357, 363, 365-366, 370, 378-379, 388
　　깨달음과 경험 134-135
　　깨달음과 구원 230-233
　　깨달음과 상호존재성 370
　　깨달음과 신성 225-229
　　깨달음과 평화 338-341
　　깨달음과 평화롭기(평화로움) 365
　　깨달음의 우선권 338-341, 378-379
꾸란 388
나사렛 예수 43, 66, 128, 196
　　계시자 234-237
　　구원적 죽음 381-382
　　그리스도교의 해석 22-25
　　말씀이신 예수 128
　　부활 207-209, 249-251
　　신성 197-198, 228-229
　　나사렛 예수에 대한 명상 295-296
　　역사적 249-251
　　나사렛 예수와 깨달음 225-229
　　유일성 238-246
　　유일한 구원자 204-207
　　자신의 종교를 비판 61
　　폭력을 거부 382-385
　　하느님과의 관계 68
　　하느님의 공동체 314-315, 318-322,
　　　　　　　　　　351-352
　　하느님의 독생자 199-201

하느님의 아들 194-196, 225-229
　　☞ 그리스도-영, 그리스도의 재림
내맡김 342-343
노르위치의 줄리안 59, 129, 186, 265
놓아 버리기 52, 54, 97, 167-168, 187, 213, 237,
　　　　　　269, 278-279, 287, 296-299, 301,
　　　　　　303, 307, 337, 357
다르마 (진리) 50-51, 53-54, 90, 105, 117,
　　　　　　132, 138-139, 140-141, 149-150,
　　　　　　152, 187, 214, 216-217, 223,
　　　　　　234-235　☞ 진리
단테 65
『지옥』 179
달라이 라마 92, 237, 341
담마난다 332
대승 불교 53, 56-57, 91, 94-96, 138, 215,
　　　　　218-219, 220-224, 234, 250
대완성　☞ 족첸 전통
데이빗 로이 33, 94, 139
덴징거 128-129, 148
도덕성 51, 83, 88, 139,152, 272
두 전통에 속하기 387-393
디오니시우스 129
디트리히 본회퍼 48
라마 수리야 다스 235, 353-354
라마 존 매크란스키 392
라칭거 추기경 200
라테란 공의회, 4차 129, 143
레오 르페브르,『계시, 종교, 폭력』299
레이몬 파니카 25, 57, 292
로메로 대주교 237, 316
로욜라의 이냐시오 265
　　이냐시오 영성수련 266-267
루겔리오 폰첼 330
루크 티모시 존슨 247
리베라 이 다마스 대주교 316

395

리타 그로스 143
마라 214
마르틴 루터 킹 379
마사오 아베 199
마음챙김 99, 120, 187, 256, 272-273,
        286-289, 300, 302-304, 336-337, 339,
        342-343, 347, 351, 361, 372, 375-376
   마음챙김과 명상 374-377
   마음챙김과 받아들임 341-344
   마음챙김과 침묵의 성사 302-304
   마음챙김과 평화롭기 338-340
마이스터 엑카르트 59, 64, 129, 265
마이클 홀러런 신부 33, 269-270
마커스 보그,
   『예수를 처음으로 다시 만나기』 59
마하 고사난다 332
만다라 280-281, 297
만인구원론 175
만트라 280, 295, 297
말, 언어
   말과 상징 146-151
   그리스도교 142-145, 153-156
   말과 신비 126-133
   신비의 우선적 중요성 134-141
   말의 문제 263-264
   불교 134-141, 153-156
   죽음에 대한 말 160-161
말씀 127-129, 153
말씀의 선교 수도회 48, 83, 128, 162, 266, 323
매리놀 수녀회 327, 330
명상 339
   명상과 그리스도교 265-269
   명상과 행동 322-326, 361-362, 367-368, 376
   명상과 마음챙김 374-377
   그리스도교의 묵상 265-269
   나사렛 예수에 대한 명상 295-296

   불교의 명상 273-274
   위빠사나 명상 276-277
   통렌 명상 283-285
   ☞ 자애심 명상
명상의 성사 ☞ 침묵의 성사
무근거성 54-56, 62, 69, 105-107, 114, 275,
        298-299, 301
무념적 신학 144 ☞ 부정신학
무상 51, 53, 93, 184-185, 357
무아 52, 91-93, 167-168, 184, 222, 231,
        274-276, 282, 285, 345, 377
무지 100-101, 116-119, 382-385
문수보살 220
미륵보살 220
바가바드 기타 336
바즈라야나 시각화 280-281, 284, 296, 306
바티칸공의회, 1차 129
바티칸공의회, 2차 128, 131, 205-206, 310
반 루 신부 44
방편 30, 97, 138-139
버나드 로너건 24, 197, 301, 342, 381-382, 384
버니 글래스먼 322-324, 346, 376
범신론 71
법구경 348, 379, 385
법신 54, 92, 223
법화경 138
베데 그리피스 26
보리수 49-51, 213-214, 217, 221, 223,
        226, 271-272, 368
보리심 109
보살 94-97, 118, 134, 225, 280, 306, 336
   많은 보살들 218-221
보살핌 108-111
보신 223, 247, 250
부정신학 144-145 ☞ 무념적 신학
부활 24, 182-183, 207-209, 237, 247-251,

293, 384
부활절 현현 249-251
북미자유무역협정 327
불교
    불교와 말 134-141, 153-156
    불교와 명상 273-274
    불교와 악 98-101
    불교와 정의 334-338, 347-348
    신이 없는 불교 48-50, 89-90
    종말론이 없는 불교 335-336
    체험의 우선적 중요성 134-135
불성 54, 95, 118, 137, 140, 221-222, 229,
    233, 303, 309, 339, 356, 359, 360, 372,
    376, 391
불 195, 328-329, 343, 346, 374,
    378-381, 384
불이주二 57, 70-71, 73, 80, 96-97, 113,
    231, 262, 265, 270, 291-292,
    296-297, 305, 349, 350, 354
붓다 95-97, 368-369, 379-380
    구원자 붓다 218-219, 224-225
    마라의 유혹 214
    많은 붓다들 220-222
    붓다와 받아들임 120
    세 몸 222-223, 247, 250
    스승 붓다 216-217, 224-225
    신 없는 종교 48-50
    이름의 의미 50
    자신의 종교를 비판 61
    첫 설법 50-52
    ☞ 고타마 붓다
붓다론 214
브라만교 271
브라흐만 49
비유
    독화살을 맞은 사람의 비유 135-136

불타는 집의 비유 138
비의 309
비폭력 232, 316, 320, 330-331, 345,
    347-348, 368, 372-373, 375,
    380-381, 383-384 ☞ 폭력
사랑 383-385
    사랑이신 하느님 41-42, 65-67, 72, 81-83, 85-86,
        110-111, 117
    압제에 대한 반응 379-381
사성제 50-52, 117, 213, 335
삼동 린포체 348
삼신불 222, 247, 250
삼위일체 42, 65-67, 72, 127, 129, 145, 153, 198
상좌부 불교 95, 215-217, 218, 224, 234, 276
상징
    상징과 말 146-151
    부활의 상징 107-109
    수행적 상징 151-156
    역사적 상징 150
    하느님에 대한 상징 162-163
    하느님의 신비의 표현 146-147
상호연관, 상호연관성 51-54, 56, 92-93, 97, 180,
    185, 213, 276, 281, 299, 336, 345,
    359, 369, 370-371, 372, 380
상호연관된 영 180
상호연관시키는 영, 에너지 72, 264, 269, 289, 308,
    349, 359
상호존재 54, 56-57, 62-66, 70, 72-73, 90-93,
    96-97, 104-105, 108, 116, 134, 137, 141,
    155, 167, 170, 179-180, 222, 223,
    275, 279, 285, 334, 357, 364, 370
    상호존재 안에 있음 93, 134
    상호존재인 하느님, 영 77, 374
상호존재성 275
새뮤얼 가르시아 루이즈 327
생각없음 279

생사 57, 62
샤로테 조코 벡 342
샴발라 전통 112
선불교 54, 140, 221
성 바오로 118, 164, 182-183, 196, 209, 220,
231-233, 247-248, 262, 294, 296,
355, 369, 371, 384
성사 235
성육신 43-44
　성육신의 중요성 243-244
　하느님의 성육신 42-44
세바스찬 페이나다뜨 232
수행 255-256 ☞ 명상, ☞ 기도
수행적 언어 151
수호존 280, 295
술락 시바락사 332
스테파니 카자 332
시각화 280-281, 296, 306
신비 86
　말에 대한 우선적 중요성 134-141
신비적 경험 61-63
　신비적 경험과 하느님의 공동체 362-363
　그리스도교 58-61, 63-65, 129, 165-169
　라너 59-60, 291, 299, 393
신성 45, 72, 79, 225-229, 262, 349
　나사렛 예수의 신성 197-198, 228-229
　신성과 깨달음 225-229
　예수의 신성 191,197, 230, 239-240, 243,
257, 352 ☞ 깨달음과 신성
　우리의 신성 230
신앙과 침묵의 성사 297-301
신화 149
　역사적 150-151 ☞ 상징
실천 172, 349
십자가 149-150, 182, 203, 296
십자가의 법 381-385 ☞ 버나드 로너건

십자가의 요한 129, 265
싯다르타 고타마 ☞ 고타마 붓다
아가페 369, 370
아니다, 아니다 neti, neti 144
아드야샨티 342, 380
아라한 218
아미타불 95-96, 221-225
아빌라의 테레사 59, 129, 265
악 85-88, 98-101, 116-121
　도덕악 101, 107
　자연악 101
알로이시우스 피어리스 25, 108, 245, 310, 313
앤드류 그릴리 173
업 100-101, 118, 168-170, 334, 337, 366
　환생 175-180
에노미야-라쌀 79, 103
에이헤이 도겐 279
에크하르트 톨레,
　『지금 이 순간을 살아라』 340, 364-365
엘리스 보울딩 317, 322, 359
엘살바도르 109, 246, 314-316, 322, 324-326
　☞ 크리스파즈
엠마누엘 레비나스 109-110
여여 tathata 120, 300
역사의 종착점 318, 333, 357-359
연관시키는 영 58, 68-69, 70, 104, 119, 141, 153,
192, 231, 262, 309, 356, 372
　☞ 상호연관시키는 영
연기 51, 62
연옥 131, 159, 162, 175-176, 178-179
열반 50, 90-91, 94-96, 137, 214, 219, 223
　열반의 의미 54-57
　열반이 곧 생사 57, 62
영
　말씀인 하느님 128
　인격적 임재 105-107

☞ 상호연관시키는 영
☞ 연관시키는 영
영생 163-164
예수고난수도회 174
오코탈, 니카라과 326
오푸스 데이 316
원인과 조건 99, 101, 120, 343
『원인록』 145
원죄 117-119, 202
위빠사나 명상 276-277
유비 102
은총 111-113
『이교도대전』 145
이기성 51-52, 54, 84, 91, 100-101, 117-119,
    163-164, 167, 169-170, 176-178, 180,
    185, 202, 213, 232, 274, 320, 334, 343,
    376, 382
이냐시오 영성수련 266-267
이스라엘 336-338
이원론 46-48, 261-262
일부다처제 388
일치 71, 228, 231, 239, 350, 362
    ☞ 하나됨, 합일
자력 94-97, 112, 221, 225
자비 69, 89-95, 105, 108-9, 114, 118, 120-121,
    134-135, 138-139, 166-167, 179, 185, 214,
    219, 230, 251, 275-276, 281-285, 295, 300
    자비로 충만한 명상 281-285
    하느님의 자비 300
자아의 욕구 340
자애 69
자애심 명상 282-283, 285, 295
자유 53, 71, 82, 86, 169, 277, 364
    은총과 자유 113
자유의지 86-87, 112, 176
자유주의 신학 146, 173, 174, 200, 205

정의
    불교와 정의 334-338, 347-348
    평화 328-331, 367-368
    폭력 329-331
    하느님과 정의 328-329
정토 95-96, 221, 225
제닌 힐 플레처 389
조애너 메이시 332
족첸 전통 281, 306-307, 353-354, 392
존 듄 393
    『온 세상의 길』 39
존 소브리노 237
    『해방자 그리스도』 358
    『해방자 예수』 358
존 힉 62
종교적 정체성은 혼종이다 388-391
종교평화위원회 314, 317, 332, 345, 375, 378
종말론 131, 318, 333, 336, 350, 355
죄 201-203, 318-321, 366 ☞ 이기성
죽음 160-161, 166-167
중도 213
증오 179, 325, 344, 348, 371-373, 378-380,
    381-385
지관타좌 278
지옥 173-177
    라너의 언급 161
지장보살 220
지혜 90-91, 93-95, 97, 101, 105, 108, 114,
    119-120, 138, 216, 236, 275-276, 280-281,
    313, 335, 338-340, 354, 356-357, 358,
    360, 364, 368, 370, 376
지혜 ^{sophia} 227
지혜와 자비의 영 120-121
지혜의 영 68
진리 50-51, 53-54, 90, 105, 117, 132, 138-139,
    140-141, 149-150, 152, 193, 200, 205, 208,

234-235 ☞ 다르마
집착 50-52, 141, 167, 179, 281, 286, 297, 306,
　　337, 341, 354, 364
참여불교 332
참여불자 341, 361
천국의 이미지 164-165
『청정도론』 283
체험을 통한 국제이해(G.A.T.E.) 326
초자연적 실존 63
치아파스, 멕시코 327
침묵
　침묵과 기도 264
　자비로 충만한 침묵 281-285
　지혜로 충만한 침묵 276-281
　침묵의 영성체 293-296
　☞ 침묵의 성사
침묵의 성사 289-296, 297-301, 302-304,
　　　304-305, 308-309, 349
　교회에서의 침묵의 성사 304-307, 309-310
　그리스도교 영성 293-296
　마음챙김 302-304
　신앙 297-301
　청원기도 308-309
　하느님의 신비 305-307
침묵의 영성체 293-306
칼 라너
　사랑하고 돌보는 110
　신비 298
　신비주의 59-60, 291, 393
　언어 102
　연옥 178-179
　예수 198, 228-229
　우리와 하느님의 직접적 관계 230
　은총과 자유 111-113
　종말 176
　『죽음의 신학에 대하여』 184

지옥 161
창조 63, 70
초월적 그리스도론 228
초자연적 실존 63
　하느님의 생명을 살고 있는 67
환생 176
칼케돈 공의회 197
쿠사의 니콜라스 71
크리스파즈 31, 108, 314, 315, 322, 324, 330-331
클레멘스 퓨어스트 신부 131
타라 보살 220
탱화 96, 280
토마스 머튼 26, 300, 326
토마스 아퀴나스 62, 70, 102, 144-145
토마스 키팅 신부 266
통렌 수행 283-285
티베트 348
티베트불교 54, 95, 97, 216, 280-281, 283-285,
　　　295, 306-307, 353
티쿤 올람 Tikkun Olam 321
틱낫한 54, 92, 120, 141, 152, 286, 288, 332,
　　　338-339, 341, 345-346, 360-362, 365, 374
　나의 참이름으로 나를 불러다오 346-347
　상호존재의 열네 가지 지침 141
　『평화로움』 338, 345, 360
파라분도 마르티 민족해방전선(F.M.L.N.) 316, 330-331
팔레스타인 209, 337-338
팔정도 51, 54, 139, 256, 272-273, 367
페마 초드론 54, 69, 111, 112, 120, 284, 286-287,
　　　297-299, 303, 342
　『도피하지 않는 지혜』 287
　『모든 것이 산산이 무너질 때』 298
　『편안해지는 연습』 112
평화
　깨달음을 통한 평화 338-341
　얻기 어려움 315-322

평화와 마음챙김 338-340
평화와 상호연관성 345-348
평화와 정의 328-331, 367-368
평화롭기 338-339, 340-342, 360, 362-363, 372
평화롭기(평화로움) 339, 341-342, 363, 372
포용주의 201-207
폭력 326 329, 371-372, 377-380
　폭력과 정의 329-331
　예수가 거부한 폭력 382-385
　폭력에 대한 혐오 345-348
　☞ 비폭력
폴 니터
　영적 여정 31
　『하나의 지구, 많은 종교』 26
폴 틸리히 33, 63, 66, 102, 146-148, 153
폴 피터한스 265
프린츠 신부 161
하나됨oneness 62, 230, 306, 346, 376
하느님
　그리스도인의 신관 22-25
　나사렛 예수와의 관계 68
　불가해성 129-130, 143, 145
　사랑인 하느님 80-82
　상호존재인 하느님 77, 374
　성육신 42-44
　신이 없는 불교 48-50, 89-90
　인격적 임재인 하느님 102-105
　인격적인 하느님 77-80
　인격체인 하느님 77-80
　자존적 존재 40-41
　초월적인 인격체 80-81
　편파적 개입 44-45
　하느님과 정의 328-329
　하느님과의 직접적 관계 230
　하느님의 뜻 67, 83-85, 88, 113-114, 207, 299
　하느님의 상징 162-163

하느님의 초월성 39-43, 63, 80-82
　☞ 연관시키는 영
하느님의 공동체 180, 191, 314-315, 318-321,
　　　　323, 329, 321, 335, 350-357,
　　　　360, 362-363, 367-368, 382-385
　하느님의 공동체와 신비주의 362-364
　하느님의 공동체와 예수 그리스도 314-315,
　　　　318-322, 351-352
　하느님의 공동체의 불이성 350-356
하느님의 신비
　라너 298-299
　하느님의 신비와 말의 문제 127-133
　하느님의 신비와 상징 146
　하느님의 신비와 침묵의 성사 305-308
하느님의 아들
　깨달은 이 225-226
　나사렛 예수 194-196, 225-227
　유일한, 나사렛 예수 199-200
합일 47, 61-62, 71, 230, 262, 268, 289,
　　　291-293, 296, 362-363 ☞ 일치, 하나됨
해롤드 쿠쉬너 119-120
호크마 227
화신 223
환생 168-169, 176-177, 178, 181
　업 175-180
휴스턴 스미스 140
희망 60, 118, 178-179, 315-322, 334,
　　　336-337, 354-355
힌두교 49, 271, 273, 310, 336

붓다 없이 나는 그리스도인일 수 없었다
Without Buddha I Could not be a Christian

1판1쇄발행 2011년 9월 5일
1판2쇄발행 2022년 7월 10일

지은이 : 폴 니터(Paul F. Knitter)
옮긴이 : 정경일 . 이창엽
펴낸이 : 박묘솔
펴낸곳 : 클리어마인드
출판등록 : 제 2021-000116호
주소 : 서울시 종로구 삼봉로 81, 1338호(수송동, 두산위브파빌리온)
ISBN 978-89-93293-28-9 03100
전화 : 02) 6953-1081

클리어마인드는 ㈜클리어마인드의 출판브랜드입니다.
이책은 저작권법에 따라 보호받는 저작물이므로 무단전재와 복제를 금지하며,
이책 내용의 전부 또는 일부를 이용하려면
반드시 저작권자 ㈜클리어마인드의 서면동의를 받아야 합니다.

정가 19,000원